이방인의
사회학

THE SOCIOLOGY OF
THE STRANGER

이방인의
사회학

김광기

글항아리

나의 스승
피터 버거Peter L. Berger
선생님께

이 책은 떠나는 자들에 관한 이야기다.

인생에서 대부분 중요한 순간은 바로 떠남에서 시작된다. 처음 학교를 가려고 집 대문을 나서는 날, 군대 가려고 기차 타는 날, 오래 사귄 연인과 헤어져 카페 문을 나서는 날, 직장을 얻어 첫 출근을 하는 날, 결혼하여 새 가정을 꾸리고자 부모의 품을 떠나는 날, 유학이나 이민을 위해 고국 땅을 떠나는 날…… 편안하고 안온했던 일상을 헤집어놓을 새로운 세계로, 미지의 세계로, 그 불안한 세계로 마치 치열한 전쟁터를 향해 떠나는 병사처럼 전의를 다지며 어금니를 꽉 물었던 그런 날들을 누구나 한번쯤은 경험했으리라. 그리고 이런 가슴 떨리는 떠남의 순간들을 분명코 잊을 수 없는 시간으로 기억될 것이다. 어쩌면 가슴 시리게…….

그러나 그런 순간들로 인해 인생이 예상치 않게 풍요로워지기 시작하는 것 또한 엄연한 사실이다. 왜냐하면 바로 그런 날과 순간들이야말로 누구나 이방인의 반열에 오르는 출발점이기 때문이다. 그리고 이런 순간들이 차곡차곡 쌓이면 어느 순간 우리 인생 자체가 이방인의 그것이라는 값진 인식을 새삼 하게 될지도 모르기 때문이다. 밋밋한 일상을 마치 롤러코스터 천지인 놀이공원과 같은 것으로 만들어주는 이 마법의 순간은 바로 떠남과 그로 인한 이방인의 체험에서 시작된다.

어찌 보면 인간은 모두가 떠나는 자다. 인지적으로든 물리적으로든 모든 이는 떠난다. 심지어 자신의 골방에 처박혀 있는 자라 하더라도 그는 그 방에 들어가기 위해 어딘가를 떠나 그곳으로 들어가 있다. 말하자면 소극적이든 적극적이든 인간이라면 예외 없이 죄다 떠나는 자다. 고로 인간은 모두 이방인이다. 우리 인간은 누구든 떠나는 나그네이며 이방인인 것이다. 그리고 궁극적으로 인간은 홀연히 이 땅을 떠날 것이다. 마치 어디선가 이 땅으로 떠나올 때처럼 아무렇지도 않게, 아무것도 손에 쥔 것 없이……

하여, 한 사람의 사회학자로서 이렇게 중요한 이방인에 관심을 두지 않으려야 않을 수 없는 그런 처지에 놓이게 되었다. 그러나 '인생은 나그네 길'이라는 이 진부하기 이를 데 없는 사실에 왜 내 정력과 시간을 바쳐야만 하는가라는 의구심이 물밀듯 밀려와 그런 일을 몸소 떠맡는다는 것을 순순히 받아들일 수만은 없었다. 하지만 진부한 것에 진리가 있다 했던가! 그 자명한 진리를 끝까지 외면할 수가 없었다. 외면하려 들면 들수록 눈과 마음은 되레 그곳으로 달려갔다. 그리고 급기야는 그것이 왜 진리인지 파고들어야겠다는 오기와 승부근성이 발동했다. 이 오기와 근성은 필자가 서른이 넘어 경험한 이국 만리 타향의 유학생활에서 활활 타오르기 시작했다. 말하자면 소소한 떠남에서 매우 극적이고 강렬한 떠남을 경험한 후의 일이다. 그리고 그 떠남이, 이방인적 체험이 필자만의 것이 아니라 어쩌면 오늘을(현대를) 사는 모든 이에게서 만발하고 있다는 자각이 들면서 이방인에 대한 사유는 꼬리에 꼬리를 물기 시작했고 필자의 머리에서는 온통 인간과 이방인, 현대인, 그리고 고향에 대한 논리적 사유들로 집이 지어지고 있었다.

그 결과물이 바로 이 책이다. 이런저런 떠남들을 기억하며 이제부터 독자들은 또 한 번 '이방인의 사회학'에로 떠나기를 바란다. 각별한 의미가 있었든 없었든 간에 각자가 지닌 온갖 떠남의 기억들을 간직하면서 떠나는 자 곧 이방인의 삶으로 들어와달라고, 감정이입을 해달라고 주문하고 싶다. 그다음은 필자가 책임지겠노라는, 감히 호언장담을 하면서 말이다.

사실 이 책 이전에 필자는 잠시 외도를 한 적이 있다. 이 책을 쓰는 와중에 다른 책들을 펴낸 것을 두고 하는 말이다. 그것은 이 책을 쓰는 일이 몹시도 고단하고 지난했음을 방증하는 것이다. 워낙 스케일이 큰 작업이다보니 잠시 멈춰 숨을 고를 때도 있었고, 그 사이 촌각을 다투는 어떤 쓸거리들이 필자를 마냥 닦달하는 바람에 벌어진 일이다. 그런 와중에도 이 책에 대한 책무는 마치 조강지처에게 느끼는 그것과 같이 일종의 죄책감과 부채의식으로 늘 필자를 괴롭혔다.

이제야 오랜 숙제에서 해방되는 느낌이다. 물론 이것은 누군가가 내게 내준 숙제가 결코 아니다. 내 스스로 나에게 부과한 과제다. 이제야 비로소 그것들이 일단락된 느낌, 한없는 부담을 덜어낸 이 느낌이 자칫 아노미 상태 혹은 시쳇말로 멘붕 상태로 날 빠트리지나 않을까 걱정될 정도로 그동안 필자는 극심한 부채의식에 시달려왔다. 드디어 지난해 여름 마지막 두 편의 글을 완성하면서 마음의 짐으로부터 벗어났다.

어쨌든 그 끔찍한 부채의식을 떨어내지 못하고 가슴 깊숙이 매달고 살았던 것은 오직 필자만이 이 문제에 매달릴 수밖에 없다는 생각에서였다. 그토록 끈질기게…… 이것은 노파심에서 하는 이야기인데, 혹시나 이런 고백이 자칫 교만하게 들릴지 모르겠으나 그것은 정확히 말하면 자만심이 아닌 사명감의 발로였을 뿐이다. 학자로서의 사명감이라고나 할까.

사실 이 오래된 숙제는 단 한 번의 과제 완성으로 끝날 줄 알았다. 이렇게 오랜 시간 스스로를 집요하게 괴롭힐 줄은 전혀 예상치 못했다. 이 큰 숙제의 시발점은 1994년 내 유학 시절로 거슬러 올라간다. 당시 1년 동안 진행하는 한 세미나가 열렸는데, 그 첫 번째 학기말 세미나에 부과된 과제로 이 책에 실린 첫 장의 일부분이 된 논문을 썼다.

이 대목에서 필자가 제일 꼴불견으로 생각해 꺼렸던 한 가지를 필자도 어쩔 수 없이 해야 할 것 같다. 그것은 다름 아닌 어디서 박사학위를 땄다는 말과 또한 누구누구의 제자라는 말이다. 아니, 꼴불견으로 여길 뿐만 아니라 아주 혐오한다. 오죽 못났으면 그런 말을 하고 다닐까 생각하기 때문이다. 마치 자기 얼굴에 침 뱉기 같아 보이기 때문이다. 모름지기 박사란 앞으로 어느 누구의 도움 없이 제 분야의 공부를 제 힘으로 할 수 있다는 일종의 자격증과 같은 것이어서 그것의 취득과 관련된 일체의 일을 떠벌리고 다니는 이들이 한심스러워 보일 뿐이다. 아무리 미욱한 자라 해도 자동차 면허증을 어느 자동차 학원 수강을 통해 땄다고 자랑하고 다니는 이는 없지 않은가? 그의 운전 실력은 어느 학원에서 수료했다는 것이 아니라 도로에서 실제로 자동차를 모는 그의 운전 행위를 통해 보여주어야 한다. 말하자면 그의 운전 실력을 자동차 학원과 강사가 담보할 수 있는 것이 아니라는 이야기다. 마찬가지로 박사라는 것도 어느 학교, 누구에게서 땄다는 우격다짐 식으로 실력을 인정받을 것이 아니라 학위 취득 이후에 그가 내놓는 일련의 연구 성과물을 통해 입증하는 것이 마땅하다. 그런데 어디서 박사를 받았네, 누가 지도교숩네 하는 모습이라니…….

그러나 여기서 나도 그토록 혐오스러워하는 이야기를 꺼낼 수밖에 없는 이유는 바로 이 책과 얽힌 뒷이야기 때문이다. 필자에겐 대학 1학년 때부터 흠모해오던 저명한 사회학자가 있었다. 책이 아니라 육성으로도 그에게서 배우기를 몹시 갈망했던 필자는 마침내 1994년에 그가 몸담고 있는 학교에 발을 들이밀 수 있었고 그가 맡은 1년짜리 「모더니티」 세미나의 수강을 허락받았다. 그러던 중 어떻게든 그의 눈에 들고 싶어 안달하던 필자에게 비장의 무기를 써먹을 기회가 드디어 왔다.

학기말 논문 발표 시간. 그 교수가 당시 소장으로 있던 브루클라인에 소재한 콜로니얼풍 연구소의 대세미나실은 완벽하지 않은 영어로 더듬더듬 논문을 읽어 내려가던 필자의 낭독 소리 외에는 거의 숨소리조차

들리지 않을 정도로 적막했고, 그 교수는 물론 벽안碧眼의 대학원생들도 귀를 쫑긋 세우고 모두 나를 주목하고 있었다. 필자의 발표가 거의 3부 능선을 넘어갈 때쯤 그 교수는 자리에서 일어나 적막을 깨고 둔탁한 구두 소리를 내며 마룻바닥을 뚜벅뚜벅 걸어 세미나실 뒤편에 비치된 커피 내리는 기계로 다가갔고, 커피 한 잔을 손에 들고 다시 자리로 돌아와 앉았다. 곧이어 내 앞에는 그가 태운 두꺼운 퀼런 연기가 마치 용트림을 하듯 흘러갔고 그 메케한 연기는 내 코의 점막을 한껏 자극했다. 필자는 속으로 '앗싸!' 하고 외쳤다. 왜냐하면 그것은 그가 내 논문을 마음에 들어한다는 표시였기 때문이다. 그는 여태 수업 시간에 담배를 태웠던 적이 없었다. 그것은 뭔가가 그의 마음을 움직였다는 뚜렷한 징후였다.

마침내 내 발표가 끝난 후 얼마간의 정적이 흘렀고 이윽고 당시 65세였던 노학자는 입을 떼더니 내 논문의 핵심 부분을 차지했던 알프레드 슈츠의 '이방인' 개념에 대해 잠시 부연한 뒤 매우 훌륭한 논문과 발표였다고 칭찬해주었다. 슈츠는 그의 스승이었다. 그 뒤 내가 제출한 논문 말미에 그 교수는 "이방인이 구세주?"란 코멘트를 달아주며, 나에게 따로 찾아오라는 개인적인 메시지도 남겼다. 방학을 맞아 잠시 귀국할 예정이었던 필자는 얼른 그의 방으로 찾아갔고 그는 필자의 논문이 인상적이었다며 자신이 내 박사학위 논문지도 교수가 되겠노라고 이야기하면서 활짝 웃었다. 그를 찾아가기 전 필자가 느꼈던 '촉'이 틀리지 않음을 확인시켜주는 시간이었다. 이것이 바로 이 책이 태어날 수 있었던 시발점이 되어준 뒷담화다.

일반 독자라면 아무 흥미도 없을 이런 이야기를 다소 길게 한 이유는 그것이 도리일 것 같아서다. 내 학문세계의 일단락을 맺게 되는 이 책의 첫 단추를 그 교수의 칭찬과 격려로 시작했다는 점에서 그에게 일정한 빚을 졌음을 부인하기 어렵기에 평소에 그토록 모자란 일로 치부하던 구질구질한 이야기를 꺼내지 않을 수 없는 것이다. 게다가 그 지도교수만큼 괴팍한 성정을 지닌 필자도 이제는 지천명知天命을 넘기다보니 지난 일에 조금은 애잔함을 느끼게 되고, 기억력이 갈수록 쇠퇴해가는 이즈음 그것이 더 쇠잔해지기 전에 20여 년 전 과거의 기억들을 활자로 기록해두고 싶은 마음이 불현듯 일었다. 해서 독자들은 애교로 봐주었으면 한다.

결국 필자가 그간 몇 권의 책을 출간했으나 여태 그 지도교수에게 헌정하지 않았던 것은 그때마다 바칠 이들이 생긴 까닭도 있지만, 그보다는 뭔가 가장 무게 있고 핵심적인 책을 낼 때까지는 그를 위해 오롯이 간직해두고 싶었기 때문이다. 진정 사랑하는 여자는 함부로 건드리지 않고 훗날을 위해 애지중지 아끼듯 말이다. 이제 바야흐로 적정한 때가 온 것 같다. 이 책이야말로 피터 버거, 바로 그에게 바쳐져야 할 책이다.

이 책이 나오게 된 데는 사실 따지고 보면 그가 썼던 수많은 책에 빚진 바가 크다. 대학생 때 그 책들을 읽으며 필자는 청춘 시절에 품었던 꿈을 뒤로 물리고 사회학자가 되기로 굳게 마음먹어버릴 정도였으니 말이다. 그리고 단언컨대 그 꿈의 결실이 바로 이 책이다. 그 첫 결실은 그가 지도한 박사논문이 바탕이 된 미국에서 발간한 저서이지만, 처음 것은 늘 그렇듯 얼떨결에 저지른 일이라 지금은 그 책에 대해 별다른 감흥이 없다. 물론 그런 데는 시간이 많이 흘렀다는 이유도 한몫할 게다. 어떤 흥분도 시간이 지나면 별수 없이 가라앉는 법이니…….

그 뒤에도 필자는 몇 권의 책을 냈고 그것들로 인해 약간의 인지도를 얻기도 했다. 손가락 깨물면 아프지 않은 것이 없듯 어찌 자식 같은 책들이 다 똑같지 않으랴. 하지만 그것들 모두 이 책에 비하면 견줄 수조차 없는 일종의 에피소드와 같은 것들이라고 할 수 있다. 이것이야말로 나에겐 특별한 책이다. 그렇게 각별한 이유는 이제까지 집필하면서 재미도 느끼며 만든 유일한 책이기 때문이다. 말하자면 인생의 연륜이 빚어낸 여유를 가지고 즐겼다고나 할까. 그러나 향유에는 육신이 늙어가면서 접하게 되는 이러저러한 애로 사항들로 인한 육체적, 정신적 고통도 겹겹이 켜가 되어 녹아 있다.

이 책은 비록 일반 대중이 읽기에는 녹록지 않은 점이 있을지 모르나 그럼에도 비교적 쉽게 읽히게끔 써보려 애쓴 그런 글들의 모음이다. 박사 학위를 받은 이후 약 15년 동안 발표한 논문들을 모은 것이지만 단순한 논문 선집이겠거니 하고 생각하면 큰 오산이다. 왜냐하면 필자는 이 책을 위해 장기 연구 계획을 짰고 혼신의 힘을 다해 오랜 시간 동안 그 연구들을 수행했기 때문이다. 해서 수미일관, 즉 처음부터 마지막 장까지 모든 글이 논리적 연관성과 일관성을 갖는다고 자부한다. 필자는 모든 꼭지를 이 책의 출간에 맞추어 기획한 뒤 한 땀 한 땀 떠가는 장인의 바느질처럼 이 책의 모든 글을 써내려갔다. 게다가 원고가 모아진 뒤에는 한 권의 책으로 엮기 위해 솎아낼 것은 솎아내고 새로이 붙일 것은 붙이는 고단한 작업을 거쳐서 이 책의 최종 원고가 완성되었다.

책의 짜임새에 대해 간략히 언급해본다. 1장부터 3장까지는 이방인의 사회학 이론을 위한 일종의 몸 풀기 장들이다. 이방인을 들여다보기 위해 어떤 시각과 개념들이 유용한지에 대해 살핀다. 4장부터 6장까지는 앞 장들에서 살펴본 이방인이 어떻게 해서 인간 그 자체의 모습일 수 있을까, 즉 "모든 인간은 곧 이방인이다"라는 명제가 어떻게 참이 될 수 있을까에 대해 본격적으로 다루었다.

다음으로 7장부터 9장까지는 시대적으로 볼 때 현대인이 더더욱 이방인적 모습에 밀착되어 있음을 밀도 있게 규명하고 있다. 이런 문제와 아울러 이들 장에서는 정상과 비정상의 문제 및 이방인에게 필요한 것으로 거론되는 관용과 환대의 문제에 대해 필자의 나름의 의견을 개진하고 있다. 10장부터 12장은 앞서 다룬 이방인의 사회학 이론을 실제 생활에 적용하는 지면인데, 난해한 이론들이 난무하는 이전 장들에 비하면 독해하기 한결 쉬운 그런 글들로 포진해놓았다. 말하자면 독자들이 가쁜 숨을 잠시 고를 수 있는 그런 지면이다.

끝으로 이 책의 마지막 부분은 결론으로서 이방인과 떼려야 뗄 수 없는 고향과 본래성의 문제를 다루고 있다. 참을 찾아 나섰다는 점에서 일종의 구도자처럼 보일 수 있는 이방인, 그들과 동지가 될 수 있는 이들이 있다면 과연 그들은 어떤 사람들일지에 대해 논의하는 그런 장이다. 필자는 그런 인물로 주저 없이 사회학자를 꼽는데, 이 대목에서 필자가 사회학을 하는 사람이니 짜고 치는 고스톱이 아니냐고 딴죽을 걸 수도 있으리라. 그러나 필자는 마지막 장에서 사회학자 외에 철학자(현상학자)도 같은 부류에 합류시켰으니 그런 혐의에서는 일단 알리바이가 성립되어 벗어날 수 있을 것으로 믿는다. 물론 이런 결론을 제시하는 것은 아전인수격 해석에서 비롯되었거나 혹은 팔이 안으로 굽어 내린 것이 결코 아님을 아는 사람은 벌써 눈치 챘으리라. 이 바닥에서 이골이 날 대로 난 사람으로서 장사 하루 이틀 한 것이 아니라는 이야기다. 그러나 그 주장의 일리 있음의 여부는 독자들이 확인해야 할 몫으로 남겨져 있다.

마지막으로 고마움의 말 몇 마디 덧붙인다. 먼저 글항아리의 이은혜 편집장에게 감사한다. 원고를 받은 당일 곧바로 읽고 바로 "출간 작업을 진행할까요" 하고 묻던 전화 속 그의 씩씩한 말투가 지금도 귓가에 맴돈다. 그녀의 남다른 출판 철학과 일처리의 민첩함으로 인해 나의 이 책에 대한 각별한 애정에서 비롯되는 염려를 많이 덜어낼 수 있었다. 끝으로 아내와 아현, 지현, 나현에게다. 가족은 이방인의 삶을 살리라 굳게 마음먹은 필자에게 있어서는 최고의 훼방꾼임에 분명하다. 그럼에도 그들에게 애착이 가는 것은 어쩔 수 없다. 나그네조차 그의 여정을 계속하려면 잠시라도 쉴 곳이 있어야 하기에……

2014년 여름
LA에서
김 광 기

I부. 이방인 이론

01

이방인과
연극적 은유

1. '이방인'의 사회학적 묘사

'이방인'······

여행을 좋아하는 사람은 물론이고 낯선 곳으로의 여행을 해본 사람이라면 누구나 느꼈을 법한 '나그네'로서의 이 짜릿한 경험은 그것이 주는 어떤 알지 못할 신비감 때문에, 문필가와 같은 예술가들뿐만 아니라 평범한 일상인들에 이르기까지 누구를 막론하고 한번쯤은 '이방인'이라는 단어에 매혹되지 않은 이가 없다고 해도 과언이 아닐 것이다. '이방인'이란 말이 지니는 이런 야릇한 흡인력은 사회학자들도 피해갈 수 없는 것이 사실이며,[1] 한 사람의 사회학자로서 필자 또한 이 고혹적인 주제에 어느 순간 매료되었다.

이 장에서는 '이방인'에 대한 기본적인 사회학적 묘사를 해보려 한다. 다시 말해, '이방인'에 대한 대략적인 윤곽을 잡아보겠다는 것이다. 이를 위해 짐멜Georg Simmel이나 슈츠Alfred Schutz, 그리고 고프만Erving Goffman과 같은 이들을 동원하려고 한다. 짐멜과 슈츠는 '이방인'이라는 주제에

---

[1] '이방인'을 사회학자들이 즐겨 다뤄온 흥미 있는 주제가 되었던 이유로는 티리야키안의 지적을 참고할 만하다. 그는 '이방인'이야말로 우리 자신의 한계를 보여주는 것은 물론, 우리 자신에 대해 정확한 인식을 가능케 하기 때문에 인간에 대한 궁극적인 질문을 던지는 사회학자들에게는 매력적인 주제일 수밖에 없다고 토로한다. Edward A. Tiryakian, "Perspectives on the Stranger," in *The Rediscovery of Ethnicity*, ed. Sallie Teselle(New York, NY: Harper and Row, 1973), p. 57 참조할 것. 이방인을 다룬 최근의 대표적 연구를 보면, '이방성'의 문제를 구조적인 입장에서 좀더 문화적으로 천착한 J. C. Alexander, "Rethinking Strangeness: From Structures in Space to Discourses in Civil Society," *Thesis Eleven*, November 79, 2004, pp. 87-104, '이방인'을 '사회세계의 경계에 위협적인 존재로' '사회적 타자social other' 또는 '문화적 타자cultural other', 그리고 '진정한 잡종true hybrid'으로 그린 Zygmunt Bauman, *Memories of Class*(London: Routledge and Kegan Paul, 1982); Z. Bauman, "Solid, Blood and Identity," *Sociological Review*, Vol. 40, No. 4, 1992, pp. 675-701; Z. Bauman, *Postmodern Ethics*(Oxford: Blackwell, 1993); Z. Bauman, "Making and Unmaking of Strangers," in *The Bauman Reader*, ed. Peter Beilharz(Oxford: Blackwell, 2001), 그리고 고

대해 깊이 천착하여 빼어난 논문을 썼기에 본 연구에 핵심적인 이론 틀을 제공해주었다. 반면, 고프만은 명시적으로는 '이방인'이라는 주제에 대해 어떠한 언급도 하지 않았다. 그렇더라도 그의 몇몇 개념과 그가 정교화시킨 '연극 무대의 은유'가 '이방인'의 특성 규명에 암시하는 바가 적지 않다고 판단되어 준거로 삼았다.

그러면 필자 나름의 '이방인'의 사회학 이론을 구성하는 데 짐멜과 슈츠는 구체적으로 어떤 단초를 제공하고 있을까? 그리고 그들의 '이방인'

전사회학 이론에서 묘사된 '이방인'이 현대적인 의미에서 불일치가 일어난다고 비판하고 있는 Rudolf Stichweh, "The Stranger-On the Sociology of Indifference," *Thesis Eleven*, 51, 1997, pp. 1-16: Simonetta Tabboni, "The Stranger and Modernity: From Equality of Rights to Recognition of Difference," *Thesis Eleven*, 43, 1995, pp. 17-27 등의 연구, '이방인'의 문제를 바우만의 이론으로 재해석한 Vince Marotta, "The Stranger and Social Theory," *Thesis Eleven*, August 62, 2000, pp. 121-134: V. Marotta, "Zygmunt Bauman: Order, Strangerhood and Freedom," *Thesis Eleven*, August 70, 2002, pp. 36-54 등이 있다. 또한 '이방인'과 같은 '잡종'을 용인하지 못하는 '종족주의tribalism'에 관한 연구 Michel Maffesoli, *The Time of the Tribes: The Decline of Individualism in Mass Society*, tran. Don Smith(London: Sage, 1996), 마페졸리의 연구를 바탕으로 '잡종'을 배타시키고 적대시하는 '근본주의'적 경향에 대한 연구를 행한 Bülent Diken, *Strangers, Ambivalence and Social Theory*(Aldershot: Ashgate, 1998)가 있다.

그 외에 Tibor Dessewffy, "Strangerhood without Boundaries: An Essay in the Sociology of Knowledge," *Poetics Today*, Vol. 17, No. 4, 1996, pp. 599-615: Z. D. Gurevitch, "The Other Side of Dialogue: On Making the Other Strange and the Experience of Otherness," *American Journal of Sociology*, Vol. 93, No. 5, 1988, pp. 1179-1199: Lesley D. Harman, *The Modern Stranger: On Language and Membership*(Berlin: Mouton de Gruyter, 1988): Michael W. Macy and John Skvoretz, "The Evolution of Trust and Cooperation between Strangers: A Computational Model," *American Sociological Review*, Vol. 63, No. 5, 1998, pp. 638-660: Rene J. Muller, *The Marginal Self: An Existential Inquiry into Narcissism*(Atlantic Hightlands, NJ: Humanities Press, 1987): Dick Pels, "Privileged Nomads: On the Strangeness of Intellectuals and the Intellectuality of Strangers," *Theory, Culture&Society*, Vol. 16, No. 1, 1999, pp. 63-86: Paul C. P. Siu, "The Sojourner," *American Journal of Sociology*, Vol. 58, No. 1, 1991, pp. 34-44: William R. Beer, *Strangers in the House: The World of Stepsiblings and Half-Siblings*(New Brunswick, NJ: Transaction Publishers, 1989): P. Curtin, *Cross-Cultural Trade in World History*(New York, NY: Cambridge University Press, 1992): A. Fraser, *The Gypsies*(Oxford: Blackwell, 1992): R. Girard, *The Scapegoat*(Baltimore, MD: Johns Hopkins University Press, 1986): N. Karakayali, "The Uses of the Stranger: Circulation, Arbitration, Secrecy, and Dirt," *Sociological Theory*, Vol. 24, No. 4, 2006, pp. 312-330: D. Nirenberg, *Communities of Violence: Persecution of Minorities in the Middle Ages*(Princeton, NJ: Princeton University Press, 1996): W. Shack, "Open Systems and Closed Boundaries: The Ritual Process of Stranger Relations in New African States," in Strangers in African Societies, ed. W. Shack, et al.(Berkeley, CA: University of California Press, 1979), pp.

이론의 한계는 무엇인가? 이 점에 대해 이야기하는 것은 자연스레 본 연구가 어떤 점에서 그들의 연구와 차이점을 지니는가를 밝히는 일이 된다. 아울러 이와 연관해서 이 '이방인' 연구와 맥락을 공유한다고 여겨질 만한 기존 연구들—이를테면 대표적으로 '경계인' '이주민' 등—과 본 연구의 차이점에 대해서도 간략히 언급할 필요가 있다. 우선, 첫 번째 문제에 답하기 위해서 우리는 짐멜과 슈츠가 제시한 '이방인'의 정의부터 살펴보아야 한다.

37-47; P. Otnes, *Other-Wise: Alterity, Materiality, Mediation*(Oslo: Scandinavian University Press, 1999) 등을 참조할 것.

또한 '이방인'을 본격적으로 다룬 것은 아니지만, 이른바 세상을 유리하는 자에 초점을 맞춘 연구로는 Cathy Stein Greenblat and John H. Gagnon, "Temporary Strangers: Travel and Tourism from a Sociological Perspective," *Sociological Perspectives*, Vol. 26, No. 1, 1983, pp. 89-110; Edward Said, "Traveling Theory," in *The World, The Text, and The Critic*(Cambridge, MA: Harvard University Press, 1983), pp. 226-247; James Clifford, "Notes on Travel and Theory," *Inscriptions*, 5, 1989, pp. 177-188, Carole Boyce Davies, *Black Women, Writing, and Identity: Migrations of the Subject*(London: Routledge, 1994); Janet Wolff, *Resident Alien: Feminist Cultural Criticism*(Cambridge: Polity Press, 1995); Leszek Kolakowski, "In Praise of Exile," in *Modernity on Endless Trial*(Chicago, IL: University of Chicago Press, 1990), pp. 55-59; Iain Chambers, *Migrancy, Culture, Identity*(London: Routledge, 1994) 등을 참조할 것.

'이방인'에 대한 좀더 오래된 고전적인 논의들로는 S. D. McLemore, "Simmel's 'Stranger': A Critique of the Concept," *Pacific Sociological Review*, Vol. 13, No. 2, 1970, pp. 86-94; Donald Levine, "Simmel at a Distance: On the History and Systematics of the Sociology of the Stranger," *Sociological Focus*, Vol. 10, No. 1, 1977, pp. 15-29; Lyn Lofland, *A World of Strangers*(New York, NY: Basic Books, 1973); Julian Greifer, "Attitudes to the Stranger: A Study of the Attitudes of Primitive Society and Early Hebrew Culture," *American Sociological Review*, December 10, 1945, pp. 739-745; David McFarland and Daniel J. Brown, "Social Distance as a Metric: A Systematic Introduction to Smallest Space Analysis," in *Bonds of Pluralism*, ed. Edward O. Laumann(New York, NY: Wiley, 1973), pp. 213-253; Margaret Mary Wood, *The Stranger: A Study in Social Realations*(New York, NY: Columbia University Press, 1934); Robert Zajonc, "Aggressive Attitudes of the 'Stranger' as a Function of Conformity Pressure," *Human Relations*, May 5, 1952, pp. 205-216; Peter Rose, "Strangers in Their Midst: Small Town Jews and Their Neighbors," in *The Study of Society*, ed. Peter Rose(New York, NY: Random House, 1967), pp. 463-479; E. Hughes, "Personality Types and the Division of Labor," *American Journal of Sociology*, Vol 33, No. 5, 1928, pp. 754-768; E. Bonacich, "A Theory of Middlemen Minorities," *American Sociological Review*, Vol 38, No. 5, 1973, pp. 583-594; L. Coser, "The Alien as a Servant of Power: Court Jews and Christian Renegades," *American Sociological Review*, Vol 37, No. 5, 1972, pp. 574-581 등을 볼 것.

2. '이방인'과 '연극 무대'의 은유

◢ 짐멜과 슈츠의 '이방인' 정의

많은 사회학자 가운데 짐멜과 슈츠는 '이방인' 문제를 자신들의 사회학적 연구의 중요한 주제 중 하나로 삼고 그 문제와 씨름한 이들로 정평이 나 있다. 실제로 짐멜[2]과 슈츠[3]는 각각 '이방인'이라는 같은 제목의 논문을 발표했는데, 거기서 그들 나름의 철학적·사회학적 사유를 발동시켜 '이방인' 개념에 대한 정의 내리기를 시도하고 '이방인'이 지닌 특징들을 사회학적 이론으로 정교화시킨 바 있다. 그러면 그들이 규정한 '이방인'의 정의를 먼저 살펴보자.

먼저 짐멜이다. 그는 '이방인'을 소위 '잠재적 방랑자'로 정의한다.

> 만일 방랑이라는 것이 공간적으로 주어진 모든 지점으로부터의 해방을 의미하고, 따라서 그 주어진 어떤 지점에의 고정이 정확히 반대 개념을 의미한다면, '이방인'의 사회학적인 개념 형성은, 이런 두 가지 특성—말하자면 방랑과 고정이라는—의 합일을 드러내는 것이다. 그러나 이런 '이방인' 현상은, 한편으로는 공간적 관계라는 것이 단지 하나의 조건이면서, 다른 한편으로는 인간관계의 상징이기도 하다는 점을 드러내준다. 여기서 논의된 '이방인'은 이제까지 다루어져왔

2　Georg Simmel, "The Stranger," in *The Sociology of Georg Simmel*, ed. Kurt H. Wolf(Glencoe, IL: Free Press, [1908]1950), pp. 402-408.
3　Alfred Schutz, "The Stranger," *Collected Papers Vol. II: Studies in Social Theory*(The Hague: Martinus Nijhoff, [1944]1964), pp. 91-105.

던 방랑자, 즉 오늘 왔다가 내일 떠나가는 의미에서의 방랑자라기보다는, 오히려 오늘 왔다가 내일도 머물 그런 사람으로서의 '이방인'을 가리킨다. 그는 소위 잠재적인 방랑자다. 다시 말해서, 그는 지금 당장 떠나려고 하지는 않을지라도, 오가는 자유의 유혹을 여전히 완전히 떨쳐버리지 못한 사람이다. 그는 한 특정 공간적 집단에, 또는 공간적 경계와 흡사한 그런 경계를 지닌 어떤 집단 내에 위치지어져 있을 수 있다. 그러나 그 집단에서 그의 위치는, 애초부터 그가 그 집단에 속해 있지 않을뿐더러, 그 집단에는 없었던 그리고 그 집단 자체에서는 유래할 수 없는 어떤 이질적인 요소를 그 집단에 가미한다는 바로 그 사실에 의해 본질적으로 결정된다.[4]

'이방인'의 완벽한 예로 짐멜은 '무역상'[5]을 들고 있다.

그런데 이처럼 완전한 방랑인이 아니라 잠재적 방랑인인 '이방인'에 대한 짐멜의 정의는 슈츠가 내리고 있는 '이방인'의 정의와도 매우 유사하다. 슈츠는 '이방인'이란 "자기가 소속되기 위해 접근을 시도하는 집단이 영원히 수용해주거나 아니면 적어도 관용해주기를 바라는 우리 시대 또는 문명 시대의 성인成人"[6]이라고 정의내리고 있다. 다시 말해, 짐멜과 마찬가지로 슈츠도 어떤 집단과 일시적 접촉만을 감행하는, 오늘 왔다가 내일 떠나는 방랑객, 여행객, 손님 등은 그가 천착하려고 하는 '이방인' 탐구에서 의도적으로 배제하고 있다. 슈츠가 내린 정의에 비춰볼 때, 자신의 고국으로부터 다른 나라에 이민 온 '이민자'는 '이방인'의 매우 확실한 예가 될 것이다. 그러나 슈츠는 거기에 머무르지 않고 더 세분화된 이질적인 사회적 집단(맥락)들 속의 이주자에 대한 다양한 예를 '이방인'에

---

4   Georg Simmel, "The Stranger," p. 402.
5   같은 글, p 403.
6   Alfred Schutz, "The Stranger," p. 91.

적용시키고 있다. 다음이 그 예다.

폐쇄적인 비밀 사교클럽의 멤버십을 얻고자 하는 사람, 신부 가족의 마음에 들기를 원하는 예비 신랑, 대학에 들어간 농부의 아들, 농촌 환경에 정착하려는 도시거주자, 군대에 막 들어온 피징발자, 신흥 도시에 이주한 전쟁 종사자 가족[7]

필자는 짐멜이나 슈츠가 정의내리고 있는 '이방인'에 대해 깊이 공감하면서도, 이 위대한 사회학자들이 '이방인'의 범주(예)에서 왜 꼭 단순 방랑인이나 여행객, 손님 등을 제외시켜야만 했을까라는 아쉬움이 있다. 필자가 보기에는 바로 이 점이 짐멜이나 슈츠의 '이방인' 분석이 지닌 첫 번째 한계로 여겨진다.

그러나 이 주장을 개진하기에 앞서 우선 짐멜과 슈츠가 단순 방랑자, 즉 오늘 왔다 내일 가버리는 나그네를 그들의 '이방인' 범주에서 제외한 이유를 살펴보는 것이 중요하다. 그 주된 이유는 아마도, 단순 방랑자나 여행객의 모습은 그렇지 않은 잠재적 방랑자나 이민자들에 비해 새로운 환경에 대한 적응—상황 노출에 있어서의 일시성과 새로운 환경에의 적응 시도에 있어서 치열성의 부족—에 있어서 분명한 차이를 보일 뿐만 아니라, 사회학적인 분석에서도 주마간산 식으로 새로운 환경을 지나쳐버리는 단순 방랑자를 배제하고 잠재적 방랑자만을 분석하는 것이 더욱더 커다란 장점이 있어 보이기 때문에 '이방인'에서는 제외하는 편이 낫다고 여긴 듯하다.

그러나 위에서도 언급했듯이, 그 견해를 충분히 이해함에도 불구하고 짐멜과 슈츠는 '이방인'의 범위를 축소시키는 데 강박적이지 않았나

---

7   같은 글, p. 91.

하는 의문이 든다. 슈츠나 짐멜은 '이방인'의 범주에 잠재적 방랑자만을 한정시킴으로써, 그들이 이방인 분석에 있어 중점적으로 보았던 것은 새로운 환경이나 집단 혹은 사회적 맥락에의 '적응 또는 동화의 의지'였던 것으로 여겨진다. 반면 필자는 단순 방랑자나 잠재적 방랑자 모두 새로운(다른) 사회적 환경에 노출되었을 때, 그들이 겪는 '당혹스런 상황'은 별반 다를 바 없다고 보기 때문에 '이방인' 탐구에서 굳이 단순 방랑자를 배제하지 않아도, 그 점이 짐멜이나 슈츠가 애초에 의도했던 '이방인'의 치밀한 사회학적 분석에는 별다른 위해를 가하지 않을 것이라 본다. 오히려 '이방인' 범주에 그것들을 포함시킴으로써 얻게 될 사회학적 함의가 더 클 것이라 여긴다. 따라서 필자는 짐멜이나 슈츠의 '이방인' 개념을 전적으로 받아들이고 그에 의지하되, 그 예의 범위를 좀더 넓혀 단순 방랑자나 여행객도 포함시켰다.

짐멜과 슈츠의 '이방인' 연구가 지닌 두 번째 한계와 본 연구의 차이점은 '연극의 은유'와 관련된 것이다. 간략히 말해서, 짐멜과 슈츠의 '이방인' 분석에서 '연극(무대)의 은유'의 적용이 미흡하다는 점이다. 필자가 보기에 '이방인' 탐구에 있어서 '연극적 은유'의 적용은 적절할 뿐만 아니라 매우 요긴하고 절실하기까지 하다. 그 주된 이유로는, 뒤에서 자세히 상술하겠지만, 본 연구에서 일컫는 '이방인'은 일종의 '이념형'으로서 현실세계에는 존재하지 않는 '꼭두각시' 같은 것인데, 이런 '이방인'에게 가장 걸맞은 환경은 바로 연극 무대라고 판단되기 때문이다.

물론 이런 한계와 관련해서, 짐멜은 전적으로 비판의 대상이 될 수 있다. 왜냐하면 그의 '이방인' 분석에서 '연극 무대의 은유'를 차용한 흔적을 전혀 찾아볼 수 없기 때문이다. 슈츠는 사정이 조금 다르다. 짐멜과 달리 슈츠는 '이방인' 탐구를 '연극의 은유'에서 시작하고 있는 것이다. 그럼에도 불구하고 결론부터 이야기하자면, 슈츠는 '이방인' 분석에서 '연극적 은유'를 충분히 적용하지 못해 그 장점을 최대한 살리지 못했다고 판단된다. 이런 점에서 필자는 짐멜이나 슈츠보다 더 유리한 위치에 놓여 있다. 왜냐하면 필자는 슈츠 이후 세대에 속하는 고프만이라는 사회학자를 접할 수 있었기 때문이다. 모쪼록 고프만의 연극적 사회학의 은전에 힘입어 짐멜과 슈츠가 지평을 열었던 '이방인' 분석을 더욱더 정교화시킬 수 있기를 감히 희망해본다.

그러면 비록 만개시키지는 못했을지라도 '이방인' 이론에서 슈츠가 개시했던 '연극 무대의 은유'의 기미는 어떤 것일까? 그것은 바로 '이방인'에 관한 분석을 해나감에 있어, 슈츠가 스쳐 지나가듯 언급했던 데서 찾을 수 있다. 그는 '이방인'을 '무대 객석으로부터 무대 위로 뛰어올라간' 사람으로 비유하면서, 다음과 같이 묘사했다.

> 무대 아래 객석에서 무대 위로 뛰어올라간, 말하자면 이전에는 단순한 방관자이자 구경꾼에 불과했던 이 사람은 무대 위 공연을 위한 배역의 일원이 되며, 동료 공연자들과의 사회적 관계 속으로 빠져들어가게 되어 그들에겐 상대 배역자가 되고, 마침내는 진행 중인 무대 위 공연에 참여하게 된다.[8]

'연극 무대의 은유'의 적용은 여기서 멈추고 더 이상의 진전은 없지만 여기서 이것을 상기시킨 이유는, 슈츠의 '이방인'의 제반 환경과 '연극 무대' 유비의 기미가 이 글에서 시도하려는 '이방인'과 '연극 무대의 은유'의 적용 가능성을 재확인시켜주기 때문이다. 어찌되었든 이 글은 '이방인'의 특성을 구명하는 데 있어, 이러한 슈츠의 '이방인' 묘사에 고프만의 '연극적 은유'[9] 혹은 '연극적 분석'을 접목시키는 것이 좀더 적합하고 이점이

---

8   같은 글, pp. 97-98.

9   우리 일상의 사회적 삶을 연극에 비유한 사회학적 시도는 고프만이 그 효시다. 그는 사회적 삶 속의 일상인들의 모습을 연극 무대 위에서 연기하는 배우의 것과 유비시켰다. Erving Goffman, *The Presentation of Self in Everyday Life*(New York, NY: Doubleday, 1959)을 참조할 것.

있을 것으로 여겨 논의를 전개한다는 점에서 기존 '이방인'에 대한 짐멜과 슈츠의 연구와는 분명한 차이점을 보인다.

▨ '이방인'과 관련된 그 외 연구들

이제부터는 '이방인'과 간접적으로 연관된 연구들을 잠시 살펴보자.

이런 유의 대표적인 예로는 뭐니 뭐니 해도 '주변인' 혹은 '경계인marginal man'의 연구들을 꼽을 수 있다. 파크Robert E. Park[10]가 짐멜의 '이방인' 분석에서 영감을 얻어 개진한 이 개념은 스톤퀴스트Everett Stonequist[11]와 휴스Everett C. Hughes[12] 같은 후속 연구자들에 의해 정교화되었다. "두 개의 세계에 모두 위치해 있지만, 두 곳 어디에서건 이방인으로 살고 있는 사람"[13]으로 정의된 '경계인' 개념은 본 연구에서도 '이방인'을 특징짓는 하나의 중요한 특성으로 거론한다. 그럼에도 불구하고 필자가 '경계인'보다 '이방인'에 초점과 강세를 두는 이유는, 전자의 개념이 후자보다 사회학적 상상력을 동원하는, 사회학 이론(분석)이 주는 지적 자극의 풍요함에 있어 미흡하다고 판단하기 때문이다. 실제로 파크의 '경계인' 개념은 그가 일생 동안 관심을 기울였던 '사회적 거리'와 '자아 개념'이라는 주제의 연속선상에서 도출된 것으로서, 모두 사회 속에서의 '개인의 정체감'에 초점이 맞춰진 연구라고 볼 수 있다. 그러나 짐멜이나 슈츠가 내놓은 '이방인' 개념은, 이질적인 환경에 노출된 개인의 정체감이라는 측면도 다루지만, 이를 넘어서는 좀더 포괄적이고 다양한 의식의 경험, 태도 등

---

10 Robert E. Park, "Human Migration and the Marginal Man," *American Journal of Sociology*, May 33, 1928, pp. 881-893, Robert E. Park, *Race and Culture*(New York, NY: Free Press, 1950).

11 Everett Stonequist, *The Marginal Man*(New York, NY: Sribner's, 1937).

12 Everett C. Hughes, "Social Change and Status Protest: An Essay on the Marginal Man," *Phylon*, Vol. 10, First Quarter, 1949, pp. 58-65.

13 Robert E. Park, *Race and Culture*, p. 356.

을 다루므로 필자에게는 더 매력적인 탐구의 대상으로 다가왔다.

필자가 파크의 '경계인' 개념에 덜 관심을 기울이게 된 더 큰 이유는, 그 개념이 두 개의 세계를 상정하고 있지만 두 세계를 넘나드는 애초부터의 이질적인 존재에 관한 것은 배제하고 단순히 처음부터 두 세계의 경계선상에 노출된 채 생生을 시작할 수밖에 없는 특수한 상황의 존재에 초점을 맞춘 듯 보였기 때문이다. 파크가 열거한 '경계인'의 예를 보면 '미국의 흑백혼혈아American Mulattoes'가 있는데, 이는 짐멜이나 슈츠가 개진한 '이방인'의 예(무역상, 이주민 등)에서 보이는 이질적인 영역을 넘나드는 역동적인 존재와는 사뭇 동떨어져 있다. 다시 말해, 파크의 '경계인'은 어쩔 수 없이 경계선상에 서는 존재들의 '피동성'에 초점이 맞춰진 반면, '이방인' 개념은 그런 범주를 포함함은 물론 그것을 뛰어넘어 자발적으로 이질적인 맥락을 넘나드는 역동적 존재들의 '능동성'을 내포하는 개념이다. 바로 이런 점에서, '경계인' 개념은 '이방인'을 묘사하는 데 하나의 중요한 부분은 될 수 있을지언정 그 반대 상황은 불가능하다고 여겨졌다. 따라서 본 연구는 '경계인' 개념이 중요한 사회학적 개념임을 인정하면서도 그 한계를 인식했고, 그런 까닭에 '이방인' 연구를 수행하게 된 것이다.

그 외에 '이방인'과 간접적으로 연결되는 기존 연구들과 본 연구의 차이점에 대해 언급하고자 한다. 그것은 주로 방법론과 관련된 것이다. 필자가 천착하려고 하는 '이방인'은 실제 세계에서는 찾아볼 수 없는 어떤 가공의 인물이다. '이방인'은 슈츠[14]가 제시한 사회과학 방법론의 원칙에 충실한 일종의 '꼭두각시homunculi'다. 슈츠에게서 이 '꼭두각시'가 (연구자에 의해 구성되어야 할) 중요한 이유는 그것이 사회세계 연구자에게 매우 중요한 이점을—현상학적 용어를 빌린다면 '자유변경'을 가능하게 해

---

14 Alfred Schutz, *Collected Papers Vol. I: The Problem of Social Reality*(The Hague: Martinus Nijhoff, 1962), p. 41.

주는 이점을—제공하기 때문이다. 이 자유변경은 무대 위에 올려진 꼭두각시가 밟아갈 개연성이 높은 경험의 여정을 상상된 의식의 흐름을 따라 추적, 기술해나가는 데 필수적이다. 이러한 현상학적 접근이 기존 연구와 대비되는 것은 평범한 일상인들은 물론 사회를 연구하는 전문가들조차 자칫 '자연적 태도'[15]에 빠져 간과하기 쉬운 것들에 대한 재발견(인식)의 가능성을 확보해준다는 데 있다.

■ '연극(무대)의 은유'

앞서 밝혔듯, 본 '이방인' 연구는 짐멜이나 슈츠의 '이방인' 분석에 기초해 고프만의 '연극 무대의 은유'를 적용시킴으로써 새로운 '이방인'의 특성을 규명하는 이방인의 사회학 이론을 구성하는 것이 그 목적이다. 이 이론을 정립하는 데 '연극 무대의 은유'의 차용이 결정적인 역할을 하는 이유로는 크게 두 가지를 들 수 있다. 그중 하나는 앞서 언급했던 것으로, 즉 '이방인'이 어떤 의미로 규정되었는가와 연결된다. 본 연구에서 '이방인'은 연구자가 만들어낸 '꼭두각시'로서 이러한 가상의 '인형'들에게 가장 잘 어울릴 수 있는 배경 조건은 바로 '연극 무대'가 적격이라고 판단된다. 다른 하나의 이유는, 일반적으로 말해 연극의 현실과 우리 일상의 현실이 너무도 유사해서 그 경계가 모호하다는 데 근거한다. 현실세계를 이해하는 데 연극적 현실을 동원하거나 비유했던 예는 셰익스피어나 라신 같은 문호들에서부터 하위징아와 고프만 같은 학자들에 이르기까지 무수하다. 사회학 이론에서도 연극적 비유의 흔적(예)들을 어렵지 않게 발견할 수 있는데 '역할' '성격' 등의 개념이 그 예다. 그런 점에서 연극적 현실을 제대로 파악한다면 우리 사회 현실은 물론이고 여기서 초점을 맞

---

15 이에 대해서는 이 책 2장과 3장을 각각 참조할 것.

춘 가상의 '꼭두각시'로서 '이방인'의 사회적 현실 또한 더 잘 파악할 가능성이 높아진다고 볼 수 있기에 '이방인' 분석에서 '연극 무대의 은유'의 적용은 정당화될 수 있다.

군이 이러한 정당화 없이도, '이방인' 연구에 있어 '연극적 은유'의 대입은 흥미로울 뿐만 아니라 타당해 보인다. 왜냐하면 기존의 어떤 집단 the approached group 성원들의 입장에서 볼 때, 자신들의 집단에 접근을 시도하는 사람들은 그들이 엮어내고 있는 그들만의 드라마(연극 무대 공연)에서 낯선 '이방인'일 뿐만 아니라, 나아가 아무리 잘 봐줘도 기껏해야 '신출내기'이고 '풋내기'로 여겨지기 때문이다. 이에 대한 상세한 이야기는 뒤로 미루며 짧게만 언급한다면, '이방인'들이 그렇게 보이는 이유는, 그들이 접근하려는 집단의 구체적인 역사를 경험하지도 않았고, 또한 기존 집단의 드라마에 대해 완벽하고 충분한 사전 지식을 결여하고 있기 때문이다. 설사 '이방인'들이 이런저런 사전 지식을 습득하고 있다 해도, 그것은 기존 집단 성원들이 지닌 그들만의 공연 지식에 비춰보면 어설프기 짝이 없는 미미한 것이다.

어떤 기존 집단의 성원들이 지닌 사전 지식에 비해 그런 '지식의 현격한 결여'라는 '이방인'의 딱한 처지 외에도, 이방인에게는 기존 집단 성원들이 지닌 것을 보유하지 못한 결정적인 흠결欠缺이 있으니, 그것은 구체적인 사회 공연을 위한 '무대 매너'다. 실제로 공연 중인 무대 위에서의 배우들에게는 특별한 무대에 걸맞은 태도들이 요구된다.[16] 이런 연극 무대의 상황은 '이방인'에게서도 발견된다. 즉 어떤 집단 성원들 입장에서 보면, 그 집단에 새로 입성하기를 원하는 낯선 타인인 '이방인'은, 기존의 집단 성원들이 보유하고 있는 그들만의 연극 공연의 수행을 위해서 반드시 요청되는 것들—그 새로운 공연에 대한 사전 지식, '무대 훈련'과 '공연

---

16   Erving Goffman, *The Presentation of Self in Everyday Life*, pp. 216-218.

에 대한 연습' 등—을 완전히 결여하고 있으므로, 기존의 무대 매너에 능수능란한 집단 성원의 입장에서 볼 때 이 '이방인'들은 신참내기, 또는 항상 문제를 일으킬 수 있는 '고문관'쯤으로 여겨지는 것이 당연하다.

어쨌든 이 장에서 신출내기로서의 '이방인'이 이질적인 '사회적 환경'에 노출될 때 그것에 어떻게 접근하고 경험하는가를 사회학적으로 노정시키는 데 있어 '연극(무대)의 은유'의 차용이 결정적인 역할을 담당하게 되었다.

3. '세계'에 대한 '이방인'만의 특수한 경험

　'연극의 은유'를 '이방인'이 처한 상황에 접목시킴으로써 파악할 수 있게 되는 '이방인'만의 독특한 특징—'이방인'이 겪는 세계에 대한 의식의 경험—을 좀더 면밀히 살펴보자. 다시 말해 '이방인'을 '연극적 은유'를 통해 재접근하여, 선구적 연구를 했던 사회학자들의 '이방인' 개념을 좀더 명확히 규명·세련화할 수 있는 '이방인'의 특성을 구성해보자.

◪ 현실의 극적인 전환

　자기가 속해 있지 않던 집단에 접근을 시도하는 사람—즉, 그 집단의 입장에서는 '이방인'인 사람—은 그가 접근을 시도하려는 새로운 집단에 대해 아는 바가 아무리 미미하다고 할지라도 순수한 공백(혹은 무방비) 상태에서 그 집단에 접근하는 경우는 극히 드물 것이다. 다시 말해서, 대부분의 '이방인'은 자신이 접근을 시도하는 집단에서 공연 중인 드라마에 대해 어떤 '상像'—그것이 아무리 조야하다고 할지라도—을 가지고 있기 마련이다. 즉, '이방인'은 슈츠의 용어로 '선술어적 경험prepredicative experience'[17] 또는 '의심되지 않는 전前경험'들을 가지고 있는 것이다.[18] 비유적으로 표현하면, 설혹 그 극장 내부에 들어가지 않았다고 하더라도,

---

17　이에 대해서는 이 책 2장에서 자세히 논할 것이다.

18　Alfred Schutz, "The Stranger," pp. 91-105; Alfred Schutz, "The Homecomer," *Collected Papers Vol. II: Studies in Social Theory*(The Hague: Martinus Nijhoff, [1945]1964), pp. 106-119; Alfred Schutz, *Collected Papers Vol. I*; 김광기, "왜 사회세계엔 '전형'이 반드시 필요할까?: 알프레드 슈츠의 '전형성' 개념을 중심으로," 『한국사회학』, 36(5), 2002a, pp. 59-85; 김광기, "양가성, 애매모호성, 그리고 근대성: 알프레드 슈츠의 '전형성' 개념의 응용연구," 『한국사회학』, 37(6), 2003a, pp. 1-32 참조할 것.

그는 드라마가 공연 중인 극장 바깥에서 그 극장이 지금 어떤 공연을 상연하고 있다는 포스터나 광고 전단, 또는 공연과 관련된 소문 등을 접했을 수 있다는 것이다. 이에 대해서 고프만은 다음과 같이 이야기한 바 있다.

> 어떤 개인이 한 사회에서 새로운 지위를 차지하게 되어서 새 역할을 수행하게 되었을 때, 그는 앞으로 어떻게 행동해야 하는지에 대해서 아주 완벽하게 알고 시작하는 것도 아닐뿐더러, 그렇다고 그가 그 상황에 대해 더 생각하는 것 없이 뭔가를 하도록 애초부터 강한 압박을 받는다고도 말할 수 없다. 대개는 몇 가지 단서나 힌트, 그리고 무대 지침들이 그에게 주어질 것이고, 그가 그동안 해왔던 그의 인생 드라마의 여정에는, 새로운 환경에서 요청될 많은 공연의 이런저런 편린들이 이미 포함되어 있을 것으로 추정된다.[19]

어쨌든 이 점을 무리 없이 받아들인다면, 우리는 다음과 같은 사실을 미루어 짐작할 수 있게 된다. 극장 외부에 머물러 있는 '이방인'의 눈으로 볼 때, 극장에서 상연되고 있는 무대 위에서의 '연극의 현실'은 '이방인'이 극장 밖에서 보았던 그런 광고 전단 혹은 포스터로부터 얻은 인상이나 이미 그 연극을 관람한 경험이 있는 '이방인'의 친구들에게서 나온 입소문으로부터 구성될 것이 뻔하다. 이 말이 뜻하는 바는 무엇일까? 이는 그 드라마의 현실이라는 것이 극장 밖 '이방인'에게는 극장 안의 공연자나 관객이 맛보는 그런 현실과는 성질이 다른 것이라 하더라도, 어쨌든 극장 밖의 '이방인'들 또한 그 무대 위에서 공연되고 있는 드라마의 현실에 대해 어슴푸레한 뭔가를 지니고 있을 것이란 이야기다. 그러나 그

---

19   Erving Goffman, *The Presentation of Self in Everyday Life*, pp. 72-73.

점을 십분 인정한다고 하더라도, 그 드라마의 엄연한 현실은 극장 밖 '이방인'이 견지한 그것과 판이하다는 사실을 명심할 필요가 있다. 간략히 표현해, 극장 안의 참여자들은 그들의 현실을 '최우선적인 현실reality par excellence'로서 경험하는 데 반해, 이방인들은 그렇게 경험하지 못한다.

그러나 어찌되었든 '이방인'은 극장으로 흘러 들어가게 되었고, 설상가상으로 그는 관객 입장에서 불현듯 공연 중인 무대 위로 뛰어올라간 형국이 되어버렸다. 이런 상황에서 '이방인'은 그야말로 '극적인 전환'의 기로에 놓인다. 그 극적인 전환이란 바로 극장과 무대 밖에서의 포스터나 관람평에서의 극적 현실로부터 그 드라마 내부의 극적 현실로의 전환을 말하는 것이다. 다시 말해서, 공연 중인 무대 위로 뛰어든 후의 연극의 현실은 '이방인'에겐 그전에는 자신의 삶과 아무런 상관도 없는 것이었던 데 반해, 이제는 그야말로 '생생한 현실'이 되어버린다는 것이다. 이를 슈츠의 현상학적 개념에 대입해본다면, '이방인'에게 있어 극적 전환을 거친 연극의 현실은 바야흐로 그가 타인들의 공연 무대에 뛰어들고 난 후에는 "지배적 현실"이 된다는 것이다.[20]

■ 새로운 현실과의 괴리 그리고 운신의 부자연스러움

위에서 잠시 언급했듯이, '이방인'은 아무런 대본이나 준비 없이 진행 중인 드라마에 불쑥 진입했으므로 당사자에게 있어 그 세계는 여간 낯설지 않을 수 없다. 그러나 '이방인'은 그 드라마에 어떤 형태로든 참여하도록 요구될 것이다. 다시 말해, 그 진행 중인 드라마를 엉망으로 만들지 말

20 Alfred Schutz, *Collected Papers Vol. I*, pp. 207-259; Peter Berger and Thomas Luckmann, *The Social Construction of Reality*(Garden City, NY: Doubleday, 1966); George Psathas, *Phenomenology and Sociology: Theory and Research*(Washington D.C.: University Press of America, 1989).

고 그냥 이전부터 흘러온 대로 앞으로도 흘러가도록 협조할 것이 기대될 것이다. 그러기 위해서 '이방인'에게는 진행 중인 드라마의 대본이 무엇인지 파악하는 일이 가장 시급하다.

　문제는 '이방인'이 진행 중인 드라마의 대본을 그럭저럭 입수했다고 하더라도, 여전히 그 드라마의 전체 맥락을 파악하는 데는 힘에 부친다는 사실이다. 더욱이 그에게는 그럴 만한 충분한 시간도 주어지기 어렵다. 이때 그가 택할 수밖에 없는 유일한 전략은 아마도 그 무대 위의 다른 등장인물들, 즉 배우들을 흘끔흘끔 훔쳐보는 일일 것이다. 그들이 실제로 무대 위에서 어떻게 공연하는지를 눈여겨봄으로써 대본에서는 가르쳐주지 않는, 즉 실제로 무대 공연을 위해 배우가 어떻게 행하고 있는지—이른바 그들의 '실제 행위'—를 그는 대략적으로나마 목도할 수 있을 것이다. 그런데 이런 과정에서 '이방인'은 드라마 상연에 있어 매우 중요한 사실을 깨닫게 되는데, 그것은 다름 아닌 어떤 배우의 행위도 주어진 대본에 완벽하게 근거하지 않는다는 점일 것이다. 다시 말해, 어떤 '연기'도 대본에 나와 있는 '그대로' 행해지지 않는다는 점을 '이방인'은 눈치채게 된다. 어떤 배우도 대본에 적혀 있는 대사를 단 하나의 철자도 틀림없이 앵무새처럼 되뇌지는 않기 때문이다. 만일 그렇게 하는 배우가 실제로 있다면, 그는 십중팔구 무대 감독으로부터 경고나, 심하게는 퇴짜를 맞을 공산이 크다. 왜냐하면 그런 행위는 관객에게 '자연스럽지' 않은 것으로 받아들여지고, 나아가 자격이 없는 배우로까지 낙인찍힐 수 있기 때문이다. 다시 말해 연기자는 대본을 기본으로 하되 자기 능력을 십분 발휘하여 자신이 하는 연기가, 더 나아가 그가 몸담고 있는 연극이 결코 대본에 의한 것이 아니라는 '인상'을 관객들에게 심어줄 정도로 '즉흥 연기'(애드리브)[21]의 달인이 된 때에야 비로소 아무 무리 없는 '자연스런' 연

21　이에 대한 자세한 논의는 이 책 2장을 참조할 것.

기를 했다고 받아들여질 것이다.

　대부분의 배우는 위에서 말한 '연극적 훈련'이나 '연습'을 통해 이런 능력들을 습득하기 마련이지만, 그보다 그런 능청스럽고 자연스런 연기를 가능케 하는 것은, 바로 연기자들이 자신이 현재 임하는 특정 공연이 진행되는 동안 그들이 연기할 수 있는 여타 무대의 공연을 뒤로 젖혀둔 채 진행 중인 공연에만 몰입(두)하는 '애씀'[22]이다. 여기서 주의해야 할 한 가지는, 그러한 공연을 위한 '애씀'을 배우 자신은 공연에 빠져 있는 동안 스스로 전혀 눈치채지 못한다는 사실이다. 그것을 자각하는 순간 연기의 자연스러움은 이내 사라지고 만다.

　그러나 무대 위로 갑자기 뛰어올라온 신출내기로서의 '이방인'은 대부분의 연기를 능청스럽게 해대는 기존 집단 성원들과는 확연히 다른 사정에 놓인다. 기존 집단 성원들은 공연을 위한 자격과 훈련을 갖추고 있을 뿐만 아니라 특정 공연이 진행되는 동안 다른 가능성은 관심 영역 밖으로 철저히 제외시키고 특정 배역의 공연에 몰입함으로써 그 드라마에 적합한 인물이자 그 연기가 매우 자연스러운 것으로서 동료 배우와 관객에게 받아들여지고, 나아가 자기 자신조차 그렇게 여길 것이 분명하다. 반면 신출내기로서의 '이방인' 연기는 그러한 자연스러움과는 엄청난 차이가 있게 마련이다. 우선은 객석의 관객에서부터, 무대 위 동료 배우는 물론 자기 자신조차 그의 연기는 부자연스럽다고 여길 것이 분명하다. 여기서 한 가지 조심해야 할 것은 필자가 위에서 '자연스런' 연기에는 배우가 눈치채지 못하고 있어서 그렇지, 그들의 '애씀', 즉 노력이 깃들어 있다고 지적한 점이다.

　그렇다면 이 '이방인'의 부자연스런 행위는 그에게 애씀이 전혀 없어서 그런 것인가? 이에 대한 답은 '그렇다'와 '아니다' 둘 다이다. 전자의 경

22　이에 대해서도 이 책 2장을 참조할 것.

우는 '이방인'이 드라마의 전체 대본을 확보하지 못하거나 전후 맥락을 파악하지 못한 채 얼떨결에 무대 위로 올라오게 되어 준비가 안 된 상태에서 특정 공연에 참여하게 될 때 그러하다. 즉, 공연에 대한 '이방인'의 '애씀'의 흔적이나 시도를 찾아보기 힘들 때 '이방인'의 부자연스런 연기가 관찰된다. 후자의 경우는 사회학적으로 더 흥미를 끈다고 볼 수 있는데, 오히려 '이방인'이 연기에 과하게 애를 쓰기 때문에 부자연스럽게 보이는 것이다. 마치 오랜만에 단 한마디 내사가 배낭된 만년 단역 배우가 그 짧디짧은 대사를 잘해내기 위해 외우고 외웠지만, 아주 잘해내야만 한다는 강박감 때문에 정작 촬영에 들어갔을 때 낭패를 보는 것과 같다. 모든 일이 그렇듯이 지나치게 표가 나게 애쓴 것은 들통나게 마련이다. 마치 성 경험이 전혀 없는 신혼부부가 초야初夜를 치를 때, 성공해야 한다는 강박감으로 인해 백이면 백 애초의 목적을 달성하지 못하는 것처럼 말이다. 따라서 연기에 있어 능수능란함이란 자신에게 맡겨진 연기를 잘해내야 한다는 강박감에서 벗어났을 때에만 가능하다.

이와 관련하여 고프만도 적절한 관찰을 우리에게 제시한 바 있다. 그것은 다름 아닌 그의 '역할소원role distance'이란 개념이다.[23] 그에 의하면 인간 행위의 능수능란함, 달리 말해 자연스러움은 행위자가 자신에게 맡겨진 역할을 얼마만큼 일정한 거리를 두고 행하느냐에 달려 있다. 이를 그는 '역할소원' 또는 '역할거리'라고 불렀다. 이는 마치 고참 흉부외과 의사들이 수술실에서 환자의 가슴을 절개해놓고 라디오를 켜둔 채 노래를 흥얼거리거나, 간호사들과 음담패설을 늘어놓는 등 자신이 당면한 심각한 역할과는 거리를 두는 것과 같다. 그러나 이들의 이런 모습은, 이제 막 첫 수술을 홀로 감행하며 콧등에 땀이 송골송골 맺힌 것은 물론 전

---

23 Erving Goffman, *Asylums: Essays on the Social Situation of Mental Patients and Other Inmates*(Harmondsworth: Penguin, 1961a), p. 319; Erving Goffman, *Encounters: Two Studies in the Sociology of Interaction*(Indianapolis, IN: Bobbs-Merrill, 1961b), pp. 106-107.

신에 땀이 밴 신참내기 의사가 자신에게 부여된 역할과 자기 사이에 설정한 거리와는 현격한 차이가 있다. 모든 일이 그렇듯 고수들은 당황하는 법이 거의 없다. 그리고 그런 이유로 인해 고수들은 하수들보다 당면한 문제에 대처하는 데 성공할 확률이 훨씬 더 높다. 왜냐하면 그러한 '역할거리'는 바로 어느 정도의 '여유'를 의미하며, 그 여유의 공간은 인간을 더 '민첩'하게, 즉 더 넓은 시야에서 직면한 문제를 파악하게끔 만들어주기 때문이다. 그리고 그러한 여유를 바탕으로 '즉흥 연기', 즉 애드리브가 가능해지고, 그런 애드리브는 누구에게나—말하자면 관객에게나, 동료 배우에게나, 자신에게나—'자연스러움'으로 다가오게 된다. 결국 객석에서 이제 막 무대 위로 뛰어든 신출내기로서의 '이방인'은 준비가 전혀 안 된 상태에서 무덤덤하게 공연에 임하게 되었든지, 아니면 신경을 과도하게 쓴 나머지 기존의 무대 위 배우들이 지닌 자연스러움을 결여하고 있으며, 그런 의미에서 고프만이 말한 '역할거리'를 결여하고 있다고 볼 수 있다.

요약하자면, 자연스런 연기가 연기자의 적절한 애씀으로 인해 가능한 것이 사실이라면, 그 애씀이 과부족으로 조건지어진 '이방인'에게 연기의 부자연스러움은 자연스런 양태일 수밖에 없다. 그리고 그러한 연기의 부자연스러움, 즉 '서툶'은 결국 진행 중인 공연을 삐꺼덕거리게 할 위험 요소 중 하나임에 분명하다.

어찌되었든, 어느 정도 새로운 환경에 진입하여 각고의 노력 끝에 대본을 확보한 '이방인'은 처음에는 대본대로 연기해야만 한다는 강박관념에 시달리다가도 시일이 지남에 따라 강박으로부터 한숨 돌림으로써 일말의 안도감을 지닐 수도 있을 것이다.

◢ 탈환상

객석에서 무대의 공연 속으로 뛰어들어간 '이방인'은 공연이 어느 정도 진행된 후에는 비로소 진정한 무대 속의 삶을 체험할 수 있게 된다. 이 말이 뜻하는 바는, 외부인에게는 철저히 가려져 있고 출입이 통제되어 있는 '무대 뒷면'에의 접근이 이제 '이방인'에게 허용된다는 것이다. 조명을 받는 무대 위에서 배우들의 행동은 자못 근엄하게까지 보일 수 있다. 이를테면 왕으로서의 배역을 맡은 이를 떠올려보라. 하지만 이제 스포트라이트 속의 무대 위— 고프만의 용어대로 '무대 전면'—의 행동들과 무대의 소품들 및 세트 뒤에 감추어진 뒷면, 대기실에서의 배우들의 행위는 무대 위 연기할 때의 모습과는 아주 판이하다는 것을 이 '이방인'은 직접 목도할 수 있다는 말이다. 예를 들면 화려하게 치장했던 머리 스타일이 무대 뒷면에선 비듬덩어리와 기름진 지저분한 머리임이 드러날 수 있으며, 고운 화장 속에 감춰졌던 여드름투성이의 얼굴이 그 진면목을 드러낼 수 있고, 무엇보다도 장중미莊重美까지 뿜어냈던 배우의 말씨는 코웃음을 자아내는 진한 사투리가 섞인 평범한 시골 사람의 말투로 바뀔 수 있으며, 근엄했던 고관대작의 역할을 했던 배우는 콧구멍을 시도 때도 없이 후벼 파는 험한 모습을 보일 수 있고, 무대 위에서는 다정다감한 친구로 분했던 배우끼리 고함치고 주먹다짐을 하는 것을 목격할 수도 있다. 또는 정확히 위의 예들과 반대 상황이 일어날 수도 있다. 이를테면 애초에는 다소 부정적인 이미지, 혹은 아무런 흥미와 기대가 없었던 상황이 돌변하는 예들 말이다.[24]

확실히 무대 뒤편에서의 행동들은 무대 전면에서의 배우들의 행동과 판이할뿐더러, 그런 무대 조명에만 비춰진 무대 위 행동으로 인한

---

24 이와 관련해서 Erving Goffman, *The Presentation of Self in Everyday Life*, p. 128 참조.

연극의 현실, 또는 극장 밖에서의 포스터나 광고 전단, 관전평에 의해 덧입혀진 그 멋들어진 배우들의 행위와 그로 인한 이미지로 구성된 연극의 현실은 무대 뒤편의 현실과는 하늘과 땅 차이만큼이나 다른 것으로 드러난다. 이런 연극 무대와 관련된 진정한 모습이나 실재를 파악하기 위해서는 무대 전면과 함께 그 뒤편을 훑어봐야 하는 것은 누가 봐도 자명한 사실이다. 따라서 무대 전면에서의 모습들만을 보이고 싶어 하는 연극 관계자들은 무대 전면을 뒤편으로부터 엄격히 '분리'하려 드는 것이 당연지사다.[25] 실로 객석에서 무대 위로 뛰어올라온 '이방인'은 배우들과 극장에서 벌어지는 모든 사안에 대한 생생한 목격자이며, 경험자가 되기에 충분하다. 이렇게 되면 '이방인'은 공연 중인 드라마가 무대 위 전면에서 보이는 바로 그 모습 그대로만은 아니라는 점을 눈치 채게 될 것이다. 이보다 더 흥미 있는 것은, 이런 자각을 넘어서, 다시 말해 무대 뒤편의 진면목을 목도한 '이방인'은 그 화려하게만 보이던 배우들의 연기 뒤에 자신들과 별반 다를 바 없는 구차함이, 즉 인생의 조야粗野함이 별수 없이 녹아 있다는 것을 간파하기에 이를 것이다. 그것은 환상의 장막이 걷힌 뒤에 알아차리는, 모든 인생의 진면목에 들어 있는 공통분모를 발견하게 되는 것이다.[26]

◪ 예리함

무대 위에 뛰어올라간 '이방인'은 공연 중인 드라마에 대해서 매우 중요한 다음의 사실을 금세 인식하지는 못한다. 그것은 바로 무대 위에서의

---

25   같은 글, p. 113

26   그리고 이때의 환상이란 일상 용어로서의 '환상', 즉 긍정적(혹은 좋은) 의미만을 내포하는 것이 아닌, 그것이 긍정적이든 부정적이든 상관없이 어떤 대상을 지향해 소유하게 되는 모든 종류의 이미지를 말한다. 따라서 이런 맥락에서 '탈환상'이란 그런 이미지들의 극적인 변(전)환을 의미한다. 그리고 이것은 이방인에게 '고향'으로의 회귀 본능을 자극하기에 충분하다. 고향에 대해서는 이 책 13장을 참조할 것.

드라마는 작가나 연출자의 의도(명시적일 뿐만 아니라 암시적인)에 대한 배우의 어렴풋한 이해, 파악, 그리고 그것을 명심에 두고 행하는 모든 행동, 즉 '협조'의 총체라는 점이다. 이러한 무대 공연 현실의 본질은 신참자로서 얼떨결에 뛰어든 '이방인'이 무대에 진입하자마자 간파해낼 수 있는 성질의 것이 결코 아니다. 다시 말해, 어느 정도 시간이 지난 뒤에야 '이방인'은 비로소 연극적 현실의 진수를 파악할 수 있다. 이것을 파악하기 전의 '이방인'은 기껏해야 자기가 당장 해내야 할 대사가 어떤 것인지 하는, 어찌 보면 연극 공연에 참여한 지 오래된 다른 배우들이 아무것도 아닌 것으로 간주해버릴 사소하거나 매우 공식적인 사안들에만 눈을 고정시키려 할 것이고, 바로 이런 점들 때문에 기존의 배우들은 '이방인'을 눈치 없는 신참이라고 치부하게 되는 것이다.

어찌되었든 얼마간 시간이 지난 후 진행 중인 공연에 뛰어 들어간 이 '이방인'들은 위에서 지적한 그런 연극적 현실을 지탱하는 본질을 누구보다 더 통렬히 인식하게 될 것이다. 이 점에 있어서 비록 시간은 늦었지만, 그런 인식의 통렬성痛烈性의 정도에 있어서는—그 통렬성을 인식하고 강조함으로써 그것의 수위를 넘어 지나치게 부각시키려들면, 기존 연극적 현실을 유지하고자 하는 이들에 있어서는 그런 행동이 자칫 전복적으로 비칠 수도 있는—연극적 현실이 그런 식으로 유지되고 있다는 점을 악용하여 그 현실을 지탱하고는 있긴 하나 명시적으로나 공식적으로 이를 외부로 드러내기를 꺼리는 기존 배우들의 것보다는 강하다고 볼 수 있다. 다시 말해서 연극 공연이 외부에 주는 인상들, 그리고 보여주고 싶어하는 강한 인상들, 이상들, 이를테면 연극이 관객에게 심어주고자 하는 어떠한 심오한 철학이나, 연극의 공연을 위해 캐스팅된 배우들의 자질이 다른 연극배우들보다 비교할 수 없이 뛰어나기 때문에 그들을 캐스팅했다고 하는 공식적인 발표 등은 모두가 그 보여주는 인상과는 판이한 특징을 지닌, "공표되지 않은 채 암묵적으로 당연시되고 있는 가정"들에 의해 공연이 이루어지고 있다는 점을 '이방인'들은 뼈저리게 느낄 수 있다는 말이다.

예를 들자면, 연극의 현실은 대본에 의거한 대로 이뤄지기보다는 배우들이 연출가의 의도와 사상 그리고 그의 기호를 얼마나 잘 맞추느냐에 달려 있다는 것이다. 그리고 대본과는 별반 상관없어 보이는 이런 '가정'들을 배우가 얼마나 잘 파악하느냐의 여부가 다음 작품에 캐스팅되는 데 관건으로 작용한다는 사실도 이방인은 절감할 가능성이 높다. 이런 사실을 단지 어떤 음울한 그리고 쿰쿰한 냄새가 나는 부패한 연극적 현실 같은 것으로 몰아세울 필요는 없다. 정도가 심하다면 연극적 현실의 그런 좋지 않은 인상을 폭로하기 위해 사용될 수 있을지는 몰라도, 이런 연극적 현실의 본질 규명이 노리는 점은 바로 어떠한 연극도 이런 기본적인 '가정'이나 '신념' 없이는 불가능하다는 것은 알려주려는 것이기 때문이다. 이런 믿음은 논리적이고 합리적인 어떤 규칙이나 공식적인 표명, 선언 등에 우선하는 것들이다. 이러한 연극적 현실의 주요 버팀목인 믿음(가정), 즉 이른바 현실의 '정의情誼적' 측면을 고프만[27]은 '팀 공모team collusion'라는 개념을 사용하여 분석한 바 있다. 그에 의하면, 연극의 팀은 그들이 엮어가는 공연을 잘 작동시키기 위해 반드시 일종의 공모를 해야만 한다. 이는 어떤 팀이든 나름의 '비밀'을 갖고 있음을 말해준다. 즉 어떤 팀이든 그들의 최고 목표는 "그 팀의 공연이 조장하는 상황 정의의 견지"이기 때문이다.[28] 따라서 "팀은 팀의 비밀을 지켜야만 하고, 팀의 비밀이 지켜지도록 조심해야만 하는 것이다."[29] 비록 대단한 내용을 지닌 비밀이 아닐지라도, 이런 비밀들은 팀을 결속시키는 데 주요한 기능을 담당하며, 그렇게 단결된 집단에서는 그러한 비밀들이 자연스럽게 여겨진다. 그리고 시일이 지나면 그것들은 '암묵적인 가정들'로 당연시된다.

이런 점을 받아들인다면, '이방인'들이야말로 현실이 아무리 합리적

---

27   Erving Goffman, *The Presentation of Self in Everyday Life*, pp. 176-190.
28   같은 글, p. 141.
29   같은 글, p. 141.

이고 논리적인 어떤 규칙들에 의해 움직이며 작동되는 듯 보인다 해도 그 이면에는 비합리적인 어떤 정의적인 것들이 똬리를 틀고 있음을 간파하기 가장 좋은 위치에 있는 인물들로 여겨질 수 있다. 물론 이런 점은 '이방인'뿐만 아니라 공연을 진행하는 기존 집단 멤버들의 상식적인 추론으로도 가능하다. 그러나 기존 멤버들은 그 사실을 노골적으로 밝히길 꺼릴 공산이 크다. 더 흥미로운 것은 그러한 그들의 행동과 태도가 지속성을 지닐 경우, 그리고 다행히 아무런 문제 없이 시간이 지나 다음 세대로 이어질 경우, 현실이 실제로도 자신들이 겉으로 공표하는 그런 것들에 의해서만 움직여지고 있다는 환상 속에 빠져든다는 것이다. 또한 행여 그런 암묵적인 것들이 성원들에 의해 의도적으로 드러내질 경우 드라마 속의 사회적 관계는 붕괴 일로에 놓인다.[30] 따라서 어떤 일상생활 세계의 안온한 자연적 태도 속의 일상인들은, 다시 말해서 무리 없이 진행되어온 공연의 안온함 속에서 자연스런 태도를 견지하는 기존 집단의 성원들은 애써 이를 상기시키길 원하지 않고 살아갈 뿐만 아니라, 그렇게 함으로써 그들의 세계는 아무런 문제 없이 현재도 유지되고 있다. 그러나 새로이 접근하는 세계를 안온하지도 자연적이지도 당연하지도 않은 것으로 경험하는 '이방인'에게는 그런 태도가 결여되어 있으며, 바로 그 이유로 인해 기존 집단 멤버들은 "뻔히 보이지만 평상시에는 눈치채지 못하는"[31] 그런 세계의 암묵적인 가정들을 날카롭게 간파할 수 있는 위치에 놓여 있다.

또한 기존 공연의 연극적 현실을 지탱해나가는 데 연기자들의 행위

30 일상 사회세계 속에서의 이에 대한 연구의 예로는 가핑켈의 '대화명료화기도시험'을 참조할 것. Harold Garfinkel, *Studies in Ethnomethodology*(Englewood Cliffs, NJ: Prentice-Hall, 1967).

31 이 용어는 가핑켈의 저작 Harold Garfinkel, "Aspects of the Problem of Commonsense Knowledge of Social Structures," *Transactions of the Fourth World Congress of Sociology*, Vol. 4, 1959, p. 54; Harold Garfinkel, "A Conception of, and Experiments with, 'Trust' as a Condition of Stable Concerted Actions," in *Motivation and Social Interaction*, ed. O. J. Harvey(New York, NY: Ronald Press, 1963), p. 216에서 빌려온 것이다.

가 한몫 단단히 한다는 사실을 이방인이 간파할 수 있는 위치에 놓여 있다는 점에 대해 살펴보자. 한마디로 말해서, 위에서 언급한 암묵적 믿음이 기존 집단 성원들에겐 그들만의 공연을 지탱해나가는 데 결정적인 역할을 함에도 불구하고 그들 자신에게는 "뻔히 보이지만 평상시에는 눈치채지 못하는" 것이었는데, 행위 또한 그 점에 있어서 마찬가지임을 이방인은 눈치채게 된다.

무엇보다도 그러한 행위의 속성을 쉽사리 파악할 수 있는 상황은 진행 중인 공연이 와해 일로에 놓였을 때이다. 바로 그러한 일촉즉발의 순간이야말로 문제를 해결하는 성원들의 행위의 기민함을 관찰할 절호의 상황이라 할 수 있다. 그런데 그런 상황에서는 '이방인'들이 곧잘 노출될 가능성이 농후하기에 '이방인'이야말로 연극적 현실을 유지하는 데 필수적인 기초들을 제대로 파악할 위치에 놓인 행운아들—특히 사회학자들의 위치에서 보면—이라고 주장할 수 있는 것이다. 고프만은 공연에 있어서의 위기는 '불청객'이 등장할 때 극명하게 드러난다고 지적한 바 있다. 그런데 필자가 보기에 이런 불청객의 모습은 '이방인'의 모습과 긴밀히 연관된다. 이때 중요하게 강조되어야 할 것은 바로 불청객으로서의 '이방인'이 이중적 위치를 점하게 된다는 점이다. 그 이중성 중 하나는, '이방인'이 공연을 와해시킬 수 있는 장본인이라는 위치와 동시에 공연의 와해를 모면하는 연기자들의 행위의 기민성(혹은 '기예技藝')[32]에 대한 인식에 있어서 유리한 위치를 점유한다는 이중성이다.

이를 연극적 은유에 적용해서 다시 쉽게 풀어 이야기해보면, 위기의 주요한 요소라 할 수 있는 이 불청객을 고프만은 '침입자'라고 이름 붙인 바 있다.[33] 그 이유는 공연을 수행하고 있는 배우들이 관객에게 보이고자 하는 어떤 인상—고프만은 이를 '인상 관리impression management'라고 명

---

32 이에 대해서는 앞서 이방인의 연기의 '부자연스러움'에서 상술한 바 있다.

33 Erving Goffman, *The Presentation of Self in Everyday Life*, p. 139.

명했다—이 불청객으로 인해 그야말로 절체절명의 위기 상태에 봉착하기 때문이다. 자칫하면 이런 인상 관리의 유지와 시도는 불청객의 침입으로 망신창이가 되어버릴 운명에 처할 수 있다. 따라서 갑작스런 침입자는 기존 집단의 성원들 혹은 그 집단에서 드라마의 배역들을 맡은 배우들에게는 사전 출입이 철저하게 봉쇄되며, 간혹 그들의 출입이 허용된다고 하더라도 예상 가능한 시간대로 한정시키는 것이 대부분이다. 관객과 무대 사이에 그리고 무대 전면은 물론 무대 뒷면과 관객 사이의 '분리'가 이뤄지는 이유—위에서 지적한 '비밀의 들킴'을 방지하는 것 외에도—도 여기에 있다.

그러나 '이방인'은 기존의 드라마 배우들이 철저하게 배척하고 혐오하는 그런 침입자가 되고 말았다. 그는 어느 순간 객석에서 무대의 전면 위로 뛰어올라간 불청객이 되어버렸기 때문이다. 이런 순간, 기존 드라마의 공연을 맡고 있는 배우들에게는 정말로 난처한 상황이 벌어진 것이다. 왜냐하면 이것은 그들이 전혀 예기치 못한 상황일 뿐만 아니라, 그것에 어떻게 대응해야 할지 순간 파악이 잘 안 되기 때문이다. 결국 예기치 않은 침입자의 진입은 진행 중인 드라마를 '황당함'에 처하게 한다.[34]

한편 '이방인'은 무대 위로 그렇게 뛰어올라와서 바로 자기 자신이 불시의 침입자가 된 줄은 모른 채, 자기 입장에서만 모든 상황을 생각하기 십상이다. 다시 말해 '이방인'은 처음에는 다른 사람, 즉 기존의 등장인물들이 겪는 황당한 상황에 대해서는 잠시 눈을 돌릴 겨를도 없는 것이다. 그리고 자신의 상황을 어떻게 해서든 빨리 비교적 정상의 상태로 회복시키기만을 원할 것이다. 그러다가 시간이 지나고 어느 정도 숨을 돌리게 된 후에는, 다른 사람의 입장에서 생각할 여유가 생길 것이다. 특별히 이 경우에는 자신이 처한 황당한 상황뿐 아니라 기존의 드라마를 공연하던

---

34 같은 글, p. 140 참조.

등장인물들이 겪었을 또 다른 차원의 황당함에 대해 인식할 수 있게 될 것이다. 왜냐하면 이제는 어느 정도 적응이 된 '이방인'에게도 공연 중인 드라마에 자신과 비슷한 침입자들이 뛰어드는 경우를 볼 기회가 주어지기 때문이다. 이때 그는 기존 배우들 입장에서는 예기치 않은 불청객의 침입이 공연에 얼마나 위협을 가하는지 발견하게 될 것이다. 배우들의 등골에서는 땀이 흐를 정도로 아찔한 경험들이라는 것을 '이방인'은 그제야 감지하게 될 것이다. 더 나아가 드라마의 와해를 막기 위해서는 이러한 예기치 않은 침입자가 발생했을 때 공연자들이 위기를 얼마만큼 슬기롭게 모면해나가는가가 관건이 됨을 '이방인'은 깨닫게 될 것이다. 그러나 다시 한번 말하지만, 이러한 깨달음은 계속해서 그 공연을 담당해온 공연자들에게 일어나기는 쉽지 않다. 왜냐하면 그러한 위기와, 그들의 기예에 가까운 행위들로 인해 위기의 순간들이 극적으로 모면되는 것이 그들에게는 매너리즘에 가까울 정도로 삶의 일부분이 되었기에, 그러한 사실을 부각시킬 필요가 없음을 넘어 아예 무시하는 지경에 이르렀기 때문이다. 비록 그들이 그런 위기를 즉흥적인 대응으로 잘 대처해나가고 있으면서도 말이다. 마치 술에 취하지 않았을 때는 취한다는 것이 무엇인지 잘 알지만, 취해 있는 동안에는 모르는 것처럼, 기존 공연에 깊숙이 관여한 연기자들은 그들이 그 공연에 몰두해 있는 동안은 그런 사실을 전혀 깨닫지 못한다.

이에 반해 그런 인식은 이질적인 세계들을 오가는(여기서는 관객의 세계와 무대 전면의 세계) '이방인'들만이 쉽사리 눈치챌 가능성이 높다. 왜냐하면 아직 그들은 기존 집단의 사람들처럼 그런 기예들을 몸에 철저히 새기거나 당연시하지 않기 때문이다. 무엇이든 당연하지 않은 것은 신경이 쓰이기 마련이므로 그러하다.

■ 영원한 '국외자' 혹은 '경계인'

이제 막 객석에서 무대 위로 뛰어든 '이방인'은 비록 진행 중인 드라마에 참여해서 얼마간 시간을 보냈을 뿐만 아니라, 위에서 살펴본 이러저러한 드라마의 현실을 자각했다 하더라도 그는 여전히 한 사람의 신출내기, 즉 초심자일 뿐이다. 어느 연극 무대도 이제 막 첫발을 내디딘 풋내기에게 선뜻 중차대한 역을 맡기지 않을진대, 하물며 그 무대 연극과는 아무런 관련 없이 살아온 이 '이방인'에게 어떻게 할지는 더 말해서 무엇하랴. 다시 말해서, 그에게는 그 드라마를 주도적으로 이끌어갈 기회가 좀처럼 주어지지 않을 것이 분명하다. 이것이 일종의 괄시라면 괄시랄 수 있는데, 이런 괄시는 공연을 함께 해나가야 할 동료 배우들뿐만 아니라 연출자로부터도 받게 된다. 드라마의 공연을 성공적으로 마치는 것이 최대 관심사인 연출자에게 '이방인'은 드라마의 최대 장애물로 여겨질 수 있으며, 설사 그를 끌어안고자 마음먹더라도 신경 쓸 일이 한둘이 아니기 때문이다. 그렇잖아도 가뜩이나 계획하고 통제하고 실행할 일들로 머리 몸살을 앓고 있는 연출자로서 그의 드라마에 '이방인'을 등장시키는 것은 또 다른 골칫거리인 것이다. 따라서 '이방인'은 불필요한 잉여적 '혹'으로서, 진행 중인 드라마의 주인공으로 캐스팅되는 일이 허락되지 않을 것이다. 왜냐하면 '이방인'은 앞서 언급했듯이, 배우로서의 자질을 함양하는 연습이 부족하고, 무대에서 쓰이는 전문 용어도 익히지 못했으며, 무대 위에서의 발성법 또한 잘 모르기 때문에 그를 주인공으로 캐스팅하는 것은 흥행의 참패를 감안하지 않고서는 저어되는 일인 것이다. 그런데 이런 이유 외에 그가 그 드라마의 주인공으로 캐스팅되기 어려운 가장 주요한 이유는 '이방인'이 바로 그 무대 출신이 아니라는 점일 것이다. 다시 말해서 '이방인'은 철저한 '국외자outsider'이기 때문이다.[35] 그는 이전에 극장 밖에서는 잠재적 관객이었고, 극장 내부에서는 단순 관객이었을 뿐 배우는 아니었던 것이다. 다시 말해 이런 '이방인'의 원래 모습, 매너, 몸짓, 말투 등은 진행 중인 드라마에는 어색하기 짝이 없어 보인다.

밖에서 흘러들어 온 국외자로서의 '이방인'은 그런 까닭에 진행 중인 드라마로부터 소외되어 있다. '이방인'의 이러한 '소외감'은 파크[36]가 개진했던 '주변인' 혹은 '경계인marginal man'으로 '이방인'이 스스로를 자리매김했을 때 절정에 이른다.

어쨌든 '경계인'으로서의 '이방인'은 어떤 집단의 핵심에는 들어서지 못하고 그저 변방만 어슬렁거리며, 그는 어떤 집단의 핵심으로부터도 의심의 눈총을 떨쳐내지 못하는 처지에 놓인다. 가령 주인공 마술사에 의해 무대 위로 뛰어올라간 관객이 객석으로부터는 혹시 무대 위 마술사와 모종의 관계가 있지 않을까 하고 의심받아 더 이상 순수한 관객으로 인식되지 못하는 한편, 그렇다고 무대 위 마술사로부터도 진정한 마술사나 스태프로 인정받지 못하는 그런 처량한 상태를 상정해보면 경계인만이 놓이는 처지를 짐작할 수 있을 것이다.

하지만 주변인으로서의 '이방인'을 항상 처량하거나 어떤 비참한 처지로만 그리는 것은 부당하다. 왜냐하면 그가 겪는 소외는 다른 중요한 측면을 동반하고 있기 때문이다. 그것은 다름 아닌 자유다. 다시 말해 소외가 있는 곳에는 그만큼의 자유가 존재한다. 주변에 머무는 자, 소외받는 자, 그래서 외로운 자, 그는 그만큼 자유로운 것이다. 또한 그들은 핵심에 있는 사람들이 져야 할 의무로부터도 어느 정도 비껴나 있다.

'주변인'이 지니는 그보다 더 중요한 자유의 원천은 좀더 형이상학적인 것인데, '이방인'은 핵심부에서 거들먹거리는 사람들이 대단하다고 여기는 것들에 대해서 그것을 아무것도 아닌 듯 치부해버릴 대담함을 가질 수 있다. 그런 태도나 능력은 어떤 대단한 수련이나 혹은 자괴감에서

---

35 같은 글, p. 135.

36 Robert E. Park, "Human Migration and the Marginal Man," pp. 881-893; Robert E. Park, *Race and Culture*.

나올 수도 있지만, 핵심이 아닌 주변에 거하는 사람들이 세계를 보는 태도에는 의식적으로나 무의식적으로 침전되어 있는 양식이다. 예를 들자면, 선호하는 지역의 집 몇 채, 평당 얼마, 자식들의 조기 유학, 성형수술 등의 핵심에 거하는 사람들에게 중요하게(진지하게, 목숨 걸고 성취해야만 하는 것으로) 여겨지는 가치가 '주변인'들에겐 한낱 코미디로 보일 수 있을 테니까.[37] 이러한 '이방인'의 '초연超然'한 태도는 앞서 언급한 고프만의 '역할소원' '역할거리' 개념의 또 다른 차원을 이루는 말이다. 앞서 설명한 고프만의 '역할소원' 개념은 어떤 일에 익숙한 자가 능수능란하게 그 일을 처리하면서 갖는 역할에 대한 거리를 설명하는 것이라면, 여기서 이야기하려는 '역할소원'이란 그런 것과는 별개로 한 집단 혹은 그 집단이 가진 가치들, 혹은 그에 걸맞은 역할들의 기대되어진 몰입으로부터 일정한 거리를 유지하는 상태를 말한다. 이것은 고프만이 말한 '역할거리' 개념의 확장이라고 볼 수 있다.[38] 세계에 대해서 일정 거리를 유지하는 것, 그 세계가 자신들에게 부여한 어떤 가치나 역할로부터 간극을 두고 그 가치나 역할을 수행하는 것, 마치 완전한 정붙임(애정)은 없지만 그렇다고 이혼도 하지 않으면서 관계를 유지해나가는 부부들처럼, 세계에 대해 이런 태도를 견지하는 '이방인'이나 '경계인'들은 자신들이 마주한 세계를 자신들과는 전혀 무관한 것으로 여기는 자들이다.[39]

'주변인'인 '이방인'은 그가 떠나왔던 극장 밖 길거리를 그리워할 수도 있다. 다시 말해, 자기가 전혀 다른 곳으로 흘러들어오기 전의 생활을 그리워할 수도 있다. 그러나 한 가지 명심해야 할 것은, 철저한 '주변인'(국

37　이에 대해서는 Peter Berger, *The Precarious Vision: A Sociologist Looks at Social Fictions and Christian Faith*(Garden City, NY: Doubleday, 1961); Peter Berger, *Invitation to Sociology*(Garden City, NY: Doubleday, 1963) 참조할 것.

38　Peter Berger, Brigitte Berger, and Hansfried Kellner, *The Homeless Mind: Modernization and Consciousness*(New York, NY: Vintage Books, 1974).

39　이러한 '이방인'의 모습은 알베르 카뮈의 소설 『이방인』의 주인공 뫼르소에게서 전형적으로 목격된다. Albert Camus, *The Stranger*(New York, NY: Vintage Books, 1989).

외자)으로서 소외와 자유를 지닌 이 '이방인'은 자기가 지금 속하려 하는 집단에 대해서뿐만 아니라, 자기가 그리워하는 떠나온 집단에 대해서도 결코 만족할 수 없는 상태가 된다는 것이다. 왜냐하면 떠나온 집단에 대한 '이방인'의 시선과 시각, 다시 말해 이해와 감상은 이제 그가 속하려고 시도하는 집단에 대한 시각과 이해만큼이나 달라져 있기 때문이다.[40] 그는 이제 눈이 떠져버렸다. 미몽迷夢에 빠져 있던 이 사람은 '이방인'이 됨으로써 비로소 다른 눈으로 또 다른 세계를 보게 된 것이다. 이제 자신이 새로이 흘러들어간 세계는 물론이고 자신이 떠나왔던 세계에 대해서, 즉 어떤 세계를 막론하고 세계 자체의 본질에 대해서, 종국에는 자기 자신에 대해서 새로운 자각을 하게 된다. 그리고 그가 세계와 자신에 대해 결국 깨달은 것은, 그것이 비록 엄청난 외양을 띠고 있다 해도 보잘것없는 것이라는 사실이다. 이렇게 세계와 자신을 왜소하게 인식하는 자각은 한편으로는 위태위태하면서, 다른 한편으로는 '이방인'으로 하여금 그야말로 모든 것에 대해 너털웃음을 치게 할 수도 있다. 이것은 사회학의 대가들이 우리의 사회세계 및 자아 문제와 관련하여 특히 부각시키려 애썼던 '불안정성'이라는 시각과 맞닿아 있다. 확고한 세계와 자아의 상의 허상은 사회학자뿐만 아니라 '이방인'에 의해서도 성립되는 것이다.

◾ '또 다른 잣대'의 전유專有

끝으로, 떠나온 고향 혹은 진입해야 할 새로운 곳, 그 어느 곳으로부터든 소외되어 있고 또 그만큼 자유스러운 '이방인'이 꼭 배척만 당하는 것은 아니다. '이방인'이 반김을 받을 때도 있다는 이야기다. 늘 호기심과 의구심이 깃든 따가운 눈총만 받아왔던 그에게도 볕들 날은 있다는 말

---

40 이에 대해서는 Alfred Schutz, "The Homecomer," pp. 106-119를 볼 것.

이다. 그런 의미에서 인생지사 새옹지마란 말은 참 적절하다. 그렇다면 '이방인'에게 쏟아졌던 냉대의 눈초리는 언제 기대와 따스함의 눈길로 바뀔 것인가? 이 질문에 대한 실마리는 다음에 지적하려는 '이방인'이 지닌 마지막 특징에 감추어져 있다. 우리가 주목하려는 '이방인'의 마지막 특징은 그가 지닌 '객관성'이다. 다시 말해 어느 집단으로부터든, 어느 집단의 핵심적인 가치들로부터든, 그리고 어느 집단의 연줄로부터든 소외되어 있는, 즉 일정한 거리를 두고 있는 '이방인'들은 그들이 그러한 것들로부터 자유로운 만큼 객관성을 지닌 것으로 인정받게 된다. 따라서 그들은 어떤 집단에서 분열과 갈등이 일어날 때, 혹은 그러한 집단의 경쟁력을 살려나가려 할 때, 해당 문제들을 푸는 데 가장 적절한 해결사들로 인식되고 실제로 선택되기도 한다. 어떠한 땅도 소유하는 것이 금지될 정도로 중세시대에 배척과 천대를 받았던 유대인들이지만, 중요한 분쟁에서 판결을 내리는 판사로 고용되었던 예가 이를 여실히 증명해준다. 필자가 주목하는 것은 바로 '이방인'이 지닌 객관성이다. 이때의 객관성은 어떤 집단이든 그 집단의 핵심과 중요한 가치들 그리고 그와 연결된 사람들의 끈으로부터의 자유를 의미한다. 바로 이 점 때문에 '이방인'은 많은 경우 어떤 집단의 기존 성원들로부터 배척을 받지만, 때로는 환대를 받는 것이다. 이를 짐멜[41]은 '이방인'들이 '조감도鳥瞰圖'를 보유했다고 지적했고, 슈츠[42]는 그들이 '또 다른 잣대'를 사용하는 자들이라고 표현했다. 그와 유사한 맥락에서 파크[43]도 '이방인'들이 "탁 트인 시야와 예리한 지성, 그리고 좀더 초연하고 합리적인 시각"을 지닌, 언제나 상대적으로 그만큼 더 '개화開化된 인간the more civilized human being'이라고 묘사했던 것이다.

41   Georg Simmel, "The Stranger," p. 405.
42   Alfred Schutz, "The Stranger," p. 103.
43   Robert E. Park, *Race and Culture*, p. 376.

4. '이방인' 이론의 함의

이 장에서는 '이방인' 자체의 특성을 규명함으로써 '이방인'에 관한 사회학 이론a theory of stranger의 구성을 시도했다. 끝으로, 이러한 '이방인' 연구가 향후 여타 사회학적 연구들에 기여할 수 있는 점을 언급하고자 한다. '이방인' 개념은 필자가 개진한 영역뿐만 아니라, 사회학의 많은 하위 분야 연구에 시사하는 바가 적지 않다고 본다. 예를 들어, 어떤 이슈를 둘러싸고 대화를 나누고 있는 사람들의 대화에 막 뛰어든 사람과 그를 대하는 기존 대화자들의 대응과 같은 상호 작용의 연구에서부터, 좀 더 크게는 해외 이주(노동)자들의 이주지역에서의 적응·차별·도태 등의 문제, 어차피 자기와는 다분히 이질적이었던 조직에 이런저런 이유로 뛰어들어 참여하게 되는 이른바 '조직인간'으로서의 개인들의 태도와 행동 및 심리를 다루는 조직·경제·산업사회학, 차별과 배제 그리고 포용 등의 문제와 밀접한 관련을 지닌 문화·지역·정치사회학과 계층(급)론, 집단따돌림 등의 청소년 문제를 다루는 범죄·일탈·청소년사회학, 늘어가는 노령 인구와 사회와의 문제를 다루는 노년학·세대간 연구, 결혼과 이혼 등의 문제를 다루는 가족사회학, 과학자들의 과학적 지식이 어떤 과정을 통해 생산되고 인정받으며 폐기되는가를 다루는 과학(지식)사회학 등 그 적용의 예는 무궁무진할 것이다. 이런 연구들에 본 연구가 이론적 실마리를 제시하길 바란다.

02

자연적 태도

1. 슈츠의 현상학

이 장에서는 슈츠가 개진했던 중요한 개념 중 하나인 '자연적 태도 natural attitude'에 대해 살펴볼 것이다. 그 이유는 크게 두 가지인데, 하나는 슈츠의 '자연적 태도' 개념이 필자가 전개하려는 이방인의 사회학 이론을 구축하는 데 핵심이 되기 때문이다. 나머지 하나는 '자연적 태도'로 대변되는 슈츠의 현상학적 사유가 일반적인 사회학 이론의 세련화에 기여하는 바가 크기 때문이다. 이를 위해 구체적으로 슈츠의 저작에 산재해 있는 '자연적 태도'라는 현상학적 개념에 초점을 맞추고, 그 개념에 대해 슈츠가 어떻게 접근하는지를 우선적으로 살펴볼 것이다. 그리고 '자연적 태도' 개념이 철학으로서의 현상학과 사회학이라는 두 학문 분야에 각기 어떠한 기여를 했으며, 특히 사회학(이론)에 어떠한 함의를 던져주는가에 대해 논의할 것이다. 또한 이방인 분석에 자연적 태도 개념을 적용하는 것은 다음 장에서 시도할 것이다.

그전에 슈츠의 많은 개념 중 "왜 하필 '자연적 태도'인가?"에 대해 언급하고 넘어가야 할 것 같다. 슈츠가 그의 생애 동안 씨름한 주제가 바로 우리의 사회세계이며, 그가 "사회(생활)세계가 바로 자연적 태도의 세계"[1]라고 단언하는 것을 보면 대답은 자명해진다. 그는 '사회세계'를 규명하기 위해서 '자연적 태도' 문제에 천착할 필요를 절감했으며, 따라서 이것을 이해하려면 그가 개진한 '자연적 태도'의 개념을 더 철저히 파헤쳐야만 한다. 이 연구도 이러한 필요에서 이뤄진 작업의 일환이라고 할 수 있다.

---

1   Alfred Schutz, *On Phenomenology and Social Relations*(Chicago, IL: The University of Chicago Press, 1970b), p. 320.

2. 문화유형과 자연적 태도

논의를 진행하기에 앞서 한 가지 주의할 점은, '자연적 태도'라는 개념은 슈츠의 거의 전 저작[2]에 걸쳐 광범위하게 등장하지만, 꼭 '자연적 태도'라는 용어로만 나오지는 않는다는 것이다. 다시 말해 슈츠는 그것과 거의 동일하게 사용되는 개념들을 그의 논문 여기저기서[3] 거론하고 있다. 가령 '일상적 사고thinking-as-usual' '세계에 대한 상대적으로 자연스런 개념relatively natural conception of the world'[4] '물론의 가정of course assumption' '지도map' '전형적이고 익명적인 태도typical and anonymous attitudes' '삶의 정상적인 양식the normal way of life' '삶의 자연적이고 적절한 양식the natural and appropriate way of life' '편안한 삶의 방식the way of life at home' '지향 도식the scheme of orientation' '일상적 방식routine way' '상식의 태도the attitude of common sense' 등이 그것이다. 이 개념들은 슈츠가 다른 곳에서 개진했던

2　예를 들면 Alfred Schutz, *Collected Papers Vol. I: The Problem of Social Reality*(The Hague: Martinus Nijhoff, 1962); Alfred Schutz, *Collected Papers Vol. II: Studies in Social Theory*(The Hague: Martinus Nijhoff, 1964); Alfred Schutz, *Collected Papers Vol. III: Studies in Phenomenological Philosophy*(The Hague: Martinus Nijhoff, 1970a); Alfred Schutz and Thomas Luckmann, *The Structures of the Life-World*(Evanston, IL: Northwestern University Press, 1973); Alfred Schutz and Thomas Luckmann, *The Structure of the Life-World, Vol. II*(Evanston, IL: Northwestern University Press, 1989); Alfred Schutz, *On Phenomenology and Social Relations* 등이다.

3　주로 그의 '이방인'과 '귀향자' 논문에서 그러하다. 이를 자세히 보려면 '편안한 삶의 방식'과 '일상적 방식'의 경우는 Alfred Schutz, "The Homecomer," in *Collected Papers Vol. II: Studies in Social Theory*(The Hague: Martinus Nijhoff, [1945]1964), pp. 106-119를 참조할 것, 그리고 '상식의 태도'는 위의 Schutz의 책, Alfred Schutz and Thomas Luckmann, *The Structures of the Life-World*, p. 3, 나머지는 Alfred Schutz, "The Stranger," in *Collected Papers Vol. II: Studies in Social Theory*(The Hague: Martinus Nijhoff, [1944]1964), pp. 91-105에 보인다.

4　이 개념은 슈츠가 밝힌 바 있듯이, 막스 셸러의 '상대적이면서 자연적 세계관relative naturliche Weltanschauung'에서 빌려온 개념이다. Max Scheler, "Probleme einer Soziologie des Wissens," *Die Wissensformen und die Gesellschaft*(Leipzig: Der Neue-Geist Verlag, 1926), p. 58을 볼 것.

'자연적 태도'라는 개념과 혼용할 수 있는데, 이는 슈츠가 그의 '사회세계' 분석에서 초점을 맞추고 있는 '문화유형cultural pattern'과 긴밀한 관련을 맺고 있기 때문이다. 그에 의하면 한 사회나 집단은 그것 나름의 '문화유형'을 보유하고 있으며, 그 안에서 스스로가 그것을 지향하고 해석하는 것이 바로 그 '문화유형'을 보유한 사회 집단의 성원이 되는 데 관건이라고 그는 믿고 있다.[5] 이 장의 결말에서 자세히 언급하겠지만, 슈츠에게 한 사회나 집단의 '문화유형'은 그것 자체로 독립적으로 존립할 수 있는 성질의 것이 아니다. 결론부터 말하자면, '문화유형'은 그것을 지향하고 해석하는 사회 성원들의 '신념'과 '행위'에 의해서만 존립할 수 있다. 그리고 그 '신념'과 '행위'는 이 장에서 초점을 맞추고 있는 '자연적 태도' 속에 포함되어 있다. 그런데 위에서 거론한 제 개념들 또한 그 '신념'과 '행위'를 포함하고 있기에, 슈츠가 다른 곳에서 언급한 '자연적 태도'와 동일한 개념들로 간주하더라도 논리적으로 무리가 없다. 이런 맥락에서 이 장에서는 그런 제 개념을 '자연적 태도'로 통칭해 논의를 진행할 것이다.

그렇다면 '자연적 태도'란 과연 어떤 것일까? '자연적 태도'에 대한 슈츠의 접근을 살펴보자.

◾ 의문을 제기하지 않는 '자연적 태도'

먼저, 한 사회나 집단이 보유한 '문화유형'은 그 집단 성원들에게 전혀 의문시되지 않는다. 그 '문화유형'은 아주 정상적이고 자명해서 당연한 것으로 받아들여진다.[6] 그러나 슈츠가 보기에 기존 집단 성원들의 이러한 일상적인 태도는 자못 기이한 것이다. 왜냐하면 그런 '문화유형'을 둘

---

5   Alfred Schutz, "The Stranger," p. 91.

6   슈츠가 행한 다음의 언급을 보라. "인간들이 자연적 태도에 머물러 있는 한, 그들에게 실재는 자명한 것으로 보이게 된다." Alfred Schutz and Thomas Luckmann, *The Structures of the Life-World*, p. 3.

러싼 일상인들의 지식이란 한 꺼풀만 벗기고 들어가면 그 근거가 취약한 것으로 판명나기 십상이기 때문이다.

이러한 주장에는 다음의 배경이 있다. 슈츠가 보기에 한 개인이 지닌 어떤 지식들은 모두 '동질적인' 것이 아니다. 이 말이 뜻하는 바는 한 개인이 지닌 지식들은 사안별로 각기 분절된 지식[7]이라는 것이다. 설상가상으로 그 분절된 지식들은 하나 하나가 심도 있는 수준의 지식도 아닐 뿐더러—"극히 부분적으로만 명료할 뿐"—각기 분절된 지식들 간에도 "일관성이 있는 것이 아니고", 그것들 대부분은 '상충'된다.[8] 그럼에도 매우 기이한 점은 이런 사정에 처한 각 개인이 아무런 문제 없이 그의 삶을 영위하고 있다는 것이다. 더욱 신기한 것은 그런 개인들로 이루어진 사회 집단 속에서 집단의 성원들이 지닌 지식이 서로 연결될 때, 이론상으로는 더 큰 혼란의 상태로 들어가야 하는데도 상황은 정반대의 국면으로 접어든다는 것이다. 이것이 의미하는 바는 한 꺼풀만 들치고 들어가도, 아니 세심한 주의만 기울이면 겉으로 봐도 아무 근거 없이 허황하기만 한 그런 지식들이—슈츠의 표현으로는 "일관성도 지속성도 없이 단편적으로만 명료한"[9]—내집단의 성원들에게는 "모든 사람이 타인들에게 이해받고 또한 타인을 이해할 수 있을 정도로 충분히 일관되고 명료하며 지속적인 것으로 여겨진다"[10]는 것이다.

아무런 근거가 없는 이러한 '믿음'(신념) 속에서 한 개인이 의심 없이 살아가는—행위하는—것과 타인들과 교류하는 것, 그리고 마침내는 사회 집단을 형성하는 것 등이 어떻게 가능한지는 슈츠의 영향을 지대하게 받은 사회학자인 해럴드 가핑켈Harold Garfinkel이 적절히 토로한 바 있듯

7　슈츠는 이것을 "등급별 지식graduated knowledge"이라고 표현하고 있다. Alfred Schutz, "The Stranger," p. 93을 볼 것.

8　같은 글, p. 93.

9　같은 글, p. 95.

10　같은 글, p. 95.

이, 실로 "하나님밖에는 모르는 것이다."[11] 어쨌든 한 가지 분명한 사실은, 이런 능력은 인간만이 보유한 능력이라는 것이다.[12] 더 중요한 문제는 이런 사실을 역으로 생각할 때 불거져 나온다. 즉, 우리의 사회세계는 이런 인간들이 지닌 근거 없는 '믿음'에 의해 지금도 유지된다는 사실이다. 다시 말해서, 그러한 근거 없는 '믿음' 그리고 그에 바탕을 둔 '행위'가 없다면 사회세계의 존재론적 지위ontological status는 확립되기가 불가능하다는 것이다. 바로 이것이 슈츠가 그의 전 생애를 통해 '사회세계'에 관한 연구를 '자연적 태도'를 중심으로 행한 가장 중요한 이유다.

실제로 그는 사회세계에 대한 일상인들의 지식—슈츠식으로 표현해서 사회세계에 대해 일상인들이 "관심(관련)을 갖게 되는"— 의 장場은 '등고선contour lines of relevances'과 같은 것이라고 비유적으로 설명한다. 그에 의하면, 등고선의 핵심[13]에는 행위자가 "목적하는 바가 무엇인지에 대한 명확한 지식"이 놓여 있고, 그 주위에는 "그 정도면 충분하다 싶을 정도의 '햇무리暈 지식halo knowledge'들이 포진해 있으며, 그다음으로는 "그저 단순히 사람들의 믿음에 기댈 수밖에 없는 지역"인 '신빙信憑 지역'으로 광범위하게 둘러싸여 있다. 그리고 인접한 또 '다른 구릉들'은 "근거 없는 희망과 보장받을 수 없는 가정들의 고향"일 뿐이다. 더구나 이들 지역

11　Harold Garfinkel, "Ethnomethodology's Program," *Social Psychology Quarterly*, Vol. 59, No. 1, 1996, p. 7과 Harold Garfinkel, *Ethnomethodology's Program: Working Out Durkheim's Aphorism*, ed. Anne Warfield Rawls(Lanham, MD: Rowman & Littlefield Publishers, 2002)를 볼 것.

12　다시 말해서, 애매모호함 속에서도 그에 굴하지 않고 어떠한 명확성을 찾아나가는 능력이다. 현상학으로부터 영향을 받은 현대의 사회학자들은 이런 능력을 바탕으로 인간들 간의, 즉 사회의 질서가 생성되는 것으로 보고 있다. 그리고 더 중요하게 오히려 일상생활 속에서 애매모호함을 제거하고 명확성을 계속 고집하려든다면, 더 큰 혼란이나 사회적 관계의 와해를 초래한다는 사실도 속속 밝혀지고 있다. 이에 대한 대표적인 논의로는 Harold Garfinkel, *Studies in Ethnomethodology*(Englewood Cliffs, NJ: Prentice Hall, 1967)의 '위반실험breaching experiment'과 Anne W. Rawls, "Language, Self, and Social Order," *Human Studies*, Vol. 12, No. 1-2, 1989, pp. 147-172; John Heritage, *Garfinkel and Ethnomethodology*(Cambridge: Polity Press, 1984), 그리고 김광기, "고프만, 가핑켈, 그리고 근대성," 『한국사회학』, 34, 2000, pp. 217-239를 참조할 것.

13　물론 그 핵심으로는 여러 개가 있을 수 있다.

간에는 마치 휴전선의 비무장지대DMZ처럼 '완벽한 무지의 지대zones of complete ignorance'가 놓여 있다.[14] 요약해보자면, 사회세계를 지향하는 우리의 지식은 확실하고 명료한 것이 거의 없는 상태에서도 "으레 그럴 것이다the matter of course"[15]라고 하는 일상인들의 의문을 제기하지 않는 '일상적 사고'와 '삶의 자연적이고 적절한 양식'을 통해서, 일관적이지도 체계적이지도 그렇다고 지속적이지도 않은 일상의 지식들이 유동성類同性을 띠게 된다. 그런 유동성—유동적이라고 믿는 신념—속에서 사회 성원들이 자신을 타인에게 이해시키고 또한 타인을 이해하는 상호 작용(교류)이 가능해지는 것이다.

슈츠에 따르면, 이런 과정에서 인간들이 상호 작용을 좀더 원활하게 하는 데 특정의 '문화유형'들이 보유한 비장의 무기가 있으며, 따라서 그것은 일종의 '처방(전)' 혹은 '조리법recipes'과 같은 것이다. 이런 '처방전'이 하는 작용은 매우 단순하다. 그것은 우선 '행위를 위한 지침'과 '표현의 도식'으로서 작용한다. 그것은 또한 '해석을 위한 도식'으로서도 작용한다.[16] 간단히 말해서, 어떤 '문화유형'이든 특정 시간과 상황에 처한 인간들은 그 상황을 처리해나갈 수 있도록 기존에 마련된 대처 방안들을 지니고 있으며, 이것들을 적절히 활용하면 대부분은 그 상황이 무리 없이 종결된다.

그런데 그런 '처방전'들은 본질에 있어 매우 막연하고 추상적이며 익명적일뿐더러 애매모호하다는 것[17]을 인식하는 게 중요하다. 다시 말해서, 그 '처방전'들은 시쳇말로 "되면 되고 아니면 말고" 식으로 구체적인

---

14   Alfred Schutz, "The Stranger," p. 93.
15   같은 글, p. 95.
16   같은 글, p. 95.
17   이런 '처방전'들이 지닌 '전형성'에 대해서는 김광기, "왜 사회세계엔 '전형'이 반드시 필요할까?," 『한국사회학』, 36(5), 2002a, pp. 59-85; 김광기, "양가성, 애매모호성, 그리고 근대성," 『한국사회학』, 37(6), 2003a, pp. 1-32 등을 참조할 것.

상황에 대한 자신들의 책임으로부터 철저히 면책되어 있다. 그만큼 그런 '처방전'들은 종이호랑이처럼 무용지물이 될 가능성이 농후한데도 일상 생활에서 사람들에 의해 사용되는 동안 아무 문제 없이 작동되는 것같 이 느껴지며, 그 결과 그것의 위(효)력이 발생한다. 사정이 이렇다면 대부 분의 경우는 특정 상황과 '처방전'들이 잘 연결되는 듯 보이며, 종내에는 그 '처방전'들이 매우 공고한 것으로 여겨진다. 다시 말해서 그 '처방전'들 이 지닌 다른 국면들, 즉 '만일의 사태'라는 '의혹'들은 사라진다. 이런 과 정을 통해서 실제로 '처방전'들은 공고화된다. 그리고 그 결과 기존의 '처 방전'들은 '의문시되지 않는 처방전unquestioned recipes'[18]이 되어버린다.

특정의 '문화유형'과 관련된 '처방전'과 같은 지식이 세대에서 세대로 전승되고, 그런 토대 위에서 태어나고 자라난 일상인들은 그런 지식을 의 심 없이 "그것 자체로 자명하거나" 혹은, 오히려 "증거(근거)가 없기에 더 욱더 당연한 것으로 받아들이게 된다."[19] 더 나아가 이런 태도는 그런 지 식들을 배경으로 하는 사회적 삶 자체를 '자연적'이고 '합당한' 것이자 '정상적'인 것으로 여겨지게 한다.[20]

이러한 사회적 삶의 정상성은 몇 가지 사항이 '자연적 태도' 내에서 의심 없이 받아들여질 때 가능해지는데, 그것들은 바로 상호 작용 속 또 는 그 이상을 넘어서는 타인들과 관련된 사항들이다. 그것들에 대해 슈 츠가 우리에게 제시한 바를 살펴보면 다음과 같다. 우선, '자연적 태도' 내에서 어떤 개인(나)의 눈앞에 펼쳐져 있는 여러 사물 중 다른 이들의 '신체적 실존corporeal existence'이 의문시되지 않는다. 둘째, 그런 신체들 도 내 자신이 지닌 '의식意識'과 본질적으로 유사한 '의식'을 부여받았다 는 것이 당연시된다. 셋째, 나와 내 동료들 주위에 포진한 바깥세상의 사

---

18   Alfred Schutz, "The Stranger," p. 104.
19   같은 글, p. 95.
20   같은 글, pp. 104-105.

물들은 나와 동료들에게 공히 동일하며 근본적으로 같은 의미를 지닌다는 것이 당연시된다. 넷째, 나는 내 동료들과 함께하는 '상호 관계'와 '호혜적 행위reciprocal actions' 속으로 진입해 들어갈 수 있다는 것이 의심되지 않는다. 다섯째, "이런 선행된 가정에서부터 나는 내 자신을 타인에게 이해시킬 수 있다"는 것도 당연시된다. 여섯째, "우리가 '자연세계'를 당연히 여기는 것과 똑같은 방식으로, 어떤 층화된 '사회 및 문화세계'가 실제로 나와 내 동료들에게 하나의 '준거틀'로서 역사적으로 이미 주어져 있다"는 것도 의심되지 않는다. 끝으로, "따라서 어떤 순간에 내가 처해 있는 상황이란, 내가 만든 부분은 극히 미미한 그런 것이다."[21]

이런 '자연적 태도' 내에서의 '타인'과 관련된 당연성은 비로소 한 개인과 '타인'의 상호 작용이라는 구체적인 일상생활의 '사회적 행위'를 가능케 한다. 이에 대해 다음의 논의에서 더 상세히 살펴보자.

◪ 제도화의 기초로서의 '자연적 태도'

그러나 한 사회 내에서 타인과 지속적인 상호 작용을 하기 위해서는 위에서 언급한 몇 가지 사항만으로는 충분치 않다. 다시 말해 내 앞에 나와 비슷한 사람이 있고, 그가 나와 같이 생각할 수 있는 의식이 있으며, 경우에 따라서 어쩌면 나와 관계를 맺을 수도 있다. 게다가 그와 내 앞의 어떤 물체를 강아지라고 동일하게 인식하고, 그것을 다 자란 개가 아닌 새끼 개라는 것 등을 인식하며 의심하지 않는다고 해서 타인들과 함께 행할 지속적이고 원활한 사회적 행위가 보장되지는 않는다는 것이 슈츠의 주장이다.

---

21 이상의 의심되지 않는 것들에 대해서는 Alfred Schutz, *The Structures of the Life-World*, p. 5를 볼 것.

그러면 대체 무엇이 더 필요하다는 말인가? 이에 대해 슈츠는 다음과 같이 답하고 있다. 그가 보기에 사회적 삶을 가능케 하는 '자연적 태도'가 제대로 작동되려면 몇 가지 기본 가정이 반드시 전제되어야 한다. 첫째, "우리의 삶(특히 사회적 삶)은 이제껏 흘러온 것처럼 앞으로도 계속될 것"이라는 가정. 둘째, "우리가 비록 그 기원과 그것이 지닌 원래의 의미는 제대로 파악하지 못한다 해도 우리 부모나 선생, 정부, 전통, 관습 등에 의해 우리에게 전승되어온 그런 지식들을 여전히 의지할 것"이라는 가정. 셋째, 우리가 일상생활 세계에서 조우遭遇할지도 모를 사건들을 통제하기 위해 그 사건들을 매우 상세하게 구체적으로 알 필요는 없고 단지 대략적인 '양식'이나 '일반적인 유형'에 대해 감만 잡고 있어도 충분하다는 가정. 넷째, "해석과 표현의 도식으로서 처방전들의 체계나, 위에서 언급한 그런 기본 가정들 그 어느 것도 사적인 것이 아니고 우리 동료들에 의해서도 공히 수용되고 적용되는 그런 것"들이라는 가정 등이다.[22]

이런 기본 가정들이 "사실이 되는 동안만"[23] '자연적 태도'는 작동될 것이고, 이를 통해 "세계의 모든 것은 당연시되며,"[24] 그 세계 내에서의 타인과의 상호 작용은 그것이 일어날 개연성과 어느 정도의 지속성을 확보받게 되는 것이다. 왜냐하면 특정 상황, 특정의 상호 작용을 맺어야 하는 상대에 걸맞은 한 개인(나)의 행위는, 이제껏 그와 비슷한 상황이 일어났었고, 그에 대해 비슷한 대처 방안이 강구되고 적용되도록 마련되어 있으며, 앞으로도 그와 비슷한 상황은 계속 일어날 것이고, 비슷한 유의 대처 방안이 또다시 들먹여지고 적용되며 먹혀 들어갈 것이라고 하는 믿음에 조응해서 일어날 가능성이 높기 때문이다.

다시 말해서, 어느 정도의 편차는 감안하더라도 일상생활의 대부분

---

22 Alfred Schutz, "The Stranger," p. 96.
23 같은 글, p. 96.
24 Alfred Schutz, *On Phenomenology and Social Relations*, p. 320.

의 특정 상황에서, 한 개인이 타인을 상대로 그리고 그를 지향해 실행할 수 있는 행위들은, 나쁘게 표현해서 '나태', 좋게 표현해서 '안일'에 기초해 있다고 봐도 과언이 아니다. 이런 모든 것은 "내일도 해가 뜨며, 그처럼 지하철도 내일 여느 때와 같이 운행될 것이다."[25]라거나, 혹은 "모든 것이 여태껏 되어(진행되어)온 것처럼 실제로 그대로 유지될 것"[26]이라는 아무 근거 없는 막연한 믿음(가정)—그야말로 불확실한 '개연성'을 확신으로 맹목적으로 몰아가는 '신빙信憑, to put one's trust'—때문에 가능한 것이다.[27] 모든 현상이 거의 완벽한 규칙에 의거해 발생하는 것처럼 여겨지는 '자연세계'에 빗대어 '사회세계'의 특정 현상의 발생 가능성을 상정하는 것은, 그 본질 면에서 단순한 '임의성randomness'으로 특징지어질 수 있는 인간 행위의 '반복 가능성'의 지평을 열어주기에 충분하다. 이때의 '반복 가능성'은 '규칙성'을 의미하며, '규칙성'은 인간 행위의 종잡을 수 없는 '임의성'을 잠재우는 역할을 맡게 된다.

이런 논의에 끌어들일 수 있는 가장 적합한 개념은 바로 위에서 언급한 '처방전'과 '제도'다. 먼저 '처방전'을 살펴보면, 거의 '정상적인 사회적 상황'에서 한 개인은 그가 속한 사회세계의 '문화유형'이 보유한 '기성의 처방전ready-made recipes' 가운데 바로 그가 처해 있는 상황에 가장 적절한 해결책이 될 것들을 즉시 '간파'해 내는 능력이 있다. 그리고 '처방전'의 적절한 '구사'라는 행위는 바로 그가 (만일 그 사회의 완전한 성원이 되지 않았을 경우) 취할 수 있는 여러 산만한 행위의 선택 중에서 일정한 방향으로, 그 이전부터 있었던 그리고 타인들도 애용하는 그런 행위를 선택할 가능성이 매우 높다는 점에서 '규칙성'을 의미하기 때문이다.

---

25 Alfred Schutz, "The Stranger," p. 94.

26 Alfred Schutz, "The Homecomer," p. 109.

27 따라서 우리는 '자연적 태도' 그 자체가 '믿음'과 '행위'를 가리키는 것이지만, 그 '자연적 태도'조차도 더 뿌리 깊은 또 다른 차원의 '믿음'을 기반으로 한다는 사실을 직시할 필요가 있다.

이런 맥락에서 볼 때, '임의성'이 아닌 '규칙성'에 기댄 행위들은 '습관성 habituality' '자동성automatism' 그리고 '반(무)의식성half-consciousness'의 성격을 띤 것으로 보이게 된다.[28]

그다음으로 '제도'를 언급한 것은, 특정 상황과 행위의 반복적이고 지속적인 조응照應은 바로 그런 행위의 제도화에 중요하고도 필요충분한 기제가 되기 때문이다. 즉 '제도화'의 시발점은 '반복'에 있기 때문이다.[29] 이런 맥락에서 볼 때, '자연적 태도'는 사회세계가 포함하는 모든 '제도'의 기초가 된다는 사실을 우리는 알게 된다. 무엇을 습관적으로나 자동적으로, 또는 반(무)의식적으로 행동하다보면 인간은 자신이 하는 행동 그 자체가 어떤 '질서'에 입각해 있는 것이라고 여기게 된다.[30]

그렇다면 이를 통해 인간들이 얻는 것은 무엇인가? 슈츠는 '안정감 security'과 '확신assurance'이라고 답하고 있다. 어떤 '문화유형'이 '전형적인 행위자'를 위해 '전형적인 문제'에 대한 '전형적인 해결책'[31]을 제공하고, 그것을 터득한 개인들이 매 순간 '처방전'의 위력을 절감하면 할수록 그들은 그 '처방전'에 의거한 '익명적이고 전형화된 행위anonymous typified behavior'들로부터 이탈할 가능성이 점점 더 희박해진다. 이것이 바로 인간들이 '처방전'을 "그들의 상호 작용 속에서 써먹는 이유"다.[32] 즉, 그렇

---

28 Alfred Schutz, "The Stranger," p. 101.

29 이에 대한 자세한 논의로는 Arnold Gehlen, *Urmensch und Spatkultur*(Bonn: Athenaeum Verlag, 1956); Arnold Gehlen, *Man in the Age of Technology*(New York, NY: Columbia University Press, 1980); Arnold Gehlen, *Man: His Nature and Place in the World*(New York, NY: Columbia University Press, 1988), 그리고 Peter L. Berger and H. Kellner, "Arnold Gehlen and The Theory of Institution," *Social Research*, Vol. 32, 1956, pp. 110-115; Peter Berger and Thomas Luckmann, *The Social Construction of Reality*(Garden City, NY: Doubleday, 1966) 등을 참조할 것.

30 실제로 그런 반복 행위 자체가 자신들이 입각해 있다고 하는 그 '질서'를 현재 창출할 뿐만 아니라, 그런 행위가 또한 '질서적'이라는 것은 좀처럼 눈치채지 못하고서 말이다. 이에 대한 비판으로는 Peter Berger and Thomas Luckmann, *The Social Construction of Reality*와 Harold Garfinkel, *Studies in Ethnomethodology*를 참조할 것.

31 이런 의미에서 슈츠는 이것을 '표준화된 처방standardized recipe'이라고 불렀다. Alfred Schutz, "The Stranger," p. 102를 참조.

게 하는 것이 안정감과 확신감을 확보하는 데 주요 통로가 되기 때문이다. 예를 들어, 나는 돈을 모아두기 위해 습관적으로 은행에 가서 대기표를 받고 무(반)의식적으로 차례를 기다리다가, 내 순서가 되면 창구로 가서 피땀 흘려 번 돈을 집도 절도 모르는 생면부지의 사람에게 맡기고는 천연덕스럽게도 "다 끝났지요?" 하고는 돌아서 나온다. 나는 그의 이력을 알지 못할 뿐만 아니라 그와 계약서를 주고받지도 않았다. 그런데도 나는 아무 문제 없는 것으로 확신하고 나온다. 왜일까? 왜 나는 길거리를 지나는 아무 행인을 잡든지, 아니면 구두닦이에게 혹은 붕어빵 장수에게 맡기지 않고—그들도 내가 전혀 모르는 사람임에는 은행 창구 직원과 다를 바 없는데도—은행에 가서 그 일을 행하는 것일까? 우리 사회의 다른 사람들이 똑같은 상황에서 그와 같이 하기 때문이다. 그렇게 하면 '안정감'과 '확신성'이 동반되는 것이다. 한 사회가 지니고 있는 '처방전'에 자신의 행위를 의지하는 이들은 자신이 처한 특정 상황 속 문제를 그다지 심사숙고할 문제로 보지 않고 단순히 여기는데, 바로 이러한 때, 즉 '처방전'만 들이대면 그것이 만병통치약인 양 문제가 해결될 것이라고 믿을 때, 인간들은 안정감을 얻으며 이는 또다시 인간들이 그런 '처방전'을 전가傳家의 보도寶刀처럼 애지중지하게끔 하는 결과를 초래할 것이다.

그러나 슈츠가 이 '안정감'이라는 해답을 우리에게 제시해주었다고 해서 그 수준에서 머물 필요는 없으며 이를 좀더 구체화해볼 수 있다. 그렇다면 '안정감'은 어디로부터 유래하는 것일까? 다시 말해서, 어떤 기제를 통해 우리는 한 사회가 보유한 '문화유형'이 우리에게 제시하는 '처방전'을 사용할 때 '안정감'을 갖게 되는가? 필자가 보기에 우선 우리가 행할 수 있는 행동의 선택 폭을 줄여주는 데서 오는 '안정감'을 꼽을 수 있다. 즉, 다양한 선택 앞에서 "무엇을 골라야 하나?"라는 부담을 덜어주는

---

32 같은 글, p. 102.

데서 오는 '안정감'이다. 두 번째는, 향후에 일어날 행동을—내 행동 뒤에 시급히 일어날 타인의 행동을—'예측'할 수 있는 데서 오는 '안정감'이다. 대부분의 '불안'은 예측하지 못하는 데서 엄습하기 마련이다. 마치 처음 가는 길은, 그 길을 목적지에서 다시 돌아올 때보다 더 멀고 길게 느껴지는 것처럼 말이다. 세 번째는, 어떤 행위를 '정규'적으로 '반복'하는 그 자체의 규칙성에서 오는 '안정감'이다. 우리는 담배(담배의 성분이)가 긴장을 이완시켜주므로 내가 불안하고 초조할 때 '안정감'을 주는 원천이라고 생각하지만, 사실 담배를 '규칙적'으로 물고 태우는 데서 오는 안정감이 그것의 성분이 주는 '안정감'을 압도한다는 사실을 애연가라면 누구나 알고 있다. 끝으로, 그런 전형적인 '처방전'을 사용하면서, 인간은 그가 처한 세계의 바깥이나 변방에 머무르지 않고 세계의 중심에 자리 잡고 있다는 '자신감'을 갖게 된다. 그 '자신감'이 '안정감'으로 곧장 연결되는 것은 당연하다. 예를 들어 자신이 구사할 수 있는 '처방전'을 특정 상황에서 사용했는데 잘 작동되지 않는다면, 그는 십중팔구 신세 한탄으로 날을 지새우게 될 것이다. 이는 자의든 타의든 고향을 등지고 외국이나 혹은 모국의 다른 지역에서 타향살이를 하는 이들이 전형적으로 겪는 일이다. "내 고향에서는 이럴 땐 이렇게 했는데 여기선 통하지 않는다"는 것을 인식할 때의 무력감(불만, 자괴감, 불안감)은 그가 그 세계에서는 별 볼일 없는, 즉 주인공은 아니라는 것을 뼈저리게 확인시켜주기 때문이다. 반면 그가 고향에 있을 때 이와 확연히 다른 '안정감'을 지녔으리라는 것은 두 말할 나위 없다.[33]

요약해서 말하자면, '임의성'을 '자유'와 대칭적인 성격의 개념으로 놓고 볼 때, '규칙성'은 '자유의 제약'과 대칭적인 개념이 될 수 있다. 따라서 이러한 '임의성'을 잠재우는 것은 '자유의 제약'을 의미한다고 볼 수 있다.

---

33 이에 대한 논의는 다음 기회에 '이방인의 현상학'에서 다루기로 한다.

그러나 인간이 자신의 자유를 제약받을지언정 '규칙성'을 필요로 하는 이유는 바로 그들은 생래적으로 '안정감'을 선호[34]하는 경향이 있기 때문이다.[35]

---

[34]　인간들이 지닌 '질서에 대한 선호the preference orders'에 대해서는 Anne W. Rawls, "Language, Self, and Social Order," p. 162를 참조할 것.

[35]　물론 규칙성에서 유래하는 또 다른 차원의 자유가 있다. 그러나 이에 대한 자세한 철학적 논의는 이 장의 범위를 벗어난다.

3. '자연적 태도'의 개념과 그것의 사회학적 함의

이제 슈츠의 이러한 '자연적 태도' 개념과 관련되거나 혹은 그 개념이 사회학 이론에 끼칠 수 있는(혹은 끼친) 함의에 대해 살펴보자.

■ '애씀'에 기초한 '자연적 태도'

다시 한번 '자연적 태도'에 대해 요약하자면, 우리의 일상생활 세계는 일상인들이 그 세계에 대해 갖는 독특한 태도에 의해 지탱·유지되고 있다. 이때의 일상인들의 태도를 슈츠는 '자연적 태도'라고 불렀다. 이 태도는 그 세계에 대해 불러일으켜지는 여러 형태의 의문들에 대한 판단이나 회의를 중지한 상태—현상학자들이 말하는 이른바 '판단중지 suspension of doubt or judgement, *epoché*'—에서만 가능하다. 이런 상태에서 인간들은 자신이 처한 사회적 세계를 그야말로 당연하게 받아들이고, 그 속에서 안주할 수 있는 것이다. 그리고 그런 의심의 중지 상태에서 인간들은 모든 것(사회세계와 관련된 것)이 '자연스럽다'는 느낌을 받게 된다. 그런데 이런 상황에 대해 이야기할 때 꼭 밝히고 넘어가야 할 중대 사안이 있다.

필자가 이야기하려는 문제는 다름 아닌 이 '자연적 태도'의 '자연'이란 용어다. '자연스럽다'라는 형용사에 대한 이야기를 하기 전에, 명사로서의 '자연'에 대해 우리가 갖고 있는 개념들은 어떤 것일까? 상식을 지닌 사람이라면 나무, 강, 호수, 바위, 꽃, 강아지 등을 '자연'의 범주에 넣을 것이다. 매우 '자연스럽게' 말이다. 그렇다면 그런 범주화 과정(즉 대입)은 과연 자연스러운 것일까? 필자의 대답은 '아니다'이다. 분석적으로는 우리가 이름 붙이기 전의 저 밖의 도도히 흘러가는 강이나, 잔잔한 물결을 일으키는 호수, 푸른 초원을 힘차게 달리는 말, 인간의 무상함을 일깨워주는 듯 우뚝 솟은 장엄미 넘치는 산 등은 "스스로 그대로 있어自然"왔기 때문에 '자연'임에 분명하다. 그러나 우리가 불러내는 이름(명사)인 나무, 강, 호수, 꽃 등을 진정한 내 눈앞의 나무, 강, 호수 등에 대입하여 이름 짓는 행위는, 일상인들이 당연히 받아들이듯 그 본질에 있어 그리 자연스런 행위는 아닌 것이다. 왜냐하면 어떤 이들은 그것들을 tree, river, lake 또는 Baum, Fluss, See 등으로 달리 불러내기 때문이다. 만일 그런 행위가 우리가 자연이라고 여기는 당연한 것으로서, 그리고 '스스로 그럼'으로써의 자연의 의미로 쓰여 '자연스런' 행위라고 불린다면, 그것은 착각일 뿐이다.

강조될 것은 무엇인가? 인간과 관련된, 좀더 정확히는 인간의 행위와 관련된 어떠한 형국을 묘사할 때의 '자연스럽다'라는 형용사는 우리가 물리적 대상으로서의 '자연'에서 의미하는 것은 아니다. 쉽게 예를 들어 보자. 드라마 「전원일기」의 '일용엄니'로 분한 자연인 김수미의 연기를 드라마에서 보고 있노라면, 우리는 "어쩌면 저렇게 연기를 '자연스럽게' 할까?" 하고 감탄사를 내뱉게 된다. 이런 찬사를 받기 위해서 김수미는 김수미로 머물러 있어서는 안 된다. 예를 들면 간장게장을 잘 담근다든지, 자기 차에 치여 불의의 사고로 돌아가신 시어머니에 대한 회한 때문에 매 순간을 정신적인 스트레스에 시달리거나 혼란을 겪는다든지, 수필을 출간한 작가로서의 김수미는 결코 드러나선 안 된다. 그는 단지 '김회장' 집을 자기 집처럼 드나드는 주책머리 없는 수다쟁이 동네 할멈으로서, 아들 '일용이'의 정감어린 투정과 버릇없음을 못마땅해하면서도 정으로써 감싸안는 어머니로서, 손녀 '복길이'에겐 따뜻한 사랑을 끊임없이 주는 할머니로 연기해내야만, 그것도 능청스럽게 해내야만 그녀는 "어쩌면 연기를 저리도 자연스럽게 잘하냐"는 찬사를 얻게 되는 것이다. 그런 찬사의 전제로 그녀는 자신의 일상에서 벗어나 담당 배역의 인물로서 드라마를 촬영하는 동안 그야말로 '애써야만' 하는 것이다. 평상시 피부미용실에서 마사지를 받은 팽팽한 얼굴에 시골 촌로村老의 역으로 분하기 위해 검버섯을 그려넣는 분장도 마다치 않아야 하고, 검은머리를 잿빛으로 염색해야 하며, 값비싼 명품 옷을 벗어던지고 볼품없는 몸뻬바지를 기꺼이 입어야 한다. 때로는 자기보다 나이가 어린 연기자들이 극중에서 건네는 비난과 욕설까지도 감내해내야 한다. 그리고 이런 외양의 치장을 넘어서, 그녀는 철저히 김혜자가 분한 김회장네 안주인이 아닌 일용엄니로서의 역을 해내야만 하는 것이다.

이런 비유의 예에서 유추해볼 때, 우리의 일상생활 세계를 살아가는 인간들이 지닌 '자연적 태도'라는 것도 실은 그 생활세계(또는 사회세계)를 살아가는 '성원들의 부단한 노력'의 결실임을 알게 된다. 단지 지금 이 순간에도 기울이고 있는 그런 '애씀'이나 '노력'을 눈치채지 못할 뿐이다. 이를 현상학에 뿌리를 둔, 민간방법론民間方法論, ethnomethodology의 창시자인 가핑켈은 '고된 노역勞役, labor'[36]이라고 불렀다. 다시 말해 그에게 있어 우리의 일상사회는 인간들의 행위에 의해 창출되고, 유지되며, 변형되도록 되어 있는데, 그것은 극렬한 산통을 겪은 후 아이를 출산하는 산모의 분만delivery과도 같은 것이다. 단지 우리가 평상시에는, 즉 '자연적 태도'에 빠져 있는 동안에는 눈치채지 못할 뿐이다. 다시 말해서, '자연적 태도'에 빠져 있는 동안 우리는 자신이 처한 세계에 대해 아무런 의심을 하지 않는, 즉 판단 중지 중인 엄청난 '노력'을 기울이고 있다는 사실에 대해 까맣게 망각한다. 마치 레테Lethe라는 강을 건너듯 말이다.

이런 맥락에서 슈츠가 개진한 '자연적 태도'의 개념은 그의 영향을 직간접적으로 받은 사회학자들[37]이 자기만의 사회학적 이론을 형성해나가

36 Harold Garfinkel, "Ethnomethodology's Program," p. 6과 Harold Garfinkel, *Ethnomethodology's Program*, p. 123을 참조할 것.

37 여기서는 지면상 그리고 논의의 연결상의 이유로, 사회세계가 사회 성원들의 행위의 '애씀'에 의해 구성된다는 가핑켈의 연구만 언급했지만, 현대사회학 이론에 미친 슈츠의 기여는 한두 편의 논문으로 규명하기 힘들다.

는 데 결정적인 단초를 제공해주었다고 할 수 있다.

▨ 인간 행위의 '즉흥성'을 보장해주는 '자연적 태도'

위에서 슈츠의 '자연적 태도' 개념과 현대사회학 이론, 특히 가핑켈의 사회학이 제시하는 '고된 노역'의 개념을 연결시킴으로써 전자가 지닌 사회학적 함의를 규명해냈다면, 두 번째 사회학적 함의는 인간 행위(혹은 사회적 행위)의 '즉흥성improvisation'에 관한 것이다. 이때 오해하지 말아야 할 것은 '행위의 즉흥적 성질'이란 어떤 행위의 종잡을 수 없는 무질서를 의미하는 것이 아니며, 이른바 '규칙rule'들과 관련해서 갖는 인간 행위의 성질을 일컫는다.

현대사회학 이론들, 특히 슈츠에게서 직간접적으로 영향을 받은 사회학 이론들, 이를테면 민간방법론, 현상학적 사회학, 대화 분석conversation analysis 등에서 주장하는 바는, 우리의 행위라는 것이 흔히 생각하듯 어떤 규칙들에 지배를 받아 일어나는 행동이 아니라는 것이다.[38] 다시 말해서, 인간의 행동을 따라가다보면 어떤 규칙이 발견될 수는 있지만, 그렇다고 해서 인간들의 행동이 그런 규칙들로부터 지배를 받아 컴퓨터라는 매트릭스matrix 속 실행자의 명령에 따라 행해지는 것은 아니라는 이야기다. 오히려 인간들의 행위는 기껏해야 어떤 알지 못할 거대한 규칙들을 애매모호하게 인식하고, 그것을 지향하며 지침으로 삼아 자신들의 행동을 방향짓는 자료로 참고할 수는 있지만, 인간이 구체적인 상황에서 어떤 행동을 행해야 할지에 대해서는 규칙이 아무런 영향력을 행사하지 못한다는 것이다. 이는, 규칙은 본질상 하늘에서 떨어진 것이 아니고 인간

38　이른바 '규칙지배적 행위rule-governed behavior'들이 아니라는 것이다. 이에 대한 대표적인 논의로는 Richard Hilbert, *The Classical Roots of Ethnomethodology: Durkheim, Weber, and Garfinkel*(Chapel Hill, NC: University of North Carolina Press, 1992)를 볼 것.

에 의해 만들어졌으며, 지금도 인간에 의해 위태위태하게 유지되고 있지만, 어느 순간 인간에 의해 폐기될 운명에 놓여 있다는 사실도 알려준다. 그러나 규칙이 얼핏 보기에 우리 행동을 지배하는 듯 여겨지는 것은 우리가 우리(혹은 타인의) 행위를 사후적으로 설명하거나, 상대방에게 이해시키려 하거나, 혹은 비난, 칭찬, 기소, 판단, 이유, 해명 등을 하려 할 때, 십중팔구 규칙을 불러내려 하기 때문에 드는 착각들이다.[39] 이런 관점을 받아들인다면, 인간들은 '규칙지배적 행위'를 하는 자라기보다는 '규칙을 이용하는 피조물rule-using creature'[40]로 보이게 된다. 이런 피조물로서의 인간의 행위를 가핑켈은 규칙의 명령에 의한 것이 아닌, '임기응변식으로 즉석에서 해치우는playing it by ear' 행위라고 설명한다.

그러면 이런 사회학 이론들의 발견 혹은 주장과 이제껏 살펴본 슈츠의 '자연적 태도'를 어떻게 연결시킬 수 있을까? 먼저, 행위의 '즉흥성'은

---

39 이에 대해서는 Harold Garfinkel, *Studies in Ethnomethodology*와 Harold Garfinkel, "Oral Contributions," in *Proceedings of the Purdue Symposium on Ethnomethodology*, ed. R. J. Hill and K. S. Crittenden(West Lafayette, IN.: Purdue University, Institute for the Study of Social Change, 1968), 그리고 H. Garfinkel and Harvey Sacks, "On Formal Structures of Practical Actions," in *Theoretical Sociology*, ed. J. C. McKinney and E. A. Tiryakian(New York, NY: Appleton Century Crofts, 1970); Harvey Sacks, *Lectures on Conversation*, ed. Gail Jefferson(Oxford: Blackwell, 1992); D. L. Wieder, "Telling the Code," in *Ethnomethodology*, ed. R. Turner(Middlesex: Penguin, 1974); D. L. Wieder, *Language and Social Reality*(Washington D.C.: University Press of America, 1988); Hilbert, *The Classical Roots of Ethnomethodology*; Jeff Coulter, *The Social Construction of Mind: Studies in Ethnomethodology and Linguistic Philosophy*(Totowa, NJ: Rowman and Littlefield, 1979); Jeff Coulter, *Mind in Action*(Atlantic Hightlands, NJ: Humanities Press, 1989); Jeff Coulter, "Logic: Ethnomethodology and the Logic of Language," in *Ethnomethodology and the Human Sciences*, ed. Button(Cambridge: Cambridge University Press, 1991); Jeff Coulter, "Chance, Cause and Conduct: Probability Theory and the Explanation of Human Action," in *Philosophy of Science, Logic, and Mathematics in the 20th Century*, ed. S. Shanker(New York, NY: Routledge, 1996); M. Lynch, *Scientific Practice and Ordinary Action: Ethnomethodology and Social Studies of Science*(Cambridge: Cambridge University Press, 1993); D. Bogen, "Order Without Rules: Wittgenstein and the Communicative Ethics Controversy," *Sociological Theory*, Vol. 11, No. 1, 1993; L. Wittgenstein, *Philosophical Investigation*, tran. G. E. M. Anscombe(Oxford: Basil Blackwell, 1953) 등을 참조.

40 Stephen Hester and Peter Eglin, *Culture in Action*(Washington D.C.: University Press of America, 1992), p. 16.

한 사회가 지닌 '문화유형' 그리고 그것이 보유한 '처방전'들과 연결될 수 있다. 이런 주장에 대해 우리의 논의를 상세히 살펴보지 못했거나 이해하지 못한 이들은 고개를 갸우뚱거릴 수 있다. "한 사회의 '문화유형' 및 그것과 관련된 '자연적 태도'―그 구성 요소라 할 수 있는 '처방전'―는 인간들로 하여금 방향을 잡아주는 조타操舵 장치의 기능을 수행하는 듯 보이는데, 그것이 어떻게 인간 행위의 '즉흥성'을 보장해준다는 것인가?" 하고 반문할 수 있는 것이다. 이에 대한 답은 간단하다. 만일 어떤 이가 이런 의문을 제기한다면, 그는 '자연적 태도' 혹은 '처방전'에 대한 슈츠의 분석을 잘못 이해한 것이다. 왜냐하면 슈츠는 그런 '처방전'들이 익명적이고 전형적이라고 분명하게 못 박아 설명하기 때문이다. 즉, 그것들은 구체적이지 않고 극히 추상적이다. 위에서 언급했듯이, 그것들은 매사가 "되면 되고 아니면 말고" 식이다. 그것들은 그저 큰 틀이나 대략의 윤곽만 그려주고 제시할 뿐, 칠하고 그림을 그려나가는 것은 전적으로 행위자들의 몫이다. 행위자들이 어렴풋한 틀을 의식하고 실제로 어떤 행위를 해나가는 과정에서 '처방전'― 여기서는 '규칙'이라고 해도 상관없다―의 위력이 생성되어 나오는 것이다. 이렇게 무언가를 구체화하는 인간의 실제적 행위의 본질은 '즉흥성'에서 그 특징을 찾을 수 있다.

나아가 이런 행위의 '즉흥성'은 '자연적 태도'와 긴밀히 연결될 뿐만 아니라, 바로 '자연적 태도' 속에서만 가능해진다. 위의 이야기를 연극적 은유를 통해 보면, 대본에 구체적으로 나와 있지 않은 인물에 대한 소화와 창조는 바로 배우들 몫이라는 의미에서 배우의 연기에 있어 '즉흥성'에 대해 이야기했다. 이 비유를 계속 사용해 논의를 이끌어본다면, 전적으로 배우의 몫으로 남겨진 연기의 '즉흥성'은 그가 드라마의 '자연적 태도'에 얼마나 녹아 있느냐에 달려 있다는 것이다. 만일 그가 '자연적 태도'에 어색하기만 한 초짜 배우라면, 그에게서 이런 '즉흥적' 애드리브를 기대하기란 어려울 것이다.[41] 그에게 드라마 전체를 완벽히 소화해내라는 것은 어려운 주문이기 때문이다. 사태가 그럴진대, 그가 그의 배역을 자기화해서 자신만의 특징—대본에 구체적으로 명시되어 있지 않은—을 그 배역에 쏟아놓는 '즉흥적' 연기는 기대할 수 없다. 이렇게 볼 때, 인간의 자유자재의(즉흥적) 행동에 있어 얼마만큼 이런 '자연적 태도'가 중요한 위치를 점하는지를 우리는 간파할 수 있을 뿐만 아니라, 바로 이 대목에서 '자연적 태도' 개념이 사회학 이론의 행위자에게 주는 함의를 발견하게 되는 것이다.

---

41 앞 장에서 보았듯 이방인이 초짜 배우에 해당될 수 있다. 이방인과 자연적 태도에 대한 자세한 논의는 3장에서 할 것이다.

4. 유아론적 현상학에서 현상학적 사회학으로

이제까지 우리는 슈츠의 '자연적 태도' 개념에 대해서 살펴보았다. 아울러 그것이 현대사회학 이론(특히 현상학에 은전을 입은 사회학 이론)과 구체적으로 어떠한 관련성을 맺고 있는지에 대해서도 논의했다. 이제는 슈츠의 '자연적 태도' 개념이 어떻게 철학으로서의 현상학에 기여하고 있는지에 대해서, 그리고 위에서 살펴본 민간방법론이나 현상학적 사회학 이론 외에 사회학 이론 전반에 어떠한 문제를 제기하고 있는지에 대해 언급함으로써 글을 맺으려 한다.

먼저 철학으로서의 현상학[42]은, 슈츠가 보기에 생활세계 내에서의 '한 개인'의 철학이나 그 세계의 의미를 엄밀한 학문(철학)적 방법을 통해 설명하는 데는 매우 탁월한 듯싶지만, 그것의 가장 큰 약점은 한 개인을 넘어서는 여러 사람 간의 관계에 놓인 '인간들'에 관한 철학이나 그들의 사회세계를 이해하는 데는 소홀하다는 것이다.[43] 한마디로 표현하자면, "어떻게 선험적 현상학이 유아론唯我論, solipsism의 한계를 벗어날 수 있는가?"가 그의 최대 관심사였으며, 이는 곧장 사회학의 영역으로 현상학을 한 단계 승급시키는 결과를 낳는다. 그리고 이러한 그의 노력은 '자연적 태도' 개념에서 그 결실을 일부 맺는다.[44]

이것은 더불어 그 당시 사회학에서는 상상치도 못했던 커다란 혁명

42　슈츠는 이를 '현상학적 철학phenomenological philosophy', 혹은 '선험(초월)적 현상학 transcendental phenomenology'이라고 불렀다. 이는 곧 후설의 선험적 현상학을 의미한다. Alfred Schutz, *Collected Papers* Vol. I, p. 120.

43　같은 글, p. 120.

44　간단히 언급하면, 철학자인 후설에게 있어 '자연적 태도'는 그의 선험적 현상학을 위해 극복의 대상이었지만, 사회학자인 슈츠에게 있어 그것은 초점을 맞춰야만 하는 주된 연구 대상이었다.

과도 같은 인식의 전환을 가져온다. 그가 현상학적인 아이디어들을 사회학에 들여놓기 전까지는 대체로 사회와 개인을 보는 시각이 양자를 별개로 여기는 이원론에 입각해 있었다.[45] 물론 베버를 위시한 해석학적 시각이나 제임스 등의 실용주의적 시각에 입각한 일원론적[46] 관점이 없지 않았지만, 이러한 사회와 개인을 각기 화석화시킨(혹은 물화物化시킨) 채 보지 않고 양자의 역동성을 강조하는 일원론적 시각을 체계적이게 엄밀한 방법으로 가장 설득력 있게 전개해나간 사람은 바로 슈츠였다.[47] 따라서 그의 사회학에의 현상학 도입은 사회학에는 앞을 예측할 수 없을 정도로 커다란 반향을 일으켰으며, 그들이 바로 현대사회학의 거장이라고 일컬어지는 버거, 루크만Thomas Luckmann, 가핑켈, 네이탄슨Maurice Natanson, 쌔사스George Psathas 등이다. 슈츠를 위시해서 이들은 모두 슈츠의 '자연적 태도'에 주목하여 현대사회학 이론의 틀을 뿌리째 흔들었으며 그들 나름의 사회학 이론을 정립시켰다. 버거와 루크만은 거시적 측면에서, 가핑켈과 네이탄슨, 쌔사스는 미시 혹은 거시를 넘나드는 로직logic의 차원에서 그들만의 사회학을 전개했다. 이런저런 차이점에도 불구하고 이들이 공유하는 것은, 우리 사회는(대상은) 그것 자체로는 성립될 수 없는 것으로서, 그 사회 내 인간들의 믿음과 행위에 의해 지금도 구성되고 있다는 것이다. 그들의 견해는 바로 사회를 그것 자체로 존립한다고 보는 여타 사회학과 분명히 획을 긋고 있다. 그리고 이러한 그들의 주장은 슈츠의 '자연적 태도' 개념에 빚지고 있는 것이다. 다음 장에서는 '자연적 태

---

45 이때의 '이원론'은 객체를 주체와 완전히 분리시켜 보는 시각을 말한다. 물론 이러한 '이원론'의 귀착점은 사회 속에 매몰되고 사회에 의해 주형鑄型되는 무기력한 인간상이다. 왜냐하면 객체인 사회는 주체인 개인과는 별개의 독립된 실체로 간주되고, 이는 곧 주체인 개인을 압도하며, 개인이 도저히 저항할 수 없는 것으로 경험되기 때문이다.

46 이때의 '일원론'의 의미는 '이원론'의 귀착점에서 보이는 '사회 속 인간man in society'으로서의 전체론적 일원론이 아니고, '인간 속 사회society in man'도 포함하는, 즉 사회(객체)와 인간(주체)의 떼려야 뗄 수 없는 상호 변증법적 관계를 의미한다.

47 이러한 슈츠의 '일원론'의 귀착점은 바로, 세계를 언젠가 만들었으며 지금도 지탱하고 있는 '인간들의 능동적 능력'의 현시顯示라고 이야기할 수 있다.

도'가 이방인의 사회학 이론 구성에 얼마나 지대한 함의를 지니는지 살펴보기로 한다.

03

이방인의
현상학

1. 슈츠와 '이방인'

이 장에서는 슈츠가 했던 '이방인' 분석을 본격적으로 다룰 것이다. 그는 많고 많은 학문적 주제 가운데 왜 하필 '이방인'을 골랐을까? 이 질문을 던지면서 그 답을 시론적으로 제시하는 것이 목표다. 사실 '이방인'은 그동안 철학에서보다는 사회학에서 매혹적인 탐구 주제 중 하나로 꼽혀왔다. 그런데 필자가 볼 때, 단지 그 단어가 주는 알 수 없는 강한 마력 때문에 슈츠가 '이방인'이라는 주제를 심혈을 기울여 다룬 것은 아니다. 물론 그것도 부분적인 계기가 될 수 있겠지만, 그 이상의 무엇이 있을 것이다. 그렇다면 무엇이 그로 하여금 '이방인' 문제에 천착하게 했을까? '이방인' 분석을 통해 슈츠가 진정으로 원했던 것은 무엇일까? 그 탐구를 통해 슈츠는 독자들을 어떤 지점으로 끌고 가고 싶어했을까? 바로 이런 질문들에 대한 답을 본 연구에서 전부는 아니라도 일부 제시하기를 바란다.

필자는 이런 질문에 답하기 위해서는 그가 개진했던 중요한 개념 중 하나인 '자연적 태도'를 반드시 거론해야 한다고 본다. 왜냐하면 그 개념이야말로 위에서 제기된 질문을 푸는 실마리가 될 수 있기 때문이다. 필자가 보기에, 슈츠는 '이방인' 분석이 그가 산발적으로 논의하고 있는 사회세계의 '자연적 태도'의 본질을 꿰뚫는 데 결정적인 이바지를 할 수 있다고 여긴 것 같다. 즉, '자연적 태도'에 대해 백 번 떠드는 것보다 '이방인'을 한 번 다루는 것이 전자의 본성에 더 가까이 닿게 할 수 있다고 믿었던 것 같다. 그렇게 추정하는 데는 몇 가지 이유가 있다. 첫째는 '이방인'과 '자연적 태도'라는 두 개념은 '상보성'을 지닌 것으로 보이기 때문이다. 즉 양자는 서로가 서로를 갈망하는 긴밀한 관련을 맺고 있는 듯 보인다. 왜냐하면 양자 중 하나를 거론할 때 반드시 상대도 거론해야만 그 하나가 더 잘 이해될 수 있기 때문이다. 두 번째 이유는, '이방인'이라는 인물 군상이 보유하고 있는 독특한 성격 때문이다. 여기서의 특이성이란 다름 아닌 '집약성'을 의미한다. 한마디로 여느 인물 군상과 달리 '이방인'이란 군상은 슈츠가 관심을 갖고 있던 '자연적 태도'의 적나라한 모든 모습과 그것에 대한 그 자신의 경험을 압축적으로 견지하고 있다. 그것은 '이방인'이 어떤 하나의 '자연적 태도'에 매몰되어 있는 인간형이 아니기 때문에 가능하다. 그는 적어도 두 개 이상의 '자연적 태도'를 마주하고 그것들을 겪어나간다. 이런 의미에서 '이방인'은 자신이 직접적으로 의도하진 않았더라도 다른 이들이라면 접할 수 없는 '자연적 태도'의 진면목을 집약적으로 파악할 수 있는 위치에 놓였다고 볼 수 있다. 이러한 '집약성'은 사회학자나 철학자의 일차적인 관심의 대상이 되기에 충분하다. 필자가 보기에 여기에 슈츠도 예외는 아니었던 것 같다.

이 장에서는 필자의 이런 추정을 입증하기 위해, 슈츠의 '이방인' 분석을 발전적으로 해체하여 도해하고 거기서 끌어낸 분석들을 '자연적 태도' 개념과 연결시키고자 한다. 이 작업을 통해 우리는 슈츠의 핵심적인 탐구 주제 중 하나인 '자연적 태도'에 그가 어떻게 접근했는가를 간파할 뿐더러, 자연스럽게 '이방인'의 본성에도 다가갈 수 있는 행운을 얻게 될 것이다. 물론 이런 기획이 필자가 이 장에서 제기한 의문, 즉 "왜 슈츠는 이방인 문제를 건드리게 되었는가?"에 대한 필자의 답을 확인시켜줄 계기가 될 것이다. 그러면 이제 본격적으로 슈츠가 그려내는 '이방인'의 세계 속으로 들어가보자.

2. '이방인'과 '자연적 태도'

1944년에 『미국사회학지』[1]에 슈츠가 처녀 발표했던 '이방인'은, 그가 타계한 뒤 후학들에 의해 발간된 『논문선집 Ⅱ』(1964)[2]에 같은 제목으로 실린 바 있다. 사회학뿐만 아니라 문학적 향취 또한 범상치 않은 것으로 정평이 나 있는 이 논문에서, 슈츠는 '이방인'을 "자기 자신이 소속되기 위해 접근을 시도하는 집단이 영원히 수용해주거나 아니면 적어도 관용해주기를 바라는 우리 시대 또는 문명 시대의 성인"[3]으로 정의하고 있다. 그리고 이렇게 정의 내려진 '이방인'이 처한 '전형적인 상황'[4]을 이해하기 위해 슈츠는 세 개의 범주를 구분해 그것들을 날카롭게 대비시키고 있다. 그중 하나는 '이방인'이 속하기를 원하는, 즉 '이방인'이 '접근을 시도하는 집단'(이하 새로운 집단)이고, 둘째는 '이방인'이 떠나온 '고향 집단', 마지막은 전형적인 하나의 인물 군상으로서의 '이방인'이다.

그리고 이 세 범주를 대별시키는 것은 우리가 이 장에서 초점을 두고 있는 '자연적 태도natural attitude'다. 그렇다면 '이방인'에겐 '자연적 태도'가 어떤 것으로 경험되고 있는가? 그것은 한 개인이 처한 상황에 따라 각기 모습이 다르게 나타난다. 다시 말해 그가 '고향'에 머물고 있을 때와, '고향'을 등지고 그것과는 판이하기만 한 이질적인 '타향'에 있을 때 '자연적 태도'는 달리 경험된다. 왜냐하면 한 개인이 처한 상황이 그렇게 달라

1 Alfred Schutz, "The Stranger: An Essay in Social Psychology," *American Journal of Sociology*, March 50, 1944, pp. 499-507.

2 Alfred Schutz, "The Stranger," in *Collected Papers Vol. Ⅱ: Studies in Social Theory*(The Hague: Martinus Nijhoff, [1944]1964), pp. 91-105.

3 같은 글, p. 91.

4 같은 글, p. 91.

지면, 그는 비로소 '이방인'의 반열에 들어서고, 그 결과 그 앞에는 이제 이론적으로 두 개의 '자연적 태도'가 펼쳐지기 때문이다. 이런 맥락에서 급히 짚고 넘어가야 할 사안이 있는데, 그것은 아무런 접촉이 없는 양 집단—이방인의 입장에서 봐야만 '고향 집단'과 '접근을 시도하는 새로운 집단'으로 구분될 수 있는—은 그것들이 지닌 '문화유형'의 내용 면에서는 차이가 날지언정, 그 '문화유형'을 경험하는 각 집단 성원들의 '지향'에 있어서는 아무런 차이가 없다고 보는 것이 타당하다는 사실이다. 왜냐하면 각 집단 입장에서 보면 그 양 집단에 거주한 성원들은 '토박이'이기 때문이다. 양 집단의 성원들은 그들이 각기 견지하고 있는 '문화유형'의 내용이 서로 다르더라도, 그러한 '문화유형'에 대한 그들의 지향과 태도, 즉 '자연적 태도' 자체와 그것에 대한 경험은 동질적일 수밖에 없다. 그 점에서 양 집단의 성원(양 집단의 토박이)은 우리가 지금 문제삼고 있는 '이방인'의 경험과는 확연히 차이가 난다는 점을 명심해야만 한다. 그리고 바로 이 점에 슈츠 가 주목하여 '이방인' 분석을 시도했다는 것이 '이방인'을 주제로 삼는 여타 사회학적 탐구들과 대비되는 탁월성이다.

◪ 위기의 '자연적 태도'

슈츠에 따르면, 한 사회의 '문화유형'들은 그것 자체로 존재론적 지위를 확보할 수 없고, 그것에 대해 당연하고 정상적이며 합당한 것으로 여기는 토박이들의 독특한 태도, 즉 '자연적 태도'에 의해서만 그 명맥을 유지하게 된다. 그런데 슈츠가 우리에게 제시하는 이보다 더 중요한 메시지는 그러한 '자연적 태도'조차 항상 작동하는 것만은 아니라는 사실이다. 그에 의하면, '자연적 태도'가 원활하게 작동하기 위해서는 앞 장에서 보았듯 다음의 조건들이 전제되어야 한다. ①우리의 사회적 삶은 이제껏 흘러온 대로 앞으로도 그렇게 흘러갈 것이다. ②우리에겐 우리보다 앞선 세대가 대대로 물려준 지식들이 있고, 그것들이 애초에 어떤 연유를 통해 만들어졌으며, 어떤 의미가 있었는지 잘은 모른다고 하더라도 그에 굴하지 않고 우리는 여전히 그런 지식들을 애용할 것이다. ③우리는 우리 앞에 펼쳐질 미래의 어떤 사건이든 그것들을 다루기 위해서는 그에 대한 감感(혹은 정보를)을 잡고 있어야 하는데, 그 정보는 구체적일 필요가 없고 대략적이면 충분하다. ④우리가 사회적 삶을 영위해나가는 데 필요한 여러 대처 방안과 지식은 골방에서, 즉 나 혼자만의 공상에서 연유한 것이 아니고 내 주위의 모든 사람도 다 알고 있으며 그것을 공히 써먹고 있다는 것이다.[5]

그런데 우리 모두가 인식하고 있듯이 이런 가정들은 언제고 침해당할 가능성이 농후하다. 언제나 해가 뜨고 지듯이, 우리의 일상생활도 다람쥐 쳇바퀴 돌듯 돌 것만 같았는데 꼭 그렇지만은 않은 상황이 발생할 수 있다. 예를 들면, 어느 날 갑자기 문제없이 타고 가던 자동차가 길에서 돌연 멈춰버리는 것처럼, 아무 푸념 없이 잘 살아주던 아내가 혹은 남편이 갈라서자고 이야기하고는 다른 사랑을 찾아 자녀도 버리고 도망갈 수 있으며, 출장을 다녀오고 보니 갑자기 잘 다니던 직장에서 자기 책상이 치워지고 종내는 나가달라고 매몰차게 몰아붙임을 당할 수 있는 것이다. 이런 상황이 되면, 이제까지 아무런 의심 없이 몸과 마음을 맡기고 살아온 우리의 '자연적 태도'는 심각한 훼손을 당할 위기에 놓인다. 왜냐하면 여태 살아온 대로의 방식을 앞으로의 사회적 삶이 더는 허락하지 않기 때문이다.

그런데 이러한 극적인 전환은―다시 말해서 '자연적 태도'의 위기, 그리고 특히 '자연적 태도'의 원활한 작동을 위해 전제가 되는 네 가지 기본 가정을 뿌리째 뒤흔들 수 있는 극적인 전환은―내용과 성질이 다른 두 개 이상의 '문화유형'을 넘나드는 사람들에게서 쉽사리 일어난다. 이런

---

5   같은 글, p. 96.

예가 바로 '이방인'이며, 그런 까닭에 슈츠는 '이방인' 문제에 몰두했던 것이다.

그러면 '자연적 태도'의 위상은 '이방인'에 의해 어떻게 훼손된다는 것일까? 즉, '자연적 태도'는 '이방인'에 의해서 어떻게 한 집단의 토박이들과는 차별적으로 경험되는 것일까? 이를 위해서 우리는 '이방인'이 처할 수 있는 두 집단(고향 집단과 새로운 집단)의 '자연적 태도'를 분석적으로 구분해 살펴봐야 한다. 우선 결론부터 말하자면, 두 집단의 '자연적 태도'는 공히 '이방인'에 의해서 그 의문시되지 않는 당연성이 침해받게 된다. 문제는 당연성을 침해받은, 그래서 의문시된 '자연적 태도'는 더 이상 문자 그대로 '자연적 태도'가 될 수 없다는 데 있다.

새로운 집단의 '자연적 태도'

먼저 앞서 살펴봤듯이, 이방인이 새로이 접근하려는 집단의 성원들에게는 자신들에 의해 '검증'되어 매우 쓸 만하고 값진 것으로 여겨지는 '자연적 태도'가 있다. 그러한 태도 속에서 성원들은 그들 집단의 '문화유형'이 제시한 이런저런 '처방전'들을 습득해 사용하고 있는 것이다. 이렇게 되면 그것들은 위력을 갖게 된다.[6] 이런 위력을 슈츠는 '이미 검증된 처방전 체계'의 '권위'라고 묘사했다.[7] 그런데 이런 권위가, 즉 '자연적 태도'의 위용이 '이방인' 앞에서는 무색해진다. 그 주된 이유는 '이방인'이 새로운 집단의 '생생한 역사적 전통'에 참여하지 못했기 때문이다. 그로 인해 한 집단의 토박이들이 애지중지하는 '문화유형'과 이와 관련된 '자연적 태도'가 '이방인'에게는 좀 '특이하다'고 여겨질 뿐인데, 이 정도의 감상鑑賞일지라도 토박이들 입장에서는 자신들의 '문화유형'에 대해 폄훼와 격하

6   김광기, "알프레드 슈츠와 '자연적 태도': 철학과 사회학의 경계를 넘어서," 『철학과 현상학 연구』, 25, 2005a, pp. 47-70(이 책 2장).

7   Alfred Schutz, "The Stranger," p. 96.

로 받아들여질 것은 당연하다.

다시 말해서, 기존 집단의 토박이들 입장에서 그들의 '문화유형'과 '자연적 태도' 외의 다른 것은 모두 이상하고 괴이하게 보일 뿐이다. 그런 의미에서 그들에겐 자신들의 '문화유형'과 '자연적 태도'가 유일무이하여 절대적인 것으로 여겨진다. 이것은 당연한 일이다. 왜냐하면 그들의 생애 구석구석에 이런 역사적 전통을 지닌 '문화유형'과 '자연적 태도'가 깊이 뿌리박고 있기 때문이다. 그것들은 그들의 생애에 없어서는 안 될 '절대 필요한 부분integral part'이다. 하지만 이러한 '문화유형'과 '자연적 태도'가 '이방인'에게 적용될 때 사태는 급변한다. 한마디로 말해서, 토박이들과 달리 '이방인'에게 그것들은 '절대 필요한 부분'이 되지 못한다. '이방인'은 그야말로 순수한 의미에서 '초짜'(신참자)로서 새로운 집단에 접근하고, 그런 상황에서 그는 기껏해야 새로운 집단의 현재와 미래는 공유할 수 있을지 몰라도 여전히 그것의 과거로부터는 철저히 '격리'된 채 남아 있는 까닭에서다.[8] 사태가 그러할진대, '이방인'에게 토박이들이 지닌 '자연적 태도'를 고스란히 기대하기란 무리일 수밖에 없다.

두 번째로, 단지 새로운 집단의 '과거'를 공유하지 못한다는 이유만으로 새로운 집단의 '자연적 태도'가 '이방인'에게는 변모된 모습으로 경험된다고 볼 수 없다. 거기에는 다른 차원의 이유가 상존한다. 그것은 '이방인' 자신도 그가 속해 있다가 떠나온 '고향 집단'의 '자연적 태도'를 완전히 버리지 못하고 어느 정도 견지하고 있다는 데서 연유한다. 다시 말해, 그는 새로운 집단의 '자연적 태도'를 접하면서 자기 고향 집단의 '자연적 태도'를 중첩시킬 수밖에 없다. 이렇게 되면 새로운 집단의 '자연적 태도'는 변화의 기로에 놓인다. 우선 새로운 집단의 '자연적 태도'는 대안이 없는 단 하나의 절대적인 위치에서 다른 대안들과 키를 견주어야만 하

8　이 때문에 슈츠는 '이방인'을 기존의 새로운 집단 입장에서 보면 '역사 없는 인간a man without a history'이라고 명명하고 있다. Alfred Schutz, 같은 글, pp. 96-97.

는 '비교'의 위치로 접어든다. 주지하다시피 '비교'는 '상대화'의 출발점이고 상대화는 곧 추락과 전략을 의미한다. 새로운 집단의 '자연적 태도'가 '비교'의 대상이 된다는 것은 곧 '이방인'이 자기 고향 집단의 그것으로 새로운 집단의 '자연적 태도'를 난도질해 조각내고 '번역'[9]하며 '해석'[10]한다는 것을 의미한다. 이러한 점이 새로운 집단의 토박이들에게서는 일어나지 않으므로 별로 신경 쓸 일이 아니라고 여기면 큰 오산이다. 왜냐하면 '이방인'은 바로 그 새로운 집단에 편입될 사람이기 때문이다. 이런 자가 집단의 성원이 되면 토박이들이 이러저러하게 영향을 받을 가능성은 차치하고라도, 그 집단의 '자연적 태도'는 절대적인 공고성을 위협받을 운명에 처한다. 왜냐하면 이제 새로운 집단의 성원으로 편입해 들어가려는 '이방인'의 불안하기 그지없는 '자연적 태도'—기존의 고향 집단의 '자연적 태도'가 가미된—가 토박이들이 견지하고 있는 '자연적 태도'에 보태지기 때문이다. 그것은 원래의 것을 희석시키는 결과를 낳는다. 따라서 그것의 범접할 수 없는 위용은 상대화로 인해 심각하게 훼손될 처지에 놓일 수밖에 없다.[11]

고향 집단의 '자연적 태도'

이렇게 흔들리는 '자연적 태도'의 위상, 즉 그것의 '위기'는 단지 새로

---

9 같은 글, p. 100.
10 같은 글, p. 97.
11 이러한 '상대화'를 종교 상황에 접목시킨 대표적인 연구로는 Peter L. Berger, *A Far Glory: The Quest for Faith in an Age of Credulity*(New York, NY: Anchor Books, 1992); Peter L. Berger, *A Rumor of Angels*(New York, NY: Doubleday, 1990); Peter L. Berger, *The Heretical Imperative: Contemporary Possibilities of Religious Affirmation*(New York, NY: Anchor Books, 1979). 이와 현대적 상황의 접목을 시도한 연구로는 Peter L. Berger, Brigitte Berger and Hansfried Kellner, *The Homeless Mind: Modernization and Consciousness*(New York, NY: Vintage Books, 1974). 그리고 '웃음'이 세계를 상대화시키는 것에 대한 현상학적 연구로는 Peter L. Berger, *Redeeming Laughter*(New York, NY: Walter De Gruyter, 1997)를 참조할 것.

운 집단의 전유물이 아님을 명심해야 한다. 왜냐하면 쓰나미 같은 위기의 도래는 '이방인'에 의해 그 자신이 속해 있었던 고향 집단의 '자연적 태도'에도 어김없이 밀어닥치기 때문이다. 그러면 어떤 과정을 통해 고향 집단의 '자연적 태도'가 흔들리게 되는 것일까?

첫째로, 고향 집단에서 견지한 '이방인'이 새로이 접근하려는 집단에 대한 '기존의 상像'(그래서 이국적인 타향이라는 상)이 그가 새로운 집단으로 진입해 들어갈 때 전혀 들어맞지 않다는 것을 인식하게 되면 고향 집단의 '자연적 태도'는 그 절대성을 상실한다. 새로운 집단에 진입하면서 '이방인'은 이제 그 집단의 '문화유형'과 '자연적 태도'에 대해 이전의 냉정한 '관찰자'나 '방관자' 입장을 더 이상 견지하기 어려워진다. 왜냐하면 그는 이제 '자칭 그 집단의 성원'이 되기를 희망하고 노력하고 있기 때문이다. 이런 입장과 태도의 변화는 기존의 고향 집단에서 견지하고 있던 지식보다는 새로운 유형의 '이해(관련) 체계의 변동relevance change'을 수반하게 된다. 이러한 '이방인'이 처한 위치 변화는 이전에 '멀리 떨어져 있으며' '텅 비고 막연한', 그래서 전적으로 '익명적인' 것이었던 타향의 '문화유형'과 '자연적 태도'가 이제는 '이방인'에게 바로 '곁에 있으며' '생생한 경험으로', 그래서 '구체적인 사회적 상황'이 됨을 의미한다. 타향의 문화유형은 더 이상 남의 것이 아닌 '이방인' 자신의 '환경적 특성'으로 자리매김된다. 이렇게 '이방인'의 직접적인 환경이 되어버린 새로운 집단의 체험에서 체득한 지식은 고향 집단에서 가지고 온 새로운 집단에 대한 '단순한 믿음'과 커다란 괴리를 일으킨다. 이렇게 되면 '이방인'은 새로운 집단에 대해 자신의 고향 집단이 견지하고 있는 '상'이나 '믿음'이 부적절한 것이라고 판단하게 될 것이다. 그 이유는 간단하다. 고향 집단이 견지하고 있는 새로운 집단에 대한 '상'은 그 이국 집단과의 상호 작용 가운데 도출된 것이 아니기 때문이다. 이 말이 뜻하는 바는, 그런 '상'은 이국 집단을 단지 '해석'하기 위한 '편리한 도식(구)'이었을 뿐, "두 집단의 상호 작용을 위한 하나의 지침"은 아니라는 것이다. 예를 들면, 미국의 도색물만 접해 미국에 대해 그런 유의 이미지만 그려왔던 사람이 미국을 실제로 방문한다면 그 인식은 교정될 수밖에 없다. 이국 집단에 대해 고향 집단이 견지한 '상'은 그 해석에 대한 상대방, 즉 이국 집단의 입장과 또 그 입장에 대한 고향 집단의 반응 등이 모두 제거된, 단지 일방적인 고향 집단만의 "편견, 오해, 억측으로 일관한 벽창호" 같은 "무책임한 불평의 지식"으로 여겨지기 때문에 막상 이국 집단에 편입하려는 '이방인'에게는 하등의 도움이 안 되는 것으로 여겨진다. 결과적으로 이런 지식은 타당성의 결여로 인해 '격리'될 수밖에 없다.[12]

이런 수순을 밟고 나면 다음 단계에서 '이방인'이 고향 집단에서 가지고 있던 대부분의 '자연적 태도'에 대해 회의를 품게 된다는 것은 불 보듯 뻔하다. 이국 집단에 대해 견지하고 있던 '상'이 부적절하다는 것을 인식하게 되면 '이방인'은 고향 집단의 '자연적 태도'의 타당성에 대한 그의 확신에 '첫 번째 충격'을 받게 되고, 이는 "고향 집단 내에서 통용되는, 의심받지 않은 해석 도식 전체가 이제는 그 타당성을 잃는" 연이은 충격에 휩싸이게 된다. 그것들은 "이제 더 이상 새로운 환경에서는 지향 도식으로서 통용될 수 없기 때문이다."[13]

그러면 고향 집단의 '자연적 태도'가 새로운 환경에서는 어떻게 무용지물이 되는 것일까? 이에 대한 답으로는 앞서 이야기한, '이방인'에 의해서 새로운 집단의 '자연적 태도'가 그 절대성을 훼손당하는 과정에서 도입했던 '번역'이라는 변수가 여기서도 유사한 작용을 한다는 것이 제시될 수 있다. 새로운 집단의 '문화유형'과 '자연적 태도'를 '이방인'의 고향 집단의 그것들로 '번역'할 때 '번역'이 되는 것과 되지 않는 것이 있으며, 설사 '번역' 가능하더라도 새로운 집단의 토박이들이 인식하는 것과 똑

---

12   Alfred Schutz, "The Stranger," p. 98.

13   같은 글, p. 99.

같은 것을 의미하는 '번역'은 불가능하다. 바로 그 점이 '이방인'의 고향 집단의 '문화유형'과 '자연적 태도'를 불신하여 종국에는 방기放棄 하거나 용도 폐기하는 근거가 된다. '이방인'에게 있어 고향의 것으로 '번역'되지 않는 새로운 것은 전자를 후자에 대입하는 것을 고집하지 않고(혹은 전자를 무시하고), 완전히 후자로 대체해버리는 것이리라. 즉, "새 술은 새 부대에"라는 성서의 말씀처럼 말이다. 비록 그렇게 하는 것이 문자 그대로 "새 술을 새 부대에 담는 것"처럼 간단하고 쉬우며 가능한 것은 아닐지라도 '이방인'은 그런 행태를 보이지 않을 수 없다. 그래서 '이방인'은 그의 고향 집단의 '자연적 태도'를 지니고 새로운 환경에 접할 때면 매 순간 그는 영원히 극복할 수 없는 '벽'을 경험하게 된다.

그러면 이렇게도 저렇게도 하지 못하는 진퇴양난의 처지에 놓이는 '이방인'의 극복할 수 없는 '벽'은 구체적으로 무엇 때문에 생겨나는 것일까? 다시 말해 이전의 고향 집단의 모든 것을 용도 폐기할 결심을 하고서도 겪는 '이방인'만의 한계는 어디서 연유하는 것일까? 새로운 것들이 그에게는 극히 일부분만을 희미하게 보여줄 뿐, 그 본연의 모습은 여전히 베일 속에 감춘 채 '이방인'에게 완전 정복을 허락하지 않는 것은 왜일까? 이 질문에 답하는 것은 직접적으로는 새로운 집단의 토박이와 대비해서 '이방인'만이 지닌 한계를 말해줌과 동시에, 간접적으로는 왜 '번역'하는 과정에서 '이방인'이 그의 고향 집단의 모든 것에 대해 회의하고 심지어는 용도 폐기할 정도의 수순을 밟아갈 수밖에 없는지에 대한 구체적인 답이 될 수 있다.

앞서 살핀 대로[14] '문화유형'과 그것의 '처방전'들은 그 장대한 위용과 속살을 한 집단의 토박이들에게만 드러낸다. 이것을 슈츠는 토박이들만이 그것들을 '해석과 표현이 일치된 도식의 단일체'로 경험할 뿐,

---

14   김광기, "알프레드 슈츠와 '자연적 태도'," pp. 47-70.

국외자들은 이를 통합되지 않은 조각난 편린들로 경험한다고 묘사하고 있다.[15] 첫 번째 조각은 새로운 집단의 '문화유형'이 '이방인'의 고향 집단의 그것으로 '번역'될 때 생겨난다. '이방인'이 번역을 시도할 때 번역 가능한 어떤 '해석적 등가물interpretive equivalents'이 후자에 존재한다면 전자가 '이해'되고 '기억'되는 데 별 문제가 없어 보이겠지만, 설령 그런 경우라도 새로운 집단의 '문화유형'에 대한 '이방인'의 번역과 해석이 그 집단의 토박이들 사이에서 일어나는 해석과 정확히 '일치'하리라는 것을 '이방인'은 감히 엄두조차 낼 수 없다.

두 번째 조각은, 토박이들에게는 구분되지 않고 경험되는 '문화유형'의 '해석'과 '표현'의 도식으로서의 단일성이 '이방인'에게는 분절되어 경험된다는 것이다. '이방인'에게는 그것이 결코 한 번에 일어나지 않고 두 단계로 명확히 나뉘는 경험이다. 이를 슈츠는 외국어를 배우는 학생의 예에 빗대어 설명하고 있다. 모국어의 경우 해석과 표현 도식으로서의 언어가 동시에 습득되는 반면 외국어를 습득할 때는 상황이 사뭇 다르다. 우선 학생은 배우려는 외국어에 대해 '수동적인 이해'를 하고 난 다음에야 비로소 '자신의 행동과 사고를 구체화하는 하나의 수단으로서 능동적인 언어를 숙달'하는 단계로 옮겨갈 수 있다. 즉, 외국어를 배우는 학생에게 외국어라는 언어는 분절된 상태로, 단편적으로만 접해질 뿐이다.

이렇게 '문화유형'의 단일성이 '이방인'에게 분절되어 경험될 뿐만 아니라, 설상가상으로 '이방인'에게는 후자로서의 '문화유형', 즉 '표현 도식'으로서의 '문화유형'의 정복이 그야말로 요원한 일이라고 슈츠는 못 박고 있다.[16] 그 이유를 들기 위해 슈츠는 또다시 '언어'를 언급한다.[17] 흔히 언

---

15 Alfred Schutz, "The Stranger," p. 99.
16 같은 글, p. 100.
17 이렇게 하는 이유는 '언어'가 '문화유형'의 한 예가 될 뿐만 아니라, '언어' 자체가 '해석'과 '표현' 도식이기 때문이다.

어는 사전에 명기된 단어(엄밀히 이야기해서 기호)와 문법으로 구성되어 있다고 생각하기 쉽다.[18] 굳이 분류적으로 이야기한다면 이런 것들은 언어의 '해석 도식'에 속한다. 외국어를 배우는 학생들이 그럭저럭 사전과 문법책을 통해 이런 부분을 터득할 수도 있다. 그러나 슈츠가 볼 때 언어가 단지 그것들로만 구성되어 있다고 보는 것은 매우 순진한 것이다. 그것은 다음의 이유들 때문이다.

슈츠는 우선 언어의 '주연周緣'[19]에는 위에서 언급한 것 이상의 '무엇'이 곁들여져 있음을 힘주어 말하고 있다. 모든 단어와 문장에는 그것이 이루어진 '담화세계'의 과거와 미래, 그리고 말로 표현할 수 없는 삶의 애환[20]이 담겨 있다는 것이다. 언어의 언저리는 '시'와 같은 것들로 채워져 있다. 따라서 그것들은 "음악이 될 수 있을지언정 번역할 수 없는 것이다."[21] 한 예로 우리말의 '한'을 들 수 있다. 그것은 영어의 단순한 '슬픔grief'으로 번역할 수 없는 우리네만 알 수 있는 '한'인 것이다. 또 다른 예로는 온도를 재는 두 가지 방식, 즉 화씨와 섭씨를 들 수 있다. 섭씨(혹은 화씨)에 익숙한 사람들은 다른 식으로 온도를 재는 방식에는 좀처럼 정확한 감을 잡을 수 없다.

둘째로, 어떤 말이든 '언외의 함축connotation'을 갖기 마련이다. 그것들이 '표준화된 내포standardized connotation'라면 그것들 또한 사전에 명기될 수 있다. 그런데 이외에도 모든 말에는 그것이 쓰이는 문맥과 사회적 환경으로부터 나오는 '특별한 부차적 의미'가 생성되는데, 이들은 그것이

---

18 이를 슈츠는 '언어적 상징linguistic symbols'과 '이상적인 문법 상황에서 열거된 통사론적 규칙the syntactical rules enumerated in an ideal grammar'으로 기술하고 있다. 전자는 다른 상징을 통해 '번역'하는 것이 가능하고, 후자는 모국어에 비춰보아 어떤 것은 일치하며 어떤 것은 그렇지 않다는 식으로 '이해 가능한' 것이다. Alfred Schutz, 같은 글, p. 100.

19 이 용어는 슈츠가 윌리엄 제임스William James에게서 따왔다.

20 이를 슈츠는 '정의적 가치와 비합리적 함의로 뭉뚱그려진 햇무리a halo of emotional values and irrational implications'라고 표현하고 있다. Alfred Schutz, "The Stranger," p. 100.

21 같은 글, p. 101.

쓰이는 실제적인 사건들로부터 그때에만 지니는 '특별한 색조'를 띠게 된다. 예를 들면 호남 사투리에서 자주 언급되는 '거시기'가 있다.

셋째로, "숙어, 기술적 용어, 전문 용어, 방언들"은 특별한 소규모 집단만이 향유하는 말들이다. 이것들은 외부 집단의 성원들이 그럭저럭 습득할 수는 있지만, 그렇더라도 토박이들만이 지니는 '그들만의 사적인 코드'가 국외자에게는 영영 미지의 영역으로 남겨질 수밖에 없기에 '이방인'의 습득은 수박 겉핥기식일 따름이다. 왜냐하면 그런 '사적인 코드'는 과거를 같이 나눈 사람만이 이해할 수 있는 것이기 때문이다. 예를 들자면, 부부간의 은밀한 기초 위에 나누는 그들만의 말이 있다. 그것은 동일한 단어라도 다른 가정의 부부는 이해하지 못하는 특정 부부만의 말이다. 혹은 부모와 자식 간에 사랑의 교감에서 나눠지는 특별한 용어의 예가 그것이다.

마지막으로 "언어 집단의 전 역사는 어떤 것을 말하는 방식에 녹아 있다." 처음 영어를 배우는 사람들, 혹은 오랜 기간 영어를 배운 사람이라도, 영어를 잘 읽고 단어를 많이 안다 해도 미국이나 영국 사람들이 어떻게 그리고 어떤 방식으로 말하는지 잘 모른다. 슈츠가 든 예는 '마태' '마가'를 우리말 성경으로 읽어도 '매슈' '마크' 등으로 하지 않으면 그들의 방식으로 읽지 않았기에 사실은 모르는 것과 같다는 것이다. 장난이 아닌 심각한 상황에서 다른 지방에 가서 조금 배웠다고 그 지방 사투리를 어설피 구사한다면 칭찬은커녕 퇴박만 맞기 일쑤인 것 또한 그 예가 될 수 있다.[22]

---

22   이상의 논의를 좀더 상세히 보고 싶다면 Schutz의 같은 글, p. 101을 볼 것. 예를 들어 중대한 거래가 일어난다든지 혹은 싸움이 붙은 심각한 상황에서 어느 누구도 자신의 고향 말이 아닌 타지역의 방언으로 그런 것을 행할 사람은 아무도 없을 것이다. 만일 그렇게 한다면, 이미 승부는 난 것으로 봐야 한다. 모국어를 달리하는 사람들이, 비록 그들이 국제결혼을 한 부부라고 하더라도, 싸움을 할 땐 각기 그들의 모국어로 상대방이 알아듣든 못 알아듣든 말하는 이유는 바로 이 때문이다.

그런데 이러한 언어의 언저리에 있는 나머지 모든 부분은 언어의 '표현 도식'에 속하며, 이는 단지 그 언어를 모국어로 사용하는 '토박이'들에게만 접근이 개방된 것이다.[23] 그들에게만 언어의 이런 측면들이 문자 그대로 '자연스러운' 것이다. 반면 불행히도 그 말을 모국어로 하지 않고 배우는 '이방인'들에게는 자연스럽지 않으며 그것의 완전한 습득은 실로 요원하기만 한 일이 되어버린다.

이상에서 우리는 '이방인'이 새로운 '문화유형'과 '자연적 태도'에 대해, 기존의 내집단 성원들에 비해 얼마나 많은 흠결을 지니고 있는지를 '언어'에 비춰 살펴보았다. 요약하자면, 새로운 집단의 '문화유형'과 '자연적 태도'는 '이방인'에게 완전 정복을 허락하지 않는다. 이러한 '이방인'의 한계는 그가 어느 상황에서건 그 난국을 타개해나가는 데 든든한 밑천으로 여겨왔던 고향 집단의 '문화유형'과 '자연적 태도'와의 결별의 계기가 되기에 충분하다.

위의 논의를 간추리자면 '이방인'은 새로운 집단의 '문화유형'과 '자연적 태도', 그리고 그의 고향 집단의 그것들, 그 어느 것도 곧이곧대로 받아들이지 못하며, 그렇다고 한쪽을 택하리라 독한 마음을 먹었다고 해서 자기 뜻대로 완전히 정복할 수도 없는[24] 그런 난감한 상태에 빠져 있는 꼴로 묘사될 수 있다. 그렇다면 다른 길은 없는 것일까? 즉 두 개의 '문화유형'이나 '자연적 태도'를 종합할 제3의 어떤 것을 고안해내는 것 말이다. 슈츠는 불행하게도 이마저도 불가능한 일이라고 매몰차게 단언한다. '이방인'은 두 문화의 '지향 도식'(혹은 '자연적 태도')을 잘 아우르는 '변형의

---

23 슈츠는 '토박이'만이 '참표현 도식을 수중genuine one[scheme of expression] in hand'에 지니고 있다고 표현한다. 그런 맥락에서, 외국어를 정말로 잘한다는 소리를 들으려면 적어도 '연애편지'나 '기도', 그리고 '저주' 등도 자유자재로 할 줄 알아야 한다고 말한다. A. Schutz, 같은 글, p. 101.

24 고향 집단으로 돌아가 그곳의 '문화유형'과 '자연적 태도'를 회복시키는 경우에 '이방인'이 겪는 좌절에 대해서는 여기서 다루지 않았다. 그것은 이 장 논의의 범위를 넘어서기 때문에 다른 기회에 다루기로 한다.

일반적인 공식a general formula of transformation'도 세울 수 없다는 것이다. 즉 두 '문화유형' 모두에게 설득력 있는 연금술을 시행하는 것이 불가능하다. 왜냐하면 '지향 도식'이란 그것을 사용하는 이가 그를 둘러싼 주위세계의 중심에 서 있다는 것을 가정하기 때문이다. 이것이 의미하는 바를 슈츠는 다음의 비유를 들어 쉽게 설명하고 있다. 어떤 이가 하나의 '지향 도식'으로서의 '지도'를 사용하려면 그는 현재 그가 어디에 위치해 있는지에 대해 우선적인 인식이 있어야만 한다. 그렇기에 명승지에 가면 안내 지도가 있고, 안내 지도엔 항상 '현위치'가 표시되어 있기 마련이다. 지도를 볼 때 우리는 물리적인 '지면 위에서의 위치'와 '지도상의 그것의 표상'을 알고 있어야만 지도를 해석하고 사용할 수 있기 때문이다.

이러한 '지도'의 비유는 사회세계에도 그대로 적용된다. 문제는 단지 한 집단의 토박이들만이 그들의 '확고한 위치', 즉 그들이 지금 사회세계라는 지도에서의 '현위치'에 대해서 알고 있다는 것이다. 그가 사회세계의 지도 위에서 구석에 있든, 중앙에 있든, 다른 어디에 있든 그것은 그가 사회세계의 지도를 사용하고 보는 데 아무런 상관이 없다. 중요한 점은 그가 자신의 확고부동한 현위치를 파악하고 있어야만 그가 속한 사회세계를 배열시켜 대략이나마 그림을 그릴 수 있다는 것이다. 다시 말해서, '확고한 위치'를 점한 자들만이 "자연스럽고 신용할 수 있는 지향 도식으로서의 문화유형"을 사용하고 나름대로 변형할 수 있게 된다.[25]

그러나 '이방인'에겐 이런 상황을 기대하기 힘들다. 왜냐하면 그는 바로 그 중요한 조건, 즉 '확고한 지위'를 결여하고 있기 때문이다. 따라서 '현위치'가 생략되어 있는 지도는 실제 상황에서는 아무짝에도 쓸모없어져버리듯, 사회세계에서 '확고한 지위'가 결여된 '이방인'은 있어도 그만 없어도 그만인 사람이 되고, 그만큼 자신이 어디에 소속되어 있는지, 어

---

25 같은 글, p. 99.

디쯤에 서 있는지를 파악할 수 없는 처량한 처지의 인물이 되어버린다.[26] 그는 사회세계의 지도 바깥에 있는 자로 인식하기 쉽다. 상상해보라. '현위치'가 표시되어 있지 않은 지도란 그것을 보는 이에겐 그 자신이 그 지도 바깥에 있는 것과 마찬가지이니까……. 그런 의미에서 '이방인'은 '경계선'상(혹은 밖)에 놓인 자신을 발견하기 십상이다. 이런 맥락에서 슈츠는 '이방인'을 그의 "사회 환경의 핵심에 위치해 있지 않고, 그런 사실은 그를 사회세계의 등고선으로부터 탈구시키기에 충분하다"고 묘사하고 있다.[27]

사태가 이러할진대 과연 '이방인'에게 두 문화 간의 '조정', 혹은 양자를 다 만족시킬 만한 새로운 '공식'을 세우길 기대할 수 있을까? 가장 기대할 만한 결과는 '혼란'과 '아노미' 그리고 '탈구'가 있을 뿐이다. 이 경우 '이방인'은 개인적으로는 '정체성의 위기'를 겪게 된다. 이는 사회학적으로 당연한 귀결이다. 사회와 개인은 떼려야 뗄 수 없는 운명공동체임이 분명하기 때문에, 개인이 처한 집단의 문화와 자연적 태도가 위기에 휩싸인다면, 개인 또한 위기에 직면하는 것은 당연하다. 한 개인의 정체성은 그 주위에 포진해 있는 세계가 안정적일 때만 가능해진다. 그런 점에서 한 집단의 토박이들은 그들 집단이 안정적인 한 극히 예외적인 경우 말고는 대부분 매우 안정적인 정체성을 견지할 수 있다. 그러나 세계가 안정적이지 않다면, 즉 세계에 위기가 초래되면 확고부동한 정체성을 소유한다는 것은 매우 어려운 기획이 된다. 여기에 해당되는 것이 바로 '경계선'상에 놓인 '이방인'이라는 인물 군상이다. 해외에 나가 있는 교포들이 심각한 정체성 위기를 겪는 것은 바로 이러한 이유에서다.

---

26   이 시점에서 혹자는 에밀 뒤르케임의 '아노미anomie'를 떠올릴 수 있을 것이다. 왜냐하면 '아노미'는 '무규범 상태the state of normlessness'와 '도대체 내가 어디에 속해 있는지를 모르는 것'이 될 수 있기 때문이다. 후자의 해석에 대해서는 피터 버거의 보스턴 대학교 종교사회학 세미나 강의에 빚지고 있다.

27   Alfred Schutz, "The Stranger," p. 99.

그런데 이 시점에서 우리는 경계선상의 '이방인'만이 지닌 다음의 독특한 '자연적 태도'에 주목할 필요가 있다. 위에서 묘사했듯 이제 '이방인', 그는 어느 '자연적 태도'에도 뿌리내리지 못하는 상태에 놓였다. 즉 새로운 집단의 것과 고향 집단의 것 모두에도 만족하지 못하는 상황이 되었다. 엎친 데 덮친 격으로 양자 모두를 만족시키는 제3의 것을 창출하는 일 또한 불가능해졌다. 그다음에 오는 자연적인 귀결은 '문화유형'과 '자연적 태도' 자체에 의문을 제기하는 일일 것이다. 다시 말해 '이방인'은 "이 세계에 대한 '나'의, 그리고 내 주위 동료들이라고 하는 '인간'들의, 그것(이 세계를)을 지향하는 이 아리송하기만 한 '태도'란 과연 무엇이란 말인가?" "결코 당연하지 않은 것을 당연하게 여기는 이 무모하기 짝이 없는 '태도'란 무엇인가?" 등의 질문을 제기하게 될 것이다. 이것이야말로 우리가 눈여겨봐야 할 '자연적 태도'의 진정한 '위기'의 계기다. 이런 자각에 의한 '위기'는 필자가 보기에 진정으로 '근원적radical'인 것이다. 우리 사회는 흔히 정치적으로 좌파의 것을 '래디컬'(급진성)이라는 수식어를 동원해 특징짓곤 한다. 그러나 사회세계가 지닌 '자연적 태도' 자체에 대한 '이방인'의 회의는 정치적 '급진성'의 차원을 초월하는 성격을 띤다. 그런 정도의 '급진성'은 단순히 "이것이냐 저것이냐?"의 문제일 뿐, "사유와 태도 자체에 대한 근본적인 회의"는 아니기 때문이다. 슈츠가 독자들로 하여금 눈치채게 하고 싶었던 것이 바로 이것이라고 필자는 믿는다.[28]

◪ '자연적 태도'의 탈제도화

어떠한 형태로든 '자연적 태도'에 위기가 도래하면 다음과 같은 상황

---

28 이에 대한 자세한 논의는 이 책 마지막 장인 14장에서 다룰 것이다.

이 뒤따른다. 그것은 바로 인간들이 행해오던 '습관'들의 '방해'와, '의식'과 '관행'의 격변이다.[29] 이것은 철학적 인간학의 태두라고 할 수 있는 겔렌Arnold Gehlen이 말하는 '탈제도화'[30]의 조건이다. 왜냐하면 제도화의 시발점은 반복과 습관이며, '탈제도화'의 시발점은 습관의 삐거덕거림이기 때문이다. '자연적 태도' 내의 습관적 '의식'과 '관행'에 이상 징후가 나타나면, 이제 '자연적 태도'는 '탈제도화'라는 열차에 올라탄 것과 진배없다. 그렇다면 그 '탈제도화'는 구체적으로 어떻게 진행되는 것일까?

매 순간의 상황 정의

슈츠에 따르면, 위기가 도래하면 "이해 관심의 실질적 체계들이 급격하게 전복된다"고 한다. 이 말이 뜻하는 바는 "이미 검증된 가용한 처방전의 체계로 문화유형이 더 이상 그 기능을 수행하지 못한다는 것"이다.[31] 더 쉽게 말하면, 토박이들이라면 특정 상황에 처했을 때 "문제가 이것이니 이땐 이렇게 해결하면 되겠군" 하며 스스럼없이 '기성의 처방전'을 적용할 수 있는데, 어쩌면 용맹무쌍하게 보이는 이런 행위를 '이방인'은 저어하게 된다는 것이다. 그는 머뭇거린다. 왜일까? 그는 왜 중요한 순간에 그가 접근하려는 집단의 토박이들이 하는 대로 하지 못하고 망설이는 것일까?

슈츠가 말하는 이유는 간단하다. 매 순간 닥친 상황에 기존의 '문화유형'이 제공해주는 '처방전'들에 대해 토박이들은 '성공'에의 확신을 가지고 덤벼들지만, '이방인'들에겐 그것이 '순수한 주관적 개연성蓋然性'으로만 다가오기 때문이다. 이것은 '매 순간 상황을 스스로 정의'해야 하고,

---

29 이것은 슈츠가 W. I. 토머스에게서 빌려온 아이디어다. Alfred Schutz, "The Stranger," p. 96.

30 이에 대해서는 Arnold Gehlen, *Man in the Age of Technology*(New York, NY: Columbia University Press, 1980); Arnold Gehlen, *Urmensch und Spätkultur*(Bonn: Athenaeum, 1956)을 참조할 것.

31 Alfred Schutz, "The Stranger," p. 96.

그 정의된 것에 근거해 그럭저럭 확보한 '처방전'을 시험적으로 들이대보는, 즉 매 순간 순간을 '처방전'의 검증으로 소일해야 하는 상황에 처한 '이방인'의 딱한 처지를 말해준다. 여기서 '주관적 개연성'이란 '이방인'은 '자연적 태도'들을 토박이들처럼 일관적이고 명확하게 보지 못하며, "비일관적이고, 체계적이지도 않고, 명확성을 결여"한 것으로 사시의 눈을 갖고 보기 때문이다. 만일 토박이들처럼 그 처방전들이 '이방인'의 몸에 완전히 배어 있다면, 그들에게도 그 처방전은 유동적으로 보였을 것이다. 그런데 그렇게 되지 못한 이유는 바로 '이방인'들이 그런 것에 대해 '신빙信憑'하지 못하고, 괄호를 치면서 끊임없이 의심의 눈초리를 보내기 때문이다. 의심하면 자동적이고 습관적이며 무의식적인 행위는 물 건너가게 된다. 그 뒤에는 신경이 곤두서고, 모든 것이 혼란에 휩싸이며 종내는 '수수께끼'가 되어버린다.[32] 이런 상태는 '피곤'과 직결된다. 이것은 '이방인'에겐 지울 수 없는 '부담'을 뜻하며, '부담을 지우는 것'은 바로 '탈제도화'의 몫이다.[33] 바로 이것이 낯선 곳을 여행하는 나그네가 밤이면 단박에 곯아떨어지는 주된 이유 중 하나다.

의사擬似전형성

'자연적 태도'를 '탈제도화'시키는 또 하나의 결정적인 이유는 사회세계에 대해 토박이가 지니는 '감感'과 '이방인'이 지니는 그것 사이에 현저한 차이가 있기 때문이다. 우리의 사회세계가 '전형typification'을 필요로 하며, 그 점에서 '전형화된 사회'라고 말할 수 있을 때,[34] 토박이들에게 있어 자신들 집단의 '전형성'은 '참-전형성genuine typicality'이라고 표현할

---

32 같은 글, p. 103.
33 겔렌이 보여주듯, 제도화의 몫은 '탈부담unburdening'임을 명심할 것. 이에 대한 자세한 논의는 Arnold Gehlen, *Man: His Nature and Place in the World*(New York, NY: Columbia University Press, 1988); Peter L. Berger and H. Kellner, "Arnold Gehlen and The Theory of Institution," *Social Research*, Vol. 32, 1965, pp. 110–115 등을 참조할 것.

수 있다. 반면 '이방인'에게 있어 새로운 집단의 그것은, 그들이 그것에 대해 갖게 되는 '감'은 토박이들의 것에 비하면 근사치일 뿐 진짜는 아니라고 할 수 있다. 이런 맥락에서 '이방인'들은 '의사전형성pseudo-typicality'을 지닌다고 할 수 있다.[35]

그런데 이 대목에서 우리는 이렇게 진단하고 있는 슈츠의 의도를 정확히 간파해야 한다. 다시 말해서, 토박이들의 것이 진짜이고 '이방인'의 것이 가짜이므로 슈츠가 전자의 것에 가중치를 두고 있다고 판단한다면 큰 오산이다. 필자가 볼 때, 슈츠는 오히려 '자연적 태도'가 지닌 가짜의 가능성에 초점을 맞추고 있다. 그 이유는 간단하다. 먼저 평상시 매우 공고한 듯한 '자연적 태도'가 가짜처럼 보일 수 있다는 점에서 상대화된 '자연적 태도'의 흔들거리는 위상을 엿볼 수 있기 때문이다. 둘째로는 '탈제도화'와 관련된 것인데, '이방인'이 '의사전형성'을 견지하고 있다는 사실로 말미암아 그들은 토박이들이 지닌 일종의 고정관념과는 거리를 둘 수 있다는 가능성 때문이다. 그런 면에서 '이방인'은 토박이들과 대별되는 '또 다른 잣대'[36]를 가지고 있다고 묘사할 수 있다. '또 다른 잣대'의

---

34 이에 대한 자세한 논의로는 김광기, "왜 사회세계엔 '전형'이 반드시 필요할까?," 『한국사회학』, 36(5), 2002a, pp. 229-236; 김광기, "양가성, 애매모호성, 그리고 근대성," 『한국사회학』, 37(6), 2003a, pp. 59-85; 김광기, "익명성, 추상성, 그리고 근대성," 『철학과 현상학 연구』, 21, 2003b, pp. 249-272; Kwang-ki Kim, "Modern Society, Ambivalence, and Globali-zation: A Study on Modernity in Alfred Schutz's Typification," *The Journal of Studies in Contemporary Social Theory*, No. 14(Nagoya, Japan, 2004), pp. 484-494 등을 참조할 것.

35 Alfred Schutz, "The Stranger," p. 103.

36 같은 글, p. 103. 슈츠의 이러한 아이디어는 짐멜의 것과 정확히 일맥상통한다. Georg Simmel, "The Stranger," p. 405. '이방인'이 견지한 객관성에 대한 최근의 연구로는, J. Bercovitch and A. Houston, "The Study of International Mediation: Theoretical Issues and Empirical Evidence," in *Resolving International Conflicts: The Theory and Practice of Mediation*, ed. J. Bercovitch(London: Lynne Rienner, 1996), pp. 11-35; E. Colson, "The Alien Diviner and Local Politics Among the Tonga of Zambia," in *Political Anthropology*, ed. M. Swartz et al.(Chicago, IL: Aldine, 1966), pp. 221-228; T. Princen, *Intermediaries in International Conflict*(Princeton, NJ: Princeton University Press, 1992) 등을 참조할 것.

보유란 기존 집단에 밀착함이 없이, 그것과는 일정 거리를 둔 '소격疏隔, distancing'의 가능성을 확보하기 때문이다.

한 가지 더 명심할 것은, '이방인'이 '또 다른 잣대'를 들이대는 대상은 새로운 집단의 '문화유형'과 '자연적 태도'에 국한되는 게 아니라는 점이다. 그것은 그가 떠나온 고향 집단에도 고스란히 적용된다. 엄밀히 말하면, 그가 고향을 떠나면서부터 이미 그 고향에 대해 지니는 '감'은 고향에 남은 자들의 것과는 다른 게 되어버린다.[37] 다시 말해서, 그의 고향에 대한 '감'은 똑같이 '의사전형성'이라고 일컬어질 수 있다. 그런 다른 잣대를 가지고 마주하는 세계('고향세계'와 '새로운 세계' 모두)의 '당연성'과 '자연적 태도'는 '이방인' 앞에서는 '해체'라고 하는 고통스런 위기로 다가오게 된다. 즉, '이방인'은 토박이들과 똑같은 방식으로 '자연적 태도'를 채택할 수 없다.

무채색 인간

하여, '이방인'은 그가 지닌 '거리감' 때문에 토박이들에게는 '감정이 결여된lack of feeling'[38] 무덤덤한 사람으로 보이기 일쑤다. 토박이들이 열광하고 집중하는 것에, 그리고 대단하다고 여기는 것들에 대해, '이방인'은 '그저 그런 것일 뿐'이라는 태도를 견지하는 게 어렵지 않게 목도되기 때문이다. 그러면 토박이들은 '이방인'을 감정에 휩쓸리지 않는 밍밍한 사람, 즉 '무채색無彩色 인간'으로, 심하게는 피도 눈물도 없는 불한당이라고 혹평할 수 있다. 이때 피와 눈물이 있는 사람들은 생기가 도는 채색된 인간들로 보이고 정체가 쉽사리 파악되는 이들이라고 볼 수 있다. 그래서

---

37 고향에 남겨진 자들과 떠난 자들 그리고 고향에 되돌아오는 자들에 관한 슈츠의 천재성을 보여주는 연구는 Alfred Schutz, "The Homecomer," *Collected Papers Vol. II: Studies in Social Theory*(The Hague: Martinus Nijhoff, [1945]1964), pp. 106~119 참조.

38 Alfred Schutz, "The Stranger," p. 103.

토박이끼리는 어떠한 사안이라도 거리낌 없이 논의할 수 있으며 쉽사리 흥분의 도가니로 함께 빠져들 수 있다. 그런 의미에서 그들은 서로를 채색된 인간으로 인식하게 된다. 하지만 그들 가운데 낯선 '이방인'이 끼어들어오면 그들은 그 '이방인' 앞에서 자신의 견해를 선뜻 꺼내려 들지 않는다. 왜냐하면 그들에게 '이방인'은 진의(속내)를 파악할 수 없는 무채색 인간으로 보이기 때문이다. 아마도 지역감정이 어느 나라보다 더 파행적으로 치닫는 우리나라에서는, 처음 만나는 사람끼리 지역감정과 연관된 민감한 정치적 사안에 대해서는 상대의 연고지가 파악되지 않는 한 좀처럼 입을 떼지 않는 것과 같은 경우다.

어쨌든 이 밍밍한 사람, 그래서 무채색 인간으로 그려지는 '이방인'은 토박이들에게 멀고 먼 딴 나라 사람으로 여겨질 뿐이다. 우리나라에서 이전에 관행처럼 지배했던, 마치 '영원히 그 집 귀신이 되지 못하는 못된 며느리'처럼……. 이런 비유는 일면 진실에 가깝다.[39] 하지만 모든 경우에 '이방인'이 새로운 집단과 늘 거리를 완벽하게 둔다고 보는 것은 과장일 수 있다. 왜냐하면 특정 사안에서는 '이방인'이 토박이들보다 감정을 더 격하게 드러낼 때도 있기 때문이다. 즉, 특정의 '자연적 태도'에 대해 '이방인'이 고도의 밀착 정도를 견지하는 경우도 있다. 예를 들면, 왜倭에서 귀화해 누구보다 왜군을 무찌르는 데 앞장선 어느 장군이 그렇다. 여기서 우리가 주의할 점은 이것이냐 저것이냐를 따지는 것이 아니다. 그보다는 '친밀과 초연'을 오락가락하는 '이방인'[40]의 '불안정성' '주저' 그리고 "토박이의 경우 좀더 알아볼(이해할) 필요 없이 따르기만 하면 되는 '의심되지 않는 처방전'의 효율성에, 그래서 복잡하지 않고 단순하게만 보이는

---

39 Nedim Karakayali, "The Uses of the Stranger: Circulation, Arbitration, Secrecy, and Dirt," *Sociological Theory*, Vol. 24, No. 4, 2006, pp. 312–330; S. Marmon, *Eunuchs and Sacred Boundaries in Islamic Society*(Oxford: Oxford University Press, 1995).

40 이에 대해서는 5장에서 논의할 것이다.

그런 문제에 대해 끊임없이 회의를 자아내는"[41] '이방인'의 태도에 주목하는 것이다. 이런 태도는 특별한 경우를 제외하고 토박이들에게서는 좀처럼 목도되기 힘들며, '이방인'의 이런 태도는 의심 없이 당연시되는 '자연적 태도'를 무력화시키기에 충분하다.

이렇게 '자연적 태도'를 무장 해제시킬 수 있는 '이방인'은 자신이 행할 수 있는, 또는 행한 여러 가능한 결과에 대해 응분의 책임을 질 것을 요구받는다. 말하자면, 그러한 '이방인'의 독특한 태도에 대해 그는 대가를 치러야 한다는 것이다. 이런 대가에 대해서는 앞서 언급한 바 있다. 즉, '이방인'이 끊임없는 정체성의 위기에 노출되어 있다는 사실 말이다. 인간에게 가장 근본적인 물음이 있다면 그것은 아마도 "나는 과연 무엇일까? 나는 누구일까?" 하는 것일 게다. 정체성 문제야말로 어느 정도 의식이 들기 시작한 인간이라면 평생을 두고 고민해야 할 가장 실존적인 문제다. 그러나 우리의 사회세계는 이런 인간들의 근본적인 문제에 대해 아주 간단한 해답만 제시해줄 뿐이다. 즉, "너는 우리 사회에서 불리는 그 무엇이다. 더 이상 고민할 것 없다"이다. 이 때문에 버거Peter Berger는 정체성을 '자아의 사회화된 부분'이라고까지 정의하지 않았던가! 또한 그러한 사회의 속삭임에 인간들은 귀 기울이고, 그 말에 위안받고 편안해지며, 그 결과 그는 실제로 그런 사람이 된다. 바로 그것이 인간들이 사회를 신뢰하는 주된 이유일 수 있다. 그러나 의심받는 사회, 더 이상 당연시되지 않는 사회는 인간들에게 그런 기능을 수행하는 것을 멈추고, 그러면 인간들은 뭐가 뭔지를 알지 못하는, 심지어 자신이 누구인지 가늠할 수 없는 딱한 처지에 빠지고 만다. 이때 그에겐 말할 수 없는, 그리고 참을 수 없는 '불안'이 밀려오고 그를 둘러싼 세계는 '불안정성'으로 뒤덮인다. 이를 가장 명징하게 드러내는 존재가 바로 '이방인'이며, 그가 처한 상황

---

41   Alfred Schutz, "The Stranger," p. 103.

과 그만의 독특한 태도 및 경험은 바로 '탈제도화'의 맥락과 맞닿아 있다. 이러한 '이방인'의 상황을 슈츠는 "이방인에게 있어 문화유형은 더 이상 피난처가 아니며 그것은 단지 모험의 장이 되어버린다"고 극적으로 묘사하고 있다.[42]

---

42 Alfred Schutz, "The Stranger," p. 104.

3. '자연적 태도'의 취약성

이상 우리는 슈츠의 '이방인' 탐구를 분석해보면서도 초점을 살짝 비껴나 '이방인'보다는 '자연적 태도'에 맞춰 그의 '이방인'을 비판적으로 도해하고 재구성해보았다. 서두에서 언급한 바와 같이, 필자는 슈츠가 그의 생애 동안 최우선적 탐구 과제로 고려했던 것이 바로 우리 '사회세계'의 본질이며, 그 사회세계는 일상인들의 '자연적 태도'에 전적으로 의존하고 있다는 것을 심도 있게 파헤치고자 했다고 믿는다. 그의 관심은 여기서 그치지 않고, 사회세계가 가능하기 위해서 반드시 있어야만 하는, 그렇게 중요한 '자연적 태도'조차 그 본성에 있어서는 아주 취약한 것이라는 사실을 여실히 폭로하고자 했다고 확신한다. 이러한 취지에서 모든 이에게 가장 고혹적으로 다가갈 수 있는 주제인 '이방인'을 전략적으로 택하고, 그것의 섬세하고 농밀한 현상학적 기술을 통해 결국에는 아무도 눈치채지 못하게, 그리고 놀람이나 거부감 없이, 누구나가 수긍할 수 있는 사회세계의 본질, '자연적 태도'의 본질에 접하게 했다고 본다.

2부. 이방인과 인간

04

초월과
내재 사이

1. '이방인'으로서의 '인간'

주지하다시피 '인간행위자human agency' 문제는 '사회질서social order'
의 문제와 더불어 사회학에서는 핵심 쟁점 중 하나다. 이러한 주제에 천
착함으로써 사회학은 여타 학문들, 이를테면 자연과학과는 확연히 구분
될 뿐만 아니라 사회과학 내에서도 차별성을 확보한다. 이러한 사회학이
지닌 본래의 취지에 십분 동의하면서 이 장에서는 범위를 좁혀 그중 인
간행위자, 곧 인간의 문제를 다루려 한다.

'인간행위자'의 문제가 사회학의 핵심 주제인 까닭에 사회학의 주요
이론들은 그것이 어떤 범주로 분류되건 상관없이 '인간행위자'의 문제를
반드시 다루며, 그렇기에 주의할 점은 바로 각 이론(가)이 제시하는 '인간
행위자'(이하 '인간'으로도 병기)에 관한 시각과 설명에 따라 그들의 이론이
나름의 분류적 명칭을 지니게 된다는 것이다.

이를테면 '노동'하는 인간 혹은 '물질적' 인간으로 행위자를 묘사한
마르크스,[1] 세계에 대해 신중한 태도를 견지하고 그것에 의미를 가미할
수 있는 능력과 의지를 부여받은 '문화적' 인간으로 그리고 있는 베버,[2]
무한한 '욕망'을 지닌 존재로서 인간을 묘사하는 뒤르케임,[3] '목적론적 존
재'로서의 인간을 상정하는 짐멜,[4] '상징'을 쓰는 '사회적 과정'으로서의

---

1   Karl Marx, "Economic and Philosophic Manuscripts of 1844," in *Marx's Concept of Man
By Erich Fromm*, tran. T. B. Bottomore(New York, NY: Frederick Ungar, 1961); Karl Marx and
Frederick Engels, *German Ideology*(Moscow: Progress Publishers, 1976).

2   Max Weber, "Objectivity in Social Science and Social Policy," in *The Methodology of the
Social Sciences*, tran. and ed. Edward A. Shils and Henry A. Finch(New York, NY: Free Press,
1949).

3   Emile Durkheim, *Suicide*(New York, NY: Free Press, 1951).

인간을 기술하는 미드George H. Mead,[5] '자율적인' 행위자로서의 인간을 묘사한 파슨스Talcott Parsons,[6] 주고받는 교환관계 속의 '경제적 인간'을 가정하는 호만스George Homans,[7] 합리적인 선택을 취할 수 있는 행위자로서의 인간을 그리는 콜맨James S. Coleman,[8] 인간의 행위를 유전자에 의해 이미 결정된 것으로 상정하는 윌슨Edward O. Wilson,[9] 무대 위에서 가면을 쓰고 연기하는 배우로서의 인간 상을 설정하는 고프만,[10] 거대한 상징적 세계의 공모자로서의 인간을 가정하는 버거,[11] 실제적 행위 속에서 분출했다 사라지는 하나의 '성취'로서의 인간을 간주하는 가핑켈[12] 등 그 예는 사회학자의 수만큼 존재한다고 해도 될 정도로 무수하다.

　　여기에 필자는 또 하나의 '인간행위자' 이론을 더하고자 한다. 그것은 '인간'을 '이방인'으로서 기술하는 것이다. 이런 시도를 감행하는 동기는 간단하다. 사회세계의 행위자들을 묘사하는 데 있어 이런저런 물리적·인지적, 그리고 공간적·시간적 맥락을 쉼 없이 오가는 이 행위자들의 경험

4　　Georg Simmel, "Conflict," in *Conflict and the Web of Group Affiliations*, tran. Kurt H. Wolff(New York, NY: Free Press, 1956); Georg Simmel, *The Philosophy of Money*, tran. David Frisby(London: Routledge, 1978).

5　　George H. Mead, *Mind, Self, & Society*(Chicago, IL: University of Chicago Press, 1934); George H. Mead, *The Philosophy of Act*(Chicago, IL: University of Chicago Press, 1938).

6　　Talcott Parsons, "Individual Autonomy and Social Pressure: An Answer to Dennis Wrong," *Psychoanalysis and Psychoanalytic Review*, Vol. 49, No. 2, 1962, pp. 70-79; Talcott Parsons, *Social Systems and the Evolution of Action Theory*(New York, NY: Free Press, 1977).

7　　George Homans, *Social Behavior: Its Elementary Forms*(New York, NY: Harcourt Brace Jovanovic, 1961).

8　　James S. Coleman, *Individual Interests and Collective Action: Selected Essays*(Cambridge: Cambridge University Press, 1986); James S. Coleman, *Foundations of Social Theory*(Cambridge, MA: Belknap, 1990).

9　　Edward O. Wilson, *On Human Nature*(Cambridge, MA: Harvard University Press, 1978).

10　　Erving Goffman, *The Presentation of Self in Everyday Life*(New York, NY: Doubleday, 1959).

11　　Peter L. Berger, *Invitation to Sociology: A Humanistic Perspective*(Garden City, NY: Doubleday, 1963).

12　　Harold Garfinkel, *Studies in Ethnomethodology*(Englewood Cliffs, NJ: Prentice-Hall, 1967).

이 '이방인'의 그것과 매우 유사하다는 점이 필자의 눈길을 끌어서다.

여기서 필자는 이전 장에서 규명된 '이방인'의 특성을 '인간'의 모습에 중첩시키는 작업을 시도할 것이다. 다시 말해서 이 장은 '이방인'으로서의 '인간행위자' 이론을 구축하는 것이 목적이다. 앞에서는 '이방인'에 조명을 비추었다면, 여기서는 '인간행위자'에게 그것을 맞추려 한다. 물론 그 조명은 '이방인'이라는 필터를 끼고 비춰진 조명이다.

'이방인'으로서의 '인간행위자'론을 구축하기 위해 이 장에서는 '초월'과 '내재' 사이를 오가는 '인간'의 모습에 천착할 것이다. 좀더 구체적으로 '초월'적 존재, '제도'의 존재로, '소속'되기를 원하는 존재, '인정'받기 원하는 존재 등으로 특징지어지는 '이방인'의 모습과 '인간행위자'의 모습이 어떻게 긴밀히 연결되는지에 초점을 맞출 것이다.

2. '초월'의 '인간'

　'이방인'의 가장 중요한 특징 중 하나는 바로 자신이 처한 곳에서 '초월'하면서 동시에 다른 집단에 다시 '편입'되기를 원하는 존재라는 점이다. 이를 가능케 해주는 것은 바로 끊임없이 움직이는 '이동성'이다. 이러한 '이동'이 '이방인'에게 일생 동안 한 번, 혹은 여러 번에 걸쳐 일어날 수 있지만, 어쨌든 짐멜은 '소요逍遙와 정착定着의 합일the unity of wandering and fixation'이라는 묘사로 '이방인'을 간결하게 특징지은 바 있다.[13]

　그리고 그런 '소요'와 '정착'의 오고 감은 곧 어떤 한 지점에 속해 있으나 영원히 갇혀 있지는 않은, 즉 '초월'과 '내재' 사이의 오고 감으로 번역 가능하다. 이런 '이방인'의 특성은 '인간'의 모습에도 그대로 적용할 수 있다. 그러면 어떤 점에서 이런 주장이 제기될 수 있는가? 먼저 '초월'의 '인간'을 살펴보자.

◪ '세계개방'적 존재

　인간 존재의 여러 특징 중 '초월'적 특징에 초점을 맞춰 논의를 전개한 대표적인 학파로는 '철학적 인간학'을 꼽을 수 있다. 우주에 있어서 인간의 특수한 위치 문제에 매달린 이 분야에 속한 학자들은 특히 인간과 동물의 차이점에 대해 골몰함으로써 그 문제의 본질에 다가갈 수 있다고 믿었다. 간략히 이야기하면, 그들에게 인간의 행동이나 의식 어느 것도 그 본성에 있어 '고정'된 것은 없다. '철학적 인간학'의 대표 주자라고 할

13　Georg Simmel, "The Stranger," in *The Sociology of Georg Simmel*, ed. Kurt H. Wolff(Glencoe, IL: Free Press, [1908]1950), p. 402.

수 있는 플레스너Helmut Plessner와 겔렌Arnold Gehlen은 이런 인간의 특질을 '세계개방성world openness, Weltoffenheit'이라고 구분해서 불렀다. 다시 말해, 인간이란 그가 머물고 있는 특정 시간과 장소에서 벗어나려 하는, 비유적으로 표현하자면 특정한 궤도에 머물러 있지 않고 그로부터 이탈하는 본성을 지니고 있다는 것이다. 그들은 이런 인간의 특징을 '비상궤성eccentricity'이라고 이류했다. 이러한 '개방성'이 '전형적인 인간 현상'으로 특징지어지는 반면, 동물들은 '폐쇄적 존재closed being'로 간주된다.[14] 따라서 동물들이 '지금 여기'에만 존재하는 '지금 여기 내의 존재being-in-the hic et nunc'라고 한다면, 인간은 '초월적 존재being-in-the transcendence'다.[15]

비록 '철학적 인간학'에 속하지 않지만 이와 유사한 맥락에서 인간 존재를 파악하는 사상가는 수없이 많다. 몇몇 예를 들어보면 다음과 같다. 먼저 '철학적 인간학'보다 시간을 거슬러 올라가기 전에 현대의 철학자들 중 대표적인 사상가로는 타자에 대한 배려와 윤리의 철학자로 잘 알려진 임마누엘 레비나스Emmanuel Levinas[16]를 꼽을 수 있다. 그에 의하면 인간 존재란 자기중심에 몰입하지 않고 밖을 향해 뻗어나가는 '외향(재)성exteriority'의 존재다. 물론 그 '외향성'이 레비나스에게서는 주로 '얼굴'로 현현하는 '타자(인)'에게 초점이 맞춰져 있지만, 어쨌든 그의 사상에서도 인간 존재란 '철학적 인간학'이 보여주는 바와 같이 '지금 여기'에 머물지

---

14 Arnold Gehlen, *Man: His Nature and Place in the World*(New York, NY: Columbia University Press, 1988), p. 181.

15 Kwang-ki Kim, *Order and Agency in Modernity: Talcott Parsons, Erving Goffman, and Harold Garfinkel*(Albany, NY: State University of New York Press, 2002), p. 28.

16 Emmanuel Levinas, *Totality and Infinity: An Essay on Exteriority*(Pittsburgh, PA: Duquesne University Press, 1969); Emmanuel Levinas, *Ethics and Infinity*, tran. Richard A. Cohen(Pittsburgh, PA: Duquesne University Press, 1985); Emmanuel Levinas, *Time and the Other*, tran. Richard A. Cohen(Pittsburgh, PA: Duquesne University Press, 1990); Emmanuel Levinas, *Outside the Subject*, tran. Michael B. Smith(Stanford, CA: Stanford University Press, 1994) 등 참조.

않는 '초월'적 존재인 것이다. 레비나스가 말한 '외향성'은 위에서 언급한, 존재의 '비상궤성'과 궤를 같이하는 '탈중심성'을 드러낸다.

◪ '외재화'의 존재: 인간학적 필수 조건

인간 존재의 '초월성'에 관한 지적들은 이외에도 수없이 많다. 우선 헤 겔과 마르크스의 '소외alienation'와 관련된 개념들을 꼽을 수 있다. 헤겔 은 철학적 또는 형이상학적 차원에서 '외재화externalization, Entausserung' 와 '객체화objectivization, Versachlichung' 개념을 개진함으로써 인간의 '정 신'이 그 자체를 자기 밖으로 투사한다는 것을 예리하게 간파했다. 이어 서 마르크스는 헤겔의 개념이 개별적 차원에만 한정되어 있다고 비판하 며 이를 집단적 차원으로 확대 적용했을 뿐만 아니라, 더 나아가 '물상화 reification, Verdinglichung'와 '소외alienation, Entfremdung' 개념을 추가함으로 써 인간 존재의 특별한 현상인 '외재화'를 좀더 정교화했다.[17]

비록 마르크스가 뒤의 두 과정을 제거해야 하는 과정들로 인식함 에도 불구하고 그가 헤겔과 같이 앞의 두 과정을 '인간학적으로 필요 anthropological necessity'한 것으로 고려하고 있음은 주지의 사실이다.[18] 그 런데 헤겔이나 마르크스가 인간학적으로 필수적인 현상으로 간주했던 '외재화' 개념은 한 개인 차원에서 발생했느냐 혹은 집단적 현상으로 발 생했느냐에 상관없이 인간의 정신과 행동에 있어 '초월성'을 의미한다는 점에서 여기서 초점을 두고 있는 '이방인'으로서의 '인간'의 초월과 맥을

---

17 Karl Marx, "Economic and Philosophic Manuscripts of 1844," in *Marx's Concept of Man By Erich Fromm*, tran. T. B. Bottomore(New York, NY: Frederick Ungar, 1961).

18 이에 대한 자세한 논의는 이 책 5장에서 할 것이다. 그리고 Peter L. Berger and Thomas Luckmann, *The Social Construction of Reality*(Garden City, NY: Doubleday, 1966), pp. 47-128과 Peter L. Berger and Stanley Pullberg, "Reification and the Sociological Critique of Consciousness," *History and Theory*, Vol. 4, No. 2, 1965, pp. 196-211을 참조할 것.

같이한다고 볼 수 있다. 다시 말해 헤겔이나 마르크스의 시각에서도 인간은 자기 자신에 머물지 않고 정신을 통해, 또는 일(노동)을 통해 그 자신을 끊임없이 자기 외부로 밀어내고 있는 것이다.

　이러한 사상에 의지하면서 현상학적인 시각을 더해 사회학적 방법론을 개발했던 버거도 당대의 사회학이 이런 '인간'의 '외재화' 과정을 무시하는 우를 범하고 있다고 비판했다.[19] 게다가 버거는 인간이란 자신들이 함께 '외재화'시켜 구성해낸, 그래서 객체화된 사회 내에서조차 초월할 능력을 가진 존재들이라고 주장했다.[20]

▇ '역할소원'(혹은 역할거리)

　'인간행위자'의 이런 측면은 고프만에게서도 인간만이 지닐 수 있는 가장 중요한 특징 중 하나가 된다. 그의 '역할소원role distance'[21]과 '이차적 적응secondary adjustment'[22] 개념이 그것이다. '역할소원'이란 인생이라는 거대한 무대 위에서 각자에게 주어진 역할이 있을 터인데, '인간'들은 어떤 형태로든 자신에게 주어진 역할이 요구하는 그대로 행하는 법이 없다는 것을 지적하기 위해 고프만이 고안해낸 개념이다. 어떤 특정한 역을 맡은 이가 그 역을 마지못해 행하든 달갑게 행하든 상관없이 그들은 자신에게 부여된 배역으로부터 벗어난다는 것이다. 즉, 그 역할로부터 초월을 경험한다는 것이다. 상식과는 달리 자신의 역할로부터 일정 거리를

19　Peter L. Berger and Thomas Luckmann, *The Social Construction of Reality*.

20　그의 '황홀경ecstasy' 개념이 그것이다. 버거는 'ecstasy'를 어원상으로 볼 때, '밖으로 걸어 나감stepping outside' 혹은 '밖에 서 있음standing outside'으로 달리 풀어 설명하고 있다. Peter L. Berger, *Invitation to Sociology*, p. 137; Peter L. Berger and Hansfried Kellner, *Sociology Reinterpreted*(Garden City, NY: Doubleday, 1981), p. 206.

21　Erving Goffman, *Asylums: Essays on the Social Situation of Mental Patients and Other Inmates*(Harmondsworth: Penguin, 1961a), p. 319; Erving Goffman, *Encounters: Two Studies in the Sociology of Interaction*(Indianapolis, IN: Bobbs-Merrill, 1961b), pp. 106-107.

22　Erving Goffman, *Asylums*, pp. 54-189

둔 이 사람이 수행하는 역할은 그렇지 않은 사람들의 것과 비교해볼 때 성공할 확률이 훨씬 더 높다는 점을 고프만은 우리에게 인식시켜주고 있다.[23] '이차적 적응'은 그러한 역할에 대한 압박이 매우 강압적으로 부과되는 기관, 즉 제약이 고도로 집약적이고 강력한 '전방위적 압박 기관total institution'[24]의 '인간'들에게서 관찰되는 그들의 '눈 가리고 아웅'식의 일탈적이고 비밀스런 적응을 의미한다. 즉, 그것은 '총체적 기관' 내에서의 '역할소원'을 의미한다. '초월'을 뜻하는 이러한 '역할소원'이나 '부차적 적응'의 예는 무궁무진하다. 이를테면 우리는 자동차를 운전하고 가면서도 거리의 전광판 기사나 광고를 보기도 하며, 갖은 상상의 나래를 펼칠 수도 있다. 이러한 모습은 진정으로 그들이 '이방인'의 위치에 다다를 수 있는 행위들의 전조前兆다. 이것이 구체적인 행위들로 한 단계 진전된다면, 그는 타인의 눈에 십중팔구 카뮈의 소설 속 주인공 뫼르소처럼 '낯선 자' 혹은 '이방인'으로 비칠 것이다. 이를테면 거리의 전광판에 넋을 잃고 운전을 더 이상하지 않은 채 차를 멈추어 서거나 아예 차에서 내려 그것을 응시하는 등의 구체적인 행동이 뒤따른다면 그는 빼도 박도 못하고 타인에게 낯선 자 곧 '이방인'으로 낙인찍히는 것이다. 좀더 정확히 이야기하자면, 그러한 구체적인 행동의 개시 없이 그 인식적 초월만으로도 그는 스스로 '낯선 자', 즉 '이방인'으로서의 경험 속에 빠지게 된다고 주장할 수 있다.

---

23 Erving Goffman, *The Presentation of Self in Everyday Life*와 김광기, "'이방인'의 사회학을 위한 이론적 정초," 『한국사회학』, 38(6), 2004b, pp. 1-29(이 책 1장)를 참조.

24 고프만은 이런 곳의 전형적인 예로 수용소asylum를 든다. 감옥, 정신병원, 군대 등이 그 범주에 속한다. Erving Goffman, *Asylums*.

■ '이동' 중인 존재

그런데 '초월'은 '인간'의 인식적 차원에서만 목도되는 것이 아니다. 실제로 인간들은 짐멜이 보고하는 것처럼 물리적으로 '이동하는 자mobile person'다.[25] 이 '움직이는(이동하는) 자'의 '움직임'은 그러나 동물들의 '움직임'과는 성격이 판이하다는 데 주의해야 한다.

첫째, 미드를 자세히 언급할 필요도 없이 인간의 '움직임'에는 동물들에게 없는 '상징'이 포함되어 있다.[26] 그 상징적인 '움직임'을 통해 한 '인간'의 '움직임'은 타인에게 이해되고 또다시 그들의 '움직임'을 이끌어낼 수 있는 특징을 안고 있다. 다시 말해 인간의 '움직임'에는 동물들의 그것과는 다른 '사회성'이 내포되어 있는 것이다. 이 '움직임'의 '사회성'은 바로 인간 자신의 갇혀 있지 않은 '초월'과 맞닿아 있다.

따라서 어떤 이가 내딛는 발걸음 하나하나, 내뿜는 담배 연기 한 모금, 내젓는 그의 팔 동작 하나하나, 어깨가 처진 채 돌아서는 그의 뒷모습이 상상 이상의 의미를 내포하고 있는 것이다. 그가 싫다며 떠나간 임이 이런 모습들로 인해 마음을 바꿔 돌아올 수도 있고, 자식을 낳고 가정을 이룰 수 있는 엄청난 인생의 파노라마가 펼쳐질 수 있는 것이다. 한마디로 이들의 움직임과 이동은 광대한 사바나의 평원을 어슬렁거리는 표범의 그것과는 완전히 다르다.

두 번째로는, 앞서 이야기했듯이 동물은 동물로서의 본능과 감각으로 움직이지만, 인간의 움직임은 좀더 형이상학적인 특징을 지니고 있다. 그것들은 바로 동물이 지니고 있지 않은 '초월'의 능력과 맞닿아 있다. 그리고 이러한 '초월적' 움직임이 인간의 물리적 이동과 떼려야 뗄 수 없는

---

25   Georg Simmel, "The Stranger," p. 404.
26   George H. Mead, *Mind, Self, & Society*, pp. 13-18과 pp. 61-81, George H. Mead, *The Philosophy of Act*, pp. 68-69.

관계에 있다고 주장될 수 있다. 아마도 이러한 물리적 이동의 기저에는 새로운 것에 대한 호기심, 즉 토머스William I. Thomas가 이야기하는 '새로운 경험에 대한 욕망the desire for new experience'이 깔려 있다고 이야기될 수 있다. 뭔가 획기적이고 자극적인 짜릿한 것을 기대하는 일반인의 '모험'을 즐기는 욕구, 획일적이고 지루하기만 한 일상과 직장으로부터 벗어나고픈 '방랑벽' 등이 이런 욕망에 속한다고 토머스는 묘사하고 있다.[27] 그리고 거기에는 학자들의 미지의 영역에 대한 지적 호기심과 처녀지의 등정에 대한 욕구 등이 포함될 수 있다. 중요한 것은 이런 욕망이 '인간'들로 하여금 인지적으로나 물리적으로 끊임없이 이동하게 하는 원동력이 된다는 것이다.

'이동 중인 인간'과 관련하여, 린치Michael Lynch는 그의 오랜 스승이자 동료였던 민간방법론의 창시자 가핑켈이 제시해주는 '인간'의 상像이 고속도로상에서 어디론가 이동 중에 있는 자동차나 그 안의 운전자로 비유될 수 있다고 주장했다.[28] 그러면 과연 고속도로상의 움직이는 자동차는 무엇이란 말인가? 그것의 '인간'에 대한 비유는 어떤 사회학적 함의를 갖게 되는가? 이에 대한 답은 한마디로, 고속도로상의 자동차 속 운전자는 쉼 없이 '움직이는 자' 혹은 '이동 중인 인간'들로 대변된다는 것에서 구할 수 있다.[29] 즉, '이동 중인 존재'를 이보다 더 잘 비유할 수 없을 것이다. 더욱이 우리의 흥미를 끄는 것은, 이 장에서 개진하려는 '이동 중인 이방인'의 모습과 그 비유가 아주 잘 조응된다는 점이다. 왜냐하면 고속도로상의 물처럼 흐르는 자동차들은, 그리고 그것을 움직이는 운전자들은 서

27　William I. Thomas, *On Social Organization and Social Personality*(Chicago, IL: University of Chicago Press, 1966), pp. 119-121.

28　린치는 가핑켈이 UCLA의 사회학 이론 강좌에서 자주 교통 상황을 언급하며 '사회적 질서'와 '인간'에 대한 그의 시각을 설명했다고 회고하고 있다. Michael Lynch, *Scientific Practice and Ordinary Action: Ethnomethodology and Social Studies of Science*(Cambridge: Cambridge University Press, 1993), pp. 154-158.

로에게 '나그네'일 수밖에 없는 자이기 때문이다. 그들은 스쳐 지나가는 차창 속 운전자들을 그야말로 낯선 '이방인'으로 인식하고 경험하게 된다. 서로 해후邂逅할 수 없고 손에 닿지도 않는 메울 수 없는 '거리'를 둔 상대방으로 경험하게 된다는 것이다. 그러곤 서로가 서로의 행선지도 모른 채 각자 갈 길을 재촉하고 있을 뿐이다.

이러한 '초월'적 인간은 '이방인'으로서의 '인간'을 거론할 때, 전문가가 아닌 일반인에게도 가장 쉽게 이해될 수 있을 듯싶다. 왜냐하면 언뜻 보기에 '이방인'은 어딘가에 소속되기를 바라는 인물 군상이라기보다는 정처 없이 떠도는 '나그네'나 '방랑자'로 각인되어 있는 듯 보이기 때문이다. 그러나 위에서 짐멜을 거론해 밝힌 바 있듯이, '이방인'은 '소요'와 '방랑', 그런 의미에서 '초월'하는 인간만으로 그려질 수 없다. 그도 어차피 사회적 존재인 이상, 잠시라도 다른 이들과 상호 작용을 해야 하며, 찰나를 넘어 당분간이라도 아니면 비교적 오랜 시간을 낯선 이들과 더불어 그들의 집단에서 살아가야 하기 때문이다. 그런 의미에서 '이방인'을 결코 '초월'하는 인간으로만 특징지을 수는 없다. 다시 말해 '이방인'은 '초월'의 인간임과 동시에 '내재'하는 인간으로 다루어져야 한다. 그런데 이런 '초월'과 '내재'의 존재로서의 '이방인'의 모습은 공히 '인간'에게도 목도된다는 것이 필자의 지론이다. 우리의 주목을 끌었던 '이방인'들의 특

---

29 물론 가핑켈에게 있어 주된 관심사는 낯선 자끼리 맺게 되는 '사회적 관계', 그로부터 출현하는 '사회적 질서', 그리고 그 모든 것을 가능케 하는 그들 간의 위태위태한 '신뢰' 등이었지 '나그네'나 '이방인' 자체에 초점이 맞춰져 있지 않았다. 그렇더라도 가핑켈의 사회학에서 개진된 '질서'와 '인간'은 현대적 상황과 맞아떨어지는 게 사실이다. 이를 간파하고 그의 사회학 이론을 현대성과 접목시킨 연구로는 Kwang-ki Kim, *Order and Agency in Modernity*를 참조할 것. 그리고 Harold Garfinkel, "Aspects of the Problem of Commonsense Knowledge of Social Structures," *Transactions of the Fourth World Congress of Sociology*, Vol. 4, 1959, pp. 51-65; Harold Garfinkel, "A Conception of, and Experiments with, 'Trust' as a Condition of Stable Concerted Actions," in *Motivation and Social Interaction*, ed. O. J. Harvey(New York, NY: Ronald Press, 1963), pp. 187-238; Harold Garfinkel, *Studies in Ethnomethodology*; Harold Garfinkel, *Ethnomethodology's Program: Working Out Durkheim's Aphorism*, ed. Anne Warfield Rawls(Lanham, MD: Rowman & Littlefield Publishers, 2002) 등을 참조할 것.

수한 경험[30]은 모두 그가 정처 없이 떠돌면서도 어느 곳에 '정착(주)'하고자 할 때 겪게 되는 경험들이었다. 그것들이 우리 이목을 집중시켰으며, '이방인' 문제에 관심을 가졌던 사회학자들이 심혈을 기울여 규명하려 했던 것이다. 즉 '정착'과 '내재'는 바로 '이방인'을 규명하는 데 가장 핵심적인 측면 중 하나다. 이런 모습이 '인간'에게서도 고스란히 보인다는 점은 매우 인상적이다. 이런 이유로 인해 '인간행위자'를 '이방인'으로 묘사하는 데 무리가 없음이 또 한 번 증명된다. 그러면 구체적으로 '내재'하는 '인간'의 측면은 어디에서 간파될 수 있을까?

---

30   이에 대해서는 이 책 1장에서 다루었다.

3. '내재'의 '인간'

　'내재immanence'의 '인간행위자'를 상술하기에 앞서, 이것을 포괄하는
상위 주제인 '초월'과 '내재' 사이에 속한 존재로서의 '인간'에 대해서는
데카르트가 논의한 적이 있음을 밝혀야 할 것이다. 그는 『성찰』에서 인간
을 정신과 몸을 지닌 '유한 실체'로 정의한다. 그리고 정신을 지니고 사유
하는 실체로서의 인간을 '사유자思惟者, Res Cogitans'로, 또한 신체를 지닌
인간을 '연장자延長者, Res Extensa'로 명명하고 있는데,[31] 필자가 보기에 이
때의 '사유자'는 '초월자'로, '연장자'는 '내재자'로 번역 가능하다. 왜냐하
면 사유를 통해 인간은 '지금 여기'를 언제든 벗어날 수 있는 데 반해, 동
시에 피와 살을 지닌 물체로서의 인간은 그처럼 '초월'하는 데 제동이 걸
릴 수 있기 때문이다.

　이것이 바로 인간 본연의 모습이라고 누구나 쉽게 동의할 수 있을 것
같다. 마치 육신은 군대 철조망에 갇혀 있으나 정신은 그 울타리를 넘어
애인이나 부모님에게 가 있는 고단한 훈령병처럼 '인간'은 '초월'과 '내재'
사이에 놓여 있는 것이다. 그러나 이 대목에서 주의해야 할 점이 있다. 즉
'내재'에는 인간의 '육신'만 해당되지 않는다는 점이다. 다시 말해 '인간'
에게 있어 그의 '몸'만 '내재'하려는 성향이 있는 것은 아니다. 그의 '사유',
즉 '정신' 또한 '내재'를 필요로 하는 존재다. 이 말이 뜻하는 바는 단순
하다. '정신'은 '초월'을 그 본성으로 한다고 앞서 말했다. 그럼에도 불구
하고 '초월'을 본성으로 하는 '정신'조차 다른 한편으로는 '내재'하려는
본성도 지니고 있다는 것이다.

31　René Descartes, *The Meditations* (La Salle, IL: Open Court Classics, 1988).

그 까닭은 한도 끝도 없는 정신의 '초월'은 인간에게 부담이며 그것은 곧 피곤을 뜻하기 때문이다. 물론 뒤르케임이 그의『자살론』에서 지적한 바 있듯, 인간은 기본적으로 무한한 욕망을 지닌 존재다.[32] 그런데 이런 욕망을 끝 간 데 없이 밀고 간 상태는 다름 아닌 '아노미'이며, 인간은 이를 견뎌내지 못한다. 이것이 바로 '아노미적 자살'이 일어나는 이유다. 누구나 알고 있듯이, '아노미'란 '무규범 상태'다. 이때의 '무규범'이란 '규범'의 부재를 의미하고, '규범'이란 인간의 욕망에 제한을 가하는 브레이크와 같은 것이므로 '무규범' 상태란 그런 브레이크의 부재를 일컫는다. 브레이크가 없다는 것은 인간의 욕망을 제한 없이 밀어붙이는 것을 가능케 하며, 이는 '인간'의 욕망 혹은 정신의 극단적인 '초월'의 가능성을 뜻한다. 그런데 얼핏 보면 좋을 것만 같은 정신의 극단적 '초월' 가능성은 '인간'에게 견딜 수 없는 부담과 고통으로 다가온다. 그리고 '인간'은 그런 극단적인 상태를 어떻게든 피하려 든다는 것이 뒤르케임의 분석이다.

이렇게 볼 때, '인간'의 '몸'과 '정신'은 모두 '초월'과 '내재'를 양 축으로 하는 직선상에 위치해 있으면서 그 사이를 오락가락하는, 시시포스와 같은 존재로 여겨진다. 한 '인간'이 처해 있는 상황에 어떠한 축의 장력이 더 센지가 문제의 관건이다. 하지만 장력의 강도에 따라 그 상황의 특징을 부여할 수 있다손 치더라도, 그 상황에 놓인 그를 단 하나의 축에 귀속시킬 수 없다는 것만은 자명하다. '인간'이란 매 순간 '초월'하면서 동시에 '내재'하고, '내재'하면서 동시에 '초월'하고 있기 때문이다.

---

32 Emile Durkheim, *Suicide*.

◪ '제도'의 존재

이러한 취지에서 볼 때, 극단적 '초월' 가능성에 제한을 가하는 중요한 사회적 장치는 '제도'라고 할 수 있다. '규범'의 상위 개념으로 볼 수 있는 '제도'는 뒤르케임이 『사회학적 방법론의 규칙들』에서 강조한 바 있듯이 한편으로는 인간에게 그들의 욕망을 제어하기 때문에 버거운 것으로 경험되기도 하지만, 다른 한편으로는 '안락함welfare'으로 경험되는 양면성을 지니고 있다.[33] 가령 대한민국에 태어난 남자라면 군 입대 전에 모든 수단을 동원해서라도 그것을 면해보고 싶은 유혹도 있지만, 일단 군에 가 제대하기 직전에는 영원히 군에 남을 가능성에 대해 심각하게 혹은 장난스럽게 고민해보게 되는 유혹, 아니면 거기까지는 아니더라도 제대 후에 닥칠 사회 적응에 대한 걱정이 앞서는 상태에서 보듯, 군대라고 하는 '제도'는 억압과 제재라는 얼굴 외에 야누스처럼 온화한 얼굴도 '인간'에게 제시해준다. 이런 양면적 이유 때문에 인간은 제도를 필요로 하는, 아니 더 정확히 말해서 제도와는 떨어져 존재할 수 없는 '제도'의 인간임에 분명하다.[34]

'제도'의 인간은 일정한 '틀framework'을 원하는 자이며 또한 '반복'의 필요성을 절감하는 자이다. 이런 '틀'과 관련해서 우리는 우선 고프만을 떠올릴 수 있다. 그가 '인간'에게 있어 '인지적 틀'이 얼마나 중요한가를 농밀하게 설명해주고 있기 때문이다.[35] 이에 앞서 슈츠도 그의 '전형성'[36] 개

---

33 Emile Durkheim, *The Rules of Sociological Method*(New York, NY: Free Press, 1964), p. 54.

34 Anton C. Zijderveld, *The Institutional Imperative: The Interface of Institutions and Networks*(Amsterdam: Amsterdam University Press, 2000).

35 Erving Goffman, *Frame Analysis: An Essay on the Organization of Expericences*(New York, NY: Harper & Row, 1974).

36 김광기, "왜 사회세계엔 '전형'이 반드시 필요할까?: 알프레드 슈츠의 '전형성' 개념을 중심으로," pp. 59-85; 김광기, "양가성, 애매모호성, 그리고 근대성: 알프레드 슈츠의 '전형성' 개념의 응용연구," pp. 1-32.

넘을 통해 사회세계에 있어 '인지적 틀'—그의 용어로는 '전형'—의 필요
성을 강조한 바 있다. 이들은 우리가 사회세계를 살아나가는 데 있어 맞
닥뜨리는 다양한 '상황을 정의'하는 데 동원할 수 있는 '인지적 준거틀'[37]
이 반드시 필요함을 역설하고 있는 것이다. 그들에 따르면, 그러한 공유
된 규칙적인 '인지적 준거틀' 없이 우리의 사회적 상호 작용은 불가능하
다는 것이다.

한편 '인지적 틀'을 넘어 인간의 사회적 삶에 있어 행동의 반복적이
고 규칙적인 개시가 절대적으로 필요한 것에 대해서는 겔렌이 그의 '제
도 이론'에서 훌륭히 제시해주고 있다. 그에 의하면, 동물에 견줄 때 '본
능'에 있어 치명적인 약점을 지닌, 그래서 '불우하기 그지없는 인간'들이
살아남기 위해서는 그 결여된 '본능'을 보충해주는 것이 꼭 필요한데 그
것이 바로 '제도'가 하는 일이다. 그런데 그 '제도'의 시발점은 '반복된 행
위'에 있다.[38] 이와 비슷한 의견을 개진한 학자는 무수히 많다. 우선 이 점
에 있어 인간 행위의 의미의 이해를 강조한 것으로 잘 알려진 베버도 예
외가 아니다. 그에게 있어 최대 관심사는 바로 인간 행위의 '규칙성'을 규
명[39]하는 데 있었는데, 바로 이것이 그가 제시한 '이념형'의 개념과 긴밀
히 맞닿아 있다. 또한 버거와 루크만도 인간의 실재를 구성하는 데 있어
'외재화'의 경우 그 시발점을 반복적으로 행해지는 '습관'에서 보았다. 또
한 부르디외Pierre Bourdieu의 '아비투스habitus' 개념의 밑바탕에 깔려 있으
며 그것을 구성하는 가장 중요한 요소 역시 반복된 '습관'이다.[40] 이들이

37   이를 토머스는 '상황 인식의 일반적 틀general schemes of situation'이라고 표현하고 있다. '상황을
정의하는 것' 또한 토머스의 유명한 '상황 정의definition of situation'에서 빌려왔다. W. I. Thomas, *On
Social Organization and Social Personality.*

38   Arnold Gehlen, *Man: His Nature and Place in the World*; Peter L. Berger and H. Kellner,
"Arnold Gehlen and The Theory of Institution," *Social Research*, Vol. 32, 1965, pp. 110-115.

39   Max Weber, "Objectivity in Social Science and Social Policy," p. 67; Max Weber,
Economy and Society(New York, NY: Bedminster, 1968), p. 29; Stephen Kalberg, *Max Weber's
Comparative-Historical Sociology*(Chicago, IL: University of Chicago Press, 1994), p. 30.

일목요연하게 제시하는 바는 '제도의 인간'으로서의 '인간'들의 모습이다. 그리고 이런 '제도의 인간'이란, 한편으로는 인지적·물리적으로 '초월'과 '이동'이라는 소요의 성향(충동)을 지니고 있지만, 다른 한편으로는 정확히 그만큼, 인지적으로나 혹은 실제 행동에 있어 어떤 근거가 되는 일정한 규격화된 '틀'을 필요로 한다는 것이 엄연한 사실임을 강변하고 있다.[41]

◢ '소속'되기를 원하는 존재

따라서 역마살이 끼여 이곳저곳을 흘러다니는 '이방인'은 역설적이게도 항상 떠나는 인간일 뿐만 아니라 다시 어딘가에 속하기를 원하는 자이기도 하다. 그가 속길 원하는 곳 그 '어디'는 새로운 환경과 맥락 그리고 제도(틀)를 의미하며, 그는 그곳에 자신을 기꺼이 노출시키고 그것을 경험하고 음미하며, 나아가 소속되기를 원한다. 한마디로 자신과 궁합이 맞는 곳을 찾길 바란다. 이 점에서, 어느 집단과도 화합하지 못하고 영원히 유리遊離되길 진심으로 원하는 '이방인'은 없다고 여겨진다. 만일 영원히 유리되길 원하는 자가 있다면, 그는 은둔자이거나 칩거자이지 결코

---

40   Pierre Bourdieu, Luc Boltanski, Robert Castel, Jean-Claude Chamboredon and Dominique Schnapper, *Un art moyen: Essai sur les usages de la photographie*(Paris: Editions de Minuit, 1965), p. 23; Pierre Bourdieu, *Outline of a Theory of Practice*, tran. Richard Nice(Cambridge: Cambridge University Press, 1977), p. 95; Pierre Bourdieu, *The Logic of Practice*, tran. Richard Nice(Stranford, CA: Stanford University Press, 1990a), p. 66-79; Pierre Bourdieu, *In Other Words: Essays Towards a Reflexive Sociology*, tran. Matthew Adamson(Stanford, CA: Stanford University Press, 1990b), p. 12; David Swartz, *Culture and Power: The Sociology of Pierre Bourdieu*(Chicago, IL: University of Chicago Press, 1997), p. 101; Richard Jenkins, *Pierre Bourdieu*(London: Routledge, 1992), pp. 74-76.

41   물론 이때의 '틀'은 어떤 '철칙'이나 '원칙'을 의미하는 것이 아닌, 그것을 사용하는 '인간'로 하여금 쓸데없는 신경과 숙려熟廬로부터의 부담을 덜어주는 '제도적 틀'이 지닌 본연의 성질을 가리킨다. 특히 '아비투스'가 지닌 이런 측면에 대한 논의로는 Richard Jenkins, *Pierre Bourdieu*, p. 76을 볼 것.

'이방인'은 아니다. 왜냐하면 '이방인'의 정의는 그를 대하는 '타인'을 상정하고 있기 때문이다. 그가 '낯선' 것은 그를 낯설게 보는 타인의 시선이 있어서다. 은둔자나 칩거자는 타인의 눈에 띄지 않는 자이고 그는 그런 의미에서 타인의 눈에 띌 때까지는 낯선 '이방인'이 아닌 것이다.

그런데 굳이 '사회적 동물'이라는 사실을 되뇔 필요도 없이 '이방인'뿐만 아니라 '인간' 또한 그 본래적 속성에 있어 '소속되기를 원하는 자'임에 분명하다. 이에 대해서 필자는 또다시 토머스를 언급하고자 한다. '소속되길 원하는 인간'의 힌트는 그의 개념에서 충분히 끌어낼 수 있기 때문이다. 토머스는 앞서 살핀 바 있는 '새로운 경험에 대한 욕망' 외에도, 인간이 지닌 몇 가지 '소원'을 더 열거하고 있는데, 그중에서 지금 논의와 관련 있는 것은 '반응에 대한 욕망the desire for response'이다. 그에 따르면, 이런 욕구는 바로 '사랑의 본능instinct of love'과 연결되어 있고, "타인과의 관계 속에서 어우러질 수 있는 기호를 수여하거나 구하는 경향 가운데서 그 욕망 자체를 드러낸다."[42] 다른 이들과의 정서적 교감을 갈구하는 이런 욕망을 지닌 인간은 여러 맥락을 떠돌아다닐지라도 어떤 곳에 소속되길 원하는 '이방인'의 모습으로 그려지는 데 무리가 없다.

역설적으로 말해, 그가 떠돈다는 것은 이러한 정서적 교감을 그가 떠난 곳에서 더 이상 나눌 수 없음을 의미하며, 그러면 그럴수록 그는 자신과 진정으로 정서적 교감을 나눌 만한 부류나 사람을 만나길 희구하게 된다고 볼 수 있다. 따라서 '이방인'을 유리해 부유浮遊하는 사람으로만 간주하며, '소속'되길 원하는 자는 '이방인'의 이미지와 괴리된다고 판단하는 것은 단견일 것이다.

---

42 W. I. Thomas, *On Social Organization and Social Personality*, p. 125.

◪ '인정'받기를 원하는 존재

어떤 이—그가 '이방인'이든 '인간'이든 상관없이—가 어디에 소속되었다고 해서 이것이 곧 그가 그곳에서 인정을 받았다는 것을 뜻하지는 않는다. 즉 이 두 문제는 서로 다른 차원의 것이다. 물론 아주 광범위하게 이야기하자면, 소속되었다는 것이 그 집단으로부터 인정을 받았기 때문에 가능한 것이라고 이야기될 수 있겠지만, 그렇더라도 그것으로 이야기가 완전히 끝난 것은 아니다.

그는 그를 용인한 집단—소속된 집단—에서 십중팔구 진정으로 '인정'받을 것을 기대하거나 열망할 것이다. 만일 소속하게 된 집단이 그가 진정으로 원하던 '준거집단'이라면 '인정'받길 원한다는 사실은 자명해진다. 이 경우 외에도, 그는 얼떨결에 어떤 집단에 소속될 수도 있고 그렇지 않을 수도 있지만(즉 열렬한 환영을 받으며 초빙될 수도 있지만), 어느 경우를 막론하고 사회학자의 관심을 끄는 실제 국면은 그가 새로운 집단에 발을 들여놓은 이후에 벌어진다. 다시 말해, 소속된 뒤 그 집단 성원들로부터 '인정'을 획득하느냐 못 하느냐에 따라 그 집단에서의 인생행로는 "탄탄대로냐 아니면 고행길이냐"로 판가름나는 것이다. 이럴진대 그가 소속된 집단에서 '인정'받기를 원한다는 것은 매우 당연한 일이다.

그러나 '이방인' 그리고 '인간'이 추구하는 '인정'이란 좀더 세밀히 들여다볼 필요가 있다. 이를 위해 '인정'을 탐색적으로 도해해보자. 필자가 보기에 '인정'은 두 가지로 대별된다.

'동질성'의 '인정' 희구希求

첫째는, 소속되길 원하는 집단 성원들과 '동질적'이라는 점을 '인정'받길 원한다는 것이다. 쉽게 이야기하자면, '이방인' 혹은 '인간행위자'는 자기를 용납해주는 집단의 성원으로부터 피상적으로 "너는 우리와 한 배를 타게 되었다"보다는 "이제 너와 우리는 하나다"라는 '인정'을 받길 원한다는 것이다. '이방인'은 소속되기를 원하는 집단의 성원들에게 그가 많이 달라서가 아니라 오히려 그들과 유사하다는 이유 때문에 '낯설게'(이상하게) 보인다고 한 짐멜[43]의 예리한 지적은, 필자가 전개하는 논의와 깊은 관련이 있다. 선뜻 이해가 안 갈 수도 있는 짐멜의 이 이야기는 다음의 상황으로 쉽게 납득될 것이다.

어떤 배타적인 집단이 있다고 치자. 그 집단의 성원들은 자신들만이 어떤 것을 향유(혹은 소지)하고 있으며, 그들만이 그것에 대해 잘 알고 있다고 굳게 믿고 있다. 그런데 어떤 낯선 이가 자신들만의 성역으로 들어오겠노라고 노크를 했다. 그래도 전혀 상대를 않다가 하도 귀찮아서 완벽하게 거절하기 위해, 아니면 허드렛일이라도 시킬 요량으로 그와 접할 기회를 가졌다고 상상해보자. 그런데 그를 만나니 자기들과는 전혀 다른 세계에 거주하는 존재라 여겼던 그에게서 자신들과 닮은 점을 많이 발견하게 되었다. 그때 그들은 큰 충격을 받게 되는데, 그 충격은 바로 예상치 못했던 '낯섦'(이상함)에서 비롯된다. 왜냐하면 그들은 그 하찮은 자에게서 자신들과 '다른' 점으로 인해 '낯섦'을 경험할 것을 기대했는데, 오히려 예상치 못하게 자신들과 몇몇 '닮은' 점을 그에게서 발견하게 될 때 이 배타적인 집단의 구성원들은 다른 차원의 '낯섦'을 경험하게 되기 때문이다. 그것의 극명한 예는 수년 전 남쪽의 대통령과 북쪽의 정치 지도자가 평양에서 만나는 장면으로부터 남한의 대다수 국민이 얻은 경험일 것이다. 머리에 뿔난 도깨비처럼 여겨지던 사람이 손윗사람에 대해 정중히 예의를 갖춘 모습을 목격했을 때의 충격 말이다. 그것은 '다름'에서 오는 '낯섦'(충격)이 아니라 '같음'에서 오는 '낯섦'임에 분명하다. 혹은 화장실에도 안 갈 것 같다며 우상화하던 연예인 스타를 가까이서 보게 되었을 때의 '낯섦'도 한 예가 될 수 있다.

43　Georg Simmel, "The Stranger," p. 407.

그 '동질적'인 것을 '낯섦'의 영역에서 '친숙'의 영역으로 끌어올리는, 다시 말해 그 간극을 메우는 것이 새로이 접근하려는 집단의 성원들로부터 이방인에게 수여되는 '인정'이다. 새로운 집단의 성원들이 '이방인'들에게서 그들과 "별반 다른 것이 없다"는 점을 어느 정도 '인정'한 후에야 비로소 '이방인'은 그들에게 한발 더 다가갈 수 있는 것이다. 물론 그 '인정'의 차원 혹은 수준은 여러 층으로 나타날 수 있다. 어느 정도의 '인정'을 받았는가가 '이방인'이 그 집단에 어떤 정도로 편입을 완료했는가를 측정하는 데 중요한 척도가 된다. 어쨌든 그런 점에서 '이방인'에게 그리고 '인간'에게 있어, 그들이 희구하는 '인정' 가운데 무엇보다 타인들로부터 '동질성'을 인정받는 것이 최우선적 사안임은 부인할 수 없는 사실이다.

'이질성'의 '인정' 희구

두 번째 '인정'은 '구별'됨으로서의 '인정'이다. 앞서 개진한 '인정'이 '동질성'에 기초한 것이라면, 두 번째 '인정'은 다른 것들과의 '차이'에 기초한 것이다. 다시 말해 "넌 우리와는 사뭇 다른 부류구나"라고 하는 데서 오는 '인정'을 뜻한다. 예를 들면 어떤 이가 유수 대학 출신임을 드러내는 것, 어느 동네에서 산다는 사실을 드러내는 것, 외국어(특히 영어)를 잘 구사한다는 사실을 드러내는 것, 외국의 시민권 혹은 영주권을 소지하거나 외국에서 수여받은 박사학위를 내세우는 것 등이다. 이러한 예 중에서 외국과 관련 있는 것은 외국에서 우리나라로 다시 편입해 들어왔을 때 자신들이 떠나왔던 고향에서 특별한(다른) 부류로 '인정'받기를 원하는 예로 언급될 수도 있지만, 거꾸로 그들이 외국에 나가서 공부하거나 그 집단에 편입되기를 원했을 때 그들이 이국적인 곳에서 왔으므로 엄격한 잣대보다는 '편의'나 '아량'을 기대한다는 의미에서 '차이'에 대한 '인정'을 바랄 때도 마찬가지로 적용될 수 있다.

이런 유의 '인정'에 관한 문화적 차원의 논의로는, 부르디외가 취향에 관한 사회학적 연구인 『구별』에서 행한 것이 잘 알려져 있으나,[44] 이에 앞서 토머스도 인간의 기본적인 욕구 중에서 타인으로부터 선망의 대상이 되고픈 욕망을 가리키는 '인정에 대한 욕구the desire for recognition'를 논의한 바 있다. 그의 의하면, '인간'의 문화적 취향은 그와 타인들을 "구별짓고 그의 계급을 드러내는 것을 용이하게 하는 데 애용되는 수단"이다. '인간'들은 이런 수단을 통해 "인정받고, 부러움의 대상이 되며, 그래서 뭔가 유리한 고지(사회적 지위)를 점하게 된다."[45]

이런 맥락의 또 다른 고전적 논의는 베블런Thorstein Veblen의 『유한계급론』에 잘 나타난다. 그의 유명한 개념인 '과시소비conspicuous consumption'는 한 인간이 자신과 타인을 '구별'짓는 데 사용할 수 있는 중요한 수단 중 하나다.[46] 이런 '구별'에 대한 '인정'을 통해 '이방인'과 '인간'은 토머스가 말한 '명성'과 '공중의 인기'를 얻게 되고,[47] 부르디외가 천착한 '계급관계의 재생산'을 야기하게 된다. 물론 이런 상황—'인정'의 성공적인 획득—이 항상 백 퍼센트 보장되는 것은 아니지만, 어쨌든 '이방인'과 '인간행위자'가 그런 '인정'을 원하고 있다는 것만은 부인하지 못할 사실이다.

요원한 '사회적 위치'의 점유와 그것에의 희구

이 대목을 접기 전에 반드시 짚고 넘어가야 할 것이 있다. 그것은 다름 아니라, '인정'을 통한 '사회적 위치(지위)social status'의 점유는 토머스, 베블런, 부르디외 등이 말한 계층 또는 계급적 차원에서의, 다른 이들과

---

44 Pierre Bourdieu, *Distinction: A Social Critique of the Judgement of Taste*(Cambridge, MA: Harvard University Press, 1984).

45 W. I. Thomas, *On Social Organization and Social Personality*, p. 133.

46 Thorstein Veblen, *The Theory of Leisure Class*(Harmondsworth: Penguin Books, 1979).

47 W. I. Thomas, *On Social Organization and Social Personality*, p. 133.

의 사이에서 지위의 확보만을 의미하지는 않는다는 것이다. 그러한 차원의 '사회적 위치'도 사회학적으로 중요한 탐구 주제이지만, 필자가 보기에 더 중요한 차원의 '사회적 위치'도 있으므로 이에 대해서도 심도 있게 고려해야 한다. 이 문제에 대해서는 이전 장에서 살펴보았던 현상학적 사회학자인 슈츠의 사회세계에 대한 설명이 암시하는 바가 크다.

우리가 논의하고 있는 '사회적 위치'와 병치될 수 있는 슈츠의 개념은 '확고한 위치definite status'다.[48] 이것은 슈츠가 '이방인'을 논의할 때, '이방인'이 소속되길 원하는 내집단 성원들과는 현격한 차이가 있는 '이방인'의 독특한 처지를 묘사할 때 썼던 개념이다. 그에 의하면 인간들의 사회세계는 '지도'로 비유될 수 있는데, 그러한 '사회세계의 지도' 속에서 모든 내집단 성원은 나름대로 '확고한 위치'를 점유하고 있다.

한편 '이방인'은 사정이 사뭇 다르다. 그들과 달리 '이방인'에게는 '확고한 위치'가 결여되어 있기 때문이다. 그런데 '사회세계의 지도'에서 '확고한 위치'를 점유하는 것이 왜 그토록 중요한가? 이를 알려면 그 '확고한 위치'에 병치될 수 있는 지도와 관련된 사안인 '현위치'의 중요성을 파악하는 것이 요청된다. 필자가 보기에 우리가 낯선 곳을 여행할 때 준비물로 꼽는 것 중 가장 필수는 바로 지도다. 그런데 낯선 곳에서 어떤 곳으로 향할지 정하려면 지도만 준비해서는 아무 소용이 없다. 즉 지도를 펼쳐 그것을 완전히 해독하고 향후 행로를 결정짓기 위해서는 '현위치'를 파악하는 것이 급선무다. 이 '현위치'는 슈츠의 표현으로 옮기면, '지면 위에서의 위치location on the ground'와 '지도상의 표상its representation on the map'으로 구성되는데,[49] 만일 이 양자가 없다면 지도는 그야말로 무용지물이 된다.

48　Alfred Schutz, "The Stranger," *Collected Papers Vol. II: Studies in Social Theory*(The Hague: Martinus Nijhoff, [1944]1964), p. 99.

49　같은 글, p. 99.

예를 들어, 우리가 어떤 소문난 산사山寺를 방문했다고 하자. 관광버스에서 내려 이제 막 그 유명 사찰로 발걸음을 옮기려 할 때, 제일 먼저 눈에 띄는 것은 그 지역을 축소해놓은 안내지도일 것이다. 그런데 그 안내지도에 현재 그들이 위치해 있는 '현위치'가 표시가 되어 있지 않다면 그 지도는 아무짝에도 쓸모없는 것이 된다. 그래서 안내지도에는 반드시 '현위치'가 표시되어 있기 마련이다. 이로 말미암아 관광객은 자신이 위치한 곳을 지면과 지도상에서 일치시키고 그 지역 일대를 대략이나마 머릿속에 넣고서 안심하고 떠나는 것이다.

이렇게 볼 때 지도상의 '현위치'는 사회세계에서 매우 중요한 혹은 높은 상층의 '사회적 지위', 즉 위계서열화되어 있는 계급이나 계층에서의 '위치'를 의미하는 것이 아니다. 비유적으로 말하자면 지도상의 '현위치'는 안내지도의 구석에 있든, 중심에 위치하든 아무 상관이 없다. 따라서 슈츠가 말하는 '확고한 위치'란 계급 혹은 계층적 차원의 중심적 혹은 우위를 점유하는 것이 아님을 알 수 있다. 그가 말한 '확고한 위치'란 필자가 말하는 안내지도상의 '현위치'를 의미하며, 그 '현위치'를 둘러싸고 사태를 파악할 수 있듯 사회세계에서 인간은 자신이 처한 위치를, 그것도 정확한 위치를 가늠할 수 있어야 비로소 그곳의 성원이 되었다고 말할 수 있다.

예를 들어, 우리 '인간' 혹은 '이방인'은 어떤 집단에 중요한 위치로 발탁될 때가 있다. 만일 그가 차지한 지위가 다른 사람과 구별되는 명망 있는 자리라면 그는 중요한 '사회적 지위'를 점유했다고 할 수 있다. 그러나 "그것으로 다가 아니다"라는 것을 인식하는 게 중요하다. 그가 만일 그러한 지위 외에 그가 속한 집단 내에서 어떤 일을 할 수 있고 어떤 것은 할 수 없는지에 대한 명확한 사태 파악을 할 수 없는 처지에 놓여 있다면 '초심자'(혹은 초짜)로서 그는 결코 위에서 논의한 '확고한 위치'를 점유하지는 못했다고 할 수 있다. 초짜로서의 '이방인' 그리고 '이방인'으로서의 '인간'은 너 나 할 것 없이 모두 이런 처지에 놓이게 마련이다. 이런 상태에 처한 '이방인'과 '인간'들은 다음의 두 가지 상반되는 경험을 하게 될 것이다. 그 하나는, 자신은 영원한 '국외자'나 '주변인'으로서, 핵심 인물들이 하는 것처럼 자신감 넘치게 일들을 처리하는 것과는 거리가 먼, 즉 일들을 어떻게 처리해야 할지 모르는 난감한 느낌이며, 다른 하나는 그럼에도 불구하고 조금만 용기를 낸다면 여전히 자신이 개척해나가거나 혹은 자신의 색깔을 내 일을 처리할 수도 있다는 일종의 '틈새'가 있다는 데서 오는 약간의 흥분일 것이다.

이러한 '사회적 위치'의 불분명함은 위에서 분석했듯, '이방인'과 '인간'들로 하여금 난처한 상황에 빠지게도 하지만 동시에 그에게 자신만의 색깔을 낼 여지를 부여하는 양면성을 지니고 있다. 확실히 인간 행동에 대한 공식적인 규칙이 아무리 빽빽하게 규정되고 마련된 곳[50]이라 할지라도 '인간'의 숨통을 완전히 틀어쥐고 그의 행동을 하나에서 열까지 완벽하게 관할하는 곳은 없다. 즉, 그런 의미에서 아주 지독하게 '사회적 위치'를 규정해놓은 곳에서조차 '인간'이 불분명한 자신의 위치를 인식하게 된다면, 그보다 더 자유의 여지를 부여하는 다른 사회적 맥락에서는 어떠하랴. 이렇게 볼 때, 모든 '인간'은 자신이 어떠한 일을 어떻게 해야 할지에 대해 명확한 지침을 갖고 있지 못한, 즉 '확고한 위치'를 갖고 있지 못한 '이방인'과 같은 존재임에 분명하다. 그에겐 불분명한 '사회적 위치'가 부여된 대신 사르트르의 말처럼 자유가 선고됐다.

결론적으로 '이방인'이나 '이방인'으로서의 '인간' 모두 현재 자신들이 어디쯤 위치해 있는지를 파악하기가 무척 힘들다. 그런 의미에서 그들은 모두 자유인이다. 그런데 아이러니하게도 그것을 파악하는 일이 힘들면 힘들수록, 그리고 그것이 요원해지면 요원해질수록 그에 대한 갈망은 더 증대된다. 마치 떠나간 첫사랑에 대한 갈망처럼 분명한 '사회적 위치'에

---

50 이러한 곳의 대표적인 예는 고프만이 말한 '전방위적 압박 기관total institution'이다.

대한 열망은, 즉 '인정'에 대한 열망은 그것이 손에 잡히지 않고 아련해질 때 더욱더 높아만 지는 것이다.

4. '초월'과 '내재' 사이의 시시포스

이제까지 우리는 '초월'과 '내재' 사이의 인간으로서의 '이방인'을 밀도 있게 살펴보았다. 나아가 이 장의 주된 목적이었던 이러한 '이방인'의 모습을 '인간'의 상에 중첩시킴으로써 '이방인으로서의 인간론'의 정수精髓에 다가가려고 노력했다.

여기서는 먼저 '초월'적 존재로서의 '이방인'과 '인간'의 모습에 대해 농밀한 묘사를 시도했다. 철학적 인간학자들이 지적하는 인간들의 '세계 개방성', 헤겔과 마르크스, 버거와 루크만 등이 논의했던 '인간'의 '객관화'와 '외재화', 그리고 고프만과 가핑켈이 각각 개진한 '역할소원'과 '자동차'의 비유 등은 모두 짐멜이 이야기하는 '이동 중인 인간' '거리' 등을 지칭하는 것으로서, 이 모두는 '초월' 쪽으로 향하고 있는 '인간'들의 뿌리 깊은 성향에 대해 분석한 사상들로 이해되었다.

또한 이 장은 '초월'과는 극단에 서는 다른 성향, '내재'에도 초점을 맞추었다. 다시 말해 여기서는 '이방인'에 대한 상식적인 인상인 '소요' '방랑' 그리고 '초월'과는 배치되는 것으로 보이는 '내재'적인 측면, 즉 '정착' '소속' '인정' 등에 주목하면서, '이방인'들이 끝없이 굴러떨어지는 바위를 언덕 위로 밀어올리는 천형을 받은 시시포스와도 같이, '초월'과 '내재' 사이를 간단間斷없이 오가고 있음을 주지시키고자 했다. 그리고 이를 통해 배리背理된 듯 보이는 '이방인'의 모습이 종국에는 '인간'에게 고스란히 배태되어 있음을 부각시키고자 했다.

그러한 시도의 성공 여부에 대한 독자들의 평가와는 상관없이, 어쨌든 이 장은 다양한 사회적 맥락을 인지적·물리적으로 쉼 없이 오가는, 즉 '초월'과 '내재' 사이에 처한 '인간'들에 주목하고, 그러한 모습의 전형 prototype인 '이방인'에 병치시켰다는 점에서 흥미로운 탐구가 되리라 믿는다. 그리고 그것의 검증은 필자의 주장을 전적으로 낯선 상태로, 즉 '이 방인'으로서 접하게 되는 독자들의 몫으로 남겨져 있다.

05

친밀과
거리 사이

1. 친숙함 속에서의 낯섦(이방성)

앞 장에 이어 이번 장에서도 '인간행위자'를 '이방인'으로 묘사할 수 있는 가능성을 계속해서 검토할 것이다. 특히 이 장에서 초점을 맞춘 것은 '인간'이라면 누구나 경험하는 '친밀감과 거리감의 상존'이다. 좀더 구체적으로는 '친밀'과 '거리' 사이를 쉼 없이 오가는 '이방인'의 모습을 '인간행위자'에게 중첩시키고 후자에게서 전자의 측면들을 부각시킬 것이다. 아울러 이처럼 '이방인'으로서의 '인간'에 대해 묘사하는 것이 사회학적으로 어떠한 함의를 지니는가도 살펴보려고 한다.

2. '친밀'에서 '거리'로 혹은 그 역으로

◪ 가깝고도 먼 타인

'소요'와 '정착' 사이, 혹은 '초월'과 '내재' 사이를 오락가락하는 것이 '이방인'의 전형적인 모습이고, 그것이 또한 일상생활을 영위하는 모든 '인간행위자'에게 적용될 수 있다는 점이 앞 장에서 설득력 있게 전개됐다고 한다면, 이제 우리는 다음의 사실에 주목할 필요가 있다.

그것은 다름 아니라 가까운 이와 친숙하기에 아주 친밀해 보이다가도 어느 순간 불현듯 거리감을 느끼게 되는 것이 인간관계의 중요한 한 측면이라는 점이다. 이에 대해서는 짐멜이 '이방인'에 대해 논하면서 절묘하게 지적한 바 있다. 그는 '친밀성'과 '소원성'의 통일the unity of nearness and remoteness이야말로 '이방인' 현상에서 특이하게 목도되는 중요한 특징이라고 역설한다. 물론 이때 그가 사용한 단어들은 공간적인 '거리'나 인지적이고 정서적인 '거리' 개념을 다 포함한다. 짐멜은 이런 현상이 "가까운 사람이 아주 멀리 있는 다른 사람처럼 보이는 거리감과 멀리 있는 사람이 실제로 가까워 보이는 괴이함"으로 요약된다고 기술하고 있다.[1] 즉, '이방인'과 타인들의 관계는 가까우면서도 멀고 먼 듯하면서도 가까운 느낌, 좀더 부연하면 친밀한 관계에 머무는 듯하나 이내 언제 그랬냐는 듯 그 관계가 싸늘히 식어 친밀한 관계에서 오는 온화함이 무색해지거나, 역으로 완전히 다른 세계에 사는 사람인 듯했으나 어느새 가장 가까운 친구가 되어버린 듯한 관계, 혹은 양자를 끊임없이 오가는 종잡을 수 없

---

1 Georg Simmel, "The Stranger," in *The Sociology of Georg Simmel*, ed. Kurt H. Wolff(Glencoe, IL: Free Press, [1908]1950), p. 402.

는 관계를 의미한다는 것이다.

여기서 한 가지 주목할 점은, 짐멜이 이러한 '친밀성'과 '소원성'의 통일을 '이방인'의 전유물이 아닌 "모든 인간관계에 연루되어 있다"고 본다는 것이다.[2] 이런 맥락에서 짐멜은, 우리에게 있어 '천왕성Sirius'에서 온 외계인은 적어도 사회학적 의미에서 흥미를 끌 만한 '이방인'이 될 수 없다고 역설했던 것이다. 외계인은—만일 그런 존재가 있다면— "적당히 멀거나 적당히 가까운 것을 완전히 넘어선 것들"이기에 우리에게 사회학적의미에서 주목받을 만한 '이방인'이 될 수 없다는 것이다. 즉 짐멜이 거론한, 그리고 우리가 이 글에서 관심을 기울이고 있는 '친밀'과 '거리' 사이를 오가는 '이방인'들은, 확실히 적당히 멀거나 적당히 가까운 자들—이를테면 "가난한 자들과 '내부의 적들'로 간주되는 그런 온갖 부류의 허접한 사람들 같은, 즉 집단 자체의 일부분(혹은 비록 현재는 아니더라도 언제든 집단 자체의 일부분으로 편입될 수 있는)인 사람들"—을 일컫는다는 데 주의해야 한다.[3] 그리고 이러한 관계는 도처에 널려 있다고 해도 과언이 아니다. 아니 실제로 그런 모습은 '이방인'들 간의 관계에서뿐만 아니라모든 '인간행위자'의 관계에 편재하고 있다고 주장될 수 있다.

그렇다면 그러한 사실을 어떻게 입증해낼 것인가 하는 질문이 제기된다면, 필자는 그런 관계를 겪게 되는 실제적인 경험을 그 해답을 위한 단서로 제시할 것이다. 그런 관계의 경험들은 한마디로 우리 일상인들이 보유한 '지식'과 관련 있는 '앎'과 '모름'이라는 문제로 압축될 수 있다. 왜냐하면 실제로 "어떤 것에 대해 안다 혹은 모른다"는 것은 대상에 대한 '친밀' 혹은 '거리'를 뜻하기 때문이다. 우리는 일상생활에서도 어떤 타인을

---

2   같은 글, p. 402.

3   같은 글, p. 402. 따라서 확실히 이런 점에서 '이방인'은 '은둔자'나 '칩거자'와는 그 성격이 다르다. 후자가 모든 타자(인)를 포함하는 사회성을 일시적으로 혹은 영원히 포기하거나 거부한 자라면, 전자는 처음부터 타인을 상정하고 있는, 그런 의미에서 사회성 속에서 배태된 성격의 인물 군상의 한 유형으로 볼 수 있기 때문이다. 이에 대한 논의로는 이 책 3장 참조.

두고 "그에 대해 잘 안다"고 말하는 것이 곧 "그와 친밀하다"는 것을 천명하는 것임에 대체로 동의한다. 문제는 그렇게 "잘 알고 있다"는 것이 갑자기 무색해지는 순간이 일어나기 마련인데, 이때 대부분의 사람은 당황스러워하거나 심지어는 '충격'에 휩싸이는 상황에 빠진다. 이럴 때 그들은 "잘 알고 있던(혹은 그렇게 여겨오던)" 타인을 '친밀'함을 가졌던 입장에서 돌연히 "전혀 감 잡을 수 없는" 사람으로 느끼고, 그래서 그만큼의 '거리'를 인식하게 되는 것이다. 그리고 그런 상황은 헤아릴 수 없을 만큼 도처에서 시시각각으로 발생하는 것이 경험적 사실이다. 이런 상황을 한마디로 요약하면 다음과 같다. 즉 그것은 친밀감을 느꼈던 타인이 어느 순간 "알다가도 모를" 사람으로 바뀌어 보이는 난감한 상황을 말한다. 그런데 그보다 더 흥미로운 점은 우리 인생사가 이처럼 "알다가도 모를" 혹은 "모르다가도 알 것 같은" 사람들 사이의 관계로 가득 차 있는 듯하다는 데 있다.

필자의 이런 주장을 뒷받침할 수 있는 강력한 사회학적 논의를 들어 볼 것이다. 필자는 이 대목에서 슈츠의 '지식'에 관한 논의를 다시 거론하려 하는데, 그 까닭은 그의 '지식' 이론이 우리가 논의 중인 "알다가도 모를"(혹은 그 역의) 오리무중의, 도통 갈피를 잡을 수 없는 타인들과의 관계를 논증하는 데 시사하는 바가 크기 때문이다. 그는 일상인들의 지식을 일종의 '등고선'과 같은 것이라고 본다. 그 '등고선'의 맨 안쪽 핵심부에는 행위자가 나름대로 확실하다고 간주하는 비교적 명확한 '지식'이 알 박혀 있다. 그 주위에는 그보다는 불분명한 일종의 뭉뚱그려진 덩어리 같은 지식인 '햇무리(운暈) 지식'들이 놓여 있고, 그 바깥은 "그저 사람들의 믿음에 기댈 수밖에 없는 지역"인 '신빙信憑 지역'으로 둘러싸여 있다는 것이다. 그리고 그런 '등고선'들은 인접한 다른 등고선들과 연결되어 있지만, 그 지역들 간에는 그야말로 '완벽한 무지의 지대'가 가로놓여 있다.[4]

만일 이 비유를 '인간행위자'들에게도 그대로 적용해본다면, 인간은 각자 그 핵심에 '무언가'[5]를 가지고 있다고 '확신'[6]하면서, 그리고 그 점에 있어서는 타인들도 마찬가지일 것이라고 맹신하면서 상호관계를 맺는 조그마한 하나의 '구릉'들일 뿐이다. 물론 지리책에 실린 대부분의 구릉이 그것들의 정점 주위로 여러 개의 등고선을 가지고 있듯이, 우리 '인간행위자'들은 이런저런 것들로 우리를 치장하고 위장[7]하는 나름의 등고선들을 가지고 있다. 그뿐만 아니라 타인들에게 자신이 치장한 등고선들을 믿어달라고, 알아달라고 안달하는 존재이며 실제로 그들로부터 대체로 그렇게 알아지고 믿어지는 존재다. 그리고 타인들이 그럴 것이라고 철석같이 믿고 있다. 그러나 실제로 사람들은 슈츠가 말한 대로 '완벽한 무지의 지대'가 각각의 구릉들 사이에 건널 수 없는 휴전선처럼 가로놓인, 외로운 '섬' 같은 존재들이다.

이런 맥락에서 볼 때 실로 인간이란 그 신체가 서로 접근함에 따라서 더 가까워지기보다는 역설적으로 점점 더 멀어지는, 그런 알지 못할 존재인 것 같다. 가까이하면 할수록 멀리 달아나버리는 존재……. 하여 손에 움켜잡힐 듯 보여 손을 내밀면 신기루처럼 사라져버리고 마는 존재……. 이렇게 보면 우리 '인간행위자'들의 '앎'(지식)과 '친밀함'이란 자체가 무척

4　　Alfred Schutz, "The Stranger," *Collected Papers Vol. II: Studies in Social Theory*(The Hague: Martinus Nijhoff, [1944]1964), p. 93; 김광기, "알프레드 슈츠와 '자연적 태도': 철학과 사회학의 경계를 넘어서," 『철학과 현상학 연구』, 25, 2005a, p. 53(이 책 2장 참조).

5　　이를 일단 '확고부동한 자아solid self'라고 일컬어두자. 이에 대한 좀더 자세한 논의는 이 장 뒷부분에서 다루기로 한다.

6　　슈츠가 그의 '지식' 이론에서 말하고자 했던 것은 바로 그 핵심에 알 박혀 있는 '명확한 지식'조차 우리의 근거 없는 '믿음'에 근거하고 있다는 점이다. 흥미로운 점은 일상의 '인간행위자'들은 그 '믿음'이 매우 강렬하기에 그런 '지식'들이 "언제나 흔들림 없는 어떤 것들"이라고 '맹신'하고 있다는 사실이다. 다시 말해 그런 '맹신'이, 즉 '믿음'이 사실 그런 '어떤 것들'을 비교적 단단한 것들로 만들고 있음에도 우리 '인간행위자들'은 이를 깨닫지 못하고 그런 '어떤 것들'은 우리 '믿음'과는 무관하게 독립적인 자율성을 확보하고 있다고 여긴다. 이런 논의는 현상학의 이념들과 밀접히 연관되어 있으므로 지면상 이 정도에서 머물고자 한다. 단 한 가지 짚고 넘어갈 것은, 슈츠에게 있어 '등고선'과 같은 유의 것인 일상인들의 '지식'은 그 핵심에서부터 가장 바깥의 외연에 이르기까지 예외 없이 모두 인간의 '믿음'에 근거하고 있다는 것이다.

7　　이에 대한 고전적인 사회학적 논의로는 Erving Goffman, *The Presentation of Self in Everyday Life*(New York, NY: Doubleday, 1959)를 참조할 것.

보잘것없는 알량한 것으로 보인다. 따라서 인간은 서로 알면 알수록 모르게 되며, 친밀하면 할수록 '거리'가 생기게(혹은 '차이'를 발견하기) 마련인 존재로 여겨진다. 이런 모습은 슈츠가 이야기한 바 있듯 인간관계 중 친밀도가 가장 높다고 할 수 있는 '부부관계'에서도 어김없이 발견된다.[8] 부부의 연을 계속 이어가는 지난한 세월이 더해지면 질수록, 이제는 "알만큼 알고 있다"라는 배우자에 대한 안일함에 방심할 때면 어김없이 출몰하는 상대방의 새로운 모습들은 실로 우리를 망연자실하게 만들기에 충분하다. 대부분의 유행가가 이루어진 사랑보다는 이루지 못한 사랑을 노래하는 것으로 점철되는 이유가 바로 거기에 있을지 모른다.

약간 다른 맥락에서 이를 극단적으로 말하자면 멀리 떠난 임은 가까이 있고, 가장 친한 이는 가장 멀리 있음을 발견하기란 그리 어려운 일이 아니다. 허나 이런 예 때문에 타인과의 관계 속에 포진해 있는 그런 사실을 침울하게만 볼 필요는 없다. 그런 사실은 동전의 양면처럼 또 다른 가능성이나 기회를 내포하고 있기 때문이다. 이것은 다음의 예를 통해 충분히 납득 가능하다. 부모들이 자기 배로 낳은 자식 한 명 한 명이 각기 다른 모습을 하고 있음을 발견하게 될 때, 그리고 자기 자식에 대해 자신이 모르는 사실을 발견하게 될 때의 기분은, 그들로 하여금 그들 자신의 '인간 한계'를 인식하게 함으로써 우울하게 하기보다는 알지 못할 신비감

---

8   Alfred Schutz, *Collected Papers Vol. II: Studies in Social Theory*(The Hague: Martinus Nijhoff, 1964), pp. 28-29를 참조할 것. 슈츠는 이 논문에서 '친밀성'의 정도를 '직접성의 정도the degree of directness'와 연결시켜 설명하고 있다. 물론 이런 정도가 높은 관계는 슈츠가 분류한 관계들 중 "우리 관계we-relation"일 것이다. 하지만 이런 관계에서조차 익명적인 것과 추상적인 것들은 개입되게 되어 있고, 그것들은 그 관계 속에 노출되어 있는, 다시 말해 매우 높은 친밀함을 느끼는 사람들에게조차 서먹서먹함을 갖게 하기에 충분하다. 이것들은 모두 슈츠가 말한 '전형typification'들과 깊이 연결되어 있다. 간략히 말하자면 이런 '전형'들은 우리가 이 글에서 규명하고자 하는 '섬'으로서의 인간들을 어느 정도 연결해주지만, 동시에 그렇게 연결된 개인들이 결국 외로운 '섬'인 채 남겨질 수밖에 없는 엄연한 현실도 극명하게 드러낸다. 슈츠의 '전형'에 대한 자세한 연구로는 김광기, "왜 사회세계엔 '전형'이 반드시 필요할까?: 알프레드 슈츠의 '전형성' 개념을 중심으로," 『한국사회학』, 36(5), 2002a, pp. 59-85 참조.

과 경외감 혹은 희망을 갖게 한다.

◪ '친숙'하면서 동시에 '낯선' 자기 자신

앞서 타인들과의 관계 속에서 '친밀'과 '거리' 사이를 오락가락하는 '이방인'적 '인간행위자'의 모습에 대해 살펴봤다면, 이제부터는 인간이 '자기 자신'과도 '친밀'과 '거리' 사이를 오가고 있다는 면을 짚어보자. 다시 말해 친숙했던 '자기 자신'으로부터 낯설어지는 경험에 대해 논의해보자.

일상인은 물론 전문가인 사회학자들조차 어떻게 한 '인간행위자'가 '자기 자신'으로부터 '앎'과 '모름' 사이 혹은 '친숙'과 '낯섦' 사이를 오갈 수 있느냐며 회의의 시선을 보낼 수도 있다. 만일 이런 회의를 품는 이가 있다면, 단연코 그들은 지금 "그렇다"고 주장하는 필자와 필자가 의지하는 대부분의 사회학자보다는 행복한 사람임에 틀림없다. 그 이유는 그가 상대적으로 확고부동한 혹은 요지부동의 '자아'를 소유한 듯 보이기 때문이다.

하지만 대부분의 사회학자―이들을 여기서 죄다 거론하기에는 무의미할 정도로 많기 때문에 생략한다―는 확고부동한 '자아'를 갖는 것이 '환상'이라고 말한다. 이에 대한 극명한 부연 설명을 하기 위해 다시 앞의 슈츠가 행한 '지식론'으로 되돌아가보자. 우리는 그의 '등고선' 비유를 '인간행위자'에게 적용한 바 있다. 즉 각기 하나하나의 정상을 지닌 '구릉'으로서의 개인들로 이루어진 '지도'가 우리 '사회'라면, 그 각각의 '구릉' 핵심에는 '뭔가 명확한 지식'이 있다고 했고, 필자는 나아가 그것을 '자신'에 대한 '지식'에 적용해볼 때 '확고부동한 자아'라고 지나치듯 언급했었다. 그런데 그 '자아'가 과연 명확하게 움켜잡을 수 있는 그런 유의 것일까? 만일 '그렇다'고 단언하는 자들이 있다면 그들에게 반문하고 싶다. 그러면 그렇게 명확하고 '확고부동한 자아'가 있는데 사람들은 왜 늘 진지한 순간이 닥치면 "나는 누구일까?" 혹은 "나는 진정 무엇일까?"를 되묻는 것인가? 만일 부인할 수 없는 명징한 '자아'가 있다면 이런 물음은 결코 제기될 수 없다. 다시 말해 그런 유의 '자아'란 존재하지 않기에 우리는 "나는 누구일까?"라는 질문을 늘, 혹은 때때로 입에 달고 다니는 것이리라.

물론 '인간행위자'가 자기 자신에 대한 어떤 명백한 핵심 같은 것을 어느 한순간 짧게나마 인식할 가능성을 전적으로 배제하기는 어렵다. 예를 들면 필자는 지금 연구실에서 이 글을 쓰면서, 깊은 밤 아픈 허리와 어깨를 참아가며 글을 쓰고 있는 한 명의 '사회학자'로서의 나를 인식할 수 있다. 하지만 내가 이제 밤늦은 시간 귀갓길에 선술집에 들러 대포 한 잔을 한다면, 그곳에서의 명백한 핵심으로서의 내 '자아'는 술집의 '고객'이 될 것이다. 거기까지 예를 들 필요도 없다. 지금 이 순간 나는 '초월'과 '내재'를 오가는 '초월적 존재'로서 펜을 들고 백지를 메우고 있는 '사회학자'라고 하더라도, 컴퓨터에서 흘러나오는 인터넷 방송국의 노래를 듣고 있는 '청취자'로서, 그리고 항상 나의 지나치게 올라가는 혈압을 내려주는 혈압강하제로서의 둘째 여식을 떠올리는 행복하기 그지없는 '애비'로서 그야말로 종횡무진 멀티플레이어로 존재하고 있다. 그러면 이 순간 나의 '확고부동한 자아'란 무엇인가? 결코 흔들림 없는 명백한 나의 그 핵심은 무엇이란 말인가? 우리가 그것을 움켜잡으려 애쓰면 애쓸수록, 다시 말해 그것과 친밀하려 들면 들수록 그것은 우리의 바람과 희망을 외면하고 보란 듯이 코웃음까지 치면서 손에 움켜쥔 진흙처럼 손가락 사이를 빠져나간다.[9] 내가 '나'를 잘 안다고 으스대면 댈수록, 곧 '나'는 내가 전혀 알지 못하는 '내'가 되어버릴 '나'를 발견할 공산이 크다. 위에서 이야기한 바 있는 인간관계 속의 타인들과 마찬가지로, 우리 '인간행위자'

9　인간 존재에 대한 이러한 비유는 실존주의 철학자 사르트르에게서 빌려왔다. 특히 Jean-Paul Sartre, *Nausea*, tran. Lloyd Alexander(Norfolk, CT: New Directions Publishing, 1969) 참조.

속의 '자아'조차 우리 자신에게 낯설게 거리를 두는 것이다. 즉 우리는 그런 '친밀'한 나와의 '거리'로 인해 혹은 '객관화' 과정으로 말미암아 우리 자신으로부터도 낯선 '이방인'이 되어버린다. 이런 '거리 두기distancing'에 관한 고전적인 논의는 짐멜이 『돈의 철학』에서 날카롭게 파헤친 바 있다. 그러한 '거리'는 마르크스에 의해서도, 비록 '노동'과 관련된 것에 국한시켰다고는 하나, '소외' 개념에서 개진된 바 있다.[10] 이들 모두가 공유하는 바는 바로 필자가 논의한 것처럼 너무나 친숙하기에 의심하지 않았던 자기 자신으로부터 '낯섦'을 경험하게 될, 즉 '자신'으로부터 '이방인'이 될 가능성을 보유한 '인간행위자'의 모습임이 분명하다.

---

10 Georg Simmel, *The Philosophy of Money*, tran. David Frisby(London: Routledge, 1978)와 Karl Marx, "Economic and Philosophic Manuscripts of 1844," *The Marx-Engles Reader*, ed. Robert C. Tucker and tran. Marin Milligan(New York, NY: W. W. Norton and Company, 1972)을 참조할 것. 물론 짐멜은 이런 '거리'를 주로 현대사회에서 팽배하는 특징적 조건들로 묘사하고 있고, 마르크스 또한 '소외'가 자본주의 사회에서 그 극에 달하는 것으로 묘사한다는 점에서 각기 한계를 안고 있다고 여겨진다. 필자가 보기에 그런 '거리'와 '소외'는 어느 사회든 가지고 있는 '인간학적인 상수'로 여겨지기 때문이다. 비록 짐멜은 마르크스와 달리 그런 '거리'가 사라져야 한다는 당위적 논의를 하지 않는다는 점에서 긍정적인 평가를 내릴 수 있지만, 그런 '거리'가 마치 현대사회의 전유물인 듯 강조했다는 점에서 필자는 동의할 수 없다. 그리고 마르크스는 그런 '소외'를 어떤 쓸모없는 잉여 같은 것으로 간주하고 반드시 제거되어야 할 것으로 단언했을 뿐만 아니라, 실제로 그가 이상으로 생각하는 '공산주의 혹은 사회주의 사회'에서는 이런 '소외'가 사라진 상태가 복원될 것으로 확신했다는 점에서 필자는 동의할 수 없다. 그 까닭은 '소외'는 개념적이고 분석적으로 '외재화'와 분리될 수 있을 뿐이지, 사실은 경험적으로는 거의 동일한 현상이라고 봐도 무방하기 때문이다. 만일 버거와 풀버그가 주장하듯 '외재화externalization, Entausserung'가 '인간학적 필수 과정'으로 고려된다면, 필자가 보기에 '소외' 또한 '외재화'와 함께 '인간학적 필수 과정'으로 고려되어야 한다. 이 점에서 필자는 버거와도 견해를 달리한다. 왜냐하면 그는 풀버그와 함께 쓴 이전의 논문에서 '소외'를 '인간학적 필수 과정'으로 고려하지 않았기 때문이다. 그렇지만 설혹 명쾌하게 보일 수 있는 이런 주장은 나중에 철회된 듯 보인다. 어쨌든 위의 논의에 대해 더 상세히 살펴보려면, Peter Berger and Thomas Luckmann, *The Social Construction of Reality*(Garden City, NY: Doubleday, 1966), pp. 47-128과 Peter Berger and Stanley Pullberg, "Reification and the Sociological Critique of Consciousness," *History and Theory*, Vol. 4, No. 2, 1965, pp. 196-211을 참조할 것. 그리고 마르크스의 '소외'에 대한 자세한 논의로는 Bertell Ollman, *Alienation: Marx's Conception of Man in Capitalist Society*(Cambridge: Cambridge University Press, 1971) 참조.

◢ '친숙'하고도 '낯선' 세계

우리 주위의 타인들로부터, 그리고 '나' 자신으로부터도 '친밀'과 '낯섦'을 동시에 느끼게 되는, 즉 모든 친밀한 것으로부터 '이방인'이 되는 '인간행위자'는 '나'와 '타인'들로 이루어진 사회세계로부터도 똑같은 경험을 하는 '이방인'의 지위를 획득하게 된다. 그러나 어떤 이들은 우리가 살고 있는 세계가 우리에게 무척 친숙해서 그 세계로부터 '낯섦'을 경험하기란 그리 쉬운 일이 아니라고 반박할 수도 있다. 그런 반박으로 인해, 게다가 우리가 몸담고 있는 이 세계에 너무나 친숙해서 이 세계에 대해 통달하고 있다고 믿는 우리의 고질적인 버릇 때문에 필자가 펴고자 하는 논의가 강력한 저항에 부딪힐 것 같지만, 그러나 필자의 주장이 설득력을 잃을 정도로 사회세계는 우리에게 그리 녹록지 않다. 왜냐하면 "친숙이 무례를 낳는다"는 서양 속담이 있듯, 어떤 것에 너무나도 친숙해 그것에 무례를 범한 나머지 낭패를 보는 경우는 다반사이기 때문이다. 그리고 세계를 친숙히 여기는 일상인들의 이러한 태도도[11] 위에서와 동일한 상황에 놓일 가능성에 있어 예외일 수 없다.

이렇게 되면 우리는 우리가 몸담고 있는 사회세계에 대해 자신이 실제로 얼마만큼 알고 있는지를 진지하게 숙려熟慮하는 상태에 돌입하게 된다. 그러고는 이내 두 손 두 발 다 들고서 세계에 대해 아주 잘 알고 있다고 생각했던, 그래서 세계에 대해 친밀감을 보여왔던 자신의 태도가 얼마나 허황된 것이었는지, 다시 말해 얼마나 근거 없는 신념에 눈이 가

11　이를 슈츠의 용어로 전환하면 '자연적 태도natural attitude'일 것이다. 이에 대한 자세한 논의로는 김광기, "당연시되는 세계와 자기기만: 일상성에 대한 피터 버거의 현상학적 사회학," 『철학과 현상학 연구』, 18, 2002b, pp. 388-416; Kwang-ki Kim, "A Sociology of Bad Faith: An Analysis of Peter Berger's Understanding of Everydayness," in *Grenzgaenge: Studien zur interdisziplinaeren und interkulturellen Phaenomenologie*, ed. Jung-Sun Han(Heuer, Wuerzburg: Koenigshausen & Neumann Verlag, 2011), pp. 137-144; 김광기, "알프레드 슈츠와 '자연적 태도': 철학과 사회학의 경계를 넘어서," pp. 47-70(이 책 2장)을 참조할 것.

려졌었는지에 대해 자각하게 될 것이다. 나아가 그러한 숙려의 작업조차 무모하기 짝이 없는 시도였다는 점을 이내 자인하지 않을 수 없게 된다. 그 단적인 예로는, 사회세계에 대해 파악하고자 하는 사회학자의 수가 이리도 많고 지금 이 순간에도 수많은 사회학자가 배출되고 있으며, 연구하는 중에도 사회에 대한 궁금증이 완전히 해결될 기미가 전혀 보이지 않는 것만 봐도 충분하다. 이러한 사회학자들의 학문을 통한 사회세계 규명의 불가능성을 가장 적나라하게 지적한 이로는 베버를 꼽을 수 있다. 그 유명한 「사회과학적 그리고 사회정책학적 인식의 객관성」이라는 논문에서 베버는 다음과 같이 천명한 바 있다.

> 우리가 현실의 제 현상에 대해 제아무리 철저히 연구하고 또 그 연구 결과가 제아무리 완벽하더라도 우리는 이런 연구를 통해서 이 현상들의 의미를 읽어낼 수 없으며……[12]

이러한 사회세계의 '불가해성'은 작금에 유행하는 현학적 용어로는 세계의 '애매모호성'으로 번역될 수 있다. 아마도 베버는 이러한 세계의 '애매모호성'에 대한 명료성을 찾아가는 시도에 대해 근본적인 회의를 지니고 있었던 것 같다. 물론 그 자신이 어느 정도의 명료성을 추구하는 시도 자체를 완전히 무의미한 것으로 폄훼하거나 그런 시도를 포기한 것은 아니지만, 어쨌든 과학을 등에 업음으로써 사회세계를 완전히 이해할 수 있을 거라는 기대에 찬물을 끼얹은 것만은 사실이다. 이에 대한 베버의 입장을 자세히 논하는 것은 이 장의 범위를 넘어서므로 이 정도에서 멈춘다. 단 여기서 본 연구와 관련하여 강조할 점은, 베버와 같은 사회학의 대가조차 자신의 학문 작업의 한계를 충분히 인식하고 겸허히 시인했다

---

12 Max Weber, *The Methodology of the Social Sciences*, tran. and ed. Edward A. Shils and Henry A. Finch(New York, NY: Free Press, 1949), p. 57.

는 것이다. 그리고 재차 강조해야 할 점은 여기서 학문의 한계란 학문이 미래를 위해 열어두는 무한한 가능성에 있어서 어떤 한계가 있다는 점을 의미하는 것이 아니라, 학문, 특히 사회과학을 통해 우리가 사회세계에 대해 완벽히 파악하고 이해하는 것 자체가 불가능한 기획임을 가리킨다는 것이다. 사회(과)학(자)의 전범典範으로 꼽히는 베버가 그러할진대, 일반인들이야 더 말할 나위가 있을까.

그리고 바로 이 점이 이 장에서 천착하려고 하는 '인간행위자'가 지니는 세계와 타인과 자신 사이의 애매모호성—즉 어떤 방법으로든 한 '인간'이 주위 대상들을 일목요연하고도 명료하게 이해하며 파악할 가능성은 희박하다는 것을 인식함으로써 경험하는 대상에 대한 특정한 태도—과 일맥상통한다. 나아가 이것은 곧 '인간'들 사이의 건널 수 없는 '거리'와 '심연'을 일부분 설명해주는 단초가 될 수 있다. 아마도 이 장의 논의를 통해서도 '인간행위자'가 그(혹은 그녀)의 주위에 포진해 있는 대상들에 대해 갖는 '거리'를 여전히 납득할 수 없는 독자라면 지금 논의한 베버의 통찰에서 그 이해의 실마리를 발견할 수도 있을 것이다.

그러나 이러한 세계에 대해 '친밀'과 '낯섦' 사이를 오가는 '인간행위자'의 '이방인'적 경험은 좀더 근본적으로 도해하여 분석해볼 필요가 있다. 그 하나는 위에서 논의한 바 있는 '나'와 우리 주위의 '타인'들의 속성에서 연유한다고 할 수 있다. 다시 말해 우리의 사회세계는 다름 아닌 아리송한 '나'와 '그들'로 구성되어 있기 때문이다. 구성 요소 자체가 이러한 본성을 가졌을진대, 그런 자원으로 이루어진 사회세계는 충분히 그리고 쉽사리 종잡을 수 있을 것 같지만 종국에는 종잡는 것이 요원하기만 한 것들로 '인간행위자'에게 경험되고, 그런 순간 순간에 처할 때마다 '인간행위자'는 자신이 몸담고 있는 세계로부터 낯설어지는, 그래서 멀게만 느껴지는, 즉 그곳으로부터 이탈한 '이방인'으로서의 자신을 발견하게 된다.

두 번째 이유는 슈츠가 제시한 분석에서 힌트를 얻을 수 있다. 그는 사회세계를 분석하면서, 우리 일상의 사회세계는 헤아릴 수 없이 많은

'전형'으로 이루어진 사회이기에[13] '전형화된 사회'라고 이름하였다. 그런데 '이방인' 분석에서 슈츠는, '이방인'이 접근하는 새로운 집단의 '전형'들은 그리고 그런 '전형'들에 대한 '이방인'의 '감'은 그 집단의 원래 성원들이 지닌 '감'과는 사뭇 다른 것이라고 규정짓고 있다. 그 때문에 슈츠의 관점에서 보면 한 내집단 성원(토박이)들의 '전형(성)'은 '참-전형성 genuine-typicality'이라고 할 수 있는 반면, '이방인'들은 '의사전형성pseudo typicality'[14]을 지닐 수밖에 없다. 따라서 새로운 세계에 대한 '이방인'의 '감'은 잘해야 근사치, 못하면 사이비이고, 그러므로 결국에는 가짜일 수밖에 없다. 이런 '이방인'의 사정을 '인간행위자'에게 적용해볼 때, 이 세계에 뛰어든 '이방인'인 우리 인간 모두의 세계에 대한 지식(혹은 감)은, '참'이 아니라는 의미에서 기껏해야 하찮은 '사이비'에 불과하다고 볼 수 있다. 이 같은 맥락에서 보면 인간들이 대면한 세계에 대해 지니는 '친밀성(감)'이라는 것도 사실은 한 꺼풀만 벗기고 들어가면 알맹이 없는 껍데기에 불과하다는 결론에 이르게 된다.[15] 이러한 세계에 대한 '사이비 친밀감'은 실제로 그 정체를 적나라하게 드러내는 경우도 즐비한데, 그럴 때 '사이비 친밀감'은 그것을 지닌 '인간행위자'로 하여금 그 감각을 투영하고 적용하는 세계로부터 동떨어져 있는 자신을 발견하게 될 기회를 부여하기 십상이다. 비유하자면, 어떤 스타를 맹목적으로 추앙하며 따라다니던 십대 청소년 팬들이 자신들의 희망과 기대로 부풀릴 대로 부풀려 이상화

---

13 김광기, "왜 사회세계엔 '전형'이 반드시 필요할까?: 알프레드 슈츠의 '전형성' 개념을 중심으로," pp. 59-85; 김광기, "양가성, 애매모호성, 그리고 근대성: 알프레드 슈츠의 '전형성' 개념의 응용연구,"『한국사회학』, 37(6), 2003a, pp. 1-32; 김광기, "익명성, 추상성, 그리고 근대성,"『철학과 현상학 연구』, 21, 2003b, pp. 249-272; Kwang-ki Kim, "Modern Society, Ambivalence, and Globalization: A Study on Modernity in Alfred Schutz's Typification," *The Journal of Studies in Contemporary Social Theory*, No. 14(Nagoya, Japan, 2004), pp. 484-494.

14 Alfred Schutz, "The Stranger," p. 103. 여기서 슈츠는 '참-전형(성)'이란 용어를 사용한 적이 없다. 이는 필자가 만들어낸 것이다.

15 슈츠는 이를 '의사擬似(유사 혹은 사이비)-친밀성pseudo-intimacy'이라고 언급했다. Alfred Schutz, 같은 글, p. 103.

시킨 그 스타가 엽기적인 혹은 반인륜적 행위를 자행하는 것을 목도했을 때 느끼게 될 실망과 혼란을 상상해보면 된다.

세 번째 이유는 앞서 지적했던 것들보다 더 근본적이고 형이상학적이다. 그것은 사실 우리가 진짜라고 생각하는 세계 자체는 존재하지 않을 수도 있다는 통찰[16] 혹은 가능성에서 연유한다. 그런데 이 말의 뜻을 오해하지 않아야 하는데, 오해받을 여지 중 최악은, 이것을 우리 세계가 실 (존)재하지 않고 '인간행위자'들의 관념에만 존재한다는 관념론적 입장에서 개진된 시각이라고 호도하는 일일 것이다. 그런데 위의 언급은 사실 그런 오해와는 하늘과 땅만큼이나 현격한 차이가 있다. 다시 말해 이 말이 의미하는 바는 관념론과는 거리가 멀어도 한참이나 멀다. 이 말이 뜻하는 것은 위에서 언급한 '이방인'으로서 새로운 사회세계에 접근하는 '인간행위자'들 혹은 새로운 '사회 성원'들에 의해(좀더 정확히 그들의 '의사-전형성'에 의해) 그 사회세계에 '덧붙여진'[17] 무엇'이(이를 세계에 대한 그들 나름의 '감'이라고 해도 좋고 아니면 그들의 '행위'라고 해도 좋으니 일단 논의를 진행하자) 있으니, 그 '덧붙여진 무엇'을 감안한 사회세계는 그 이전의 세계와는 이미 성격이 달라져버린, '그 순간만의 새로운' 사회세계일 수 있다는 것이다. 다시 말해 고정된 혹은 완성된 '결정판'[18] 같은 '참-전형'으로서의 사회세계는, 그 세계에 발을 들여놓은 새로운 사회 성원들에 의해 항상 변형되고, 수정되며, 그런 상태에서 유지된다는 것이다. 바

---

16 이런 의미에서 슈츠가 '참-전형'이란 용어를 애초에 언급하지 않았다고 필자는 확신한다. 필자도 그를 따라 그 용어를 사용하고 싶지 않았지만, '의사-전형'의 의미를 독자들에게 좀더 명확히 전달하고 싶어 임시방편으로 이 용어를 급조했다.

17 이 용어는 제임스에게서 빌려왔다. William James, *Pragmatism*(New York, NY: Longmans, Green and Co., 1949), p. 252.

18 이 용어도 제임스에게서 빌려왔다. 그는 실용주의자pragmatist와 합리론자rationalist를 구분하고 있는데, 전자는 '과정'을 중요시하며, 후자는 뭔가 확실한 것은 이미 주어져 있다고 보는 자들이라고 규정한다. 따라서 전자에게 있어 우주는 항상 "초판이요 미완성" 상태로 보이지만, 후자에게 있어 우주는 이미 결정된 '완성품'이라는 것이다. 그는 이런 완성판을 '무한판the infinite folio' '호화판édition de luxe', 혹은 '영구 완성판eternally complete'이라고 불렀다. William James, 같은 글, p. 259.

로 이 점이 해럴드 가핑켈Harold Garfinkel이 말하는 '다음 것은 또다시 새로운another next first time' 것으로서의, 그리고 '바로 이것just thisness'으로서의 사회세계의 '실재reality'와 '질서'의 모습인 것이다. 그의 관점에 볼 때 따라서 어떤 것(현상)이 발생하기 이전의 모습과 그 후의 모습이 동일한 것은 사회세계에서는 존재할 수 없다.[19] 어제의 수업과 오늘의 그리고 내일의 수업이 다르듯이, 어제의 세계와 오늘의 그리고 내일의 세계는 엄연히 다른 것이다. 사태가 이럴진대, 어제의 세계를 '화석화'시키고[20] 그 세계에 진입한 '인간행위자'는, 바로 그 장면이 편입됨으로써 달라진 세계의 변형된 모습과 그 자신이 화석화시킨 세계 사이에서 '간극'을 발견[21]하게 될 것이고, 그는 '화석화'된 세계로부터 낯설어지는 '이방인'이 된다. 그

---

19   Harold Garfinkel, "The Corpus Status of Ethnomethodological Investigation," *Paper presented at Orders of Ordinary Action Conference*(Manchester: Manchester Metropolitan University, 2001); Harold Garfinkel, *Ethnomethodology's Program: Working Out Durkheim's Aphorism*, ed. Anne Warfield Rawls(Lanham, MD: Rowman & Littlefield Publishers, 2002); Harold Garfinkel, *Seeing Sociologically: The Routine Ground of Social Action*, ed. Anne Rawls(Boulder, CO: Paradigm, 2005); Kwang-ki Kim, *Order and Agency in Modernity: Talcott Parsons, Erving Goffman, and Harold Garfinkel*(Albany, NY: State University of New York Press, 2002).

20   대부분의 일상인은 세계를 이런 식으로 인식한다. 그러나 세계는 결코 화석화될 수 없다. 이에 대해서는 Kwang-ki Kim, *Order and Agency in Modernity: Talcott Parsons, Erving Goffman, and Harold Garfinkel*, pp. 98-101 참조.

21   그런데 이런 '간극'의 발견은 일상의 '인간행위자'들에게 쉽사리 일어나지는 않는다. 이 말은 그런 '간극'이 존재하지 않는다는 의미가 결코 아니고, 일상을 살아가는 '인간행위자'들이 엄연히 존재하는 '간극'을 쉽게 눈치채지 못한다는 이야기다. 분명히 눈앞에 있지만 그것을 '눈치채지 못하는 상태'를 가핑켈은 일상생활 세계의 매우 중요한 측면으로 간주했다. 그런데 이러한 일상의 '인간행위자'들의 독특한 태도는 사회세계 입장에서 보면 환영할 만한 일일 뿐만 아니라 필수 불가결한 조건이 된다. 왜냐하면 이 장에서 논의된 '간극'들을 모든 사람이 눈치채고, 늘 신경 쓰며, 그 결과로 모든 사람이 자신이 몸담고 있는 사회세계에 대해 객관적인—냉정한 '거리'를 둔다는 의미에서—'이방인'적 시각을 의식적으로 견지하려 든다면, 이 사회세계는 견고하게 유지될 수 없기 때문이다. 그 주된 이유는 바로 그러한 사실들을 눈치채지 못하는 '인간행위자'들의 아둔함과 둔감함이, 그리고 그런 세계에 대한 확고부동한 지지가 결국 그런 세계를 존재하게 하기 때문이다. 만일 그런 지지가 철회된다면, 그 세계는 더 이상 견고함을 유지할 수 없게 된다. 세계에 대한 구성원들의 전적인 지지와 그것이 철회될 경우에 대한 예리한 논의로는, Erving Goffman, *Asylums: Essays on the Social Situation of Mental Patients and Other Inmates*(Harmondsworth: Penguin, 1961a), p. 61 이하와 Peter Berger, *Invitation to Sociology: A Humanistic Perspective*(Garden City, NY: Doubleday, 1963) 등을 볼 것.

리고 그 변형된 오늘, 지금 이 순간의 세계는 바로 다음 순간 또 다른 모습으로 탈바꿈하게 되고, '인간행위자'의 '이방인'으로서의 처지는 벗어던질 수 없는 숙명이 되고 만다. 따라서 우리는 매 순간 순간 새로운 장면들로 둔갑한 세계에 대해 자의든 타의든 개입하게 되는 낯선 '이방인'일 뿐이다. 그리고 우리가 그 장면에 뛰어들면서 그 장면을 탈바꿈시킴으로써 우리는 그 장면에 또다시 낯설어지는 '이방인'이 되어버린다. 이를 은유적으로 표현하면 다음과 같다. 지금 흘러가는 강물은 다시 볼 수 없듯, 그래서 지금 우리 눈에 보이는 저 강물은 늘 새로운 것이듯, 우리 '인간행위자'는 늘 새로운 세계만 대면하게 되는 것이다.

3. 메울 수 없는 간극

이제까지 논의된 것들을 한마디로 요약해보면, 짐멜이 이야기했듯이 '친숙함' 속에서의 '낯섦'(이방성) 혹은 '괴이함'[22]은 우리 주위에 어른거리고 있는 수많은 타인[23]으로부터 우리는 '이방인'이 될 수 있으며,[24] 심지어 가장 친숙하다고 할 배우자 사이에도 그 '낯섦'은 고개를 들고 삐져나온다는 것이다. 그런 사실은 '타인'들과 건널 수 없는 강을, 또는 메워질 수 없는 심연深淵의 '간극'—이를 사르트르는 '타인'과 '나' 사이에 존재하는 '분리적인 무nothingness of separation'라고 표현한 바 있다[25]—을 간직하고 있는 우리 모두는 너나없이 '이방인'임을 말해준다고 필자는 믿는다. 그런 의미에서 우리 '인간행위자'는 우리 주위의 모든 타인과 '나란한 보편lateral universal'[26] 관계에 놓여 있다는 메를로퐁티Merleau-Ponty의 주장은 강한 설득력을 지니는 듯 보인다. 그리고 어떤 때에는 간혹 그런 모든 낯선 이로 구성된 '내' 속의 '나'란 '자아'[27]마저 '나'와는 괴리되는, 그래서 '나' 자신에게서조차 낯선 이가 되는 '이방인'이라는 것을 인

---

22 다시 한번 말하지만 짐멜은 "다른 것과 이해할 수 없는 것에서보다는 오히려 비슷하고 조화되는 친근감에서 그 '이방성異邦性, 괴이함strangeness, Fremdheit'이 유래한다"고 날카롭게 지적했다.

23 그들은 각기 그 '친밀성'에 있어 여러 층을 점하고 있다.

24 이 이야기는 우리가 어느 한 사람의 특정한 타인에게조차 시시각각으로 매번 다른 친밀감의 층을 갖게 된다는 것을 의미한다. 그러면 우리는 그에게 어느 순간 이 정도의 친밀도를 느끼는 듯하다가도 다음 순간에는 다른 정도의 친밀도를 느낀다고 볼 수 있으므로 그에게 그만큼 낯선 '거리'를 확보하게 된다.

25 Jean-Paul Sartre, *Being and Nothingness*, tran. Hazel E. Barnes(New York, NY: Gramercy Books, 1956), p. 230 참고.

26 이 용어는 원래 메를로 퐁티가 '자(기)민속중심주의ethnocentricism'에서 벗어난 민속학을 주창, 옹호하기 위해 고안해낸 개념으로 레비 스트로스 등의 인류학적 발견들에 찬사를 보낼 때 주로 사용했다. 따라서 이 용어는 방법론에 국한된 이야기인 듯하지만, 여기서 필자는 서로 보편적인 존재로서 끝까지 나란히 살아가고 있는 '인간행위자'들을 묘사하기 위해 이 용어를 방법론의 범위를 넘어 '존재론'적 상황으로 확대 적용하였다. Maurice Merleau-Ponty, *Signs*, tran. Richard C. McCleary(Chicago, IL: Northwestern University Press, 1964), p. 120.

식하게 된다고 말할 수 있다.

이렇게 보면 매 순간 순간 '타인' 또는 '자기 자신'과 합일이 될 듯 될 듯하다가도, 시쳇말로 '2퍼센트' 삐꿋거리는, 그래서 영원히 만나지(합일 또는 일치되지) 못하는 평행의 기찻길처럼, 우리는 타인들과 우리 자신에게 본질적으로 '이방인'으로 남겨질 수밖에 없는 것이다. 하여, 우리 인간은 그 사춤을 칠 수 없는 '간극' 때문에 가슴 시려 하고 상처받고 죄스러워하고 분개하고 종국에는 고독해하며 그것들을 못 견뎌 한다.

하지만 그러한 '간극'을 있는 그대로, 다시 말해 우리 모두는 '이방인'이라는 것을 받아들인다면, 그래서 어느 정도의 곤란한 것들과 외로움을 받아들일 준비만 되어 있다면, 우리는 그러한 좌절이나 분노 혹은 처절한 고독의 몸부림 속에서 웅크리고 있을 필요가 없어진다. 왜냐하면 그것이 바로 '내'가 '타인'과 '세계' 사이에서 맺을 수 있는 관계 속에서 '나'만의 영역을 설정할 수 있는 자율성의 가능성이나 조건임을 의미하며, 그런 사실은 동시에 타인에게도 마찬가지로 부여될 것이기 때문이다. 또한 우리는 그런 인식을 통해 '나'라고 하는 알 수 없는 것에 집착하여 보내는 허송세월과 한탄 혹은 이기적 아집으로부터 해방될 수도 있다. 나아가 우리와 우리 세계 사이에 가로놓인 '간극'은 '나'와 '세계'와의 합일과 일치에 찬물을 끼얹는 결정적인 역할을 담당하는 것이 되고, '나'로 하여금 행여 '세계'가 저지를 수 있는 도덕이나 윤리의 탈을 쓴 온갖 미사여구 속의 이데올로기로부터도 자유로워질 수 있게 하는 것이다. 이것이 바로 앞 장에서 논의한 '초월'과 '내재' 사이를, 그리고 이번 장에서 논의한 '친밀'과 '거리' 사이를 오가는 '이방인'으로서의 '인간행위자'가 내포하는 결정적인 윤리적, 실존적 함의라고 할 수 있다.

---

27 미드의 '일반화된 타자the generalized others'를 기억할 것. George H. Mead, *Mind, Self, & Society*(Chicago, IL: University of Chicago Press, 1934).

06

불안과
안도 사이

1. 동요하는 '인간행위자'

이 장에서는 마지막으로 '불안'과 '안도' 사이를 간단없이 오가는 '이방인'과 '인간행위자'의 면모를 자세히 살펴보기로 한다. 그런데 논의를 진행하기에 앞서 여기서 쓰인 '불안'이란 용어가 무엇을 뜻하는지 그 정의부터 짚고 넘어가야 할 것 같다. '불안'이란 한마디로 '안정감의 부재 absence of sense of security'라고 표현할 수 있다. 이렇게 볼 때, 안정감의 현존은 이 장에서 초점을 둔 또 다른 개념인 '안도'와 깊은 연관을 가진다. 문제는 위의 정의가 다소 추상적이어서 독자들에게 혼란을 줄 수 있다는 점이다. 따라서 그 용어를 좀더 명확히 파악하기 위해서는 정의의 수준을 한 단계 낮춰 살펴볼 필요가 있다.

필자가 보기에, '안정감의 부재'는 어떤 것에 대한 '균형감각'이 와해될 때 야기되는 것이다. 그런데 이 표현에서 보듯 '안정감'과 '균형감'이란 '인간행위자'가 그의 존재 외부에 '어떤 것'—그것이 사물이든, 타인이든, 아니면 관념이든, 세계든 상관없이 이 모두를 통괄해서 일단 '대상objects'이라고 부르자—과 그 자신을 연결시킴으로써 생기게 되는 것임을 눈치챌 수 있다. 그런데 연결에 있어 균열, 붕괴, 와해 등이 발생하거나 그런 조짐이 느껴질 때, '인간행위자'는 그가 자신과 연결시켰던 '대상'과의 사이에서 '불균형'을 감지하게 되고, 결국 '불안감'을 갖게 된다.

그리고 이런 '불균형'이 발생할 수 있는 거의 확실한 조건이 있는데, 그것은 다름 아닌 '동요動搖'나 '변동'의 상황이다. '동요'나 '변동'은 '인간행위자'가 거의 고정된 상태에서 그의 주위 여건이 바뀌는 상황을 일컬을 수도 있고, 동시에 어떤 '인간행위자'가 주체적으로 혹은 능동적으로 '거동擧動'함으로써 겪게 되는 '동요'의 상황을 일컬을 수도 있다. 여기서 우리가 주목해야 할 것은 어떤 '인간행위자'가 물리적으로나 인지적으로, 그 규모가 크든 작든 상관없이 '움직임'을 보이지 않는 자는 없다는 점이고, 이와 동시에 그를 둘러싼 주위 환경—사회적 환경이든 물리적 환경이든 가릴 것 없이—이 비록 미량微量일지라도 어떤 형태로든 변화를 보이지 않는 것이 없는 이상, '인간행위자'는 본래적으로나 고질적으로 '불안'을 선고받은 자이다.

이런 사실과 관련하여 흥미로운 다음의 두 가지 사실에 주목할 필요가 있다. 하나는, '불안'한 자는 '안도'를 그 누구보다 더 절실히 필요로 한다는 점이다. 바로 이런 맥락에서 '불안'과 '안도'는 긴밀히 연결될 수밖에 없는 '인간행위자'가 겪는 감정들인 것처럼 여겨진다. '불안'은 항시 '안도'를 필요로 하고 '안도'하는 자는 그것이 언제 파열될지 모르기에, 또는 '안도' 속 '권태'로 인해 '불안'해한다. 나머지 하나는, 이러한 '불안'과 '안도' 사이를 오락가락하는 전형적인 인물로서 우리는 '이방인'을 꼽을 수 있다는 것이다. 필자의 선행 연구에서 거론했듯이 '불안'과 '안도' 사이의 오고 감은 '이방인'을 규정하는 중요한 특징 중 하나로 여겨진다.[1] 그리고 그러한 '이방인'의 모습이 '인간행위자'에 고스란히 녹아 있다는 점 또한 관심을 기울여야 할 대목이다. 바로 이 두 가지가 이 장에서 핵심적으로 다룰 내용임을 밝혀둔다.

필자는 이것을 규명하기 위해, 인간을 다음의 두 가지 존재로 나누어 그에게서 '불안'과 '안도' 사이를 오가는 '이방인'적 모습을 살펴보고자 한다. 그 첫째는, 영원히 '만족'하지 못하는 존재로서의 '이방인'의 모습을 견지하고 있는 인간과, 둘째는 '위로'를 필요로 하는 존재로서의 '이방인'의 모습을 한 인간이다.

---

1   김광기, "'이방인'의 사회학을 위한 이론적 정초," 『한국사회학』, 38(6), 2004b, p. 14, 이 책 1장.

2. '만족'하지 못하는 존재

이곳저곳을 떠도는 '이방인'은 어디에도 '만족'하지 못하는 존재로 묘사될 수 있다. 그런데 이보다 더 안타까운 것은, '만족'할 줄 모르는 서글픈 현실이 그로 하여금 '만족'의 추구를 포기하도록 하는 것이 아니라, 오히려 끊임없이 '만족'을 희구하게 하는 존재적 상황으로 몰아넣는다는 데 있다.[2] 그는 자신이 떠나온 곳과 새로이 몸담을 곳 모두에 '만족'을 구하기는 하지만, 결과는 부정적인 상황으로 치달아 결국 어디에고 '만족'하지 못하게 된다. 추구하는 '만족'의 충족이 좌절되면 될수록 그는 '만족'에 대한 열망에 휩싸이고, 결국 '불안'해질 수밖에 없다.

그런데 이런 '만족'하지 못하는 존재로서의 '이방인'의 모습은 위에서 언급했듯이 일상의 세계를 사는 '인간행위자'의 모습과 본질적으로 다르지 않다. 이는 '인간행위자'도 끊임없이 '만족'을 추구하는 자이기 때문이다. '이방인'과 마찬가지로 '인간행위자'도 어느 정도가 그 자신에게 '만족'할 만한지 가늠하기 불가능한 존재인 양 한도 끝도 없이 '만족'을 추구한다. 하지만 '만족'하지 못하는 '이방인'과 '인간'의 모습을 단지 수사로써만 이야기하는 데서 멈출 수는 없다. 다시 말해 우리의 주된 관심은 앞서 행한 정언定言적 수사를 넘어, 왜 '인간행위자'가 '만족'할 수 없는지,

---

2   이런 존재들로 그려지는 '이방인'들의 대표적이고도 단적인 예로는 현대의 '여행객'들을 꼽을 수 있다. 그들은 기쁨과 쾌락pleasure, 즉 그것을 통한 '만족'을 위해 여행길에 오르며, 그런 여정은 한 번으로 끝나지 않고 일생 동안 계속해서 시도된다. 이에 대해서는 Erick Cohen, "A Phenomenology of Tourist Experiences," *The Sociology of Tourism: Theoretical and Empirical Investigations*, ed. Yiorgos Apostolopoulos, Stella Leivadi and Andrew Yiannakis(London: Routledge, 1996), p. 93을 참조할 것. 그리고 최근 발간된 『뒤르케임의 철학강연집』 중 "고통과 쾌락" 편을 참조할 것. Emile Durkheim, *Durkheim's Philosophy Lectures: Note from the Lycée de Sens Course, 1883-1884*, ed. and tran. Neil Gross and Robert Jones(Cambridge: Cambridge University Press, 2005), pp. 60-62.

'불안'에 노출되어 있는 그 근본적인 조건들에 대한 상세한 분석에 모아져야 한다. 이후의 논의를 주로 이러한 조건들을 분석하는 데 할애하는 이유가 바로 여기에 있다.

◪ '비교'의 주체

첫째로, 그들이('이방인'과 '인간행위자'가 공히) '만족'하지 못하는 이유는, 그들에겐 '비교'라고 하는 독특한 습성이 부과되었기 때문이다. '이방인'은 이 세계와 저 세계 모두 몸담는 것이 허락되는 특수한 혜택을 향유하지만, 대신 '비교'라고 하는 끔찍한 대가를 치러야만 한다. 여기서 '비교'와 관련된 대가를 '끔찍함'이란 수식어로 형용한 이유는 간단하다. '비교'라는 행위 가운데 놓인다는 것은, '비교'되는 대상들 각각의 요소를 낱낱이 도해하고 분석하여, 그야말로 꼼꼼한 대차대조표를 작성하는 '부기계원'의 자리에 앉게 되었음을 의미하고, 그런 지위를 점유하는 인물에게 요구되는 것은 심각한 '숙려熟慮'이기 때문이다. '이방인'은 "여기는 이것이 좋은 반면 저것이 나쁘고, 저기는 저것이 좋은 반면 이것이 나쁘다"고 하는 지루하기 짝이 없는 머리 쓰는 작업에 몰두하게 되는 것이다. 그래서 그는 물리적으로나 인지적으로 양쪽의 상황(혹은 그보다 더 많은 다수의 상황)에서 '만족'을 찾아 오락가락하게 될 공산이 매우 크다. 비록 그가 한곳에 몸담고 있다 하더라도 그의 의식은 늘 이곳과 저곳의 모습을 비교하고 우열을 가리며, 무엇이 그에게 더 유익하고 편리하며 '만족'을 제공하는가를 '반성'하게 되는 것이다. '반성'과 '숙려'를 동반한 '비교'라는 행위가 때론 '희열'을 안겨주지만, 대부분의 경우 그런 '희열'은 곧 채워지지 않는 '만족'으로 싸늘하게 식고, 그 결과 또다시 '불안'이 엄습해온다.

새로운 '만족'을 위해 어떤 곳을 등진 '이방인'은 이내 '만족'을 향해 이동한 곳(혹은 것)이 지겨워지고 다른 단점들이 눈에 들어와 떠나온 곳을 동경해 그곳으로 되돌아가려 하거나 아니면 또 다른 곳을 찾아 떠날수도 있다. 하지만 되돌아온 곳[3]이나 새로이 찾은 다른 곳도 '만족'과 관련해서 사정은 매한가지다. 따라서 엄밀히 이야기해서, 그가 잠시나마 느끼는 희열이나 '만족'은 그의 이동이 완료된 후에 채워진다기보다는 그가막 움직이고 있을 때 잠시 명멸明滅하는 것이라고 주장하는 게 더 타당해 보일 수 있다.[4] 고향을 등지고 멀리서 타관살이를 하는 자들이라면 누구나 느낄 법한 이런 경험은 '이방인'들만의 전유물이라기보다는 다양한사회적 혹은 물리적 맥락들을 오가는 '인간'들의 경험이라는 것은 두말할 나위 없다. 중국집에서 짬뽕과 짜장면 사이에서 고민하는 것, 수많은맞선 상대 가운데서 배우자를 고르기 위해 고민하는 것 등이 '만족'하지 못하는, 아니 '만족'할 수 없는 존재로서의 '인간행위자'에게서 고스란히 목도된다. 그런데 이것은 실로 '인간'만이 지니는 독특한 특성이라 할수 있다. 왜냐하면 배가 부름에도 과식하는 것은 동물세계에서는 유일무이하게 인간밖에 없다는 사실이 이를 증명해주고도 남는다. 그런데 그런사실이 단지 '인간'의 식욕뿐이랴. 우리 '인간'은 지금도 끝없이 '만족'을추구하느라 여념 없다. 뭍에 가면 섬 생각이 나고, 섬에 가면 다시 뭍 생각이 간절하듯 '만족'을 모르는 게 '인간'의 독특한 태도이며, 이것이 밑바탕이 되어 대부분의 우리는 더 많은 부와 명예 그리고 권력에 목말라하는 것이다.

---

3 이에 대한 대표적인 연구로는 슈츠의 "귀향자"를 참조할 것. Alfred Schutz, "The Homecomer," *Collected Papers Vol. II: Studies in Social Theory*(The Hague: Martinus Nijhoff, [1945]1964), pp. 106-119.

4 '만족'과 '희열'(쾌락)에 대한 이러한 필자의 견해는 뒤르케임의 '쾌락'에 대한 견해와 유사점이 있다. '쾌락과 고통'의 강연에서 뒤르케임은 쾌락이란 '자유'와 '다양한 행동'에서 생성된다고 주장했다. '자유'와 '다양한 행동'은 속성상 '정적靜的'이라기보다는 다분히 '동적動的'이기 때문이다. Emile Durkheim, *Durkheim's Philosophy Lectures*, p. 62.

◢ 존재됨의 '성스러움'

다음으로 '인간행위자'가 '만족'하지 못하는 이유는 그의 존재됨의 고유한 측면에 기인한다. 그 측면은 다름 아닌 인간 존재의 '성스러움'이다. 단도직입적으로 결론부터 말하자면, '인간'은 고프만이 묘사한 대로 하나의 '신god'[5]과 같이 '성스런 대상sacred object'[6]이다. '인간행위자'가 '성스런 존재'라는 사실은, 그가 영원히 '만족'할 수 없고 그만큼 '불안'에 시달려야 하는 존재임을 직간접적으로 설명해주는 대단히 중요한 측면이기에 주의를 요한다.

그런데 '인간행위자'가 '성스러운 존재'인 이유는 필자가 보기에 다음의 두 가지 사실 때문이다. 첫째는 위에서 살핀 '비교'의 문제와 긴밀히 연결된다. 즉 '인간행위자'는 '비교'의 '주체'가 될 수 있기에 성스럽다고 특징지어지는 것이다. 그리고 '비교'할 수 있는 위치에 있다는 것은, 즉 이것저것을 견주어볼 위치에 선다는 것은 '결정권'과 '선택권'을 가진 자임을 의미한다. '결정'과 '선택'이라는 권리는 '성스런 존재'의 전유물이기 때문이다. 최고의 자리는 '비교'할 수 있는 자리이고, '숙고'해야 하는 자리이며, '결정'해야 하는 자리이고, 그래서 그만큼 더 많은 심적·육체적 부담으로 '불안'을 안겨주는 자리임에 틀림없다. 그런 까닭에 '성스러운 존재'는 절대 권력을 쥐는 대신 늘 '불만족'해하고(모든 것에 성이 차지 않고), '불안'해하며, '고독'해한다. 이처럼 우리 '인간행위자'는 모두 스스로 비교하고 선택하며 결정하는 그런 '성스런 존재'인 '신'과 같은 자로서, 그런 '존재'가 본래적으로 그런 것[7]처럼 결코 '만족'하지 못하고 '불안'에 시달리며 외로워하는 것이다.

---

5   Erving Goffman, *Interaction Ritual: Essays on Face-to-Face Behavior*(Garden City, NY: Anchor Books, 1967), p. 95.
6   Erving Goffman, *Interaction Ritual*, p. 31.

'성스런 존재'가 '비교'의 '주체'로서 비교할 대상들에 '만족'하지 못하고 또한 '선택'과 '결정'의 짐 때문에 '불안'해한다는 사실을 이해했다면, '인간행위자'가 '성스런 존재'인 두 번째 이유를 이해하는 데 별 어려움이 없을 것이다. 그것은 다름 아니라, '성스런 존재'는 자신에 대한 대우나 처우에 '불만족'할 때 '불안'해한다. '성스런 존재'가 가장 혐오하는 것은 그에게 가해질 수 있는(혹은 가해지는) 명예 '훼손'이다. 다시 말해, '성스런 존재'는 그가 성스러운 것으로 '추앙'받는 만큼 심각하게 불경스런 '모독'을 받을 위험에 노출되어 있다. 그는 '비교'의 '주체'가 되는 동시에 '비교'의 '대상'(객체)도 되기 때문이다. 주지하다시피 '비교'의 '대상'은 늘 '숭앙'과 '경멸' 사이에서 혼란을 겪게 되어 있다. "당신 같은 사람은 이 세상에 없어!"라고 추켜세워진 남편(혹은 아내)은 어느 순간 동일한 언술이 내포하는 '비교'에 의해 가장 형편없는 나락奈落으로 침몰할 위험성을 지니고 있는 것처럼 말이다. 즉 그 언술은 형편없다는 뜻으로도 쓰일 수 있는 것이다. 그런 맥락에서 하나의 '신'과 같이 여겨질 수 있는 존재로서의 '인간'은 "경멸과 신성모독"을 받기 쉬운 위험성을 항시 안고 있다.[8]

그리고 그런 '성스런 존재'로서 '인간행위자'가 견지하고 싶어하는 자아상自我像을 '체면face'[9]이라고 부를 수 있다. '인간행위자'는 늘 "자신의 '체면'이 유지되고 있는가 아니면 구겨졌는가" 하는 염려에 많은 시간을 할애하며, 될 수 있는 한 '체면'을 훼손당해 망신살이 뻗치지 않도록 하는 데 안달하고 불안해한다. 게다가 그는 타인들이 보여준 자신에 대한 '경의'와 '성스런 존재'로서 자신의 '체면'이 세워지는 데 신경을 곤두세울 뿐

7　그래서 비록 그 내용과 차원이 '인간행위자'와 이질적이긴 하지만, 어쨌든 '성스런 존재'는 '만족'하지 않으므로 한없이 '만족'을 추구한다고 주장될 수 있다. 예를 들면 이런 맥락에서, 기독교의 절대자 '하나님'은 "지금도 일하고 계신다."(신약성서 요한복음, 5:17)

8　Erving Goffman, *Interaction Ritual*, p. 31; Kwang-ki Kim, *Order and Agency in Modernity: Talcott Parsons, Erving Goffman, and Harold Garfinkel*(Albany, NY: State University of New York Press, 2002), p. 75.

9　'체면'에 관한 고전적인 사회학 연구로는 Erving Goffman, *Interaction Ritual*, pp. 5-46을 참조.

만 아니라, 타인의 '체면' 세우기에도 신경을 쓰고 있다. 따라서 한 '인간행위자'는 "그가 다른 이에게 실례를 범하고 있지는 않은지 혹은 타인들이 자신에게 어떤 잘못을 범하고 있지는 않은지에 대해 끊임없이 예의주시하는 입장에 놓인다."[10]

그런데 고프만에 따르면 '인간행위자'들은 이러한 '체면'과 관련된 '불안'을 어느 정도 해소시킬 방안을 갖고 있는데, 그것이 바로 '의례儀禮, ritual'[11]다. 그리고 우리가 여기서 주의해야 할 것은 '의례'가 보장해주는 '질서'[12] 또한 '균형'과 '불균형'[13] 사이를 언제든 오락가락할 수 있는 위태위태한 '질서'라는 점이다. 다시 말해 '의례질서ritual order'의 역동성은 그것이 지니는 '균형'이 요지부동의 고정된 것이 아닌 아주 민감한 '균형'이라는 특징을 띠고, 그것이 어느 순간 돌이킬 수 없을 만큼 회복 불가능한 '불균형' 속으로 빠져들지 모르는 취약하기 짝이 없는 것을 일컫는다.[14] 따라서 '성스런 존재'로서의 '인간행위자'들의 '체면'을 세워주는 방편으로 고안된 '의례'들은 문자 그대로 100퍼센트 완전(벽)한 '질서'를 '인간행위자'들에게 제공해주지 못하는 한계를 지닌다. 이는 곧 '인간'들의 '체면'이 위태위태한 가운데 어설피 유지되고 있으므로 그것이 언제까지 유지될지는 아무도 장담하지 못하며, 또 언제 어떻게 처참하게 휴지조각처럼 구겨져버릴지 아무도 모름을 뜻한다. 바로 이 한계 때문에 '인간'들은 '불

---

10 Kwang-ki Kim, *Order and Agency in Modernity*, p. 75. 그리고 Erving Goffman, *Interaction Ritual*, p. 31도 참조할 것.

11 고프만이 주목한 일상생활의 상호 작용에서의 '의례'는 확실히 뒤르케임의 '의례'에 빚고 있다. 이에 대한 최근의 논의로는 Robert Bellah, "Durkheim and Ritual," *The Cambridge Companion to Durkheim*, ed. Jeffrey Alexander and Philip Smith(Cambridge: Cambridge University Press, 2005), pp. 183-210과 Randall Collins, *The Sociology of Philosophies: A Global Theory of Intellectual Change*(Cambridge, MA: Harvard University Press, 1998)를 참조.

12 이를 고프만은 '의례질서ritual order'라고 불렀다. Erving Goffman, *Interaction Ritual*, p. 44.

13 고프만의 용어로는 이를 각기 '의례적 평형ritual equilibrium'과 '의례적 비평형ritual disequilibrium'이라고 표현할 수 있다. Erving Goffman, 같은 글, p. 44-45.

14 Kwang-ki Kim, *Order and Agency in Modernity*, p. 59.

만족'을 느끼며, 결과적으로 그들은 늘 '불안'해하지 않을 수 없다. 그리고 이런 '인간행위자'의 모습은 이런저런 맥락을 흘러다니는 '이방인'들의 위태로운 상황적 조건 및 입장과 완벽하게 일치한다.

◤ 적과의 동침?: 신뢰할 수 없는 '타인'들과의 불안한 동거

'나'의 '체면'을 '훼손'하는 혹은 그런 가능성을 안고 있는 저 밖의 '타인'이 존재한다는 것, 그것도 무수히 존재한다는 사실은 우리가 살펴보고 있는 '인간행위자'의 '불만족스런' 상황을 의미하며, 그것은 곧 그가 지니는 '불안'과 직결되어 있다. 나아가 타인이 물리적으로도 언제 어떤 위해를 가할지 모른다는 점에서 '이방인'으로서의 '인간행위자'가 지니고 겪게 되는 '불만족'과 '불안'은 증폭된다. 실제로 고프만은 『공중에서의 관계』라는 저서에서 우리 '인간행위자'는 "공격하거나 몰래 접근하거나 도망칠 준비가 되어 있는"[15] 정글 속의 "야수"와 같은 존재라고 기술한 바 있다.[16] 고프만이 앞서 제기한 '불만족'과 '불안'의 원천이, '타인'들이 일면식도 없는 익명의 사람들과 교분을 맺고 살아가야 할 처지에 놓인 '인간행위자'의 명시적인 '불만족'과 '불안'에 대해서 이야기했다면, 사르트르 Jean-Paul Sartre는 일면식이 없는 낯선 '타인'들뿐만 아니라, 비록 서로 잘 알고 있는 친숙한 '타인'들일지라도 그들은 서로에게 '불만족'과 '불안'을 안겨주는 존재임을 제시함으로써, '타자'로 인해 야기되는 좀더 형이상학적인 '불만족'과 '불안'으로 우리의 주목을 끈다. 사르트르에 의하면, '타인'은 '나'의 실존의 자유에 장애가 되며 심각한 도전과 위협을 가하는 존

---

15 Erving Goffman, *Relations in Public: Microstudies of the Public Order*(New York, NY: Basic Books, 1971), p. 238, 329.

16 Andrea Fontana, "The Mask and Beyond: The Enigmatic Sociology of Erving Goffman," *Introduction to the Sociologies of Everyday Life*, ed. Jack D. Douglas(Boston, MA: Allyn and Bacon, 1980), p. 73 참조.

재다. 그러므로 '적'과 같은 '타인'들과 맺는 관계는 적대적인 관계로 특징지어질 수밖에 없다. 이런 '인간행위자'들 간의 적대적 관계를 사르트르는 '대타존재對他存在, being-for-others'[17]라는 용어로 설명하고 있다.[18] 물론 그의 시각이 많은 공감과 함께 비판을 받는 것도 사실이지만, 그렇다고 해도 우리 '인간행위자'들의 한 측면을 적나라하게 폭로하고 있음은 부인하기 어렵다.

그런데 이런 사실과 관련하여 가장 커다란 '불만족'의 계기와 '불안'의 원천은 바로 그러한 '타인'들과 어울려야 한다는, 그것도 일생 동안 교분을 가져야 한다는, '인간행위자'가 배태하고 있는 '사회성'에 내재한다. 이를 근본적으로 이해하는 데는 리스맨David Riesman의 '타자지향성other directedness'이라는 개념이 보탬이 된다. 리스맨은 "타자지향적 인간은 항상 타인들을 의식하고 있는데, 그 외적인 소소한 일에서보다는 그의 내면의 경험에 있어서 타인들을 뒤따르려 한다. 즉, 그는 대단한 예민성을 지닌 채 겉모습, 예절 등의 외적인 것 말고도 훨씬 더 다양한 수준에서 타인들과 교분을 맺고 있다"고 설명한다.[19] '타자지향적 인간'은 결국 '비동조에 대한 공포fear of nonconformity'[20]를 갖게 되는 '이념형'적 인간이다. 그런데 주지하다시피 '이념형'이란 경험세계에는 존재하지 않는 것으로 분석적인 도구에 불과하다. 따라서 '이념형'으로서의 '타자지향적 인간'을 실제 생활에서는 찾아낼 수 없지만('이념형'적 특징을 과도하게 부각시켰기 때문에) 어느 누구나 그런 기미들을 보지保持하고 있는 것만은 사실이다. 자신의 '체면'을 언제든 훼손시킬 수 있는, 그리고 언제든 물리적·인지적으

---

17 Jean-Paul Sartre, *Being and Nothingness*, tran. Hazel E. Barnes(New York, NY: Gramercy Books, 1956), pp. 221-432.

18 이에 대한 자세한 논의로는 Simone de Beauvoir, *The Ethics of Ambiguity*(Secaucus, NJ: Citadel Press, 1948)를 참조.

19 David Riesman, *The Lonely Crowd*(New Haven, CT: Yale University Press, 2001), p. 24.

20 같은 글, p. 77.

로 위해를 가할 수 있는 '타인'들과, "그렇게 나쁜 일은 일어나지 않을 것이다"라고 맹신하면서 맺게 되는 사회적 관계—리스맨의 용어로 '타자지향성'과 '비동조에 대한 공포'에서 비롯되는—와 그들과의 '공조' 및 '동조'는, 그런 관계를 맺지 못해 갖게 되는 공포만큼이나 '불만족'과 '불안'을 자아내기에 충분하다. 그런 의미에서 모든 사회는 애초부터 '불만족'과 '불안'을 원천적으로 안고 있다고 봐도 무방하다.[21]

그리고 이와 관련된 '불만족'과 '불안'은 단지 그들과 상호 작용하며 살아나가야 한다는 사실로만 설명될 수 없어 보인다. 왜냐하면 그들과의 교분이 자동적으로 '불만족'과 '불안'의 근원이라고 이야기하는 것은 지나친 호들갑이 아니냐고 반문할 수 있기 때문이다. 그러므로 우리는 다음의 사실을 짚고 넘어가야 할 것이다. 즉 그런 '타인'들과 맺는 관계에서 한 '인간행위자'가 취한(혹은 결정한) '행위'(혹은 결정)들이 사실은 그가 딱히 진정으로 원했던 대로 내려졌다기보다는, 그가 그렇게 하지 않으면 발생할지도 모를, "원하지도 않고 의도하지도 않은 엉뚱한 상황으로 치닫게 된다는 것"을 피하기 위해 임시방편적으로 이뤄진다는 것이다. 고프만은 이를 상호 작용 속의 '인간행위자'들이 취하는 구체적인 행동에 있어서 '편의상의 고려expediential considerations'라고 날카롭게 지적했다.[22] 결과적으로 말해서, 이런 임시방편적인 '편의상의 고려'에 의한 '인간행위자'들의 행동은 그에게 최상(완벽한)의 '만족'을 부여할 수 없기에 항상 '불만족'이라고 하는, 그래서 언제 뇌관이 터질지도 모르는 시한폭탄을 안고 있는 것처럼 보이며, 따라서 그것은 '불안'하기 짝이 없는 것이리라.

---

21 그러므로 모든 사회는 '불만'을 '관용'해야 할 필요가 있다. 그런 '불만'을 '관용'하지 못하는 사회가 지니는 두 가지 특징은, 첫째로 그런 사회야말로 완전한 조직을 갖춘, 즉 절대적 합의를 지닌 사회이며, 둘째로 그런 사회는 순전히 이론적으로만 가능할 뿐 경험세계에서는 존재할 수 없고 존재해서도 안 되는 사회라는 것이다. 마르크스가 열망하는 '공산주의' 사회를 이러한 사회로 꼽고 있는 Anton C. Zijderveld, *The Abstract Society: A Cultural Analysis of Our Time*(Garden City, NY: Anchor Books, 1970), p. 90의 견해는 강한 설득력을 지닌다.

22 Erving Goffman, *Relations in Public*, pp. 347-348.

◢ 존재의 '위치지어짐'

　'이방인'이든 '인간행위자'든 가릴 것 없이 그들은 궁극적으로는 어떤 상황에 "위치지어질 수밖에 없다"[23]는 단적인 사실로 인해 '불만족'하고 '불안'해할 수밖에 없다. 그런데 이런 주장은 얼핏 보면 강력한 이의를 불러일으킬 만큼 터무니없어 보일 수 있다. 만약 자신이 처한 위치가 마음에 너무 들지 않을 때는 위의 사실이 충분히 이해될지 모르지만, 자신의 위치가 바라 마지않던 자리일 때는 사정이 다르지 않느냐는 이의 제기가 가능하기 때문이다. 더 나아가 확실한 '불만족'과 '불안'은 오히려 어떤 상황에 확고한 '자리매김'을 하지 못할 때 겪게 되는 경험이 아니냐고 반문할 수 있다. 어떤 직장에 취업하기 위해―다시 말해 특정 직장이란 상황에 위치지어지고, 입사함으로써 어떤 자리를 잡기 위해― 지원서를 냈으나 번번이 고배를 마시는 사람들이 갖게 되는 박탈감과 좌절은 이런 이의 제기의 한 예가 될 수 있다. 왜냐하면 자리 잡기를 시도할 때마다 실패하는 이들은 '소속'되지 못하는 자, 즉 자리매김하지 못하는 자의 설움을 안게 되는 것이고, 그런 경험도 '불만족'과 '불안'의 경험과 맞닿아 있다고 할 수 있기 때문이다. 그러나 이러한 '불만족'과 '불안'이 어떤 사회에 속하기를 원하는 자들에게 합당한 경험이라면, 여기서 논의하려는 '위치지어짐' 혹은 '자리매겨짐'과 관련된 '불만족'과 '불만'은 차원이 다른 것이다. 지금 논의될 '위치지어짐'의 문제는 취업 낙방자의 예에서 보듯, 즉 어떤 직업을 얻느냐 못 얻느냐, 그리고 얻었다면 그 직위가 마음에 드느냐 안 드느냐의 문제와 같은, 특정 직업(혹은 직위)의 개인적 호불호와 관련된 '불만족'과 '불안'의 차원이 아니라는 것이다. 한마디로 그런 차원의 '위치지어짐', 그리고 그것이 동반하는 '불만족'과 '불안'은 아주 표피적이

23　Anthony Giddens, *The Constitution of Society*(Berkeley, CA: University of California Press, 1984), p. 83.

고 피상적인 수준의 것이다. 반면 현재의 논의는 좀더 근본적인 문제를 건드리고 있다.

그러면 여기서 논의되고 있는 '위치지어짐'이란 어떤 것을 의미하는 가? 한마디로 답하자면, "'인간행위자' 어느 누구도 현재 '위치지어짐' 당하고 있지 않은 자는 한 사람도 없다"는 것이다. 그런 '위치지어짐'이 구체적인 것이든 추상적인 것이든, 혹은 장기적인 안목에서든 단기적이거나 순간적인 의미에서든, 우리 '인간행위자' 모두는 이 세상에 발을 붙이고 있는 이상, 어떤 식으로든 시·공간적[24]으로 그리고 사회적으로 '위치'지어져 있다는 것이다. 예를 들면, 직장을 얻지 못해 피상적인 의미에서 자리 잡지 못한 처량한 어떤 이도, 장기적으로는 직장을 잡을 때까지 '실업자'의 위치에 놓일 것이고, 만일 그가 아이들을 둔 가장이라면 '가장' '아버지' '남편'이라는 위치를 점유하고 있는 것이며, 만일 그가 직장의 합격자 명단에서 자신의 이름을 발견하지 못하고 축 처진 어깨로 포장마차에서 싸구려 안주에 소주잔을 기울이고 있다면 그는 그 순간 포장마차의 '술손님'의 위치를 점하는 것이다.

그런데 이런 '자리매김' 혹은 '위치지어짐'의 의미를 전제로 해서 결론부터 이야기하자면, 우리 '인간행위자' 모두는 그러한 자신들의 '위치지어짐'에 갈등을 겪고 있다는 것이다. 즉, 아무리 현재의 '위치지어짐'이 친숙하고 바라던 것이더라도 어느 한순간이라도 "내가 지금 여기서 무엇을 하고 있나?" "내가 지금 왜 여기 있는 거지?" 하는 '낯섦'을 경험하지 않는 이는 아무도 없다는 것이다. 대부분의 경우 그러한 '회의'는 계속되는 일상의 이러저러한 삽화 속에 파묻혀 이내 스러지지만, 그런 흔적의 여운

---

24 우리 인간 모두는 '시·공간적 경로time-space paths'를 따라 살아가고 있다. Torsten Hägerstrand, "What about People in Regional Science," *Papers of the Regional Science Association*, Vol. 24, 1970; Torsten Hägerstrand, "Space, Time and Human Conditions," *Dynamic Allocation of Urban Space*, ed. A. Karlqvist(Farnborough: Saxon House, 1975); Torsten Hägerstrand, *Innovation as a Spatial Process*(Chicago, IL: University of Chicago Press, 1976).

은 때로 잠을 설치게 할 정도로 짙게 남겨지기도 한다.

그런데 매우 흥미 있는 이런 사실은 어떤 '인간행위자'가 예민한 사람이든 둔감한 사람이든, 혹은 의식하든 그렇지 못하든, 우리 의식의 매우 본질적인 측면에서 보장되고 시행된다. 현상학에서 말하는 '인간행위자'의 의식이 지닌 '지향성intentionality'과 '초월성'이 바로 그것이다. 이러한 '지향성'과 '초월성'[25]으로 인해 '인간행위자'들은 눈치를 채든 그렇지 않든 자신이 처한 '위치'와 '자리'로부터 항상 벗어나 있으며, 이는 바로 이 장에서 이야기하는 '불만족'과 '불안'에 긴밀히 연결되어 있다. 왜냐하면 이러한 단순한 '초월'조차도 '지금 여기'에 처해 있는 '인간행위자'들로 하여금 "현재의 여기는 내가 있을 곳이 아니다"라는 자각을 일으킬 수 있기 때문이다. 이를 자각하는 순간, 그는 '불만족'과 그리고 그만큼의 '불안'의 세계에 벌써 발을 들여놓은 것이나 진배없다.

실제로 우리 '인간행위자'들은 물리적인 '상황지어짐' 혹은 '자리매겨짐'에서도 그 상황에 '만족'하지 못하고 끊임없이 탈출과 초월을 꿈꾸며 감행한다. 비록 '시·공간적 경로'의 '자리매겨짐'과 경험적으로는 완전히 분리될 수 없는 사회적 관계[26]에서의 '위치지어짐'에서라도 상황은 매한가지다. 이에 대한 좀더 구체적인 논의를 하려면 '역할'(노릇) 개념을 통하는 것이 그 한 방법일 수 있다. 왜냐하면 흔히 이러한 사회적 관계에서의 '자리매겨짐'—즉 '사회적 위치'라고 부를 수 있는 이런 것들—을 우리는 '역할'이라는 개념을 통해 이해해왔기 때문이다.[27]

그런데 이런 '인간행위자'들의 '역할'과 관련된 대다수의 논의가 우리

25　이에 대해서는 김광기, "이방인과 인간행위자 I: 초월과 내재 사이," 『한국 사회학』, 39(5), 2005b, pp. 1–25(이 책 4장) 참조.

26　물리적이고 사회적인 '자리매겨짐'이 서로 연결되어 있다는 것의 예는 Erving Goffman, *Asylums: Essays on the Social Situation of Mental Patients and Other Inmates*(Harmondsworth: Penguin, 1961a). 이 '수용소'라는 물리적인 시·공간의 '위치지어짐'에서 보여지는 '감독자'들과 '수감인'들과의 사회적 관계의 '위치지어짐'을 떠올리면 쉽게 이해될 수 있다.

27　Bruce J. Biddle, *Role Theory*(New York, NY: Academic Press, 1979).

에게 제시해주는 통찰은, 하나의 '인간행위자'와 그가 취할 수 있는 하나 이상의 다양하고 무수한 '역할(들)' 간의 영원한 '불일치'다.[28] 비록 어떤 '인간행위자'가 그에게 부여된 '역할'에 대단히 '만족'하고 있다 하더라도, 그래서 그가 그 '역할'과 완전한 '동일체'—우리는 이를 '정체감'이라고 부른다—를 이룬 것으로 여긴다고 하더라도(혹은 그렇게 보일지라도) 근원적으로 그 '자신'과 그 '역할' 간에는 메워질 수 없는 '간극'이 상존한다는 것이다. 그런 의미에서 그는 그 메울 수 없는 '틈' 때문에 그 '역할'을 지향해 '불만족'과 '불안'을 가질 수밖에 없다. 마치 바람둥이 배우자가 영원히 자기만을 사랑해주길 안달하는 순진한 사람처럼, 혹은 틈만 나면 자기 아닌 다른 사람을 쳐다보는 연인을 두고 가슴 시려하고 초조해하는 바보처럼, '인간행위자'는 자신이 진정으로 합일되길 바라 마지않는 만족스런 '역할'에 언제든 걷어차일 운명에 처해 있는 것이다. 어떤 '만족스런 '역할'과도 일치하지 못해 '불안'에 떠는 '인간행위자'의 모습이 이러할진대, 불쾌하기 그지없고 거추장스럽기만 한 '역할'을 부여받은 '인간행위자'들의 모습은 더 말해서 무엇하랴. 그 경우엔 '인간행위자'와 '역할' 간의 '거리' 및 '간극'이 더 이상의 부연 설명이 필요 없을 정도로 극명하게 드러날 뿐이다. 그곳에서의 '불만족'과 '불안'은 더 이상의 세련된 숙고 없이도 그 얼굴을 누구에게나 현시한다.

그런데 이러한 '인간행위자'와 그의 '역할' 간의 '간극' 상태가 그와 관련된 다른 문제와 긴밀히 연결됨을 인식하는 것 또한 중요하다. 그 다른

---

28 간단하게 예를 들자면, 우선 어떤 '인간행위자'를 그에게 부여된 '역할'을 충실히 수행하는 '허수아비'와 같은 존재로 보지 않은 Talcott Parsons, "Individual Autonomy and Social Pressure: An Answer to Dennis Wrong," *Psychoanalysis and Psychoanalytic Review*, Vol. 49, No. 2, 1962, p. 71, 끊임없이 자기에게 주어지는 '역할'과 '거리'를 설정하고 있는 '인간행위자'를 그린 Erving Goffman, *Asylums and Erving Goffman, Encounters: Two Studies in the Sociology of Interaction*(Indianapolis, IN: Bobbs-Merrill, 1961b), 완벽한 '사회화'가 불가능하다고 단언하는, 그래서 한 사회가 요구하는 인간을 벽돌공장에서 찍어내듯 만들어낼 수 없다고 설파하는 Peter L. Berger and Thomas Luckmann, *The Social Construction of Reality*(Garden City, NY: Doubleday, 1966) 등이 그 예다.

차원은 다름 아닌 '자유'의 문제다. 왜냐하면 사회적 관계에서 어떤 형태로든 '위치지어짐'을 거부하려는 태도와 시도는 곧 어떤 '틀'에 묶이기를 부정하고 그곳으로부터 달아나려는 '자유'의 국면과 시도를 의미하며, 나아가 본래적으로 '인간행위자'와 '역할' 간의 해결될 수 없는 '불일치'는 그러한 '자유'를 갈구하는 '인간행위자'의 타오르는 염원의 불길에 기름을 붓는 격으로 '자유'를 확증시켜주기 때문이다. 따라서 '불안'과 '자유'는 같은 차원의 문제임이 여실히 드러난다. '불안'한 자는 '자유'스러운 자이며, '자유'의 인간은 '불안'한 자다.

■ '믿음'에 근거한 세계

인간 존재들이 영위해나가는 사회세계는 그들이 눈치를 채든 그렇지 못하든 상관없이 본질에 있어 그들이 그 세계에 대해 지니는 특이한 태도에 의존한다. 그것은 다름 아닌 '믿음'이다. 흔히 일상의 세계와는 아무런 상관 없이 오로지 종교의 세계나 경험에만 국한되는 것으로 오해되는 이 '믿음'이란, 그런 일반인(때로는 종종 사려 깊지 못한 전문가들도 포함해서)의 심각한 오해와는 달리, 본질적으로 우리의 '사회세계'가 구성되고 유지되는 필수불가결한 요소임이 많은 사회 사상가에 의해 규명되었다. 이에 대한 논의를 전개하기에 앞서 서둘러 우리의 논점을 이야기하자면, 우리의 사회세계가 바로 그러한 구성원들의 '믿음'에 근거하고 있기 때문에 '인간행위자'들은 '불안'할 수밖에 없다는 것이다. '믿음'이란 본질적으로 일방적인 것이기에 항상 '불안'을 동반한다. 즉, 그러한 일방적인 '믿음'이 언제 어떻게 위배되어 배신으로 돌아올지 아무도 모르는 것이다. 불완전한 '인간행위자'들의 '믿음'에 의거하지 않는, 즉 확고부동한 반석과도 같은 사회세계가 아니기에, 본질적으로 '안정감'을 추구하는 '인간행위자'들 중 단 한 순간이라도 그가 속한 사회세계에 대해 '불만족'하거나 '불안'해하지 않는 이는 한 명도 없다고 해도 과언이 아니다.

각설하고, 우리의 사회세계가 '믿음'에 의거하고 있다는 사회학자들의 논의를 잠시 살펴보자. 먼저 뒤르케임은 『종교생활의 원초적 형태』에서 종교 현상이 바로 구성원들의 '믿음'(신념)과 '의례'(행위)에 의해 구성되고 유지됨을 역설하는데,[29] 여기서 주의를 기울여야 할 것은 그에게 있어 종교 현상이란 곧 사회 현상을 의미한다는 점이다. 따라서 그의 시각에서 보면, 우리의 사회세계는 그것을 구성하고 있는 '인간행위자'들의 '믿음'과 실제적 '행위'에 의해 지금 우리 앞에 '발현'하고 있는 것이다.[30] 이렇게 볼 때, 뒤르케임에게 있어 '믿음'은 사회세계가 존재하는 데 없어서는 안 될 필요충분조건임에 분명하다.

현상학적 사회학자인 슈츠, 버거와 루크만도 '인간행위자'들이 세계에 대해 지니고 있는 '자연적 태도'('행위'와 '믿음'을 포함하는)가 그들이 몸 담고 있는 사회세계에 대한 어떠한 '회의'와 '의문'도 중지시키게 하면서 '당연시되는 세계'를 이루게 한다고 설파했다.[31] 이들 역시 '믿음'이 사회세계의 존립을 설명하는 데 빠져서는 안 될 핵심 요소임을 확인해주고 있는 것이다. 끝으로 가핑켈은, 비록 그가 '믿음'보다는 실제적 '행위'에 더 치중하는 듯 보이지만, 그 또한 사회세계가 원활하게 유지되기 위해서는 성원들 사이의 일종의 '암묵적인 배경 지식'(혹은 동의)—즉 '믿음'과 '신념'—이 반드시 필요함을 역설하고 있다. 이를테면 그는 '기타 등등et cetera' '~하지 않을 때까지unless' '그냥 슬쩍 넘어가기let it pass' 등의, 세세히 논리적으로 따지지 않고 암묵적으로 어떤 사안에 대해 그 상황에 참

29　Emile Durkheim, *The Elementary Forms of Religious Life*, tran. Karen E. Fields(New York, NY: Free Press, 1995).

30　Anne W. Rawls, "Durkheim's Treatment of Practice: Concrete Practice vs Representations as the Foundation of Reason," *Journal of Classical Sociology*, Vol. 1, No. 1, 2001, pp. 33-68.

31　Alfred Schutz, "The Stranger," *Collected Papers Vol. II: Studies in Social Theory*(The Hague: Martinus Nijhoff, [1944]1964), pp. 91-105; Peter L. Berger and Thomas Luckmann, *The Social Construction of Reality*; 김광기, "당연시되는 세계와 자기기만: 일상성에 대한 피터 버거의 현상학적 사회학," 『철학과 현상학 연구』, 18 , 2002b, pp. 388-416; 김광기, "알프레드 슈츠와 '자연적 태도': 철학과 사회학의 경계를 넘어서," 『철학과 현상학 연구』, 25, 2005a, pp. 47-70(이 책 2장).

여한 구성원들이 어렴풋하게 품는 가정(즉 '믿음')이 바로 구체적인 사회적 현상과 사회 질서를 그 순간 발생시켜 현현顯現하게 한다고 주장한다. 만일 그런 '가정'들이 없다면, 그리고 그런 '가정'들이 위배된다면(예를 들어 논리적으로 더 명확하게 하기 위해 들춰지고 따져진다면) 사회세계는 이내 좌초 위기에 직면하게 된다는 흥미로운 통찰을 제시하고 있는 것이다.[32]

이렇게 일상의 사회세계의 구성과 지탱에 없어서는 안 될 핵심적인 역할을 담당하는 일상인들의 '믿음'이 일반인들에게서뿐만 아니라 심지어 사회세계를 연구하는 대부분의 전문가에게조차 중요치 않은 것으로 여겨지는 데에는 필자가 보기에 다음과 같은 커다란 이유가 있는 것 같다. 즉, '믿음'이 크게 강조되어 실제 '행위'와는 분리가 쉽게 일어나 늘 아쉬움이 토로되는 종교 영역과는 달리, 일상의 사회세계에서는 '행위'에 그 '믿음'들이 아주 뿌리 깊게 배태된 나머지[33]—달리 말해 '행위'에 '믿음'이 육화肉化되어—'믿음'은 아예 눈치채지 못할 정도가 되었기 때문인 듯하다. 이렇게 볼 때, 신앙과 행위가 일치되지 못해 쉽사리 분리가 일어나 물의를 빚는 종교 영역에서보다 오히려 신앙(믿음)과는 아무런 상관도 없어 보이는 이 속세의 영역에서 세속적인 '믿음'이 굳건히 지켜지는 듯 보인다. 그런 의미에서 사회세계는 실로 신앙이 행위로까지 연계되어 철두철미하게 지켜지는 이상적인 종교의 전범典範과도 같다.

다시 '불만족'과 '불안'의 문제로 돌아가서, 결국 우리의 사회세계는 '인간행위자'들의 '믿음'에 근거하기 때문에 그들이 그 '믿음'에 근거해 예측한 대로(다시 말해 믿는 대로) 되면, 그들은 '만족'하고 '안도'하게 될 것이다. 그러나 그전까지(즉 그것이 완료되기까지)는 본래적으로 그것이 순

---

32 Harold Garfinkel, *Studies in Ethnomethodology*(Englewood Cliffs, NJ: Prentice-Hall, 1967), pp. 20-21. 특히 그의 대화의 명확화를 기도하는 위반실험breaching experiment을 참조. 같은 글, p. 42.

33 Robert Bellah, "Durkheim and Ritual," p. 184.

전히 그의 일방적인 '믿음'에 의존해 있으므로, 계속 '불안'해하며, 심지어 '안도'하는 순간조차 사라진 듯 보이는 조바심의 심지엔 여전히 '불안'의 불씨가 완전히 꺼지지 않은 채 남겨져 있는 것이다. 그 까닭은 어떠한 것도 영원하고 확실하지 못하므로, 그리고 그 모든 것이 한순간만 확실하다고 여기는 불완전한 '믿음'에 근거하기 때문이다.

그러면 이제는 그러한 '믿음'이 완전히 '배신'당하는 경우에 대해 살펴보자. 앞에서는 아직 '배신'당하기 직전에, 그리고 '안도'하는 순간에조차 우리 '인간행위자'들에게 깊게 드리운 '불만족'과 '불안'의 그림자에 대해 이야기했다면, 이제부터는 명백한 '배신'을 경험하거나 감지하게 되는 상황을 논의하려 한다. 이러한 논의의 대표적인 예로는 고프만의 『틀분석』이 거론되어야 한다. 그는 '인간행위자'란 언제나 속이고 속을 수 있는 존재라고 단언한다.[34] 따라서 그에 의하면 "세계는 그저 음모와 배신 덩어리의 장소"일 뿐이다.[35] 여기서 조심해야 할 것은, 이런 이야기를 할 때 고프만이 그 근거로 인간 자체가 거짓된 존재임을 가정하고 그로부터 논의를 진행시킨 것이 아니라는 점이다. 대신 그는 '인간행위자'와 관련된 모든 것은, 그에 의해 받아들여지거나 파악될 때, 일면성을 지니지 않고 '다면성'(다차원성)을 지닌다는 근본적인 사실 때문에 인간들은 그런 측면을 이용해서 서로 속이고 속을 수 있으며, 따라서 사회세계는 음모와 배신으로 가득 찬 모습을 띠게 된다고 본다. 이러한 상황의 다차원성을 고프만은 다양한 '층'이나 '틀'을 지닌 세계로 묘사하고 있다. 즉 그의 시각에서 보면, "대부분의 상황에서 다양한 것이 동시다발적으로 일어나는 것"이 확실하다는 것이다. 이러한 것들은 그 상황의 장면이 지닌 다면성(다차원성) 때문에 매우 애매모호하기도 하지만, 인간들은 그런 불분명성에

---

34 Erving Goffman, *Frame Analysis: An Essay on the Organization of Experiences*(New York, NY: Harper&Row, 1974), p. 111.

35 같은 글, p. 165.

좌초되지 않고 오히려 이를 십분 활용해서 자기 자신을 타인에게 이해시키고, 이해받으며, 또한 타인들을 이해한다는 것이다. 그 과정에서는 비록 심각한 것이든, 단순히 장난 같은 것이든 상관없이 허위적이고 인위적인 조작fabrication이 개입될 여지가 있다는 것이다.[36] 예를 들면 뼈 있는 말을 타인에게 던져놓고는 그것이 농담이었다는 식으로 사태를 수습하거나 스리슬쩍 넘어가는 행위가 그것이다.[37] 즉, 특정 상황에서 하나의 언명이 여러 개의 '틀'로 해석될 가능성을 일컫는다.

결론적으로, 예민하지 못해 위와 같은 사실에 대해 전혀 눈치채지 못하든 그렇지 않든 간에, 인간은 자신의 '믿음'이 사회적 관계와 사회세계를 지탱해나가는 데 지대한 공헌을 하고 있다는 것을 가끔은 인식할 때가 있다. 바로 그 순간, 그들은 그런 불확실하고 불안정한 사회세계— 자신이 아무런 근거 없이 맹목적으로 세계에 대한 '믿음'을 견지하고 있었다고 하는 자각에서 비롯된 재인식된 세계—에 대해 '불만족'하게 되고, "과연 그 세계가 진실로 신뢰할 만한 대상인가?"에 대해서도 심각한 반성과 회의를 하게 될 가능성이 높다. 이러한 사실은 바로 '불안'과 직결되고, 이러한 모습의 전형이 '이방인'이며, '이방인'이 견지한 '불만족'과 '불안'은 '인간행위자'의 그것과 형식이나 내용 면에서 아무런 차이가 없다는 것이 필자의 견해다.

---

36   같은 글, pp. 83-122.
37   Erving Goffman, *Interaction Ritual*, p. 17.

3. '위로'가 필요한 존재

'이방인'은 '위로consolation'의 필요를 절감하는 자다. 그의 방랑, 그의 험난한 여정, 그리고 그의 고독으로 말미암아 버거워하는 '이방인'은 반드시 '위로'받아야만 한다. 만일 그가 어떤 식으로든 '위로'받지 못한다면, 그는 그의 방랑자적인 삶을 더 이상 지탱할 수 없을 것이다. 따라서 그는 자신이 거쳐가는 구석구석에서 그것이 무엇이든 '위로'될 만한 것들을 찾아 나서게 된다. 왜냐하면 '위로'는 나그네로서의 '이방인'이 갖는 '불안'을 줄여주고, 그로 하여금 여정을 계속하게끔 오아시스 역할을 하기 때문이다. 다시 말해, 고단한 나그네의 삶에 지쳐서 그것을 완전히 접고 싶은 순간이 밀물처럼 밀려올 때, 어떤 형태의 '위로' 거리든 그의 삶의 고단한 여정을 지속시켜줄 버팀목 노릇을 톡톡히 해낼 수 있다. 소도 비빌 언덕이 있어야 등을 비빌 수 있듯이, '위로'는 '이방인'에게 기댈 언덕이 되기 때문이다. 그리고 기댈 언덕이 있는 '이방인'은 '안도'할 수 있다.

그러나 한 가지 안타까운 사실은 '이방인'을 '안도'하게 하는 '위로'의 원천은 고정된 것이 아니라는 점이다. 이 점은 그의 부단한 방랑과 이동에서 연유한다. 그의 간단없는 움직임 속에서 '위로'의 원천은 마치 변색變色의 대가인 카멜레온처럼 때에 따라 수도 없이 바뀌는 것이다. 이러한 상황에서 어느 순간, '이방인'의 '불안'을 절감시켜주던 '위로'의 자원은 '이방인'이 새로운 '위로' 거리를 찾아 나설 때까지만 그 효력을 발휘하고, 새로운 '위로'의 건더기를 발견하기까지 그는 다시 '불안' 속에서 헤매게 된다.

그런데 이러한 '불안'과 '안도'의 쉼 없는 교차는 '이방인' 자신이 야기한 자가당착의 결과라는 점에 주의해야 한다. 앞서 살핀 바 있듯이, '이방인'(과 '인간행위자')은 끊임없이 '만족'을 추구하지만, 결코 어떤 것에도 '만족'하지 못하는 존재로 그려졌다. 이와 유사한 맥락에서, '이방인'은 '불안'을 지독히도 혐오해 그것을 피하길 원하면서도, 어느 순간 '안도'(혹은 '안일')에 빠진, 그래서 '안정감'에 면역되어 있는 자신을 발견하면 그곳에서 다시 벗어나고 싶어 안달하는 아주 까탈스런 존재인 것 같다. 즉, '이방인'은 '위로' 거리에 대해 본질적으로 변덕스럽다. 만일 이것이 사실이라면—만일 그가 '변덕성'으로 특징지어지고 그것이 자가당착으로 보인다면—'이방인'에게 있어 진정한 '위로'의 원천은 어쩌면 어떤 특별한 대상에 위치해 있다기보다는 부단히 새로운 것에 대한 탐험과 모험, 그것에 대한 상상, 그리고 모험을 실제로 감행하거나 혹은 그것의 준비 작업에 있다고 볼 수 있다.[38]

이런 식으로 '위로'의 근원에 대해 이해할 때 우리가 누릴 수 있는 혜택은 '위로'와 관련된 중대한 오해를 피해나갈 수 있다는 것이다. 즉, 우리는 흔히 휴전선 같은 분명한 경계선을 그어 어떤 선을 넘어서면 '불안', 그렇지 않으면 '안도', 경계선 이쪽은 '불만족', 저쪽은 '만족' 등과 같이 구분하는 성향이 있을 뿐만 아니라, 그렇게 나뉜 것들을 양분해서 무리짓는 뿌리 깊은 버릇이 있는데, 이러한 버릇에서 비롯된 그것들에 대한 심각한 오해는 앞서 '만족'과 '불만족'에서 논의한 바 있다. 이와 마찬가지로, 우리는 흔히 '위로'조차도 분명한 경계선의 이쪽 또는 저쪽에 극명하게 자리매겨져 있는 것으로 생각할 뿐만 아니라, '위로'가 있는 곳은 항상 '안도'나 '안일'의 영역이라고 여기는 우를 범한다. 그러나 이 장의 제목에서 천명되었다시피, '불안'과 '안도'는 분간할 수 없을 정도로 얽히고설켜 있으며 그 경계선이 '이방인'에게는 불분명하다. '위로'도 이것에 있어서 예외일 수 없다. 다시 말해서 '불안'에 빠질 때는 물론이고, '안도'로 인해 '안일'한 상황에 처해 있을 때조차 '이방인'은 '위로'를 필요로 한다는 것

---

38 이와 다른 시각에 대해서는 이 책 13장과 14장을 참조. 거기서는 궁극적인 위로와 기쁨에 대해 논하고 있다.

이다.

이러한 '이방인'의 모습은 인간에게도 여지없이 보인다. 우리 '인간행위자' 모두는 매 순간 '위로'를 필요로 한다. 수많은 술집이, 안마시술소가, 인터넷 채팅방이, 카바레가, 집창촌이 성업 중이고, 절과 교회와 가정이 존재하는 이유가 바로 여기에 있다. 인간 모두는 자신에게 부과된 이런저런 힘겨움을 스스로 과장하면서, 그것들에 대해 분풀이하고 하소연하며 자신을 보듬어줄, 그래서 스스로 과장시키다 못해 진정으로 그러하다고 믿어 의심치 않는 고뇌와 고통을 덜어줄 '위로자'를 찾고 있는 것이다. 이에 대해서는 고프만이 「사기당한 멍청한 피해자 달래기」라는 논문에서 자세히 논의한 바 있다. 그에 의하면 사기로 인해 고통과 혼란에 휩싸인 '피해자'에겐 반드시 '위로자'가 필요하며, 사기 사건이 발생한 곳에는 어김없이 '위로자'가 등장한다. 물론 대부분의 '위로자'가 아무리 '위로의 기예the art of consolation'를 발휘한다고 하더라도 고프만의 눈에는 사기꾼과 한통속인 공모자로 보이지만, 그러한 고프만의 견해에 동의하든 안 하든 상관없이 우리 모두가 동의할 수 있는 한 가지 분명한 사실은, 바로 사기당한 '피해자'는 어떤 형태로든 '위로'가 필요한 존재라는 점이다.[39] 더 나아가 우리가 주목해야 할 점은, 고프만은 그러한 사기 사건의 '피해자'의 모습이, 그리고 '위로'가 절실한 그의 모습이, 반드시 '인간행위자'를 다루는 사회학 이론에 적용되어야만 한다고 주장했다는 것이다. 이러한 고프만의 견해는 이 장에서 다른 방식으로, 즉 '이방인'의 '위로'의 필요성 절감과 '인간행위자'의 그것을 배치시킴으로써 적용·전개된다고 볼 수 있다.

우리는 우리 자신이 친숙하다고 여기는 세계로부터, 우리 자신이 잘 알고 있다고 여기는 타인들로부터, 그리고 우리 자신으로부터도 언제든

---

39 Erving Goffman, "On Cooling the Mark Out: Some Aspects of Adaptation to Failure," *Psychiatry*, Vol. 15, No. 4, 1952, pp. 451-463.

낯설게 느껴질 수 있는, 그런 의미에서 '피해자'들인 것이다. 그 모든 것을 그렇게 믿고 따랐는데, 그것들이 어느 순간 나에게 가면을 쓴 모습으로 다가오면, 그래서 내가 그것들로부터 철저히 '이방인'이 되면, 나는 끈 끊어진 연처럼 정처 없이 떠돌 수밖에 없는 처량한 신세가 되는 것이다. 바로 이 순간이 우리 인간들이 '위로'를 필요로 하는 존재임이 두드러지는 때이며, 더없이 서글픈 것은 그러한 일이 매 순간 밀어닥친다는 사실이다.

앞서 논의된 내용들을 조금은 현학적으로 정리하고, 아울러 '안도'를 지향하는 '인간행위자'들이 보유한 중요한 방안에 대한 검토를 함으로써 이 논의를 접기로 하자. 이상의 논의를 한마디로 요약하자면, '만족'하지 못하고 '불안'에 떠는 자들은 반드시 '위로'를 받아야 하고 그것을 통해 잠시라도 '안도'할 수 있어야만 한다. 그런데 여기서 한 가지 유의해야 할 사항은, 앞서 언급했듯이 '불안'과 '안도'가 마치 하늘에서 떨어지듯 '인간행위자'들에게 주어지는 것이 아니라는 점이다.[40] 다시 말해, 한 '인간행위자'는 어디에 속하면 '불안', 아니면 '안도' 같은 식으로 고정되어 있지 않다. 왜냐하면 어떤 상황에 처했을 때 '불안'했다가도 이내 평정심을 되찾기도 하며 그러다가 다시 '불안'에 휩싸이는 것이 인지상정이기 때문이다. '불안'과 '안도' 같은 감정들은 확실히 한 '인간행위자'가, 혹은 그가 '타인'들과 함께 특정의 한 상황을 어떻게 처리하느냐에 달려 있다. 이렇게 볼 때, "우리 인간들은 감정을 창출하는 데 귀재鬼才"라고 말한 캐츠 Jack Katz의 주장은 타당해 보인다.[41] 예를 들자면, 어떤 사람은 혼자 있는 것에 '불안'해하기도 하지만, 다른 이들은 그런 상황에 '안도'하며 즐기기

---

40 이 말은 '불안'과 '안도'를 경험하도록 하는 사안들의 결정 기준이 '인간행위자'에게 주어진 것이 아니라는 뜻이지, '불안'과 '안도' 자체가 '인간행위자'들에게 있어서 일종의 '생득성生得性'을 띤다는 점을 부인하는 것은 아니다. 이에 대한 논의는 이 장의 결론을 참조.

41 Jack Katz, *How Emotions Work*(Chicago, IL: University of Chicago Press, 1999), p. 7.

도 한다. 더욱이 같은 사람이 동일한 상황을 시공간이 바뀜에 따라 달리 인식하고 다른 감정을 자아내기도 한다. 한마디로 요약하면, '불안'과 '안도'는 이미 결정되어 주어진 것도 아니요, 일정한 국면에 귀속된 부속물로서 '인간행위자'들에게 자동적으로 소여所與된 것이 아니라는 것이다.

그럼에도 불구하고, 즉 '불안'과 '안도'라는 감정들의 '산만성散漫性'과 '임의성任意性'에도 불구하고, 사회학적으로 주목받는, '안도'를 지향한 '인산학석인 방책'들이 분명히 있다. 그런 방책들이 완벽한 '안도'를 보장해주는, 다시 말해 천국으로 가는 계단 같은 것은 아닐지라도, 어느 정도의 '안도'가 경험적으로 확증되는 이상 짚고 넘어갈 필요가 있다.

겔렌에 따르면, '낯선 것'이 '친숙'의 영역으로 넘어가는 데는 반드시 '행위'가 필요하다. 그리고 그런 '행위'를 통해 '낯선 것'이 더 이상 낯설지 않게 되고 '접근 가능'해질 때, '인간행위자'는 비로소 '안도relief'할 수 있다는 것이다.[42] 그런 맥락에서 특정 '행위'가 반복된다면, 그 '행위' 자체가 주는 '안도'는 점증하게 된다. 이에 겔렌은 반복되는 '행위', 즉 '습관' 그 자체가 '인간행위자'를 '안도'하게 해주며 동시에 그런 '습관'을 통해서 그는 '차원 높은 또 다른 행위a higher behavior'로 나아갈 수 있게 된다고 주장한다.[43] 태어난 지 얼마 안 된 갓난아이가 엄마를 보고 빵긋 웃는 것은 앞의 여자가 자신의 엄마라는 사실을 인식할 정도로 영특해서가 아니고, 울며 보챌 때마다 늘 그의 눈앞에 나타나 웃어주는 그녀의 반복된 '행위' 때문이다. 물론 그 아이는 나중에 자라면서 그녀가 자신의 엄마라는 사실을 습득하게 된다. 어쨌든 그 아이가 초기에 '안도'할 수 있는 것은 엄마가 보인 반복된 '행위' 때문이다.

이러한 예는 무수히 들 수 있다. 어린아이들이 자기 손가락을 빨거나

---

42 Arnold Gehlen, *Man: His Nature and Place in the World*(New York, NY: Columbia University Press, 1988), pp. 119-120.

43 같은 글, p. 57.

혹은 공갈젖꼭지를 물어야만 잠이 드는 것이 그 예다. 어른들 또한 반복된 '행위'에 '안도'하는 것에서 예외가 아니다. 담배와 술 같은 기호품을 찾는 것, 컴퓨터 게임을 하는 것, 노래와 운동에 몰두하는 것, 혹은 TV 시청과 쇼핑에 중독되는 것 등은 그 대상 자체가 '안도'를 주기보다는 그것을 하는 '행위' 자체에서 '안도'를 얻게 된다는 점은 누구든 부인할 수 없는 경험적 사실이다. 사실 지루한 게임에 몰두하는 것은 사람을 육체적으로나 정신적으로 지치게 하지만, 그래서 '안도'와는 거리가 멀지만, 게임을 하려고 컴퓨터를 부팅하는 반복된 '행위'를 하는 사람은 그 '행위'를 시도하는 바로 그 순간 '안도'하게 된다. 확실히 반복되어 '일상적'으로 이뤄지는 '행위'는 "불안의 무의식적 원천을 최소화"한다. 따라서 '일상적인 행위'의 실행을 통해 '인간행위자'는 "존재론적 안정감을 유지"하게 된다.[44]

그러나 그런 반복된 '행위'를 통한 '안도'는 한계가 있음을 직시해야 한다. 그 '한계'의 첫째 이유는 앞서 서술했다시피, '불안'을 포함하여 '안도'라고 하는 감정들이 지니고 있는 본래적인 '산만성'과 '임의성'에 내포되어 있다. 두 번째 이유는, 필자가 다른 곳[45]에서 살핀 바 있듯이, 비록 반복된 '행위'를 통해 낯설었던 것들이 낯익게 되었다 해도, 그런 것들이 어느 순간 또다시 낯설어지는(현학적인 용어로 '이화異化'되는) 때가 반드시 있다는 데 있다. 이것은 곧 '안도'를 보장해주는 듯 보이던 반복된 '행위'들의 한계를 말해주며, 결국 이는 그러한 '행위'들이 주는 '안도'의 불확실성과 한계를 직접적으로 의미하기 때문이다. 끝으로, 그에게 어떤 '안도'를 부여했던 것들이 결국에는 영원한 '안도'의 조건이 될 수 없을뿐더러 오히려 그를 기만하는 데 사용되는 일종의 '미끼'일 수 있다는 결정적

---

44 Anthony Giddens, *The Constitution of Society*, p. 282 참조.

45 김광기, "'이방인'과 '인간행위자' II: '친밀'과 '거리' 사이," 『사회와 이론』, 7(2), 2005c, pp. 151-175(이 책 5장).

측면에 놓여 있다. 단순한 예를 들면, '불안'을 경감시켜 '안도'를 주었던 담배는 니코틴 함량이 남아 있을 때까지만 '안도'를 줌으로써 그 함량이 떨어질 때쯤 돼서는 계속해서 담배를 태워야 하며, 결국 이렇게 담배를 피우게 된 사람들은 몹쓸 병으로 고생하게 된다는 것이다. 그리고 사창가에서 웃음과 몸을 파는 여자들은 잠시의 '안도'와 '위안'을 줄 수 있지만, 성병을 옮기는 강력한 매개체이기도 하다.[46]

---

46 안도가 지닌 기만성에 대해서는 Erving Goffman, "On Cooling the Mark Out: Some Aspects of Adaptation to Failure," pp. 451-463; 김광기, "고프만, 가핑켈, 그리고 근대성,"『한국사회학』, 34, 2000, pp. 217-239; 김광기, "알프레드 슈츠와 '자연적 태도': 철학과 사회학의 경계를 넘어서,"『철학과 현상학 연구』, 25, 2005a, pp. 47-70(이 책 2장) 참조.

4. 떨칠 수 없는 공허

위에서 논한 사실들은 '인간행위자'가 경험하는 '불만족'과 '불안'이란 것이 근본적으로 '존재' 자체가 지닌 본래적 특성일지도 모른다는 인식으로 나아가게 한다. 좀더 상세히 하자면, 필자는 다른 곳에서 '인간 존재'란 바로 "그의 외부로 향해 있는 것"임을 논한 적이 있다.[47] 필자가 보기에 이것은 존재가 안고 있는 근본적인 '불안'과 깊이 맞물려 있다. 즉 그는 '초월'하기에 '불안'하고, 동시에 '불안'하기에 '초월'한다. 그 선후를 가늠하기가 어려울 정도로 그 둘은 얽히고설켜 있다. 어쨌든 그것이 '불안' 때문이든 '초월' 때문이든, 아니면 그 둘 다로 인해 '인간행위자'들은 그의 외적 대상들(물리적 대상, 타인, 혹은 사회)이라는 외부로 향하게 된다. 그런데 여기서는 그 '외부로의 향함'이 존재의 '불안' 때문이라고 해두고 일단 넘어가자. 즉, '인간행위자'가 안고 있는 본래적인 '불안'의 해소를 위해 그가 그 자신을 외부로 향하게 했다고 치자. 그렇게 보면 어느 정도는 그러한 '인간행위자'들의 기획이 성공을 거두는 것처럼 비친다. 왜냐하면 그 주된 외적 대상 중 하나가 바로 우리가 몸담고 있는 '사회세계'이며, '사회세계'는 뒤르케임이 말한 것처럼 우리에게 '안도감'을 주기 때문이다. 그러한 '안도감'의 시발은 사회가 '인간행위자'들에게 부여하는 '이름'이다. 다시 말해, 사회는 우리에게 특정한 '이름'을 부여하고 우리는 사회가 부르는 '이름'으로 삶을 살아가기 때문이다. '아버지'로, '어머니'로, '선생' 등으로 살아갈 때 '인간행위자'에겐 안온함이 따르는 것이다.

그러나 심각한 문제는 바로 그 뒤에 발생한다. 자신에게 '위로'와 '안

47　이에 대한 자세한 논의로는 김광기, "이방인과 인간행위자 I: 초월과 내재 사이," pp. 1-25(이 책 4장) 참조.

도'를 주었던(엄밀하게 말해서 준다고 믿었던) '사회세계'에서 '불만족'과 '불안'을 느껴 그 '사회세계'에 진입하기 전의 '불안'의 짐을 다시 짊어지게 되는 그 순간이 '인간행위자'라면 누구에게나 홍역처럼 다시 다가오기 때문이다. 하여, 그는 다시 '불만족'하게 되며, '불안'이란 늪속에서 다시 허우적거리게 되고, '안도'와 '위로'받기를 간절히 원하게 되는 순환의 고리 속에 침몰해 들어간다.

그런데 '인간행위자'의 이러한 '이방인'적 모습—즉 '이방인'이 전형적으로 겪게 되는 영원히 '만족'하지 못하고 그래서 영원히 '위로'받길 원하는 모습—을 그렇게 부정적이거나 혹은 처량하고 우울하게만 볼 필요는 없다. 어느 곳에서건 '만족'하지 못하고 '불안'에 떠는 그런 '인간행위자'의 모습이, 한편으로는 그가 '탐욕에 굶주린 자'처럼, 혹은 치유할 수 없는 좌절을 겪는 '실패자'처럼 보이기도 하지만, 다른 한편으로는 그가 몸 담고 있는 이 '사회세계'라는 세상이 그의 공허함을 근원적으로 채워주지 못한다는 것을 의미할 수도 있기 때문이다. 그의 아픔과 고뇌를 어루만져줄 그 '무엇'을 현재의 '사회세계'에서는 찾을 수 없다는 인식, 즉 그가 최고의 '희락'을 맛볼 종착점이 이 '사회세계'가 아닐 수도 있다는 인식과 '인간 존재'의 '불만족' 및 '불안'은 맞닿아 있다. 그리고 이것은 바로 이 '사회세계'를 넘어선 '초월적 존재'의 영역과 인간 존재의 연결, 즉 그들 간의 해후邂逅의 가능성을 급격히 높여준다고 볼 수 있다. 그래서 혹자는 '이방인'과 '인간행위자'의 성격 규명과 양자 사이의 상동성에서 종교사회학적 함의를 찾기를 희망할지도 모른다.

3부. 이방인과 근대성

07

정상과
비정상

1. 위기의 현대사회학 이론

　현대사회학 이론은 여태껏 나름대로 각기 다양한 스펙트럼을 지닌 패러다임들이 서로 경쟁하면서 눈부신 발전을 해온 것처럼 여겨진다. 그러나 모든 것에 오르막이 있으면 내리막길이 있듯이, 현대사회학 이론도 이 점에서 예외일 수 없는 듯하다. 실제로 최근 사회학 이론은 그야말로 교착 상태에 빠졌다고 해도 과언이 아닐 정도로 심각한 위기에 봉착해 있다.[1] 현재로서는 어떠한 돌파구도 보이지 않는 것 같다. 물론 이런 지경에 이른 데는 여러 이유가 있겠지만, 필자는 위기의 주된 원인이 사회학을 구성하는 각 패러다임으로서의 이론들이 자기 이론에만 외곬으로 빠져 있기 때문이라고 본다. 즉, 현재의 각 이론은 다른 이론에서는 무엇을 하는지에 대한 인식도 결여되어 있을 뿐만 아니라, 그럴 필요성조차 못 느끼는 심각한 불감증에 걸려 있는 듯하다. 즉 이론들 간의 소통의 단절이 문제인데, 이러한 견해에 동의한다면, 현재의 난국을 풀어갈 해법 중 하나로 각 이론 간의 의사소통을 제안하는 것도 일리 있는 주장일 것이다.[2]

1　이러한 사회학 이론의 '위기'의식은 필자만의 견해인 것 같지는 않다. 그리고 사회학 전반에서 사회학 이론이 차지하고 있는 위치의 경중을 따져볼 때, 사회학 이론의 '위기'는 곧 사회학의 위기를 의미하기도 한다. 사회학 또는 사회학 이론의 '위기'에 대한 심각한 인식은 현대사회학(이론)을 이끌어가는 대가들의 뇌리에 팽배해 있다. 대표적인 예로는 먼저 알랭 투렌이다. 그는 사회사상이 오랜 기간 동안 "거의 모든 나라에서 부도 상태"가 되어 이제는 "쇠락의 나락"에서 헤어나오지 못하고 있다고 진단한다. Alain Touraine, *Can We Live Together?*(Stanford, CA: Stanford University Press, 2000), pp. 288-289. 이런 저명한 프랑스 철학자의 진단에 화답이라도 하듯, 독일 사회학의 거장 니클라스 루만도 그의 저작 『사회체계』에서, "사회학은 이제 이론의 위기에 봉착해 있다"고 설파하고 있다. Niklas Luhmann, *Social Systems*(Stanford, CA: Stanford University Press, 1995), p. 37, 47. 이와 비슷한 맥락에서 위르겐 하버마스는 이러한 현대사회학의 위기는 "서로 다른 이론 간에, 서로가 서로에게 거의 말을 걸지 않는", 그래서 철저한 "상호 몰이해mutual incomprehension" 속에 "자기들만의 탐구의 향연"에 탐닉한 것이 초래한 결과라고 신랄하게 비판하고 있다 Jürgen Habermas, *The Theory of Communicative Action, Vol. 2*(Boston, MA: Beacon, 1989), pp. 375-378.

이러한 와중에 이 장에서는 위대한 고전사회학자들은 관심을 기울였으나 현대사회학자들에겐 관심에서 거의 비껴나 있는, 그럼에도 불구하고 필자가 보기에는 매우 흥미진진한 두 가지 주제를 다룰 예정인데, 그 하나는 바로 '정상'과 '비정상'의 문제이며, 나머지 하나는 '이방인'이다. 이 장은 이 두 주제에 초점을 맞춰 작금의 사회학 이론에서 노정되고 있는 교착 상태를 풀 일말의 가능성을 도모하고자 한다. 좀더 구체적으로 말하면, 이 연구는 사회학에서 중요한 주제로 여겨지는 '정상(성)'과 '비정상(성)'의 문제를 '이방인' 개념을 통해 천착하려 한다. 그러나 두 주제의 경중을 따지기가 매우 힘듦을 고려해볼 때, 그 역 또한 이 연구의 주제로 천명하는 것도 성립 가능하다. 즉, 이번 장의 목적은 '이방인' 문제를 '정상'과 '비정상'의 주제를 통해 규명하는 데 있다.

이를 통해 우선 '이방인' 연구의 고전이라 할 수 있는 짐멜이나 슈츠의 연구와 그 외 몇몇 근래의 연구들,[3] 그리고 '정상'과 '비정상'의 문제를 심도 있게 다룬 연구들[4]에서 불이 지펴진 중요한 사회학적 탐구 주제—하지만 대부분의 현대사회학자에게는 하찮은 것으로 무시된, 그럼에도 그렇게 취급되기에는 사회학적으로 중대한 함의를 지닌—에 다시 초점을 맞춤으로써 본격적인 '이방인 이론'을 구축하고 '정상'과 '비정상' 문제 논

2　이런 의미에서 캐믹과 조아스가 제안하는 패러다임 간 "대화"는 매우 시의적절한 시도로 보인다. 그들의 시도에 대한 상세한 이해를 위해서는 Charles Camic and Hans Joas, "The Dialogical Turn," in *The Dialogical Turn: New Roles for Sociology in the Postdisciplinary Age*, ed. Charles Camic and Hans Joas(Boulder: Rowman & Littlefield Publishers, 2004), pp. 1-19를 참조할 것. 캐믹과 조아스는 현대사회학(이론)의 이른바 "종말론적 위기"의 타개를 위해서 "대화적 전회the dialogical turn"를 제안하는데 이는 도널드 레빈이 평소 주창한 "대화접근"에서 채택한 것이다. 이들보다 앞서 레빈은 이론들 간의 "냉담한 단절"에서 그것들 간의 "변증법적인 상호 작용"을 위해 반드시 "대화"가 선행되어야 함을 역설한 바 있다. Donald N. Levin, "Simmel and Parsons Reconsidered," *American Journal of Sociology*, Vol. 96, 1991, pp. 1097-1116; Donald N. Levin, "Classics and Conversations," in *General Education in the Social Sciences*, ed. John J. MacAloon(Chicago, IL: University of Chicago Press, 1992), pp. 103-114; Donald N. Levin, *Visions of the Sociological Tradition*(Chicago, IL: University of Chicago Press, 1995).

3　이 책 1장 각주 1을 참조할 것.

의에 신선한 공기를 투입하고자 한다.

그러면 대체 본 연구가 어떻게 양쪽 주제에 신선한 공기를 주입시키겠다는 것인지 간략히 언급할 필요가 있다. 각각의 주제에 대한 그간의 연구들 면면을 살펴보면, 고전사회학과 현대사회학 이론 모두 '이방인'의 문제와 '정상' 및 '비정상'의 주제는 각기 서로의 논리만을 지닌 채 논의됐을 뿐이다. 달리 말해서 각각의 주제를 다룬 수많은 연구가 서로 다른 주제를 언급하면서, 혹은 다른 주제들을 이용해서(통해서) 탐구된 적은 없다. 이러한 경향은 안타까움을 불러일으키는데, 그 이유는 각각의 주제가 서로 긴밀히 연결되어 보이기 때문이다. 그런데 여기서 주목할 점은 양 주제가 밀접하게 이어져 있다는 것을 구체화하는 일이, 바로 위에서 언급한 사회학의 위기를 타개하기 위해 각 이론 사이에 시도되어야 할 '대화'의 일환이라고 볼 수 있다는 것이다. 그 이유는 '정상'과 '비정상'의 문제는 '이방인' 문제를 통해 그 이론적 논의가 더 풍부해질 수 있기 때문이다. 그리고 두 주제 간의 떼려야 뗄 수 없는 긴밀성으로 인해 후자도 전자를 통해 그 논의가 세련되어질 수 있다.

그러면 여기서 필자가 간파해낸 두 주제 간의 긴밀성이란 무엇일까? 이에 답하기 위해 이 글은 뒤르케임이 관심을 가졌던 '범죄자', 고프만이 주목했던 '정신병(자)', 그리고 푸코가 탐구 대상으로 삼았던 '광인狂人'을 재조명하는 방식을 택했다. 필자가 보기에 그들이 주의를 기울여 분석하고 묘사해낸 인물 군상이 바로 이 책에서 다루고 있는 '이방인'의 모습과 매우 흡사하기 때문이다. 한마디로 '범죄자' '정신병(자)' '광인'이라는 범

---

4   Emile Durkheim, *The Rules of Sociological Method*, ed. W. D. Halls(London: The MacMillan Press, [1895]1982); Erving Goffman, *Asylums: Essays on the Social Situation of Mental Patients and Other Inmates*(Harmondsworth: Penguin, 1961a); Erving Goffman, *Relations in Public: Microstudies of the Public Order*(New York, NY: Basic Books, 1971); Michel Foucault, *Madness and Civilization: A History of Insanity in the Age of Reason*, ed. Richard Howard(New York, NY: Pantheon Books, 1965).

주는 모두 '이방인'과 등치될 수 있다. 그것이 가능한 이유는 '범죄자' '정신병자' '광인'이라는 인물 군상을 포괄하는 '범죄' '일탈' '정신병' 그리고 '광기'라는 주제는 모두 '정상'과 '비정상' 중에서 '비정상'의 범주에 속하며, '이방인'의 문제 또한 '정상'과 '비정상'의 이슈와 긴밀히 연결되어 있을 뿐만 아니라 그는 자신이 속하길 원하는 어떤 집단의 토박이들에겐 일견 '비정상'적인 인물로 보이기 때문이다.

　이러한 인식의 토대 위에서, 이 글은 '정상'과 '비정상'이라는 각각의 본질이 사물에 내재되어 있다고 보는 일상적 시각과는 달리, 그것들을 가르는 잣대와 기준은 바로 "사회적이고 도덕적으로 구성된다"는 것을 제시하려 한다. 물론 이러한 인식은 필자가 처음 한 것이 아니다. 위에서 언급한 두 주제를 다룬 사회학자들이 직접적으로든 간접적으로든, 암묵적으로든 명시적으로든, 혹은 부분적으로든 전체적으로든 대부분 간파해냈다. 그러나 이를 더욱 내실 있고 설득력 있으며 신빙성 있게 확증하기 위해 필자는 이 장에서 캐믹Charles Camic의 용어를 사용해서 모든 이론 간에 '대화'를 시켜볼 요량이다. 하지만 여기서 '대화'라 함은 학자 사이에 실제로 말이 오가는 것이 아니라, '정상'과 '비정상'의 문제를 다루는 데 앞 장들에서 논했던 '이방인'을 분석 장면에 등장시키고, 그 모습을 통해 '정상'과 '비정상'의 본질에 접근하겠다는 것이다. 혹은 그 역도 마찬가지로 성립하는데, 말하자면 '이방인' 문제를 다룸에 있어 '정상'과 '비정상'의 문제를 병합시킴으로써 '이방인'의 본질에 한층 더 깊이 접근하려는 시도를 '대화'라고 칭한다.

　필자는 '이방인의 사회학'을 더 살찌울 뿐만 아니라 함께 거론한 '정상성'의 문제를 현상학적으로 추적해 들어감으로써, 궁극적으로 '정상'과 '비정상'의 문제가 흔히 자연과학자나 일반인들이 추정하듯 단순한 신경 계통의 이상 징후와 관련된 것이 아니며, 사회·문화·도덕적인 문제와 깊이 연루되어 있다는 것을 보임으로써 관련 담론을 한 단계 끌어올리고자 한다. 어쨌든 이 장은 이러한 목표를 수행한 뒤 나아가서는 필자가 완성하고자 하는 '이방인의 사회학' 구축에 중요한 수단과 일부분이 되길 기대한다.

이를 위해 다음의 세 가지 사안이 심도 있게 논의될 것이다. 첫째, '정상'과 '비정상'의 경계의 모호함이 '이방인'이 견지하는 시각과 함께 논의될 것이다. 둘째, 사회세계에서 '비정상'을 회피하는 이유들에 대한 몇 가지 사회학적 통찰이 이른바 '비정상'의 전형으로 대표되는 '이방인'이 배척받는 이유들과 연관지어 논의될 것이다. 마지막으로, 그럼에도 불구하고 사회세계에서 '비정상성'이 꼭 필요한 이유에 대한 논의가 '이방인'의 존재가 특정 사회 성원들에게 거침돌이 된다는 상식과는 달리, 오히려 특정 사회를 위해서 반드시 필요하다는 점과 함께 이뤄질 것이다.

2. '정상'과 '비정상', 그 경계의 모호성, 그리고 '이방인'의 눈

일반인이건 전문가들이건 대부분의 사람이 지닌 흔한 상식이 있는데, 그중 하나가 '정상'과 '비정상'을 둘러싼 판단들이다. 대부분의 사람은 '정상'과 '비정상'의 경계가 칼로 무 베듯 그 선이 분명하며, 이쪽은 '정상', 저쪽은 '비정상'이라고 단박에 판가름 내버리는 경향이 있다. 그러나 애석하게도 그것들의 경계를 가르는 것이 생각만큼 간단한 일은 아니다. 특히 그것이 물리적인 대상을 두고 내리는 판단이 아니라 어떤 사회적 대상을 향한 것이라면 더 말할 나위가 없다.[5] 그런데 이처럼 간단치 않은 문제에 대한 판단을 쉽사리 내리는 사람들의 습성보다 더 심각한 위험성을 안고 있는 것이 있는데, 즉 그들이 '정상'과 '비정상'을 자신들이 "그렇다"고 단정하는 대상에 본질적으로 내재되어 있는 것으로 믿고 있다는 점이다. 이제까지의 논의는 다음의 두 가지 언술로 정리된다. 첫째, '정상'과 '비정상'의 경계는 분명치 않다. 둘째, 상식과 달리 '정상'과 '비정상'은 그것으로 특징지어진 대상에 원래부터 내재해 있는 사태가 결코 아니다.

이를 독자들에게 설득시키기 위해서는 부연이 필요하다.

첫째로, '정상'과 '비정상'의 문제는 '지식'의 문제와 깊이 관계되기 때문에 어떤 사물에 애초부터 내재되어 있다고 볼 수 없다. 주지하다시피 '지식'은 인위적이고 인공적이며 구성적이고 사회적이기 때문이다. 즉 '지식'은 고정적이지도 무한하지도 않으며 하늘에서 그저 주어진 것도 아니다. 그것은 어느 순간 생성되어 인기를 얻은 뒤 세상에서 그 몸집을 불려

---

5   Emile Durkheim, *The Rules of Sociological Method*, p. 90.

만연했다가 다른 '지식'에 의해 대체되거나 폐기되어 사라진다. 안타깝지만 그것이 바로 '지식'의 운명이다. 그런데 지금 우리가 언급하고 있는 '지식'은 사상적으로 엄청난 중대성이나 가치를 지닌 학술적 '지식'이 아니라, 현대의 지식사회학자들이 주목한 '일상적 지식'을 말한다.[6] 물론 그러한 지성적 '지식'조차 '일상적 지식'에 기초하며, 그것의 구성이 '일상적 지식'이 구성되는 방식과 별반 다르지 않다는 점을 현대의 지식사회학[7]이 보여주고 있지만, 어쨌든 우리가 말하는 '지식'이란 평범한 일상인의 그것, 즉 '상식'을 일컫는다.

그런데 이 '일상인의 지식'이 '정상'과 '비정상'의 문제와 어떻게 관련을 맺는다는 말인가? 이에 대한 답은 한마디로 정리 가능하다. 어떤 집단이나 사회에서 널리 통용되는 '전형'적인 지식은 흔히 그 집단 내에서 '당연'한 것이자 '적절'한 것으로 간주되며, 그렇기에 그것은 '자연적'이고 '정상적'인 것으로 여겨진다.[8] 그런데 "어떻게 해서 대부분의 사람은 그들이 속한 집단의 전형적인 지식을 정상적인 것으로 받아들일까?"에 대해서 잠시 언급할 필요가 있다. 그 이유는 바로 전형적인 지식이 "우리 몸에 밴 것"(즉 '육화된 것')이기 때문이다. 우리 몸에 밴 것은 익숙하고 친숙하며 그래서 자동으로 정상적인 것이라 간주된다.

이러한 '정상(성)'의 도해는 우리를 또한 '비정상(성)'의 숨겨진 비밀로

---

6 일상적 지식을 지식사회학의 핵심 주제로 위치시킨 학자들로는 슈츠와 버거를 대표자로 꼽을 수 있다. Alfred Schutz, *Collected Papers Vol. I: The Problem of Social Reality*(The Hague: Martinus Nijhoff, 1962; Alfred Schutz, "The Stranger," *Collected Papers Vol. II: Studies in Social Theory*(The Hague: Martinus Nijhoff, [1944]1964), pp. 91~105; Alfred Schutz, *The Phenomenology of the Social World,* tran. G. Walsh and F. Lehnert(Evanston, IL: Northwester University Press, 1967); Peter L. Berger and Thomas Luckmann, *The Social Construction of Reality: A Treatise in the Sociology of Knowledge*(Garden City, NY: Doubleday, 1966).

7 특히 '과학적 지식사회학sociology of scientific knowledge'을 언급하고 있다.

8 Alfred Schutz, *Collected Papers Vol. I*; Alfred Schutz, "The Stranger," pp. 91~105; Peter L. Berger and Thomas Luckmann, *The Social Construction of Reality*; Erving Goffman, *Relations in Public,* p. 240, 278.

도 안내한다. '비정상(성)'은 '정상(성)'의 그것처럼 '지식'이라는 인자를 도입하자마자 여지없이 그 은밀한 속살을 드러낸다. 만일 '정상'이 위에서와 같이 '지식'을 통해 정의되는 것이라면, '비정상'은 한 집단이나 사회에서 통용되는 전형적인 지식과는 상충되거나 위배되는 지식에 부여되는 이름이라고 볼 수 있다. 한 사회에서 전형적이고 당연한 것으로 여겨지는 지식에 위배된 지식은 그 집단의 토박이들에겐 '이상한' 것이고, 즉 그들에겐 몸에 밴 것이 아니라 '부자연스런' 것이고 그래서 '낯선' 것이다. 그것이 기괴하게 보이는 만큼 그것은 토박이들에게 '비정상'으로 간주되고, 나아가 그것과 관련 맺는 모든 신념과 행위체계들은 '광기'로 여겨지며, 그것을 즐겨 행하는 자들은 심지어 '악'의 화신으로 취급받는다. 줄여 이야기하면, '위배된 지식'은 "금지된 지식"[9]이며 그 모든 영역은 '비정상'으로 규정된다. 이런 의미에서 "광기는 지식"이며, 그것은 "지식의 이상한 경로들과 관계된다"[10]고 한 푸코의 지적은 분명히 옳다.

둘째로, '정상'과 '비정상'의 문제는 인간 행위의 '규칙성'과 밀접히 관련되어 있기 때문에 어떤 대상에 본래적으로 고착된 것이라고 볼 수 없다. 이러한 관찰은 결국 '제도'의 문제로 귀착되는데 그 과정을 간단히 살펴보면 다음과 같다. 인간 행위의 '규칙성'은 곧 '반복성'을 의미한다. 인간행위자들이 어떤 행위를 규칙적으로 되풀이한다는 것은 특정 상황의 행위자들이 서로 특정 행위에 대한 반작용을 충분히 예측할 수 있다는 것을 의미한다. 이러한 행위의 '예측 가능성'은 행위자들이 쓸데없는 시간과 정력을 낭비하지 않고 자신들의 삶을 가장 효율적으로 평온하게 유지하도록 해준다. 행위의 규칙성, 반복성, 그리고 예측 가능성이 궁극적으로 꾀하는 목표는 행위자들의 "부담을 덜어주는 것"이며, 이것은 바로 '제도'가 하는 일이므로,[11] 행위의 '규칙성'과 '제도'의 문제는 동일 사안에

9　이 용어는 푸코에게서 빌려왔다. Michel Foucault, *Madness and Civilization*, p. 22.
10　같은 글, p. 21.

대한 서로 다른 이름이다.

그런데 이러한 '규칙성'에서 어긋난 것, 즉 '비규칙성'은 사회 성원들에게 이질적이고 '비정상'적인 것으로 보인다.[12] 왜냐하면 '비규칙성'은 인간에게 '불안'을 야기하기 때문이다. 행위의 반복성, 즉 그로 인한 예측 가능성이 결여되면 인간은 불안해진다. 우리가 매우 중요한 약속이 있을 때 지상의 대중교통 수단이나 자가용을 택하기보다 지하철을 타는 이유가 거기에 있다. 지하철은 대개 정해진 시간에 타고 내려 약속 장소에 도착할 시간을 대략적으로 예측할 수 있기 때문이다. 이와 같이 인간은 근본적으로 규칙적이고 질서정연한 것을 선호하며 그것에 의한 안도감을 추구한다. 그렇지 않으면 불안해한다. 아무리 구태의연한 일상에서 벗어나고 싶어 안달하는 사람일지라도 전쟁이나 천재지변을 달가워하지 않는 이유도 거기에 있다.

이러한 사회학적 통찰의 인지 여부에 상관없이 대부분의 사람은 자동적으로 '규칙적'인 것은 '정상'으로, '비규칙적'인 것은 '비정상'으로 간주하고 후자를 회피한다. 그들은 나아가 '비규칙적'인 것은 심지어 "인간적이지 않은 것"[13]으로 여기며 이를 비난한다. '비규칙적'인 것과 '비인간

---

11 Arnold Gehlen, *Man: His Nature and Place in the World*(New York, NY: Columbia University Press, 1988); Arnold Gehlen, *Urmensch und Spatkultur*(Bonn: Athenaeum Verlag, 1956); Peter L. Berger and Hansfried Kellner, "Arnold Gehlen and The Theory of Institution," *Social Research*, Vol. 32, 1965, pp. 110-115.

12 Michel Foucault, *Madness and Civilization*, p. 27을 참조할 것.

13 실제로 푸코에 따르면, 중세 유럽에서는 비정상의 대표자라고 여겨지던 '광인'이 '동물성animality'의 화신으로 인식되었다. Michel Foucault, 같은 글, p. 72. 또한 동시에 '유아'로도 취급되었다. Michel Foucault, 같은 글, p. 254. 여기서 혹자는 후자에 대해 의문을 제기할 수 있다. 즉 '짐승'이야 '비인간inhuman'임에 분명하지만, '어린아이'는 '인간'이지 않느냐는 것이다. 이에 대해 푸코는 어떤 답도 제시하지 않는다. 하지만 필자가 보기에 '비이성'(광인)과 '비정상'이 '짐승'과 '유아적'인 것으로 간주된 것은 충분히 설명 가능하고 이해 가능하다. 왜냐하면 동물과 어린아이 모두, 그들과 예측 가능하고 반복적인 행위를 하는 것은 불가능하기 때문이다. 그렇기에 그것들은 '비인간'의 범주에 속한다고 여겨질 수 있다. 강아지가 혹은 한 살배기 어린애가 처음 만난 낯선 처녀의 가슴에 안기거나 손을 댔다고 해서 '성희롱'으로 그것들을 법정으로 데려가지 않는 이유가 거기에 있다. 이방인이 광인으로 취급되는 것을 보여주는 또 다른 분석으로는 Jacques Derrida, *Of Hospitality*(Stanford, CA: Stanford University Press, 2000), p. 10.

적'인 것을 등치시키는 이러한 일반인들의 뿌리 깊은 인식 경향은 한편으로는 옳고, 다른 한편으로는 그른 것이다. 우선 그들의 인식이 옳은 이유는 그 행위의 '규칙성'이 순전히 '인간적'인 것이라는 점을 정확히 파악―비록 그것이 직접적이지 않고 짐승과 유아를 통해 우회적으로 터득하고 판단한 인식들이긴 해도―하고 있기 때문이다. 그럼에도 불구하고 그들이 또한 그릇된 것은 그들이 '인간적'이라는 것을 생래적인 것, 고정불변의 것, 하늘에서 그저 주어진 것 등이라고 간주하기 때문이다. 그러한 인식이 잘못된 이유는 '인간적인 것', 즉 행위의 규칙성 혹은 제도는 바로 인간들에 의해 만들어진 것, 다시 말해 사회적으로 구성된 것이라는 의미에서 '인간적'인 것이기 때문이다. 그런데 그런 '인간적'인 것들은 변하지 않거나 사라지지 않는 것이 아니기에 대부분의 사람이 생각하는 것과는 매우 다른 속성을 지닌다. 특정 사회 내의 모든 규칙성을 지닌 신념과 행위(즉 제도)들은 그 사회 성원들에 의해 당연하고 자연스러우며 정상적이고 그래서 인간적인 것으로 여겨진다. 그러나 그렇게 볼 수 없는 엄연한 현실을 직시해야 한다. 그것들이 사회나 집단마다 내용과 형식이 다르고 또 부침浮沈이 있다는 것이야말로 그것에 '인간적'이라는 수식어를 붙일 수 있는 정당한 이유다. 요약하면, 그것들은 인간에 의해 '만들어진' 것이고 인간에 의해 '반복된' 것이기에 우리에게 주어지거나 고정불변의 것이 결코 아니다. 하나의 예를 들어보자. 우리는 어른들과 대화를 나누면서 그들의 눈을 시종일관 똑바로 쳐다보고 이야기하지 않는다. 반면 미국 사람들은 누구와 대화를 하든 서로의 눈을 응시한다. 그것이 우리의 정상적인 방식이고, 저들의 정상적인 방식이다. 즉, 나름의 규칙적인 행위이자 곧 제도다. 그런데 우리의 정상적인 방식이 저들에겐 비정상적이고 우리에게 비정상적인 것이 저들에겐 정상적이다. 따라서 이와 같은 시각에서 볼 때, '정상'과 '비정상'의 경계는 모호해지고 각각이 어떤 사물이나 사회적 대상에 본래적으로 내재해 있는 속성이라고 보는 것은 정당성을 확보하기 어렵다.

셋째로, '정상'과 '비정상'을 가르는 기준은 한 사회나 집단이 지닌 '집합의식'과 긴밀히 연결되어 있으므로, 그것 간의 경계가 분명해질 수 없을 뿐만 아니라 그것들이 특정 사물이나 행위에 본질적으로 내재해 있다고 볼 수 없다. 이 주장은 앞서 논의한 두 사실과 일정 부분 중첩되기도 하는데, 그럼에도 앞서의 논의와 대별되는 것은 '도덕'이라는 문제를 함축하고 있기 때문이다. 주지하다시피 앞선 두 주장은 좀 과장해서 말하면 규범적인 것보다는 인식적인 측면에 초점을 맞췄다고 볼 수 있다. 하지만 세 번째 주장은 '당위'의 문제를 강조함으로써 인식적 차원보다는 규범적 차원에 스스로를 위치시키고 있다. 반복된 행위는 그것의 규칙성에만 머무르지 않고 또 다른 차원의 행위로 탈바꿈한다. 즉 반복된 행위는 "이럴 땐 이렇게 하는 것이 옳으니 반드시 이런 식으로 행동해야 한다"고 사람들을 몰아세운다. 심지어 행위의 규칙성(제도)은 그런 방식으로 어떤 일을 하고 싶어하지 않는 이들에게조차 특정 방식을 취해 행동할 것을 닦달한다. 즉, 그들을 '구속'시킨다. 그런데 이러한 구속을 규칙적인 행위 자체가 수행하기도 하지만, 그 규칙적인 행위 저변에 깔려 있는 행위자들의 거대한 신념—뒤르케임은 이를 '집합(공통)의식(감정)'이라고 했다—이 함께 수행한다. 뒤르케임은 이러한 행위와 신념들을 통틀어 제도, 혹은 사회적 사실로 간주하고 나아가 그것들의 구속적인 측면을 강조함으로써 이를 '도덕'과 등치시킨다.

따라서 한 사회에서 '비정상'으로 간주되는 사물, 행위, 신념들은 그것들의 본래적인 속성 때문보다는 그 사회의 도덕적인 문제와 결부되어 낙인찍혔다고 보는 게 맞다. 이러한 주장은 여러 위대한 사회학자에 의해서도 제기되었다. 우선 뒤르케임은 "범죄(즉 비정상)는 강력한 집합감정을 어기는 것"[14], 즉 '도덕'을 위반하는 것이 '비정상'으로 간주되는 지름

---

14 Emile Durkheim, *The Rules of Sociological Method*, p. 99.

길임을 간파하고 있고, 고프만 같은 이는 '비정상'이야말로 "사회적, 도덕적 이슈"들과 관계되는 것이라고 주장한다.[15] 이와 유사하게 푸코도 "광기(비정상)는 전적으로 도덕적 세계와 통해 있으며"[16], 또한 그것은 "도덕적 세계의 전체적 지평"[17] 위에서 처리된다고 지적하고 있다. 한마디로 말해서, '비정상'은 이질적이고 이상한 것일 뿐만 아니라 '부도덕'한 것으로 낙인찍힌다는 것이다. 이렇게 되면 '비정상'은 특정 사회에서는 결코 바람직하지 않은, 그래서 수용할 수 없는 것이라는 '의복'(가치)을 덧입게 된다. 그런데 이 대목에서 주의할 점은 그러한 '집합의식'이나 '도덕'이 사회마다 다르다는 것이다. 즉 '집합감정'이나 도덕의 내용이 상이하기에 '정상'과 '비정상'은 특정 행위나 신념에 내재해 있는 것이 아니라고 파악하는 것이 옳다. 확실히 특정한 '집합의식'과 '도덕'이 규정하는[18] 바에 따라 어떤 것은 '정상적'이고 '도덕적'인 것이 되며, 다른 것은 '비정상'적이고 '부도덕'한 것이 된다는 점은 세심한 주의를 요하는 대목이다.

끝으로, '정상'과 '비정상'의 경계가 무 자르듯 선명하게 나뉜다는 일반적인 견해는 이른바 '정상적 외양normal appearance'이 행위자들 간의 '지속적인 상호 작용에 의한 성취'라는 사실에 의해 무색해진다. 우리는 앞선 논의에서 일상생활을 영위해가는 이들은 '집합감정'을 통해 특정 행위를 '정상'과 '비정상'으로 쉽사리 나누는 경향이 있다는 것을 지적했다. 물론 거시적으로 볼 때 그런 일반인들의 인식은 터무니없는 것으로 판명되었지만, 이번 논의에서는 좀더 미시적인 관점에서 이 문제를 파고들어가더라도 그런 인식은 옳지 않다는 것이 밝혀진다. 왜냐하면 여기서

---

15 Erving Goffman, *Relations in Public*, p. 335, 그 외에 Erving Goffman, *Asylums*; Erving Goffman, *Stigma: Notes on the Management of Spoiled Identity*(Englewood Cliffs, NJ: Prentice Hall, 1963) 참조.

16 Michel Foucault, *Madness and Civilization*, p. 27.

17 같은 글, p. 57.

18 Emile Durkheim, *The Rules of Sociological Method*, p. 101.

논의된 사안들은 "이미 일상인들에 의해 정상이라고 간주된 외양 그 자체도 그것의 '정상성' 유지를 위해 사람들 사이에 엄청난 노력이 투입되어야 한다"는 것을 제시하고 있기 때문이다.

이를 좀더 쉽게 상술해보자. 이미 정상적인 행동을 해서 정상인으로 규정된 어떤 사람이 있다고 치자. 그러나 그에게 부여된 '정상성'은 영원불변의 것이 아니다. 그가 어떤 이들과 사회적 교분을 맺으면서 어느 순간 시쳇말로 '또라이'(비정상인)로 규정되고 취급될 여지는 늘 잔존해 있다. 사람들과의 상호 작용에서 한번 삐끗하면 그간 그에게 씌워졌던 '정상성'은 곧바로 휘발되고 만다. '정상적 외양'이 지닌 이러한 '불안정성'에 대한 탁월한 미시적 관찰은 고프만과 가핑켈이 했다. 우선 고프만은 '정상적 외양'이 결국에는 특정의 사회적 장면에 등장하는 참여자들이 보여주는 일종의 "정상성-쇼normalcy show"에 불과하다며 날카롭게 지적하고 있다.[19] 가핑켈도 그가 면접한 아그네스Agnes가 성전환 수술을 받기 위해 의사와 남자친구를 비롯해 일상의 모든 사람에게 철저하게 정상적인 '여성'으로 보이려고 어떠한 애를 쓰고 있는지에 대해 상세히 보고하고 있다. 결국 가핑켈은 아그네스의 예를 통해 일상인들이 자신들의 '성性 정체성'을 포함해 "타인에게 무엇으로 자신을 드러내 보이는가?"라는 정체성identity 문제를 "어떻게"의 이슈를 통해 정면으로 다루고 있는 것이다. 그런데 그의 연구는 '정체성' 연구를 넘어 이른바 "'정상성'이란 무엇인가?"에 대한 중요한 함의도 제시하고 있다. 가핑켈에 의하면 인간의 '정체성'이란 한마디로 특정의 사회적 장면에서 자신의 정체성을 보여주고 그것을 목도하는 참여자들의 노력에 의해 야기되는 '진행 중인 성취ongoing accomplishment'다. 그러한 성취를 통해 순간적인 "통과passing"가 일어나며, 그 '통과'가 성공적이라면 그 순간만큼, 혹은 다른 이상한 징후가 발생하

19　Erving Goffman, *Relations in Public*, p. 282.

기 전까지 당사자들은 그 성취의 결과를 향유할 수 있다.[20] 이런 관찰을 그대로 '정상성'에 도입할 수 있는데, 어떠한 '정상적 외양'이라도 임시적이고 찰나적이며 고정적이지 않고, 인간들의 구체적인 노력이 경주된 실제 행위에 근거하고 있음을 이 관찰을 통해 간파하게 된다.

이렇게 볼 때, '정상적 외양' 속에도 자칫하면 그것의 외양이 붕괴될 위험이 늘 도사리고 있다는 점이 자연스레 도출된다. 이 점은 위험의 가능성과 징후는 항상 그리고 당연히 '비정상'의 관할 하에 있다고 믿는 일반적인 시각들이 터무니없음을 말해준다. 즉, 매 순간을 위태위태하게 통과해나가야 한다는 의미에서의 '정상성'이 지닌 위험성의 인식은 '정상'과 '비정상'을 가르는 분명한 경계에 대한 환상에서 벗어나게 하고, 동시에 행위자들 간의 지속적인 성취에 의해 '정상성'이 임시로 불안하게 유지된다는 사실을 통해 '정상성'이 어떤 것에 본질적으로 내재해 있다고 보는 견해는 설득력을 잃게 된다.

위에서 논의한 네 가지 사항을 통해 다음의 결론이 도출된다.

① '정상성'과 '비정상성'은 "선험적"이지 않다.[21] 다시 말해 그것들은 "사물 그 자체에 주어진 것이 아니다."[22] 그러면 '정상성'이란 결국 무엇인가? 그것은 단지 한 사회가 지닌 '집합의식'으로 구별된다. 그리고 그 '집합감정'이란 그 사회가 지닌 "일반적인 경향generality"[23]을 말한다. 결국 그 "일반성"이 '정상'과 '비정상'을 가르는 잣대가 된다.

② 그런데 "일반성"이란 단지 특정의 한 사회나 집단에 국한될 뿐, 모든 사회에 걸쳐 '일반적'인 것이라고 볼 수 없다. 그렇게 여기는 것은 그야말로 "환상"[24]이다. 다시 말해 '집합의식'의 '일반성'이란 사회마다 그 내

---

20 Harold Garfinkel, *Studies in Ethnomethodology*(Englewood Cliffs, NJ: Prentice-Hall, 1967), p. 184.
21 Emile Durkheim, *The Rules of Sociological Method*, p. 90 참조.
22 같은 글, p. 104.
23 같은 글, p. 104.

용이 다르다. 또한 '집합의식' 자체의 '사회성' 때문에 그것은 한 사회 안에서조차 부침을 거듭한다.

③ 결국 '정상'과 '비정상'은 절대성이 아닌 상대성의 문제다. 한 사회 내에서 정상적인 것이 다른 사회에서는 비정상적인 것으로 간주될 수 있다는 말이다.[25]

이제 이런 결론에 유의하면서 '이방인'의 논의로 되돌아가보자. 위에서 결론으로 이끌어낸 사회학적 통찰들은 토박이들에 의해 이른바 '비정상'으로 규정된 '이방인'의 눈에는 고스란히 그리고 자연스럽게 펼쳐진다. 전문 사회학자들에 의한 정교한 관찰과 탐구 없이 '이방인'들 역시 그런 통찰을 얻게 되니 참으로 기이하지만 엄연한 사실이다.

우선 일반인들과 달리 세심한 사회학자들이 '정상'과 '비정상'을 구분하는 데 당황하는 것처럼,[26] '이방인'도 그것을 구분하는 데 당황한다. 왜냐하면 '이방인'은 뒤르케임 같은 이가 후학들에게 행한 권고—'정상'과 '비정상'을 구분하는 데 있어 자신이 속한 사회나 집단의 잣대를 가지고 자기 것은 좋으며 다른 것은 나쁘다고 하는 "만연된 습관"을 버려야 한다[27]—를 그대로 수용하는 충실한 학생처럼 보이기 때문이다. 그런데 '이방인'은 뒤르케임이 그런 권고를 하기 전부터 이 세상에 존재했었고, 더구나 뒤르케임을 모르는 사람이 대부분이다. 하지만 기이하게도 '이방인'은 뒤르케임이 진정한 사회학자라면 버리길 원했던 그런 그릇된 경향을 자연스레 폐기처분한 듯 보인다. 이곳과 저곳을 다양하게 경험한 '이방인'은 '정상'과 '비정상'이 본질적인 것이 아니라 단지 그렇게 "불리는 것뿐"[28]임을 감지해낸다. 말하자면 어떤 것도 진실로 큰 것이나 작은 것을 구분

---

24   같은 글, p. 95 참조.
25   같은 글, pp. 90-91 참조.
26   같은 글, p. 95.
27   같은 글, p. 92.
28   같은 글, p. 92 참조.

할 수 없는, 즉 '정상'적이고 '비정상'적인 것을 구분하기 힘든 '도토리 키 재기'라는 것을 간파하게 된다. 따라서 '이방인'에게 '정상'과 '비정상'은 '숙명'이라기보다는 시간의 연속선상에 놓인 일회적이고 일시적인 '사건 aevum'[29]으로 보일 뿐이다. 즉, 그에겐 '정상'과 '비정상'을 나누는 일이 하찮은 '이름짓기놀이'에 불과한 것으로 여겨진다.

'이방인'이 이러한 시각을 견지할 수 있는 것은 다음의 이유 때문이다. 이 세계와 저 세계를 넘나든 그는 무의식적으로 혹은 세심한 주의를 기울이지 않고서도, 그가 지나온 삶의 궤적과 경험만으로도 '정상'과 '비정상'을 가르는 기준이 곧 어떤 사회나 집단이 보유한 거대한 하나의 사고(뒤르케임의 용어로 '집합의식')임을 직관적으로 눈치채게 된다. 그렇게 되면 한 사회에서 신줏단지처럼 여기는 것들이 '이방인'에겐 별것 아닌 듯 희석되고 무화無化되며 탈신비화된다. 즉 그것들은 '이방인'에 의해 본연의 모습이 드러난다. 이것은 확실히 '이방인'이 복수複數의 세계를 지나쳐오는 동안 겪게 되는 모든 정신적·육체적 곤란과 고초 그리고 고통의 눈물겨운 보상이다. 이런 태도를 견지하면 할수록 '이방인'은 그에게 일견 낯선 것일지라도 더욱더 포용하려 드는 태도, 즉 이질성에 대한 '관대성'(관용)을 지니게 된다. 그는 이질적인 것을 '비정상'적인 것으로 여겨 무조건 배척하려 들지 않고, 그것에 호기심을 가지고 덤벼들며 도전하고, 심지어 가능하다면 자신의 일부로 용해시켜 수용해내야만 하는, 즉 뭔가를 얻어낼 것이 있는 대상으로 인식한다. 그런데 바로 '이방인'의 이러한 태도가 토박이들에겐 더 이상하고 비정상적인 것으로 비친다. 그 이유는 가뜩이나 '이방인'이 이상하게 여겨지는 마당에 설상가상으로 그가 자신들의 것을 스스럼없이 대하거나 받아들이려 한다는 것에서 토박이들은 고개를 갸우뚱거릴 수밖에 없기 때문이다. 말하자면, 토박이들에

---

29   Michel Foucault, *Madness and Civilization*, p. 28.

겐 그런 태도를 보이는 '이방인'이 "간도 쓸개도 없는 자"로 보일 것이다. 그 까닭은 토박이들에겐 자신들이 속한 집단의 모든 것이 유일무이한 것으로, 즉 범접할 수 없는 거대한 "우주cosmos"로 보이는 데 반해, '이방인'들에게선 자신들이 세계에 대해 갖고 있는 충성심을 눈곱만큼도 찾아보기 힘들기 때문이다.

3. '비정상'이 회피되는 몇 가지 중요한 이유

위에서 언급했다시피, '비정상'은 흔히 광기, 일탈, 범죄, 정신병, 부도덕, 악, 동물성(짐승) 등의 범주로 분류되어 혐오의 대상이 된다. 즉, '비정상'은 자칭 자신들이 '정상'이라고 굳건히 믿는 자들에 의해 폄훼와 비난, 회피와 배제의 대상이 된다는 이야기다. 그리고 이러한 상태는 특정 집단의 토박이들이 '이방인'에게 일반적으로 취하는 태도와 매우 흡사하다.[30]

그렇다면 자칭 '정상'의 부류에 속하는 자들이 '비정상'을 배타적으로 밀어내는 경향을 보이는 이유는 무엇일까? 그 주된 첫째 이유는 놀랍게도 배척하는 자, 즉 바로 자신들 때문이다. 이를 비유적으로 표현하면, 힐난의 대상을 가리키는 손가락은 검지 하나이지만 나머지 네 손가락은 모두 비난하는 사람 쪽으로 향해 있는 것과 마찬가지다. 한마디로 비난할 때조차 토박이들의 관심은 애초부터 '비정상'의 부류에 속하는 자들에게 가 있지 않다. 그들의 진정한 관심은 바로 자신들에게 쏠려 있는 것이다. 이를 '이방인'이 등장하는 삽화를 통해 구체적으로 살펴보자.

① 우선 자신들을 '정상'이라고 굳건히 여기고 있는 토박이들도 자신들이 '이방인'에겐 '비정상'으로 보일지 모른다는 그림을 어렴풋하게 그릴 가능성이 높다. 만일 이것이 현실화된다면 토박이들을 불쾌하게 만들 것은 명약관화하다.

② 토박이들에게 있어 '이방인' 혹은 '비정상'은 일상적인 '행동'에 지대한 거침돌로 인식된다. 어떻게 해서 그런 일이 벌어질까? 한마디로, 토박이들은 자신들이 일상적으로 행하는 모든 행동, 굵직굵직한 것에서부

---

30 이방인을 괴물과 신으로 비유한 논의에 대해서는 Richard Kearney, *Strangers, Gods, and Monsters: Interpreting Otherness*(New York, NY: Routledge, 2003)를 참조할 것.

터 자잘한 것에 이르기까지 그런 행동의 '이유'들이 '이방인'에 의해 근거 없는 것으로 왜소화되거나 무시됨으로써 심각하게 침해당한다고 느낄 가능성이 높다. 왜냐하면 '이방인'은 토박이들이 당연히 여기는 것들에 대해 곧잘 의문을 제기하고, 나아가 흔하게 혹은 눈에 띄게 토박이들이 행하는 방식과는 다른 방식으로 행동할 수 있기 때문이다.

여기에는 부연이 필요하다. 뒤르케임이 날카롭게 지적했듯이, 토박이들이 '정상'과 '비정상'을 가르는 주된 이유는 바로 자신들의 일상의 '행위'를 좀더 용이하게 하려는 다분히 편의적인 고려 때문이다. 토박이들은 어떤 행위를 할 때 그것을 '어떻게' 하는가도 알아야 하지만, 적어도 그것을 '왜' 해야만 하는지에 대한 이유도 파악하고 있어야 한다. 그래야만 비로소 그 일을 하는 데 당당해지며 더 수월하게 진행할 수 있기 때문이다.[31] 즉, 토박이들은 '정상'과 '비정상'을 가름으로써 자신들이 행하는 '행위'들을 정당화시킬 수 있다. 그런데 멀리 있는 '비정상', 그래서 추상적인 '이방성'은 자신들의 행위에 아무런 영향을 미치지 않기 때문에 (다시 말해서 자신들의 행위의 정당성이나 이유에 직접적으로 아무런 토를 달지 않기 때문에) 토박이들은 그것에 대해 일단은 관대한 듯 보이지만, 자신들의 울타리 내에서, 그것도 자신들의 코밑에서 알짱거리는 '비정상'과 '이질성', 즉 매우 근접한 '이방인'은 골치 아플 정도로 자신들이 하는 행위에 거치적거리며 성가실 수 있기에 "민감하게 반응"하는 것이다.[32] 요약하면 토박이들은 자신들이 당연시하는 세계, 집합의식, 그리고 공공의식 등이 '이방인'에 의해 지대하게 흔들리는 것을 감지하게 되고 그것은 불편과 불안을 초래한다. 이것을 방지하고자 '이방인'을 배척하려 드는 것은 그들 입장에서는 아주 당연한 일이다.

③ 토박이들은 또한 자신들 집단의 사기 진작과 응집력 증대를 위해

---

31 Emile Durkheim, *The Rules of Sociological Method*, p. 94.

32 같은 글, p. 100.

'이방인'을 배척할 수도 있다. 이때 '이방인'은 안타깝게도 일종의 '희생양' 이 된다. 이 '희생양'을 통해 토박이 집단은 정화되고, 흐트러졌던 기강이 고양됨으로써 결속력이 공고해진다.

이제까지 논의한 '이방인'(혹은 '비정상')이 배척되는 첫 번째 이유가 '거시적'인 것이었다면, 지금부터 열거할 몇 가지는 '미시적' 시각에서 파악된 것이라 할 수 있다. 그러면 이 점에 주의하면서 나머지 이유들을 살펴보자.

둘째 이유는 앞서 논의한 고프만의 지적, 즉 '정상성'은 '상황의존적' 이고 '사회적'인 문제라는 주장에 기초한다.[33] '정상성' 자체는 고정된 것이 아니고 인간들 노력의 산물로서 생성, 유지, 변화, 사멸하는 것이다. 즉, 그것의 본질은 '부실성不實性'이다.[34] 이러한 위태위태한 '정상성'을 유지하기 위해서는 특정 사회적 장면의 참여자들이 행해야 할 몇 가지 중요한 사안이 있는데, 그 하나는 "나는 지금 특정 상황을 '정상적'으로 유지해나갈 용의가 있다"는 것을 타인에게 보여줄 "결정적 단서(증거)"[35]를 그 장면에 참여하는 자 모두가 서로에게 제시해야 하며, 그 "결정적 증거" 들을 상호 간에 "끊임없이 감찰constant monitoring"[36]해야 한다. 이러한 일상인의 간단없는 지난하고 고된 작업을 고프만 같은 이는 "현상학자의 세밀한 관찰"에 비유하고 있다.[37] 서구사회에서는 산책길에서 우연히 마주치는 사람들끼리 "안녕"이라는 인사를 주고받는 것이 일상화되어 있는데, 이는 완전히 낯선 타인끼리 "나는 적어도 지금 너에게 어떠한 위협도 가할 의사가 없다"는 것을 제시하는 "결정적 증거"의 훌륭한 예가 된

---

33 Erving Goffman, *Relations in Public*, p. 355.

34 Peter L. Berger, *The Precarious Vision: A Sociologist Looks at Social Fictions and Christian Faith*(Garden City, NY: Doubleday, 1961); Peter L. Berger, *Invitation to Sociology: A Humanistic Perspective*(Garden City, NY: Doubleday, 1963).

35 Erving Goffman, *Relations in Public*, p. 244.

36 같은 글, p. 242.

37 같은 글, p. 259.

다. 혹은 그런 짧은 인사가 교환되지 않더라도, 멀리서 다가오는 타인의 손에 아무것도 없는 것보다는, 그의 손에 아장아장 걸음마하는 어린아이의 손이 잡혀 있다든지 혹은 그 동네의 유명한 커피집의 종이컵이 들려 있는 것이 눈에 들어온다면 그와 마주치는 사람은 더 안심할 수 있을 것이다. 이렇게 볼 때, 일상인들은 멀리 있는 자나 가까이 있는 주위 모든 타인에게 촉각을 곤두세우고 있는 전장의 척후병과 같다. 그런 감찰을 통해 혹여 있을지 모를 잠재된 '위험성'과 심각한 상태는 미연에 어느 정도는 방지되지만, 그렇다 해도 잠시 한눈을 팔라치면 그 '정상성'은 이내 '혼돈'으로 돌변하고 만다. 그만큼 우리의 '정상적 외양'은 취약하기 그지 없는 것이다.[38]

그런데 한 사회 내에서 특정 사안이나 사물, 대상을 두고 그것에 기대된 행동, 신념, 태도 등에 완전히 익숙지 않은 자들, 즉 '이방인'은 '정상적 외양'을 유지시키는 구체적인 방법들—구체적으로 "결정적 증거"의 제시와 그에 근거한 "지속적 감찰"—에 토박이들보다는 훨씬 더 서툴기 마련이다. 사회적 안정성과 정상적 외양 그리고 질서의 본질적 측면에서 관찰해볼 때, '이방인'은 바로 그 구체적인 방법들을 구사하는 데 '서툴기' 때문에 그들은 '비정상'으로 찍히기 쉽다. 이를 다른 식으로 생각해보면, '이방인'은 사회적 안정성과 정상적 외양 그리고 질서를 침해할 가능성이 극히 높기 때문에 '비정상'으로 낙인찍힐 수 있다는 것이다.

이와 관련하여 또 하나 논의해야 할 것이 있다. 고프만이 보여주듯 일상의 '정상적 외양'에 문제가 생겨나면 일상인들에겐 바로 "각성"(의식)이 일어나고,[39] 그러면 개인은 지금 그가 하는 '행위'가 자연스럽고 정당한 그래서 진정한 것이라는 개념은 사라지고 단지 남에게 보여주기 위한 의식적이고 가식적인 "쇼show"라고 여기기 쉽다.[40] 그런데 이러한 자각의

---

38 같은 글, pp. 283-284.
39 같은 글, p. 270.

발생은 행위자에겐 무척 피곤한 일이다. 왜냐하면 자신의 가장 자연스런 행위를 원치 않게 어느 순간 '이화異化', 즉 낯설게 하고 있기 때문이다. 즉, 그는 행위를 하는 동안 행위의 확고부동한 주체가 아니라 그 행위 밖에 머무는 제3자로 의식하게 되는 것이다. 이것은 그에겐 극히 이상한 경험일 뿐만 아니라 결국 그를 견디기 힘든 혼란 속으로 몰아넣는다. 따라서 토박이들은 이런 상황을 초래할 여지를 다분히 안고 있는 '이방인'을 마음 깊숙이 배척할 가능성이 높다.

셋째로, '이방인'이 배척받는 또 다른 이유는 '정상적 외양' 속에 감추어져 있는 위험성의 소지—이것은 겉으로 쉽사리 드러나지 않는다—를 '이방인'(혹은 '비정상' '이질성')이 쉽게 노정시킬 수 있기 때문이다. 그것은 두 번째 이유에서 논의했던 것과 유사하게, 토박이들의 신경을 거스르는 일이고 그들의 심리적 불편과 불안을 야기한다. 이것은 구체적으로 두 가지 사안으로 나누어 살펴볼 수 있다. 그 하나는 한 사회가 지닌 '암묵적 지식'과 관련된 것이고, 나머지 하나는 '규칙'과 관련된 것이다.

① 한 사회나 집단에는 행위의 지식과 관련하여 두 가지 지식이 존재한다. 명백하게 문서화된 지식, 즉 '명시적 지식'과 그렇지 않은 지식, 즉 '암묵적 지식'이 그것이다. 문제는 '명시적 지식'은 토박이뿐만 아니라 '이방인'들에게도 노출될 수 있고, 그래서 '이방인'들도 토박이들 못지않게 그것을 충분히 습득할 수 있지만, 후자는 상황이 무척 다르다. 다시 말해 겉으로 드러나지 않는 지식을 '이방인'이 완전히 습득하는 것은 그 규모면에서나 깊이 면에서 결코 만만한 일이 아니다. 그 이유는 그것이 '이방인'에게 드러내는 일정 부분은 마치 물 위에 떠 있는 빙산의 일각처럼 미미하기 그지없기 때문이다. 따라서 '이방인'이 접근 가능한 특정 사회의 '암묵적 지식'은 토박이들의 그것과 비교해볼 때 절대적으로 부족하다.

---

40 같은 글, p. 282.

그런데 이것은 바로 특정 사회—특히 '이방인'이 속하고 싶어하는—를 '이방인'이 살아나가는 데 있어 지대한 결함이 될 뿐만 아니라, 거꾸로 그가 결함을 지닌 만큼 '이방인'은 그 사회에 위협적인 존재가 된다. 왜냐 하면 명민한 사회학자들이 보여주는 사회의 안정성, 질서, 그리고 정상성 은 법이나 그것을 집행하는 경찰에 의한 것이라기보다는 사회 성원들(토 박이)이 보여주는 '암묵적 지식'에 의거한 "암묵적 타협(교섭)tacit bargain"[41] 에 의한 것이기 때문이다. "현재의 상황과 장면은 이러저러하게 이끌고 나 가면 아무 문제 없을 것"이라고 하는 사회 성원들의 믿음과 실제적인 타 협 및 행위는 그 순간의 사회적 장면의 안정성, 정상적 외양, 질서를 창출 하는 것이다. 그런데 이러한 '암묵적 지식'과 '타협'에 기초한 정상적 외양 과 질서 창출에 '이방인'은 그의 근본적인 한계로 인해 서툴 수밖에 없고 이는 치명적인 결함으로 작용할 수 있다. 그것은 바로 토박이들에겐 그들 이 속한 사회의 근간을 뒤흔드는 것—다시 한번 말하지만 '이방인'이 흉 악한 범죄를 저질러서가 아니라, 이 일상적인 사회적 삶의 '미묘한 것들' 에 '이방인'이 어설프게 덤벼들기 때문이다—이며, 극히 위험한 것으로 간주된다. 왜냐하면 흉악 범죄야 단죄를 통해 끝나지만, 이 경우는 그냥 놔두면 그들의 사회가 끝장날 수 있기 때문이다.[42]

② 또한 언제나 위반될 소지가 있는 사회의 '규칙'에 대한 '이방인'의 태도는 토박이들에게 비난의 대상이 된다. 기본적으로 특정 사회의 '규 칙'에 대해 '이방인'이 견지하는 태도는 토박이들의 그것과는 확연히 다 르다. 이 말은 '이방인'들이 규칙을 깨는 자로서 범죄자가 될 소지가 토박 이들보다 높다는 게 아니다. 여기서 말하는 것은, 앞서 '비정상'에 대해

41　이 용어는 고프만에게서 빌려왔다. Erving Goffman, 같은 글, p. 330.
42　사회질서와 정상적 외양성의 창출 및 유지가 '암묵적 지식'에 의한 것이라는 날카로운 통찰 에 대해서는 가핑켈의 '위반실험breaching experiment'을 볼 것. Harold Garfinkel, *Studies in Ethnomethodology.*

'이방인'이 취하는 태도가 토박이들과는 큰 차이가 있음을 살펴보았듯이, 마찬가지로 '이방인'은 특정 사회의 '규칙'을 절대적인 것으로 받아들이지 않는다는 사실을 말한다. 즉, 그에겐 단지 "이 사회엔 이런 규칙, 저 사회엔 저런 규칙이 있을 뿐"이다. 따라서 특정 사회의 규칙을 위반하는 것에 대해서도 '이방인'은 토박이들과는 조금 다른 태도를 취한다. '이방인'은 토박이들처럼 흥분하거나 분개하는 일이 좀처럼 드물다. 이런 '이방인'의 태도는 토박이들의 분노를 사고 만다. 그도 그럴 것이 토박이들은 자신들의 집단과 사회의 '규칙'을 고의적으로든 아니든 위반했을 때 잘못했다고 시인하고 변명하며 사과하고 용서를 구하는 데 반해,[43] '이방인'은 이런 절차를 수행하는 것에 아예 무지하거나, 하더라도 서툴고 더딜뿐더러 성의를 보이지 않기 때문에 토박이들에겐 참을 수 없는 폐륜으로까지 여겨질 수 있다. 왜냐하면 '규칙'이란 위반될 수 있다는 것을 인정하는 토박이들이더라도 '규칙' 자체는 해명, 사과, 용서를 구하는 절차를 통해 다시 그 늠름한 위용을 지켜나갈 수 있으며, 그러면 결국 위반이 일어났더라도 특정 사회나 집단이 여전히 건실하다는 것을 반증 혹은 확신시켜주는 또 다른 기회라고 믿기 때문이다. 영화배우 최모 씨는 노인을 폭행했지만, 진심으로 그랬든 아니든 간에 "내가 미친 X다. 그때 잠시 정신이 나갔던 모양이다. 연예활동을 접고 산으로 들어가겠다. 용서해달라"고 함으로써 훼손된 한국사회의 노인 공경이라는 '규칙'이 다시 정상적인 위치를 찾아간다. 하지만 성화 봉송과 관련해 중국 유학생들이 서울에서 백주대낮에 행한 한국인 폭행을 두고 "거기에 잘못이 없었다"고 중국 정부가 발표하는 순간 한국인들의 분노를 자극하고 만다. 이는 중국 정부나 유학생들이 규칙을 위반했을 때 취하도록 마련된 절차를 무시하고 생략했기 때문이다. 그런데 '이방인'은 '규칙' 위반 시 위의 두 가지 예 가운데

---

43 고프만은 규칙 위반 시 "해명, 사과, (용서) 요청"의 절차를 일상인들이 밟는다고 보고하고 있다. Erving Goffman, *Relations in Public*, p. 350.

후자를 택할 가능성이 높고, 이는 토박이들에게 참을 수 없는 사태로 여겨진다. 다시 말해, '이방인'은 토박이들이 행하는 그런 절차들에 서툴거나 그것을 아무 생각 없이 건너뛸 수 있다. 그는 토박이들 집단의 명시적이거나 혹은 암묵적인 '규칙'을 잘 모를뿐더러 '규칙'을 위반했을 때 그것이 얼마나 잘못된 것인가에 대한 인식이 부족하기 때문이다. 그것은 그들이 지능이 모자라서가 아니라 위반된 '규칙'에 대한 이른바 '충성도'와 '절박감'에서 애초부터 토박이들과는 다른 성도를 보이는 것이다. 즉, '이방인'들은 토박이들이 하는 것처럼 '규칙'이 위반되었을 때 왜 그토록 수선을 피우는지 그리고 왜 꼭 그렇게 해야만 위기가 모면되는 것인지에 대한 절박한 인식도 부족하고, 또한 위기 모면을 위해 마련된 절차와 그것을 행하는 구체적인 기술적 행위 구사에 있어서도 소외되어 있다.

이러한 '이방인'의 태도는 고프만이 지적한 일상생활의 규칙 위반자로 낙인찍히는 정신병자의 태도와 아주 흡사하다. 정신병자들은 규칙을 위반해놓고도 정상인들이 하는 것처럼 "자신의 잘못을 감추려들거나 그 잘못을 의례를 통해 중화(무마)시키려는 노력"을 전혀 하지 않기 때문이다.[44] 이러한 정신병자의 행동은 이른바 정상인에게 "집단의 구성원으로 행동하는 것이 아니라 자기만의 세계에 갇혀 저 혼자 행동"하는 것으로 비치고, 이는 "고의성이 농후한 상황적 부적절성willful situational improprieties"으로 간주된다. 이것이 바로 이른바 정상인들에게 그리고 토박이들에게 '이방인'이 정신병자와 비슷해 보이는 중요한 이유 중 하나다.[45] 왜냐하면 정신병자가 일상생활의 "일탈자"이자 한 집단으로부터 "소외"되어 있는 것처럼,[46] '이방인'도 토박이들과는 다른 곳에서 왔으며, 가

---

44 같은 글, p. 355.
45 일상생활을 반추해볼 때 이 진술을 참이다. 대부분의 우리 일상인은 우리와 이질적인 행동을 하는 사람들을, 즉 다른 행동과 사고를 하는 사람들을 단순히 "저들은 우리와 다르다"고 인식하기보다는 "저들은 미친 정신병자다"라고 간주하는 만연된 습관을 가지고 있다. 확실히 우리 대부분의 일상인은 하루에도 몇 번씩 여러 명의 사람을 '미친 사람'으로 진단내리는 면허 없는 돌팔이 정신과 의사들이다.

치관과 세계관이 그들의 것과 다르고, 그들의 '규칙'에 대해서도 다른 태도를 지닌 것만큼 토박이들과는 무척 달라 일탈자로 보이며 그들에게서 멀리 떨어진 자들로 여겨지기 때문이다. 그러나 이러한 '이방인'의 태도와 토박이들의 인식은 토박이들이 영원히 견지하고 싶어하는 그 평온한 일상을, 애지중지하는 그 안온한 일상을 언제든 한순간에 뒤엎을 위험으로 받아들여지기에 '이방인'은 회피의 대상이 될 가능성이 큰 것이다.

---

46   Erving Goffman, *Relations in Public*, p. 355.

4. 옥시모론oxymoron: '비정상'의 '정상성'

앞 절에서 우리는 '비정상'이 왜 그토록 '정상'에 의해 비난과 배척 그리고 회피의 대상이 될 수밖에 없는지에 대해 '이방인'을 개입시켜 살펴보았다. 이 시점에서 '비정상' 혹은 '이방인'은 특정의 사회나 집단 혹은 그것들의 '정상성'에 위해를 가할 수 있는 존재인 것만은 분명해 보인다. 그런데 이것이 이야기의 끝은 아니다.

모순으로 들릴지 모르지만, '비정상'(혹은 토박이에 대한 '이방인')의 위험성에도 불구하고 '정상'에 '비정상'은 필요하다. 아니, '정상'이 그 필요성을 절감하기도 전에(물론 이런 일이 그리 흔하게 일어나진 않지만) 이미 '정상' 내에 '비정상'은 버젓이 진입해 있다. 어떻게 그런 일이 가능할까?

첫째로, '정상'이 그 자신을 '정상'으로 인식하려면 반드시 그것과 대칭되는 '비정상'이 전제되어야 한다. 그런 의미에서 '비정상'은 '정상' 내에—그것이 그런 사실을 인식하기도 전에—똬리를 틀고 있다고 볼 수 있다.

둘째로, 일찍이 뒤르케임은 "범죄는 정상적인 것이다. 왜냐하면 범죄가 없는 사회란 전적으로 불가능하기 때문이다"[47]라고 설파했다. 그의 언명에서 범죄를 '비정상'으로 대체해보라. 만일 뒤르케임의 위의 주장이 참이라고 받아들여진다면, 우리가 대체한 언술조차 참으로 받아들일 수 있기에 그런 일은 가능하다고 주장할 수 있다. 그런데 여기서 한 가지 조심할 것은, 뒤르케임이 주장하는 바는 그 언명의 액면가 이상이라는 점이다.

---

[47]   Emile Durkheim, *The Rules of Sociological Method*, p. 99.

① 우선 뒤르케임은 "범죄는 한 사회의 강력한 집합감정을 어기는 것"[48]으로 규정한다. 논리적으로 이 말은 곧 "어떠한 집합감정도 한 개인과는 정확히 일치할 수 없는 것이 정상"이라는 전제로 귀결된다. 그러한 전제는 곧 범죄, 일탈, 비정상, 그리고 그것으로 특징지어질 수 있는 이방적인 사고와 태도 및 행동 혹은 그런 부류의 사람들('이방인')이 존재하는 것이 정상임을 포괄한다. 이를 뒷받침이라도 하듯 뒤르케임은 다음과 같은 진술도 함께 제시하고 있다. "아주 보편적이고 절대적인 단일성은 완전히 불가능하다." 또한 "세상의 모든 이가 같게 되는 것은 불가능하다."[49] 여기서 '단(획)일성uniformity'은 서로 다른 개인이 하나의 몸이 된다는 것으로 이해해도 되고, 혹은 위에서 언급한 한 개인과 그가 속한 사회의 집합의식(감정)이 혼연일체가 된, 즉 통일성을 일컫는 것으로 이해해도 무방하다. 그 어느 경우에 있어서도 뒤르케임은 한 사회에서 일반적으로 통용되는 상식, 가치관, 세계관, 태도, 신념 등에서 일정 정도 '벗어난', 즉 거기서부터 '거리'를 두는 현상이 보편적이며 절대적인 진실이고 나아가 그것이 '정상'이라고 여기기 때문이다. 즉, 여기서 뒤르케임은 확실히 우리가 그동안 폄훼하고 비난하며 회피하고 배척해왔던 '비정상'에 긍정적인 재평가를 내리고 있고, 필자가 보기에 그것은 또한 뒤르케임이 '이방인'의 존재에 대해서도 조명하고 있는 것이다.

이러한 현상의 이해를 바탕으로, 뒤르케임은 '비정상'(범죄)이 '정상'적인 현상일 뿐 아니라 나아가 "필요하다"[50]고까지 서슴없이 주장하는 과감성을 보인다. 그런데 이러한 그의 주장에 일반인들은 의아해하는 것을 넘어 충격으로까지 받아들일 수 있겠지만, 그가 왜 그런 주장을 하게 되었는지 다음의 논의를 참고하면 그 충격을 완화시킬 수 있다. 뒤르케임

---

48 같은 글, p. 99.
49 같은 글, p. 100.
50 같은 글, p. 101.

은 결론적으로 '비정상' 혹은 범죄가 한 사회를 "건강"하게 만든다고 믿기에 그것들이 사회에 필요하다고 주장한다.[51] 어떻게 그것이 가능할까? 이와 관련된 논의에서 뒤르케임이 주목한 것은 바로 범죄자의 "독창성 originality"이다.[52] 그가 보기에 그것은 "도덕성과 법의 정상적 진보"[53]를 위해서 꼭 필요하다. 왜냐하면 현 상태의 법과 도덕으로 만족하고 그것에만 충실한 사회는 더 이상의 발전을 허용하지 못할 만큼 "유연성" 없이 결정화되기 때문이다.[54] 그러한 한 사회의 경직성과 공고성, 그래서 거기서 오는 숨막힘에서 벗어나게 하는 데 '비정상'(범죄)은 반드시 필요하다는 것이다. 이는 그것이 그런 경직된 사회의 돌파구를 마련해줄 유일한 가능성으로 여겨지기 때문이다. 하여 그는 소크라테스의 예까지 들면서, 당대에는 "범죄자"로 단죄되었던 소크라테스 역시 "미래의 도덕성을 위한 일종의 선구자"[55]였다고 추켜세우고 있다.

뒤르케임의 이런 주장을 '이방인'에게 그대로 대입시켜보면 '이방인'의 필요성은 그의 존재가 지닌 특정 사회에 대한 위험성만큼이나 동등하게 부각되어야 할 것이다. 그 이유는 '이방인'으로 인해 그가 속하길 원하는 사회는 그것의 신비화된 껍데기를 벗고 그 본래의 모습을 드러내게 되며, 사람들은 이때 비로소 '우물 안 개구리'의 상태에서 벗어날 가능성을 확보하기 때문이다. 토박이들이 쌓아왔던 공고한 성은 위태위태해지고, 그 견고한 성이라는 위용 뒤에는 토박이들의 맹목적인 '믿음'이 떠받치고 있었다는 사실을 토박이들로 하여금 자각하게끔 하는 데는 '이방인'만한 존재가 없다. 즉, 그러한 '믿음'이 터무니없는 환상과 연결되었을 뿐만 아니라, 바로 그 환상에 기초해 현실이 건설되었다는 인식을 갖게끔 부

---

51 같은 글, p. 101.
52 같은 글, p. 101.
53 같은 글, p. 101.
54 같은 글, p. 101.
55 같은 글, p. 102.

추길 수 있는 존재는 '이방인'뿐이다. 그것을 자생적인 존재에게 기대할 수는 없다. 한마디로 말해, '이방인'이야말로 한 세계의 처음과 끝(한계)을 노정시키고 그런 상황을 필연적으로 만들 수 있는 유일한 존재이기 때문이다.[56]

---

[56] Michel Foucault, *Madness and Civilization*, p. 17 참조.

5. 인간적 고통의 변수

이제껏 '정상'과 '비정상'이 선험적으로 결정된 사안이 아니며 그것들은 사회·도덕적인 문제라는 것을 이른바 '비정상'으로 특징지어진 '이방인'의 모습과 병치시켜 살펴보았다. 구체적으로 이 장은 '정상'과 '비정상'의 경계가 분명치 않다는 것뿐만 아니라 왜 '정상'이 그토록 '비정상'에 대해 심한 거부반응을 나타내는지에 대해서도 살펴보았다. 또한 그럼에도 불구하고 사회세계에서 '비정상'의 존재가 어떻게 '정상'적이 되는지에 대해서, 나아가 이른바 '정상'적인 것 자체를 위해 '비정상'적인 것들이 왜 필요한지에 대해서도 짚어보았다. 이는 결국 이질적이고 기괴하며 '비정상'적으로 보이는 '이방인'이 이른바 자신들은 '정상'적이라고 주장하는 특정 사회 집단과 그곳의 토박이들에게 왜 반드시 필요한 존재인지에 대한 논의로 이어졌다.

확실히 이러한 논의가 우리의 사회적 삶에 대해 진지하게 성찰해볼 기회를 제공한다는 데, 이 글을 세심하게 읽은 독자라면 어지간히 동의할 수 있을 것이다. 그러나 이 모든 것을 차치하고서라도 우리가 반드시 주지해야 할 사안이 있는데, 이는 이 글이 야기할지도 모를 오해의 여지를 불식시키는 데 도움이 되기 때문이다.

그것은 바로 실제적인 인간적 '고통'에 관한 것이다. 혹자는 이 글의 성격이 '비정상'과 '이방성' '광기' 혹은 '정신병'과 '범죄'에 대한 무조건적인 옹호라고 잘못 판단할 수도 있다. 그럴 오해의 여지를 이 장이 안고 있는 것 또한 부인하기 힘들지만, 어쨌든 그와는 정반대로 이 글은 '정상'이든 '비정상'이든 가리지 않고 그것들이 야기할 수 있는 "실제적인 인간적 고통"에 주목하고 있다. 이때의 '고통'이란 폄훼와 비난, 혐오와 증오, 미움과 배타가 낳을 수 있는 모든 종류의 육체적 그리고 정신적 '고통'을 의미한다. 그것을 조금이나마 덜어내는 것이 필자의 감춰진, 아니 명백한 의도다. 따라서 '정상'과 '비정상'에 대한 필자의 개인적인 태도는 그야말로 불편부당하다는 것이 강조되어야 한다. 이는 위대한 사회학의 선구자 뒤르케임의 사상 노선과 맥을 같이한다.

뒤르케임이 일견 '비정상'을 옹호한 듯 보이는 것은 패권을 차지하려는 쟁탈전에서 자칫 '정상'만의 배타적 옹립으로 벌어질 '고통'의 증가를 참지 못해 전략적으로 균형 있게 '비정상'에 강조점을 두었기 때문이다. 하지만 분명한 것은 그가 '정상'의 설립 시도 자체를 혐오한 것은 결코 아니라는 점이다. 만일 그러했더라면 뒤르케임은 '반-사회-주의자'[57]였을 것이다. 그러나 그는 개인에게 사회가 필요함을 역설했기에 '반사회주의자'는 결코 아니다. 이러한 그의 태도는 '범죄'에 대한 그의 세심한 각주에 그대로 드러나 있다. 그의 언급에 내포된 의미는 아주 명백하므로, 또한 그의 의도와 필자의 의도가 평행선을 달리지 않기에, 필자는 여기서 그의 말을 대신해서 끝을 맺고자 한다.

비록 범죄는 정상적인 사회학이라면 감지해낼 하나의 정상적인 사실이긴 해도, 그 말이 곧 우리가 범죄를 혐오해서는 안 된다는 것을 일컫는 것은 아니다. 고통 그 자체가 선호할 것이 아닌 것처럼 범죄도 선호할 것은 아니다. 사회가 범죄를 혐오하는 것처럼 개인도 고통을 달가워하지 않는다. 그렇지만 분명코 고통은 생리적인 차원에서 볼 때

---

[57] 공산주의와 대체되는 용어로서의 사회주의socialism를 의미하지 않는다는 데 주의할 것. 이에 대한 자세한 논의로는 다음을 참조할 것. A. Giddens, *Durkheim on Politics and the State*(Stanford, CA: Stanford University Press, 1986), p. 13; Gianfranco Poggi, *Durkheim*(Oxford: Oxford University Press, 2000), pp. 4-5; Susan Stedman Jones, *Durkheim Reconsidered*(Cambridge: Polity Press, 2001), pp. 54-57, 120. 뒤르케임에게 있어 사회주의는 완전한 민주주의full democracy의 성취를 위한 하나의 수단이다. 이에 대해서는 Susan Stedman Jones, *Durkheim Reconsidered*, p. 58을 볼 것. 그래서 수전 존스는 뒤르케임이 옹호한 사회주의를 '민주적 사회주의democratic socialism'라고 명명한다. 민주적 사회주의는 전체주의적 정부, 또는 국민의 행동의 자유를 구속하는 것 등을 의미하는 공산주의적 사회주의와 구별될 뿐만 아니라 이를 맹렬히 비판하는 입장을 견지한다.

정상적인 기능이다. 고통은 모든 살아 있는 피조물의 바로 그 구성의 일부분일 뿐만 아니라 생명체에 있어 유용하고 대체할 수 없는 역할도 담당한다. 따라서 이런 사실을 바탕으로, 우리의 생각이 범죄를 변명하거나 옹호한다고 생각하는 것은 심각한 곡해임이 분명하다.[58]

58　Emile Durkheim, *The Rules of Sociological Method*, p. 107.

08

이방인과
현대인

1. 이산離散의 시대

　현대사회는 '이산의 시대'다. 물리적으로든 인지적으로든 그 어떤 차원에 있어서든 구심점 없이 서로 흩어져 살게 된 '이산의 시대', 해서 나라를 잃고 전 세계를 유랑하며 살았고 또 살아가는 특정 민족에만 적용되었던 이 '이산'이란 용어를 전통적 용법에만 국한시키기에는 무리가 있는 시대가 되었다.

　따라서 어디든 정주하지 못하고 그만큼 일시적이라고밖에 볼 수 없는 삶을 영위하는 현대인이라면 그가 어디에 있는 누구든, 이산의 시대를 살아가는 주역이라고 이름 붙인다 해도 크게 어폐가 되진 않을 것이다. 그런 점에서 이산의 시대의 주역인 현대인은 이방인이다. 물리적으로든 인지적으로든 세계 곳곳에 흩어진 이라면 누구나 그곳에 낯설어 하고 정붙이기가 여간 힘들지 않다는 것은 엄연한 사실이기 때문이다. 이 장은 죄다 이방인이 되어버린 현대인에 대한 이야기다.

　이 장에서는 필자가 앞서 전개했던 '이방인'에 대한 연구를 '이산의 시대'를 살아가는 현대인에게 접목시킬 계획이다. 이전 장들에서 필자는 인간 자체를 이방인으로 비유하는 작업을 집중적으로 시도했다. 한편 여기서는 이방인의 모습이 적용되는 범위를 한정해 한 인물군에 집중적으로 투사하고자 한다. 그 인물상은 다름 아닌 오늘을 살아가는 현대인이다. "어떤 점에서 현대인을 이방인으로 규정할 수 있을까? 어떤 측면에서 현대인이 이방인의 모습으로 묘사될 수 있을까?"라는 물음에 대한 필자 나름의 답안을 제시할 것이다. 이를 위해 현대인들에게 두드러지게 나타나는 다음의 두 가지 특징에 초점을 맞추려고 한다. 하나는 본래성本來性[1]의 추구이며, 다른 하나는 불안이다. 현대인이 지닌 이 두 가지 특징을 이방인의 모습과 중첩시켜 논의해봄으로써 본 연구가 애초에 상정했던 목적을 달성하고자 한다.

그런데 현대인을 이방인으로 묘사하려는 시도는 비록 체계적인 작업의 모양새는 띠지 않았어도 이미 시도되었다. 헬러Agnes Heller 같은 이가 그 예다. 헬러는 일시성을 담보로 하는 현대인은 바로 그 점에서 그가 어디에서 태어났든 상관없이 확실히 "이방인이요 국외자"라고 언급했다.[2] 그녀는 현대인들이 "그들의 유한성을 인식하고 있고 내세來世에 대한 신념을 상실했다는 점에서, 나아가 매일의 일상에서 인생의 무상함을 경험한다는 점에서 현대인 모두는 자신들이 지상을 방문한 방문객처럼 여길 공산이 크다"고 지적했다.[3] 인생의 유한성과 덧없음 그리고 내세에 대한 확신이 사라진 곳에서 인간은 자신이 처한 곳이 어디든 그곳에서 자신을 정착한 주인이라고 느끼기보다는 언젠가는 떠나야 할, 그래서 항상 떠날 채비를 하고 있는 손님처럼 자각하는데, 헬러가 볼 때 그런 통렬한 자각의 담지자가 바로 현대인이라는 것이다. 왜냐하면 그녀의 눈에 현대인은 그런 자각을 할 만큼 자신의 유한성과 인생의 덧없음 그리고 죽음 이후에 대한 아무런 확신 없이 그저 부초처럼 삶을 영위하고 있는 것으로 보이기 때문이다.

그러나 필자가 볼 때, 현대인을 이방인으로 간주한 헬러의 이러한 관찰은 철학자의 날카로운 직관에서 비롯된 사유의 소산으로 귀 기울일 가치가 충분함에도, 여전히 가려운 곳을 깔끔하게 긁어주기에는, 혹은 타는 갈증을 시원하게 해소해주기에는 미흡한 감이 많다. 즉, 필자는 그녀의 관찰에 동감하지만 여전히 목이 마르고 배가 고프다. 왜냐하면 그녀의 철학적 직관은 제반 사회적 상황과 연결시킨, 즉 인식의 지평을 확장시켜 현대인을 고려하지 않았기 때문에 현대인을 이방인으로 묘사하

1 　이 문제에 대한 좀더 상세한 논의는 맨 마지막 장인 14장에서 할 것이다.
2 　Agnes Heller, *A Theory of Modernity*(Malden, MA: Blackwell, 1999), p. 194.
3 　같은 글, pp. 194-195.

는 데 역부족이라는 한계를 안고 있는 것이다. 그래서 이 장에서 필자는 헬러가 건드리지 못했던 문제들을 거론하고자 한다. 과연 현대인은 이방인인가? 현대인을 이방인으로 묘사할 수 있는가? 그렇다면 그것을 가능케 하는 이방인과 현대인의 특징으로는 어떤 것이 있고, 또한 현대적 조건들은 무엇인가? 이런 질문들에 응답하는 것이 이 장의 목적이다.

2. 본래성을 찾아 나선 현대인, 그리고 이방인

　다른 시대의 그것들과 비교해볼 때 현대인은 참으로 독특한 면모를 지닌 인물로 묘사될 수 있다. 그런데 그가 그런 개성을 창출하게 된 데에는 자기 탓으로만 돌릴 수 없는 외적 요인들이 존재한다. 그것을 식자들은 현대적 조건이라 부른다. 다시 말해 현대 이전의 세계에서는 전혀 목도할 수 없었던 상황들이 전개되면서 현대인들은 그런 조건들 속에서 때로는 파묻혀서 때로는 그것들을 한껏 이용하면서 하루하루의 숨 가쁜 삶을 영위하고 있는 것이다. 그리고 현대인들의 그러한 생활 유형(습관)과 사고 속에서 현대적 조건은 지금도 유지되며 진행 중에 있다.

　뭐니 뭐니 해도 그러한 현대적 조건 중에 가장 주요한 요인은 과학과 기술의 눈부신 도약적 발전이다. 인간들에게 불을 전해주었기에 제우스의 분노를 샀던 프로메테우스는 그 벌로 묶여 있던 코카서스 산에서 이제는 완전히 풀려난 듯 보인다. 해서 프로메테우스는 태곳적 인간에게 안겨주었던 불 대신 이제는 지구 곳곳을 돌며 현대인에게 현란한 과학기술의 향연을 베풀고 있다고 할 정도로 현대인을 현대인이게 하는 조건 중 최고는 바로 과학기술의 비약적인 발전이다.[4]

　결박에서 풀려난 프로메테우스가 현대인에게 베푼 최고의 은전이라면 그것은 바로 그로 하여금 물리적(사회적/비사회적) 혹은 인지적 이동을 그 이전 어느 시대의 사람들보다 더 자유자재로 행하도록 해주었다는

4　역사학자 랜드스는 산업혁명 이후 과학기술의 발전과 전개를 "풀려난 프로메테우스The Unbound Prometheus"로 명명하며 현대가 과거에 비해 어떠한 변화와 변혁의 파고를 헤치고 진행해왔는지를 역사적으로 추적하고 있다. David S. Landes, *The Unbound Prometheus: Technological Change and Industrial Development in Western Europe from 1750 to the Present*(Cambridge: Cambridge University Press, 1969).

것이다. 즉, 고삐 풀린 '크리슈나의 수레juggernaut'[5]와 같이 현대인의 삶 속에 맹목적으로 돌진해왔던 근대성은 거기에 몸을 실은 현대인에게 아찔한 짜릿함을 맛보게 했는데, 그것은 그가 원하든 원치 않든 어디론가 그를 멀리 데리고 가는 것에서 오는 짜릿함이다. 그가 애초에 있었던 곳에서 벗어나 어디론가 물리적이거나 인지적으로 이동 가능한 현대인은, 해서 어리둥절할 수밖에 없다. 왜냐하면 극도의 짜릿함은 혼절까지도 유발할 수 있기 때문이다. 극심한 이동이 주는 변화로 인해 그는 도대체 자신이 이동한 곳이 어디인지 쉽게 가늠할 수 없을 정도로 거의 넋이 나가 있을 수밖에 없다.[6]

그런데 지금 우리가 이 대목에서 주목하는 것은 현대인이 겪는 이러한 어리둥절함과 혼란의 부정적 측면이 아니다. 오히려 그것이 주는 밝은 측면들이다. 그 이야기를 하기 전에 현대인들은 왜 그토록 혼란과 어리둥절함을 경험할 수밖에 없는지 언급할 필요가 있다. 온갖 물리적이고 인지적 이동은 일단 이동할 목적지를 전제로 한다. 그리고 그렇게 이동할 대상이 있다는 것은 인간이 처할 수 있는 대상이 한 개 이상 있다는 것을 의미하고, 인간 스스로가 그 사실을 자각하고 있음을 뜻한다. 인간이 처할 수 있는 다수의 거처, 즉 이동할 거처가 많이 있다는 것은 사회의 '다원화'라는 용어로 번역 가능하다.[7] 다원화된 사회는 인간들이 감행할 수 있는 모든 종류의 이동을 용이하게 한다.

그리고 다원화되면 될수록 인간의 이동도 증가할 뿐만 아니라, 그 속의 인간에게 경험되는 사회의 구체성은 점점 더 상실된다. 이동 중에 있

---

5   이 비유는 기든스에게서 빌려왔다. Anthony Giddens, *The Consequences of Modernity*(Stanford, CA: Stanford University Press, 1990), p. 139.

6   현대인이 외부 세계에 대해 경험하는 이러한 어리둥절함은 결국 그로 하여금 자기 자신으로 침잠하게 하는 결과를 낳는다. 현대인의 이러한 나르시시즘적 경향에 대해선 Christopher Lasch, *The Culture of Narcissism*(London: Abacus, 1980); Christopher Lasch, *The Minimal Self*(London: Picador, 1985)를 참조할 것.

는 인간의 눈에 보이는, 그가 접한 사회는 주마간산격의 사회이며 피상적이고 애매모호한 사회다. 그런 경향을 지더벨트는 현대사회의 '추상화' 과정이라고 한마디로 규정했다.[8] 그런 추상화된 사회 속에서 현대인은 그가 접한 사회를 그저 "살아가는 것"이 아닌 부딪혀 해결해야 할, 즉 "마주한" 대상으로 여기게 된다.

그런데 맞닥뜨린 사회가 추상적이면 추상적일수록, 그리고 세계가 다원화되면 될수록 인간들이 느끼는 혼란은 지대해진다. 이는 사회가 그만큼 불투명한 것으로 다가오기 때문이다. 그것이 불투명하게 경험된다는 것은 곧 향후에 자신이 어떠한 운신과 처신을 해야 할지 정확히 모른다는 것을 뜻하고, 자신이 할 행동의 성공 여부에 대한 확신이 그만큼 줄어듦을 의미하기에 이런 세계에 처한 현대인이 혼란과 어리둥절함에 노출되는 것은 받아놓은 당상과도 같다.

그러나 그러한 현대인의 혼란과 어리둥절함을 상쇄시키고도 남을, 혹은 그런 것을 일시적으로는 감지할 수 있지만 곧 망각하게 할 중요하고도 확실한 패를 근대성은 지니고 있다. 바로 선택과 자유라는 카드다. 먼저 다원화된 세계 속에서 인간은 자기 앞에 놓인 것들 중 마음에 드는 것

---

7 현대사회의 다원주의 혹은 다원화에 대한 연구 목록을 여기서 제시하는 것은 불가능할 뿐만 아니라 무의미한 일이다. 그 목록이 무척 방대하기 때문이다. 단, 이 장의 주제와 밀접한 관련이 있는 버거의 대표 저작 몇 가지를 소개해본다. 다원주의의 정의를 보려면, Peter L. Berger, *A Far Glory: The Quest for Faith in an Age of Credulity*(New York, NY: Anchor Books, 1992), p. 37을, 그 외의 심도 있는 다원주의의 논의를 원한다면 Peter L. Berger, "On the Obsolescence of the Concept of Honor," *European Journal of Sociology*, Vol. 11, 1970, pp. 339-347; Peter L. Berger, "Sincerity and Authenticity in Modern Soceity," *The Public Interest*, Vol. 31, 1973, pp. 81-90; Peter L. Berger, "Modern Identity: Crisis and Continuity," in *The Cultural Drama: Modern Identities and Social Ferment*, ed. Witon S. Dillon(Washington D.C.: Smithsonian Institute Press, 1974); Peter L. Berger, *The Heretical Imperativee: Contemporary Possibilities of Religious Affirmation*(New York, NY: Anchor Books, 1979); Peter L. Berger, Brigitte Berger and Hansfried Kellner, *The Homeless Mind: Modernization and Consciousness*(New York, NY: Vintage Books, 1974) 등을 참조할 것.

8 Anton C. Zijderveld, *The Abstract Society: A Cultural Analysis of Our Time*(Garden City, NY: Anchor Books, 1970).

을 골라내 잠시라도 향유할 수 있는 막중한 권한을 얻게 된다. 그리고 추상화된 사회 속에서 마주한 대상으로 여기는 것은, 때로는 그것을 엄청난 중압감과 강제성으로 경험함을 뜻하기도 하지만, 거꾸로 싫거나 귀찮다면 건너뛰거나 무시해 내칠 수 있는 것, 즉 자신이 쥐락펴락할 수 있는, 혹은 자신의 선택으로 대상의 운명을 결정지을 수 있는 호락호락한 것쯤으로 여길 가능성도 포함한다. 이 후자의 가능성은 과거 전통사회의 사람들은 전혀 맛보지 못한 것이다. 후자의 경우 존재감과 무게감은 사회가 아닌 인간에게 놓인다. 이는 정녕코 그저 "살아가야만 하는 것"으로서 사회를 감지할 수밖에 없었던 전통사회 사람들에겐 상상조차 할 수 없는 일이었다. 과거 사람들에게 사회란 숙명과도 같은 것이었기 때문이다.

어쨌든 현대인은 이러한 현대적 조건 속에서 독특한 모습을 보유하게 되었다. 이제부터 그에 대해 자세히 논의해본다. 먼저 현대인은 그 어느 시대에도 볼 수 없었던 '가능성의 인간'이다.[9] 이는 앞서 언급한 바 있는 숙명을 모토로 하는 과거 전통인의 모습과는 철저하게 대비된다. 어떠한 현대인도 자신이 태어난 바 그대로 생을 마치길 원하지 않는다. 설령 태어난 모습 그대로 살아가고 있는 사람이 있다 하더라도 그의 모습은 과거 전통인과는 큰 차이를 보인다. 왜냐하면 그는 특정의 모습을 '선택'해서 살아가는 것이기 때문이다. 과거의 농부는 태어나면서부터 농부이지만 현대의 농부는 비록 농부의 아들로 태어나 그가 농부가 되었다 해도 이는 선택의 결과다. 그에겐 선택할 무한한 가능성이 열려 있음에도 불구하고 그 자신이 농부가 되길 택했기 때문이다. 전통사회에서 농부는 농부라는 신분이 그를 선택했지만, 현대의 농부는 그 자신이 농부를 선택했다는 이야기다.

말하자면 현대세계에서 결정권은 인간이 쥐고 있다. 따라서 선택권

9　Peter L. Berger, *The Heretical Imperative*, p. 16, 28 참조.

과 결정권을 쥔 현대인에겐 무한한 가능성이 펼쳐져 있고, 그는 그 현기증 나는 가능성 앞에서 언제든 "바뀔 수 있는" 그런 "가변적 존재"일 수밖에 없다.[10] 수많은 대안 앞에서 그의 마음은 쉽사리 요동치기 때문이다. 말하자면 막강한 권력을 쥔 절대 권력자가 늘 변덕스럽듯 현대인은 과거 어느 시대 인간들보다 더 변덕스럽기 그지없다.[11] 그리고 그 변덕스러움은 이 세계와 저 세계를 넘나들며 자신에게 꼭 맞는 세상을 발견하려고 안달하는 이방인의 모습과 꼭 닮아 있다. 이방인이야말로 가능성의 인간 그 자체이며 가변적 존재의 전형이기 때문이다.

두 번째로 전통인에 비해 현대인은 '희생'과는 거리가 먼 인간으로 비친다.[12] 그 이유는 가능성이 충만한 인간과 변덕이 죽 끓듯 하는 인간에게 인내란 있을 수 없기 때문이다.[13] 많은 경우 인내란 희생을 전제로 한다. 다른 대안이 없다면 인내할 수밖에 없고 어떤 것을 하기 싫을 때조차도 할 수밖에 없는 희생이 반드시 뒤따르기 마련이다. 이혼과 같은 대안이 부재한 곳에서, 함께하기 싫은 배우자와의 결혼생활은 인내와 희생을 필수로 요구하듯 말이다. 그러나 이제 전통사회에서 고귀한 덕목 중 하나로 추앙받던 희생은 더 이상 존중되고 지켜야 할 덕목으로 간주되지 않는다. 전통사회에서 희생은 때로 '명예'라는 어휘로 탈바꿈했었다. 명예를 중시했던 과거에는 이것을 지키는 일이 곧 살아가는 중대한 이유 중 하나로 여겨졌다. 해서 어떤 희생도 감내해야 했고 그러한 행태는 무척

10　Peter L. Berger, "Modern Identity: Crisis and Continuity," pp. 172-173.
11　현대인의 이러한 임시적이고 즉흥적인 성향에 대한 날카로운 분석으로는 짐멜, 지더벨트와 버거 등을 참조할 것. Georg Simmel, *The Philosophy of Money*, tran. David Frisby(London: Routledge, 1978), p. 577; Anton C. Zijderveld, *On Cliché: The Supersedure of Meaning by Function in Modernity*(London: Routledge and Kegan Paul, 1979), p. 78; Peter L. Berger, *A Far Glory*, p. 126. 그리고 이에 대한 종합적인 논의로는 김광기, "양가성, 애매모호성, 그리고 근대성: 알프레드 슈츠의 '전형성' 개념의 응용연구," 『한국사회학』, 37(6), 2003a, pp. 1-32를 참조할 것.
12　김광기, "소설 속의 전통과 현대: 이문열의 '아가'에 묘사된 근대성에 대한 사회학적 소고," 『사회이론』, 25, 2004a, pp. 368-369.
13　김광기, "양가성, 애매모호성, 그리고 근대성: 알프레드 슈츠의 '전형성' 개념의 응용연구," p. 27.

당연하고 자연스럽기만 한 것이었다.

반면 현대에는 그러한 삶의 태도와 관념이 극히 어리석은 것으로 폄훼된다. 그래서 시집간 지 얼마 되지 않아 남편을 잃은 여자가 일부종사하겠다며 재가하지 않고 지내는 것은 친정이나 시집 어느 곳에서도 원치 않는 그런 일이 되었다. 다시 말해 가문이나 문중의 명예는 물 건너간 지 오래되었다. 그것은 낡아빠진 고리짝처럼 이제는 내다 버려야 할 그런 유의 것으로 치부되며 그 결과 명예는 쇠락의 길로 접어들고 말았다.[14] 그런데 명예가 쇠퇴의 길을 걷게 된 주된 이유는 바로 현대인 앞에 놓인 아찔할 정도로 많은 대안들 때문이다. 다른 가능성이 있음에도 유독 한 가지만 고집하는 것은 극히 어리석은 일로 보이는 것이다.

희생과는 높은 담을 쌓은 현대인의 모습은 또한 이방인의 그것과 몹시 닮아 있다. 이방인도 얼핏 희생과는 거리가 한참이나 먼 인물로 보이기 때문이다. 무엇보다 이방인에게 희생할 각오가 있었다면, 즉 그럴 일말의 기미가 조금이라도 보였다면 아마도 그는 애초에 그가 거했던 곳에서 벗어나지도 않았을 것이다. 그래서 혹자는 인내심과 충성심의 결여는 이방인의 타고난 천성이라고 단언하고픈 유혹도 들 것이다. 그런데 희생과 관련된 이방인과 현대인의 상동성에 대해선 부연이 필요하다. 뒤르케임은 일찍이 종교와 사회를 동등한 위치에 올려놓았고 양자를 서로 대체해서 사용할 수 있다고 했다. 왜냐하면 뒤르케임에겐 양자 모두 인간들이 서로 묶여 있는 것을 의미했기 때문이다. 그리고 그가 제시한 예리한 통찰은 양자 모두 제사와 믿음이 그것들의 구성 요소로 작용한다는 지적에서 빛난다. 하나는 종교적인 의례와 신앙이고, 나머지 하나는 세속적인 행동과 믿음이 구성 요소들로 작용한다고 뒤르케임은 역설했다.

그런데 지금 이 장에서 논의하고 있는 대목과 관련하여 뒤르케임이

---

14 Peter L. Berger, Brigitte Berger and Hansfried Kellner, *The Homeless Mind*, p. 81.

보여준 중요한 한 가지가 있다. 그것은 종교든 사회든 공히 인간들의 희생을 필요로 한다는 점이다.[15] 만일 희생이 없다면 종교든 사회든 온전히 배겨날 수가 없다. 종교적 제사와 신앙에는 숭배 대상에게 나갈 때 드리는 헌물과 헌신이라는 희생이 반드시 있어야 하며, 세속적 의례(행동)와 사고에서도 한 개인의 관심과 이해만을 추구하겠다는 것을 포기하는 희생이 뒤따라야만 함을 뒤르케임은 그의 유명한『종교생활의 원초적 형태』에서 힘주어 강조했다.[16] 따라서 뒤르케임의 사상을 받아들인다면, 희생과 거리가 매우 먼 이방인들로 가득 찬 세계는 결코 공고한 사회로 볼 수 없다. 여기서 공고함이란 인간들 사이의 끈끈한 연대와 결속감의 공유를 의미한다. 그것이 결여된 곳이 바로 현대사회이고, 그런 조건 속의 인간이 현대인이며, 그래서 그가 바로 이방인이라고 주장하는 것이 가능하다.

세 번째로, 희생하려 들지 않는 현대인은, 그에게 주어진 어떠한 역할이든 자기 자신이 바로 그것이라고 여기는 법이 없다. 즉 현대인은 자신에게 주어진 역할로부터 늘 일정한 '거리'를 확보한 자다. 역할로부터의 거리감을 확실하게 인식한 자, 그리고 그것을 통해 일정한 여유와 운신의 폭을 향유하는 자가 바로 현대인이라 할 수 있다. 물론 이러한 역할로 부터의 거리—고프만은 이를 '역할소원'[17]이라 불렀는데—를 느끼는 것은 어느 시대의 인간들에게나 가능한 인간 조건이다. 하지만 그것을 본격적으로, 직접적으로, 의식적으로, 나아가 능동적으로 경험하는 자는 누가 뭐래도 현대인이라고 할 수 있다.[18] 다시 말해, 현대인에 이르러서야 비로

---

15 Emile Durkheim, *The Elementary Forms of Religious Life*, tran. Karen E. Fields(New York, NY: Free Press, [1912]1995), p. 209, 330.

16 김광기, 『뒤르켐 & 베버: 사회는 무엇으로 사는가?』, 김영사, 2007c.

17 '역할소원role distance'에 대해선 고프만 Erving Goffman, *Asylums: Essays on the Social Situation of Mental Patients and Other Inmates*(Harmondsworth: Penguin, 1961a); Erving Goffman, *Encounters: Two Studies in the Sociology of Interaction*(Indianapolis, IN: Bobbs-Merrill, 1961b) 등을 참조할 것.

소 '역할소원'은 그들의 전유물이나 된 듯 급물살을 타기 시작해 이제는 그것을 거스르는 일이 도저히 불가능해 보일 정도로 현대인의 일상에 깊숙이 배태되어 팽배해 있다. 그리고 이방인 역시 '역할소원'이 그의 트레이드마크라는 의미에서 현대인을 이방인이라고 칭하는 데는 전혀 무리가 없어 보인다.

네 번째로, 자신에게 주어진 역할로부터 일정 거리를 두는 데 귀재인 현대인은 '무채색의 인간'이라고 부르기에 충분하다. 여기서 색이 없다는 것은 역할로 입혀진 색을 의미한다. 그 색들로부터 거리를 둔다는 것은 곧 무채색을 띤다는 말과 동일하다. 사회는 다양한 총천연색의 역할들을 보유하고 그것들을 사회 구성원들에게 채색하려 든다. 만일 그 덧칠이 성공적이고 그 칠을 당한 자가 그 역할이란 색에 충분히 만족한다면 그는 짐멜이 말한 "구별되는 사람distinguished person"이 된다.[19] 짐멜에 의하면 "구별되는 사람"은 특징, 즉 캐릭터(성격)를 가진 한 사회의 당당한 등장인물이 되는 것이다.

하지만 그 덧칠을 버거워하고 그래서 이를 달가워하지 않아 덧칠을 당하되 물을 많이 타 어설피만 덧칠을 당한 자는 그 희석된 칠로 인해, 그리고 선명치 못한 색감으로 인해 다른 이들과 구분될 수 없는 무채색의 인간으로 분하게 되는 것이다. 그 무채색의 인간은 오스트리아의 문호 무질Robert Musil의 소설 『특성 없는 남자』[20]에 나오는 주인공처럼 아무런 특성이 없는 그런 인간이다. 이때 현대인이 아무런 특성 없는 인간과도 같다는 말의 의미는 겉으로 슬쩍 보았을 때 그가 도대체 누구인지를 가

18   Kwang-ki Kim, *Order and Agency in Modernity: Talcott Parsons, Erving Goffman, and Harold Garfinkel*(Albany, NY: State University of New York Press, 2002); Peter L. Berger, Brigitte Berger and Hansfried Kellner, *The Homeless Mind*.

19   Georg Simmel, *The Philosophy of Money*, p. 390.

20   Robert Musil, *The Man without Qualities*, tran. Sophie Wilkins(New York, NY: Vintage Books, 1996).

늘하기 어려운 인간이란 뜻이다.[21] 또 그 말은 그가 도대체 누구인지 분간하기 힘들기에 그와 조우했을 때 그가 보일 행동을 전혀 예측할 수 없음을 의미하기도 한다. 다시 말해, 특성(질) 없는 인간, 즉 무채색의 인간은 항상 예측 불가능성이란 꼬리표를 달고 다니는 자다. 그런데 그런 이의 전형적 인물이 바로 현대인이며 또한 이방인이다. 하여, 이방인과 현대인은 이 점에서도 정확히 수렴한다. 한마디로 현대인은 그와 조우하는 타인들에게 "실체를 드러내지 않는 얼굴 없는 이방인"[22]이기에 현대인과 이방인은 같은 범주로 묶일 수 있는 것이다.

다섯 번째로, 무채색의 인간들은 타인과 구분됨이 없다는 바로 그 사실 때문에 극도의 익명성 속에 자신을 숨기는 이들이다. 그리고 그 익명성으로 도피한 인간은 자기에게 주어졌던 역할, 그들이 무척이나 알량하게 여겼던 역할로부터 거리를 두는 것도 모자라 이제는 박리剝離까지 감행하는 지경에 이른다. 그런데 역할로부터 박리된 자는 사회라는 물 위를 정처 없이 떠다니는 부평초와 같이 자기에게 주어진 역할로부터 끊임없이 이탈을 꿈꾸고 실제로 꾀하기도 한다. 이런 자들은 고프만식으로 표현하면 '정박anchoring'하지 못한 이들이다.[23] 정박하지 못한 이들은 그에게 부여된 역할을 마치 옷을 갈아입듯 구애됨 없이 수시로 벗어던지고 탈바꿈을 시도하며 자유를 만끽하면서 살아간다.[24]

그런데 현대인이 그런 모양새를 갖추는 것은 바로 사회 어느 구석에든 그를 정박시켜야만 하는 사회가 그 노릇을 톡톡히 해내지 못하기 때

---

21 이런 이들의 대표적인 예는 '호텔 투숙객'과 '공항 대합실의 여행객'이다. 각각, Georg Simmel, 같은 글, p. 297; 김광기, "익명성, 추상성, 그리고 근대성,"『철학과 현상학 연구』, 21, 2003b, p. 268 참조.

22 김광기, "익명성, 추상성, 그리고 근대성," p. 268; Kwang-ki Kim, *Order and Agency in Modernity* 참조.

23 Erving Goffman, *Frame Analysis: An Essay on the Organization of Experiences*(New York, NY: Harper&Row, 1974), p. 247.

24 Anton C. Zijderveld, *The Abstract Society*, p. 130; Adam Seligman, *The Problem of Trust*(Princeton: Princeton University Press, 1997); Adam Seligman, *Modernity's Wager: Authority, The Self, And Transcendence*(Princeton, NJ: Princeton University Press, 2000).

문이다. 이는 앞서 언급했던 현대사회의 '추상화'에서 기인한다. 추상화된 사회는 구체성을 심각히 결여했으며, 그것은 곧 사회 구성원인 현대인들에게 아무런 중압감을 부과하지 못함을 뜻한다. 그리고 그런 상태에서 인간은 '무중력감'으로 인해 현기증까지 경험한다.[25] 현대사회의 이러한 '중력감의 소멸'은 '진공 상태' 속으로 현대인을 몰아넣는 형국이기 때문이다.[26] 결국 '진공 상태' 속의 현대인은 어디에고 정박함 없이 부초마냥 둥둥 떠 있을 수밖에 없다. 그리고 바로 이러한 '무중력 상태'의 경험은 고향을 떠나 새로운 세계 속에 진입한 이방인이 겪는 경험과 정확히 맞아떨어지기에 현대인과 이방인은 이 점에서도 분리되지 못한다.

마지막으로, 주어진 역할로부터 거리를 둔 자, 아니 나아가 그 역할을 끊임없이 박리시키려는 자는, 그래서 어느 곳에도 뿌리내리거나 정박하지 못해 떠도는 현대인은, 결국 그 '거리'를 자기 자신에게서도 발견하게 된다. 그는 끊임없이 "나는 누구인가?"라는 질문을 되뇌는 자다. 다시 말해 "그 역할이 내게 어떤 의미가 있는가?" 혹은 "그것이 나와 무슨 상관이란 말인가?"를 줄곧 읊조리는 현대인은 이제 그 의문의 화살을 자기 폐부에까지 깊이 꽂는 것이다. 이는 자기를 그 어떤 것으로도 규정하지 못하는 현대인의 정체성 위기와 맞닿아 있다. 결국 현대인은 자기에게 주어진 역할과는 전혀 무관한 "진짜 자기authentic self"를 찾아 나선 구도자와도 같다. 또 다른 비유로, 현대인은 자기 심장에 꽂혀 있던, 사회가 부여한 역할이라는 핀을 '가짜'(허위)라고 인식해 뽑아내고 "진짜 자기"를 찾아 나선 부활한 표본실의 나비와도 같다. 그가 있을 곳은 표본실의 유리 아래 채집상자가 아니라 흐드러지게 꽃이 핀 젖과 꿀이 흐르는 들판이어야 하는 것이다. 그가 일생을 걸고 추구하는 것은 사회가 주는 허명虛名이 아닌 자신의 진짜 이름이다. 참자기다. 즉 "본래의 자기"인 것이다.

25　Peter L. Berger, "Sincerity and Authenticity in Modern Society," p. 86.

26　같은 글, pp. 81-90.

하여 '본래성authenticity'의 추구는 곧 '자유'의 추구와 같고, '진실'의 추구와도 같다. 이런 점에서 본래적 자기를 추구하는 현대인의 모습은 또한 동일한 그것을 추구하는 이방인의 모습과 정확히 일치한다. 그리고 그 양자를 낳은 외적 조건들도 일치한다. 왜냐하면 이방인의 눈에 사회는 '비본래성非本來性'으로 충만한 곳[27]으로 비치고, 그러한 자각이 날을 세우면 세울수록 그는 그 세계 밖으로 눈을 돌릴 수밖에 없기 때문이다. 사회 세계 밖에 서는 자는 본래성을 추구하는 자이며, 이 점에서 이방인과 현대인은 동일인이다.

---

[27] 버거는 "사회세계를 비본래성이 위치한 곳the location of our inauthenticity"이라고 묘사했다. Peter L. Berger, *Invitation to Sociology: A Humanistic Perspective*(Garden City, NY: Doubleday, 1963), p. 169. 이와 관련한 자세한 논의로는 김광기, "당연시되는 세계와 자기기만: 일상성에 대한 피터 버거의 현상학적 사회학," 『철학과 현상학 연구』, 18, 2002b, pp. 388-416을 참조할 것.

3. 현대인의 불안, 그리고 이방인의 불안

버거가 날카롭게 지적했다시피 사회세계는 '비본래성'으로 점철된 곳이다. 해서 그런 세계에서 비본래성을 걷어내버린다면 더 이상 존립이 불가능하다. 다시 말해, '본래성'으로만 충만한 사회는 가능하지 않다. 그런 점에서 세계는 기만과 허위의 세계라는 주장이 가능하다.[28] 만일 사회세계 자체가 기만과 허위의 토대 위에 구성되었다는 것이 사실이라면, 그래서 만일 기만과 허위를 제거한다면 그 세계가 존재할 수 없는 것은 당연하다.[29]

그런데 앞에서 보았듯 현대인은 마치 미몽에서 깨어난 얼치기 철학자마냥 죄다 진짜와 참, 즉 본래의 자기 모습을 찾아 나서고야 말았다. 해서 그에게 있어 전통인들의 삶은 본래성을 추구하는 자신들의 모습과는 천양지차가 있는 허위와 기만적인 삶으로 비친다. 즉 과거 사람들의 우직한 일상의 성실한 모습을 현대인은 회피해야 할 삶의 태도로 간주한다. 그런 판국에 전통인들의 성실성에 기인한 인내와 같은 것은 현대인에겐 칭송의 대상이 결코 될 수 없다. 현대인에게 있어 인내는 본래성을 추구하는 데 최대의 장애물이며 자유의 부인[30]으로 간주되어 척결해야 할 대상으로 치부되는 것이 어쩌면 자연스런 수순이다. 그런 까닭에 인내로 대변되는 희생은 앞서 보았듯 현대인에게서는 좀처럼 찾아보기 힘든 희귀

---

28   Peter L. Berger, *The Precarious Vision*; Peter L. Berger, *Invitation to Sociology*; Erving Goffman, "On Cooling the Mark Out: Some Aspects of Adaptation to Failure," *Psychiatry*, Vol. 15, No. 4, 1952, pp. 451-463; Erving Goffman, *The Presentation of Self in Everyday Life*(New York, NY: Doubleday, 1959); Erving Goffman, *Frame Analysis*; 김광기, "위선이 위악보다 나은 사회학적 이유," 『사회와 이론』, 18, 2011, pp. 107-134.

29   김광기, "당연시되는 세계와 자기기만: 일상성에 대한 피터 버거의 현상학적 사회학," pp. 388-416.

30   Peter L. Berger, *The Precarious Vision*, p. 94.

한 덕목이 되었고, 이런 행태를 보이는 이들로 이루어진 현대사회는 전통사회에서 보이던 그런 유의 희생은 목도하기 힘든, 조금 과장해서 이야기한다면 '희생 없는 사회'가 되어버렸다.

그런데 이런 현상에 동반되는 예기치 못한 커다란 문제점이 있다. 그것은 현대인이 전통인과 같은 유의 희생을 달가워하거나 기꺼이 행하지도 않아서 희생과는 엄청난 거리가 있어 보이지만, 그는 전통인이 경험해보지 못한 또 다른 종류의 희생을 떠안게 되었다는 점이다. 현대인만이 경험하는 '불안'이 바로 그것이다. 불안은 현대인이 처한 사회세계의 불안정으로부터 유래하는데, 그 불안정을 초래한 자와 그것을 가능케 한 최대 기여자가 현대인 자신이라는 점을 인식하게 된다면 현대인은 크게 놀랄지도 모른다.

간략히 이야기해서, 원칙적으로 사회 구성원들이 희생하지 않는 한 어떠한 사회도 존립할 수 없다. 그런데 현대인은 전통사회의 사람들처럼 사회에 대해 희생하려 들지 않는다. 희생해야 할 경우라도 한껏 거리를 두며, 남에게 보이기 위한 전시적 희생이고, 기꺼이 마음이 내켜 하지 않는 희생이며, 매우 피상적이기에 속된 말로 무늬만 그럴듯한 희생일 뿐이다. 해서 구성원들이 보이는 그런 유의 희생 같지 않은 희생으로 이루어진 사회는 결코 전통사회와 같이 굳건할 수 없고, 부실하며 불안정한 사회가 되는 것이다. 이렇게 부실한 사회의 건축자는 기꺼이 희생하려 들지 않는 현대인들 자신이며, 또한 그렇게 자신들이 만든 사회가 지닌 불안정의 최대 피해(희생)자 역시 현대인들이다. 마치 언제 무너져 내릴지 모르는 부실한 건축물에서 사는 거주자들이 늘 불안에 휩싸여 안절부절못하듯 현대인은 불안정한 사회세계 속에서 '불안'이라는 또 다른 희생을 떠안은 자가 된다.

그렇다면 현대인이 안고 있는 불안은 구체적으로 어떤 경로를 통해 그에게 전가되는가? 이에 답하기 위한 실마리는 앞에서 제시되었다. 즉, 현대인의 불안은 현대인이 몸담고 사는 사회가 불안정하다는 사실에 기인한다는 것 말이다. 그러므로 우리는 우리가 제기한 질문에 대한 답을 얻기 위해 현대사회가 어떻게 불안정성을 배태하게 되었는가를 살펴보는 전략을 택하는 것이 좋겠다.

먼저, 현대세계의 불안정성은 세계의 '탈제도화'에서 기인한다. 기존의 당연시되고 거의 무의식적으로나 자동으로 행해지던 것들에 이상이 일어나 더는 그것들이 예전의 모습을 띠지 않을 때가 바로 '탈제도화'가 일어나는 순간이다. 따라서 '탈제도화' 과정 중 인간들은 그전에는 아무런 생각 없이 행하던 것들을 더 이상 그렇게 하지 못하고 늘 심사숙고하며 잔뜩 긴장한 채 행해야 한다. 그것은 분명코 짐이며 고통이다. 해서 '제도' 또는 '제도화'가 인간에게 주는 혜택이 이런 심사숙고의 짐을 덜어주는 '탈부담unburdening'이라면, 그 반대의 과정을 겪는 '탈제도화'는 역으로 인간에게 짐을 지우는, 즉 '부담'의 과정이다.[31]

그 부담을 전가하는 과정이 바로 현대인이 느끼는 불안의 주요한 근거다. 그렇다면 왜 부담이 불안의 근거가 되는 것일까? 이를 살피기 위해서는 짐을 짊어지는 부담의 과정과 자유가 동전의 양면과 같다는 점을 인식해야 한다. 모든 것을 새로이 다시 시작하고 분류하며 정리하고 선택해야 하는 짐을 짊어진 절대 권력자가 그렇지 않은 말단 신하들보다 절대 자유를 누리는 상황을 떠올리는 것이 도움이 된다. 즉, 절대 권력자와 마찬가지로 현대인은 심사숙고의 짐과 자유를 동시에 갖게 된 것이다. 그런 부담과 자유를 진 권력자는 앞날의 모든 운명이 오로지 자신의 결정에 달려 있다는 그 숨 막히는 긴박감 속에서 불안에 떨지 않을 수 없다.

---

31 탈제도화 개념은 철학적 인간학자인 겔렌에게서 가져왔다. 이에 대해서는 Arnold Gehlen, *Urmensch und Spatkultur*(Bonn: Athenaeum Verlag, 1956); Arnold Gehlen, *Man in the Age of Technology*(New York, NY: Columbia University Press, 1980); Arnold Gehlen, *Man: His Nature and Place in the World*(New York, NY: Columbia University Press, 1988); Peter L. Berger, Brigitte Berger and Hansfried Kellner, *The Homeless Mind: Modernization and Consciousness*; Kwang-ki Kim, *Order and Agency in Modernity*; 김광기, "양가성, 애매모호성, 그리고 근대성: 알프레드 슈츠의 '전형성' 개념의 응용연구," pp. 1-32 등을 참조할 것.

오히려 불안과 거리가 먼 자는 시키는 대로 행하기만 하면 되는 노예다. 또 자동차를 운전하는 운전자와 승객 중 오는 잠을 쫓으려 애쓰는 자는 바로 운전대를 쥐고 있는 운전자라는 사실이 이를 여실히 증명해준다. 이런 불안을 현대인이 떠안고 있을 뿐만 아니라 이방인 역시 지고 있다. 그 두 인물을 특징짓는 것은 바로 그들이 떠안은 선택권과 결정권이며 그것은 그만큼의 자유와 짐을 짊어진다는 것을 의미한다. 나아가 불안은 자유와 짐의 또 다른 측면이라는 점에서 두 인물 군상이 떠안을 수밖에 없는 현상임을 여실히 보여준다.

다음으로 현대사회의 불안정성은 '전형'의 폭발에서 연유한다. 주지하다시피 '전형'이란 일상생활을 영위하는 일상인들에겐 "삶을 위한 지도"[32] 노릇을 한다. '전형'이라는 삶의 지도를 가지고 일상인들은 이리저리 흘러다니면서 자신들의 삶을 지탱해나갈 수 있는 것이다. 만일 그 지도가 없다면 그들은, 마치 초행지를 지도 없이 흘러든 방문객이 혼란과 교착 상태에 빠져 더 이상 진전하지 못하고 그 자리에 주저앉아버리듯, 그리고 이내 엄청난 불안감에 휩싸이듯, 일상인들의 삶 역시 일대 혼란과 교착 국면에 부딪혀 불안감을 안고 좌초할 수밖에 없다.

그런데 불행히도 현대사회에서는 이러한 '전형'이 폭발하고 말았다. 여기서 폭발이란 전형이 과거에 비해 기하급수적으로 늘어났다는 것을 의미한다. 그렇게 폭발한 전형은 사실 있으나 마나 한 것과 같아서 현대인에겐 아무런 도움을 주지 못한다. 즉, 전형의 폭발은 곧 전형의 부재와도 같은 것이다.[33] 전형이 폭발한 곳, 그래서 그 기능 면에서 전형이 부재

32　Peter L. Berger and Hansfried Kellner, *Sociology Reinterpreted: An Essay on Method and Vocation*(Garden City, NY: Doubleday, 1981), p. 44.

33　김광기, "양가성, 애매모호성, 그리고 근대성: 알프레드 슈츠의 '전형성' 개념의 응용연구," pp. 1-32; 김광기, "익명성, 추상성, 그리고 근대성," pp. 249-272; Kwang-ki Kim and Tim Berard, "Typification in Society and Social Science: The Continuing Relevance of Schutz's Social Phenomenology," *Human Studies*, Vol. 32, No. 3, 2009, pp. 263-289.

한 곳은 한 치 앞도 가늠할 수 없는 불투명한 오리무중의 세계로 다가온다. 현대인은 자신들의 세계를 바로 그러한 것으로 경험한다. 그러므로 불투명한 세계 앞에서 현대인은 좌절하고, 불안해한다. 이는 역시 자신이 새로이 접근하려는 세계 앞에서, 그곳의 불투명성과 애매모호성, 그리고 비예측성 앞에 단독자로 선 이방인이 겪는 경험과 정확하게 맞아떨어진다. 이방인 역시 예측 불가능한 세계에 불안감을 안고 뛰어든 자이기 때문이다. 그가 뛰어든 세계는 아무런 연습 없이 그것도 헤드기어와 마우스피스, 글러브도 끼지 않은 채 사각의 링에 갑자기 뛰어든 선수가 접하게 되는 황당한 세계와 같다. 한 걸음 한 걸음이 중대한 시험과도 같은 긴장으로 가득한 세계는 이방인에게 엄청난 불안감을 떠안긴다. 그리고 그 불안감은 현대인이 느끼는 것과 일치한다.

마지막으로 현대사회의 불안정성은 '주관화 과정'과 운명을 같이한다. 그 두 가지는 변증법적으로 상호 작용하면서 강화된다. 인간은 본래 확실한 것을 추구하는 존재다. 아주 어린 아이들에겐 바닥이 움직이는 놀이터가 흥미를 끌 정도로 좋아 보이지만 출렁거리는 바다 위에 집을 지을 수 없듯, 혹은 바람에 흩어지는 모래 위에 집을 짓고 살 수 없듯, 인간은 단단하고 확실한 것을 선호한다. 해서 인간은 외부의 물리적 환경뿐 아니라 사회적 환경도 확실한 것을 선호한다. 특히 사회적 환경이 분명하고 안정적일 때 인간은 내면으로 향하는 눈길을 거두어 외부 환경에 머문다. 다시 말해 사회는 인간들이 자기 내면으로 향하게 하는 것을 막는 역할을 한다. 월드컵에서 상대편 나라를 이겼을 때 자기 내면에 몰두하지 않고 너도나도 광장으로 뛰어나가 생면부지의 사람들끼리 어깨동무를 하고 응원가를 부르는 것이 그런 예다. 이때의 사회는 인간들에게 단단하고 구체적이며 확실한 것으로 다가오고 그러한 사회의 구체성과 확실성 앞에서 인간은 소소한 자신의 내면을 자질구레하고 구차한 것으로 치부하는 과감성과 큰 아량을 갖게 된다. 그리고 그런 경험을 통해 인간은 희열을 맛본다. 그것이 바로 사회가 인간에게 주는 기쁨이다. 하지만 사회가 그러한 기능 수행에 실패한다면, 인간들은 다시 자기 내면으로 침잠할 수밖에 없다. 이를 겔렌은 '주관화 과정'이라고 명명했다.[34]

그런데 현대사회는 누구나 인정하듯 확실성을 결여했다. 앞서 언급한 다원주의와 극도의 추상화가 사회의 확실성을 망쳐놓았다.[35] 그런 까닭에 현대사회는 불규칙적이고 비예측적이며 비대칭적인 사회, 즉 불안정성과 불확실성으로 점철된 사회가 되어버렸다.[36] 이러한 상황이 연출되면 인간은 겔렌이 말한 '주관화 과정'을 밟게 된다. 그런데 이 과정에는 부수적으로 두 가지 현상이 수반된다.

그 하나는 '간단없는 반성과 회의'다.[37] 여기에는 부연 설명이 필요 없다. '주관화 과정' 자체가 성찰과 회의를 의미하기 때문이다. 현대인은 자신에게 끊임없이 묻는다. "과연 나는 누구인가?" 하고 말이다.[38] 자신이 누구인지를 자문하는 것은 현대인이 운명을 다하는 그날까지 계속될 것이다.

나머지 하나는, '주관화 과정'을 밟는 현대인은 겉으로 볼 때 확실히 외부, 즉 타인에게는 전혀 신경을 쓰지 않는 그런 행태를 보인다. 이를 고프만은 "시민적 무관심civil inattention" 혹은 "정중한 무관심"이라고 명명했다.[39] 한 개인의 눈에는 자기 외에 다른 이가 보이지 않는 것이다. 이는 원래 공공장소에서 현대인들이 "서로가 서로에게 신경을 끄고(혹은 끈 것처럼) 행동하는 것"을 의미한다.[40] 하지만 좀더 깊이 파고 들어가보면, "시민

34 Arnold Gehlen, *Man in the Age of Technology.*

35 Peter L. Berger, *A Far Glory*, p. 211; Anton C. Zijderveld, *The Abstract Society* 참조.

36 Georg Simmel, *The Philosophy of Money*, p. 338.

37 이 용어 Dauerreflexion은 독일의 사회학자 쉘스키에게서 빌려왔다. Helmut Schelsky, "Ist die Dauerreflexion institutionalisierbar?," in *Auf der Suche nach Wirklichkeit*(Dusseldorf: Diederichs Verlag, 1965).

38 Peter L. Berger, "Modern Identity: Crisis and Continuity," p. 162.

39 Erving Goffman, *Relations in Public: Microstudies of the Public Order*(New York, NY: Basic Books, 1971).

40 같은 글, p. 219.

적 무관심"은 겉으로는 아닌 것 같지만, 그렇게 보이기 위해(타인에게 관심을 거두었다는 것을 보이기 위해) 진정으로 신경을 많이 쓰는 것을 말한다. 말하자면 겉으로 안 그런 것처럼 보이려면 그만큼 신경을 써야 한다는 것이다. 그러므로 "시민적 무관심"은 실상 "시민적 신경씀"의 결과물이다.[41]

현대인은 마치 강박증 환자처럼 끊임없이 생각하고 회의하며 반성한다. 타인에 대해 그러하다. 자기 자신에 대해서도 그러하다. 이제 현대인에게 "친숙이 무례를 낳는다"는 서양 속담은 남의 이야기가 되어버렸다. 즉, 그는 항상 신경 써서 예의를 차리는 자가 되었다. 이 말은 이제 현대인에게 더 이상 친숙한 것이란 남아나지 않음을 의미하고, 모든 타인에게 혹시나 무례를 범하지는 않았는지를 항상 점검해야 하는 이가 되었음을 의미한다.

이런 상황은 확실한 것을 찾아 내면으로 침잠했던 자기 자신에게도 그대로 적용된다. 현대인은 자기 자신에게서도 더 이상 친숙한 것을 발견하지 못하고 그래서 스스로에게조차 무례를 범하지 않으려고 갖은 노력을 다하는 성찰의 인간이 되어버렸다. 현대인은 그런 점에서 죄다 성인聖人의 반열에 오른 자라 할 수 있다. 자기 자신에게조차 친숙을 발견하지 못하고 거리를 느끼는 자, 그래서 자신이 대체 누구인지조차 가늠할 수 없는 자, 사회세계가 이름 붙인 역할에 감히 동일시하지 못할 정도로 스스로를 높인 자, 그것이 바로 현대인이다. 또한 성스런 타인과 성스런 자기 자신 앞에 그는 늘 불경을 저지를까봐 안절부절못하는 자가 되며, 그만큼 좌불안석의 처지에 놓인 자다.

이러한 현대인의 불안은 이방인이 느끼는 불안과 그 성격 면에서 딱 맞아떨어진다. 이방인이 접근해 몸을 담게 되는 새로운 세계의 애매모호

---

41 현대인의 "시민적 무관심"과 전통인의 "간섭적 염려"에 대한 대비로는 김광기의 다음 글을 참조할 것. 김광기, "소설 속의 전통과 현대: 이문열의 '아가'에 묘사된 근대성에 대한 사회학적 소고," pp. 368-369.

성과 불투명성에 좌절할 때마다 그 세계는 더 이상 자신이 통달할 수 없는 세계로 다가오고, 그러면 그럴수록 그는 외부 세계에서 희망과 소망을 거두어들이며 자신에게로 눈을 돌린다. 그런 상황에서 그나마 가장 확실해 보이는 것은 자기 자신이라고 생각되기 때문이다. 하지만 그것은 착각이다. 왜냐하면 외부 세계와 인간은 떼려야 뗄 수 없다는 사회학적 진실로 인해, 불분명하고 명확치 않아 보이는 세계 속에서는 가능할 것같이 보였던 자신에 대한 확신조차 요원해지기 때문이다. 하여 외부 세계는 물론이고 타인, 그리고 자기 자신에게서 불확실성을 감지하게 된 이방인은 그것들에 대해 친숙함을 발견하지 못해 무례를 범할 수 없고 늘 신경을 곤두세워야 하는 예민한 사람이 될 수밖에 없다. 외부 세계에 민감한 자인 이방인은 그래서 영원한 불안을 선고받은 자다. 그리고 불안을 선고받았다는 점에서 이방인과 현대인은 동일자다.

4. 콘크리트 사회상의 붕괴와 자유

이방인은 숙명적으로 불안을 떠안은 자다. 그러나 그가 그것을 떠안으며 얻은 것은 자유다. 사회는 인간과 분리할 수 없는 것이기에 불안에 떠는 이방인이 양산되었다는 것은 곧 사회 또한 불안정해지고 위태위태해졌다는 것을 의미한다. 다시 말해 공고한 콘크리트로 만들어진 사회상은 더 이상 유지되기 힘든 상황이 도래했다. 그런 세계가 바로 현대사회라고 식자들은 이구동성으로 지적한다. 콘크리트의 석회질이 닳을 대로 닳아 없어진 사회의 구조물은 그것이 소멸된 만큼 인간들로 하여금 그곳으로부터 빠져나가게 할 구멍도 많이 지니게 된다. 인간들은 한때 자신이 강제적 힘과 안도감을 느꼈던 그 구조물을 뒤로한 채 휘파람을 불며 유유히 빠져나오려 애쓸 것이다. 그들이 그 구조물에서 탈출을 감행하면 할수록 그 구조물의 구멍들은 더욱 커지고 그것의 불안정성은 가중된다. 그리고 그 불안정한 구조물 속에서나 바깥에서 인간들은 늘 불안에 휩싸이게 된다. 현대인은 바로 그런 지경에 처해 있는 이방인이다.

한편 전통사회에서 이방인은 금방 티가 났었다. 그만큼 이방인과 이방인이 아닌 자는 구분하기 쉬웠다. 그 말은 이방인이냐 아니냐를 가르는 구분이 명확했다는 의미이고, 이는 곧 그 구분에 대한 사회적 합의가 있었다는 이야기다. 하지만 급속한 사회 변동(즉 다원화와 추상화를 동반한)은 그러한 합의를 도출해내는 것을 점점 더 어렵게 만들었다. 현대에는 그런 합의에 기초한 명확한 기준이 없기에 그와 같은 상황에서 낯선 자, 일탈자와 비정상자,[42] 그래서 심지어는 괴물[43]로까지 간주되던 이방

---

42 김광기, "정상과 비정상, 그리고 이방인," 『사회이론』, 33, 봄/여름, 2008, pp. 281-314(이 책 7장)를 참조할 것.

인을 구분하는 명확한 기준도 없다. 이렇게 되면 다음 수순은 일대 혼란이 자리를 치고 들어오는 것이다.

전통사회에서 불안을 느끼던 자는 그 존재가 명확히 규정되는 이방인이었지만, 현대사회에서 불안을 느끼는 자는 언제고 주위의 타인으로부터 이방인으로 규정될 가능성이 농후해진 일반인 모두다. 왜냐하면 이방인과 이방인 아닌 자를 나누는 명확한 기준이 없는 곳에서 현대인은 죄다 고만고만한 일탈자이며 이방인으로 보이기 때문이다.

하여, 버거가 날카롭게 지적하듯 현대사회는 "광기狂氣가 도처에 숨겨져 있는 곳"임에 분명하다.[44] 이에 비해 전통사회에서는 광기가 한곳에 따로 가두어져 있었다. 즉 전통인들의 주위에서는 광기를 찾을 수 없었다는 이야기다. 하여 광기가 없다고 느끼는 곳에서 전통인들은 불안을 느끼지 않은 채 삶을 살아갈 수 있었다. 그러나 사태를 이렇게만 보는 것은 꽤나 순진한 생각이다. 뒤르케임이 이에 대해 제공하는 통찰을 보자. 전통사회에서 일상인들의 주위에 광기가 보이지 않았다면—단 보는 경우가 있었다면, 그것은 따로 가둬둔 영역에서만 볼 수 있었다—그것은 그 사회의 높고 강한 연대감과 응집력 때문에 가능했던 것이라고 뒤르케임은 지적한다. 즉 공고한 응집력 때문에 일어난 착시 현상일 뿐이라고 주장한다. 집단의 응집력이 아주 단단하기에 자신들이 그 집단에 부여한 신뢰에 대한 맹목성이라는 광기, 즉 광신이 전혀 광기로 보이지 않았을 뿐 그들은 모두 함께 집합적으로 제대로 미쳐 있었다는 것이다. 바로 그러한 행동의 결과로 자신들의 집합적인 광기를 인식하지 못한 채 대신 다른 집단의 그것만 간파할 수 있었다는 것이다.[45]

43　이에 대해선 Richard Kearney, *Strangers, Gods, and Monsters: Interpreting Otherness*(New York, NY: Routledge, 2003)를 참조할 것.

44　Peter L. Berger and Brigitte Berger, *Sociology: A Biographical Approach*(New York, NY: Basic Books, 1972), p. 281.

하지만 현대사회는 이와는 사뭇 다른 그림을 우리에게 제시해준다. 현대사회에서는 집단이나 사회의 응집력과 연대감이 현격히 약화됨으로써 한 집단이나 사회가 집합적인 광기 상태에 이르는 것이 매우 힘들어졌다. 대신 현대인의 주위에 있는 모든 타인이 이상하게 보이게 되었다. 다시 말해, 현대사회는 현대인 주변에 납득하기 어려운 이상한 이들로 가득 찬 이방인의 사회다. 그래서 현대인 모두가 이방인이다. 약간 속된 말로, 현대사회는 죄다 "가지가지 하는 이들"로 꽉 차 있는 그야말로 가지가지 하는 이들의 세계다. 바로 그 가지가지 하는 이들은 서로를 괴이하고 낯설게 느끼는 이방인으로 경험하고 결국 서로에게 이방인으로 남는다. 해서 현대인은 이방인이다. 이방인인 현대인이 주위 사람들을 보며 늘 입에 달고 다니는 말은 "참 가지가지 한다"는 것이다.

이와 관련된 관찰을 미드George. H. Mead도 제시한 바 있다. 미드는 "범죄자는 사회 구성원 각자의 서로 다른 관심 때문에 따로 흩어질" 눈을 한데 모아놓는 "연대감을 불러일으키는 일등공신"이라고 못 박았다.[46] 그 말은 범죄자가 없다면 사회 구성원들의 눈을 한곳으로 쏠리게 하는 일이 어려울 것이란 이야기와 같다. 이방인이 낯설고 이상하며 괴물처럼 보이고 쉽사리 일탈자로 보인다는 점에서 그것을 확대 적용하여 미드가 말한 범죄자와 동의어로 쓸 수 있다면, 필자는 미드가 제시한 위의 주장이 현대인과 이방인을 다루고 있는 현재의 논의에 커다란 함의를 줄 거라 본다. 즉, 뚜렷한 범죄자가 없는 곳에서는 사람들의 관심이 각자의 성향에 따라 분산될 수밖에 없고, 그러면 자연히 집단의 연대감은 현저히 약화될 것이다. 그리고 그 결과는 모두가 모두에게 이방인으로 남는 것이

---

45 Emile Durkheim, *The Elementary Forms of Religious Life*; 김광기, 『뒤르켐 & 베버: 사회는 무엇으로 사는가?』 참조.

46 George H. Mead, "The Psychology of Punitive Justice," *The American Journal of Sociology*, Vol. 23, No. 5, 1918, p. 591.

다. 이때의 이방인은 전통사회에서 보였던 따로 가두어져 있는, 자신들과는 완전히 다른, 명확히 구분된 그런 이방인이 결코 아니다. 자신들과 비슷한 것 같지만 꼭 그렇지만은 않은, 알 것 같지만 꼭 그렇지만은 않은 애매모호한 이방인들이다. 격리되었던 곳에서 결박이 풀려 이제 세계 곳곳을 지구의 인구수만큼의 이방인들이 배회하고 있다.

결론적으로 인간이 이방인이라는 것을 현대사회처럼 극명하게 보여주는 시대는 원시 야만사회를 제외하고는 거의 없었다. 불안을 떠안은 소외된 이방인은 자유의 이방인이다. 어디로부터든 거리를 둔, 그런 의미에서 소외된 이방인은 모든 종류의 기만, 심지어 자기기만으로부터도 벗어나려 애쓰기에 자유를 부인하지 않는 사람이다. 마치 프롬이 부정적으로 보아 우려하던 인간[47]들은 목도하기 힘든 곳이 현대세계 같아 보인다. 소외된 이방인, 자유의 이방인은 특정 세계로부터 이탈한 자다. 즉, 그들은 고향을 잃은 자들이다.[48] 고향을 잃은 자로서 이방인과 현대인은 서로의 손을 잡고 조우하고 있다. 그리고 그들이 함께 걸어가는 뒷모습은 결국 한 점으로 모아진다. 쓸쓸하거나 혹은 당당한 모습으로……

47　Erich Fromm, *Escape from Freedom*(New York, NY: Rinehart, 1941).
48　이것이 바로 이방인을 이야기할 때 '고향'이 반드시 거론되어야 하는 이유다. 고향의 문제에 대해선 이 책 13장에서 논의할 것이다.

09

관용과
환대

1. 떠도는 자를 위한 덕목

전혀 낯선 타인으로서 타인에게 다가가는 이방인한테 가장 필요한 것은 무엇일까? 다시 말해 완전히 낯선 곳으로 진입해 들어가는 이방인이 가장 절실해하는 것은 무엇일까? 이번 장에서 다룰 물음들이다. 이 문제를 짚었던 사상가들은 한목소리로 그것은 바로 관용이나 환대라고 답한다. 즉, 이방인을 따뜻하게 맞아주는 것이 무엇보다 필요하다는 것이다.

그런데 왜 관용 또는 환대가 학자들의 주요 탐구 대상이 되었던 것일까? 많은 이가 바로 현대사회가 지닌 본질적 특성에서 그 이유를 찾는다. 즉, 현대인의 이동성이다. 물론 그 이동에는 물리적인 것과 인지적인 것 모두가 포함된다. 어쨌든 현대인은 전통인들에 비해 한곳에 머물러 그곳을 벗어남 없이 고정되어 살기보다는 끊임없이 이동하며 삶을 영위한다. 여기에 바로 위 질문의 해답이 있다는 것이다. 이렇게 움직이는 삶을 살다보면 사람과 사람은 자연스럽게 서로를 이질적인 존재로 인식할 수밖에 없고 그러한 이질성의 공존이 지금 이 장의 주제인 관용이나 환대라고 하는 문제를 무리 없이 끌어내게 된다. 이 때문에 다수의 학자는 관용 또는 환대의 문제를 다문화(주의), 다원성, 근대화, 세계화, 강제이주의 문제와 연결시키려 한다.[1] 버거와 지더벨트 같은 이는 관용과 다원성의 관계를 다음과 같이 짚고 있다. "다원성은 관용을 촉진하며 (…) 관용은 각 사회에서 받아들여지는 가치체계에서 갈수록 더 중요한 위치를 차지하고 어떨 땐 가장 중요한 가치가 된다."[2]

한편 이와 다른 의견을 제시하는 학자들도 있다. 반스Barry Barnes와 같은 이가 그러한데, 그는 관용을 전혀 다른 문화를 보유한 타인을 대할 때만 필요한 덕목으로 보는 것은 적절치 않다고 주장한다. 그가 보기에 관용이란 그것을 넘어 한 개인이 타인들과 접촉할 때 꼭 필요한 관계의 본질이기 때문이다. 즉 관용이란 어떤 땐 필요하고 어떤 땐 필요하지 않은 '특이한 덕목'이나 '부차적인 덕목'이 아니라 타인과 관계 맺을 때는 언제든 '불가피한 덕목'인 것이다.[3] 다시 말해 반스에 의하면 관용이란 꼭 다문화주의와 다원성이 팽배한 곳에서만 요구되는 덕목이 아니다. 비록 같은 문화권 내에서라도 타인을 대할 때면 요구된다는 주장이다. 그러하기에 관용은 사회과학자가 주목해야 할 매우 중요한 탐구 주제라고 반스는 보고 있다. 관용과 환대를 둘러싼 이러한 두 가지 견해는 나름대로 타당성을 지니고 있다. 해서 이 문제를 다룰 때 약간의 불협화음이 생길 수 있을 듯하지만, 필자가 볼 때 이는 기우일 따름이다. 왜냐하면 전자의 주장이든 후자의 주장이든 죄다 타인과 관계를 맺는 행위자를 하나의 이방인으로 본다면 그 주장들의 차별성은 사라지기 때문이다.

---

1   구체적으로는 Kirsten Hastrup, "Introduction: The Responsibility of Intellectuals," *Discrimination and Toleration: New Perspectives*, ed. Kirsten Hastrup and George Ulrich(The Hague: Martinus Nijhoff Publishers, 2002), pp. 1-16; Peter L. Berger, Brigitte Berger and Hansfried Kellner, *The Homeless Mind: Modernization and Consciousness*(New York, NY: Vintage Books, 1974); Peter L. Berger and Thomas Luckman, *Modernity, Pluralism and the Crisis of Meaning*(Gütersloh: Bertelsmann Foundation Publishers, 1995); Peter L. Berger and Anton Zijderveld, *In Praise of Doubt: How to Have Convictions Without Becoming A Fanatic*(New York, NY: Harper One, 2009); Adam Seligman, *Modernity's Wager: Authority, The Self, And Transcendence*(Princeton, NJ: Princeton University Press, 2000); Adam Seligman, *Tolerance And Tradition*(Sarajevo, Bosnia: Forum Bosnia, 2001) 등을 참조. 일반적인 논의로는 Anna Elisabeta Galeotti, *Toleration As Recognition*(Cambridge: Cambridge University Press, 2002); John Higham, *Strangers in The Land: Patterns of American Nativism 1860-1925*(New Brunswick, NJ: Rutgers University Press, 1988); Todd Gitlin, *The Twilight of Common Dreams*(New York, NY: Henry Holt, 1995); David Hollinger, *Postethnic America*(New York, NY: Basic Books, 1995); Orlando Patterson, *Ethnic Chauvinism: The Reactionary Impulse*(New York, NY: Stein and Day, 1977); Arthur M. Jr. Schlesinger, *The Disuniting of America*(New York, NY: Norton, 1992); Stephen Steinberg, *The Ethnic Myth: Race, Ethnicity, and Class in America*(Boston, MA: Beacon, 1981) 등을 참조할 것.
2   Peter L. Berger and Anton Zijderveld, *In Praise of Doubt*, p. 29.
3   Barry Barnes, "Tolerance as a Primary Virtue," *Toleration, Neutrality and Democracy*, ed. Dario Castiglione and Catriona McKinnon(Dordrecht: Kluwer Academic Publishers, 2003), pp. 11-22.

어쨌든 관용과 환대를 둘러싼 여러 견해 중에서 필자는 이 장에서 주로 두 사람의 견해를 면밀히 검토해볼 요량이다. 그들은 바로 하버마스 Jürgen Habermas와 데리다Jacques Derrida다. 이들을 택한 주된 이유는, 이들은 앞서 두 진영에서 나오는 한정된 주장들에 전혀 구애받지 않고 인간 행위에서 가장 주목받아야 할 덕목들로 거침없이 관용과 환대를 꼽았으며, 이 문제의 사유에 집중했고, 어느 누구보다 더 세련되고 차별화된 견해들을 제시하고 있기 때문이다. 그럼에도 불구하고 필자의 눈에는 그들 주장에서도 아쉬움과 허점들이 드러나는바, 이를 면밀히 살펴 비판함으로써 필자 나름의 이방인을 위한 환대와 관용에 관한 견해를 제시하려 한다.

필자가 제기하는 이 장의 핵심은 바로 이것이다. "이방인에게 관용과 환대가 필요한 게 사실이라면, 과연 어디까지 이뤄져야만 이방인에게 좋은 것인가?"에 대한 답을 제시하는 것이다. 달리 말해서, "하버마스와 데리다가 개진했던 개념들인 관용과 환대가 정녕 이방인을 위한 것인가?" 란 물음에 의견을 개진해보려 한다. 즉, 이들 질문에 답하기 위해 뛰어난 사상가로 자타가 공인하는 하버마스와 데리다의 견해를 낱낱이 도해해 필자만의 견해를 제시하고자 한다.

2. 관용이냐 환대냐, 그것이 문제로다

이방인에게 있어 관용이든 환대든, 그것이 어떻게 불리든 상관없이 하버마스와 데리다에겐 하나의 이상적인 필요성으로 그것들이 당연시 여겨졌다. 특히 데리다에게서 이 사실은 명확하게 드러난다. 물론 하버마스에게 있어 그가 언급했던 관용이 특별히 이방인에게만 적용되는 듯하지는 않고 좀더 포괄적으로 현대인 일반에게 적용시킬 덕목으로 여기는 듯 보이지만, 어쨌든 보라도리Giovanna Borradori가 언급한 대로 하버마스와 데리다 모두 "계몽주의에 대한 충성을 공유하고 있다"는 점에서,[4] 그리고 계몽주의의 핵심이라 할 수 있는 관용의 문제를 거론하고 있다는 점

4　Giovanna Borradori, *Philosophy In A Time Of Terror: Dialogues With Jürgen Habermas And Jacques Derrida*(Chicago, IL: University of Chicago Press, 2003), p. 16. 흔히 포스트모더니스트로서 반계몽주의 사상가로 불리는 데리다를 계몽주의의 연장선상에 올려놓고 논의를 이끌어가는 보라도리의 주장은 논쟁의 여지가 있어 보인다. 그러나 보라도리 자신도 이를 의식한 듯, 데리다의 '해체주의'가 무조건적인 계몽주의의 파괴와 그것으로부터의 완전한 결별을 의미하는 것이 아니라 오히려 계몽주의 유산을 "확장하고 새롭게 고양하는 것"이라며 자기 주장의 논거를 펼치고 있다. G. Borradori, 같은 글, p. 15, 17 참조. 또한 이와 비슷한 견해로는 Christopher Norris, *Uncritical Theory: Postmodernism, Intellectuals and The Gulf War*(Amherst, MA: University of Massachusetts Press, 1992), p. 17을 참조할 것. 그런데 필자가 보기에는 이러한 구차한 변명 없이도 "우리는 현재 계몽된 시대에 살고 있는 것이 아니라 계몽의 시대에 살고 있다"라고 천명한 칸트[Immanuel Kant, "An Answer To The Question: 'What Is Enlightenment?," *Kant: Political Wirtings*, ed. H. S. Reiss(Cambridge: Cambridge University Press, 1970a), p. 54]의 세계시민주의의 원대한 포부 속에 핵심적 사안으로 녹아 있는 환대를 데리다도 주장하고 있다는 점에서, 데리다가 우연적이든 아니든 계몽주의 의제의 본류와 합치하고 있다는 점은 결코 부인할 수 없다. 왜냐하면 데리다의 사상은 환대가 국가들 사이의 적대감을 대체한다는 칸트의 아이디어와 정확히 일치하기 때문이다. 칸트는 일찍이 그의 『영구평화론Perpetual Peace』에서 "환대란 이방인이 다른 이들의 영토를 방문할 때 적대적으로 다루어지지 않을 권리"[Immanuel Kant, "Perpetual Peace: A Philosophical Sketch," *Kant: Political Wirtings*, ed. H. S. Reiss(Cambridge: Cambridge University Press, 1970b), p. 105]라고 말하며 환대를 어떤 단순한 박애 개념을 넘어 권리의 영역으로 자리매김했고, 데리다도 이를 온전히 계승하고 있기 때문이다. 물론 하버마스도 관용이라는 다른 용어를 사용했으나 이 점에 있어서는 데리다와 차이점이 없다. 이에 대해서는 뒤에서 자세히 논의할 것이다.

에서 그들 모두 이방인이라 불리기에 충분한 현대인에게 가장 필요한 것이 관용과 환대라고 여기는 것은 분명하다. 이 말은 곧 하버마스와 데리다 모두 이방인 자체에게 가장 필요하고 그들에게 가장 좋은 것으로 꼽은 것이 무엇보다도 관용과 환대라는 주장을 펼친다고 하더라도 아무런 무리가 없음을 의미한다. 다음은 하버마스와 데리다의 논의다.

■ 하버마스의 관용

계몽주의가 신주처럼 떠받치고 있는 '이성'을 중시한다는 점에서 하버마스는 계몽주의의 적자라 불려도 손색없다. 그렇다면 계몽이란 과연 무엇인가? 이를 추적하는 것이 이 장에서 초점을 맞추고 있는 관용과 환대를 이해하는 데 큰 도움이 되기에 우선 그것부터 알아본다. 계몽의 본질에 대해 가장 명쾌한 답을 제시한 이로 아마도 칸트를 꼽을 수 있을 것이다. 그는 계몽을 "매사에 개인의 이성을 공적으로 사용하는 자유"로 규정했다.[5] 그렇다면 "매사에 이성을 공적으로 사용"한다는 것을 무엇을 의미할까? 그것은 현재 자신이 속한 상황, 이를테면 특정 집단이나 문화에 대한 무반성적이고 무조건적이며 맹목적인 지지와 거리를 두는 것을 의미한다. 즉 특정의 사적 이해를 뛰어넘는 객관적인 사유와 그것을 견지하고자 하는 의지나 태도를 말한다. 말하자면 계몽주의가 주창하는 이성이란 분명코 개인이 속한 특정 집단이나 사회의 테두리를 벗어나 사유하는 것을 의미한다. 그런 맥락에서 "이성의 공적 사용"이 거론되며, 하버마스 자신도 계몽주의의 노선을 답습하고 있노라고 천명하는 것이다.

하버마스에게 있어 이성은 투명하고 조작되지 않는 의사소통의 유일한 가능성이자, 현대사회가 필연적으로 품을 수밖에 없는 병폐와 문제점

---

5 Immanuel Kant, "An Answer To The Question: 'What Is Enlightenment?," p. 55.

들을 해결할 유일한 열쇠다. 그리고 이런 가능성을 적극적으로 보장받는 곳이 하버마스에겐 다름 아닌 '해방'의 공간이다. 그런데 현재 상황이 이에 못 미치므로 현재는 비판받아야 마땅하며, 따라서 현재 상황을 비판하는 그의 이론은 인간 상황의 개선을 촉구하는 비판이론일 수밖에 없다.

그런데 하버마스가 일컫는 해방은 다름 아닌 관용과 직결된다. 그 이유는 무엇일까? 그 답은 하버마스가 의미하는 해방 개념에 내포되어 있으므로 이를 음미해보면 해답의 실마리를 찾을 수 있다. 하버마스는 해방을 다음과 같이 규정한다. "해방은 매우 특별한 종류의 자아 경험이다. 왜냐하면 해방 안에서 자아 이해의 과정이 자율성의 증가와 연결되어 있기에 그렇다."[6] 즉 해방이란 사회적 관계를 맺는 사람들이 그 순간 자신들이 홀로 선 능동적 자율자로서의 경험을 하고 있다는 것을 인식할 때 병행되는 또 다른 인지 및 물리적 경험인 것이다. 다시 말해 사회적 관계를 맺고 있는 참여자들 간의 대칭과 평등이 노정될 때 거기서 자율성과 해방이 목격된다.[7] 하버마스는 이런 일이 일어나는 가장 기본적인 관계가 바로 언어를 통한 의사소통행위라고 이야기한다. 다시 말해 인간은 자신이 자율적이며 해방적인 존재라는 것을 타인들과의 교분을 통해 습득하게 된다는 것이다. 한마디로 자율적 행위자로서의 정체감을 형성하는 기본은 타인들과의 사회적 관계이며, 그 관계의 가장 기본적인 것은 의사소통행위다. 이 의사소통행위의 본질은 바로 참여자 간의 상호 이해다.[8]

그런데 이 대목에서 관용이 끼여든다. 대화 참여자들 간의 상호 이해

---

6   Jürgen Habermas, "What Theories Can Accomplish," *The Past As Future*, tran. and ed. Max Pensky(Lincoln: University of Nebraska Press, 1994b), p. 103.

7   Jürgen Habermas, *Knowledge and Human Interests*, ed. Jeremy J. Shapiro(Boston, MA: Beacon Press, 1971).

8   Jürgen Habermas, *Theory of Communicative Action*, tran. Thomas McCarthy(Boston, MA: Beacon Press, 1984).

를 위해 전제되어야 할 것이 바로 타인에 대한 관용이기 때문이다. 즉 자기만을 고집하지 않는 것 말이다. 타인을 고려하지도, 배려하지도 않고 행하는 의사소통에는 상호 이해가 자리 잡기 힘들며, 오직 특정인만이 전유하는 일방적인 자율성과 해방이 제 자리를 차지할 뿐이다. 이는 하버마스에게 있어 절대적으로 제거되어야 할 것이다. 그것은 해방과는 완전히 반대 방향에 있는 의사소통이기 때문이다. 따라서 해방적이고 이상적인 의사소통행위를 위해서는 반드시 관용이 개입되어야 한다. 하버마스는 사회적 관계를 맺는 타인들, 특히 이방인과의 관계에서 자기모순에 빠지지 않으려면 '자기비판'과 '자기 혁신'이 절대적으로 필요하다고 설파한다. 그것들이야말로 자신을 이상화하거나 신비화시키지 않는, 즉 과대망상에 빠지지 않게 하는 자기 상대화 기획의 첩경이라는 것이다. 그러한 철저한 자기 객관화와 자기비판이야말로 늘 오해받을 여지가 있는 타인들을 위한 것이요, 이방인을 위한 것이요, 동시에 자기 자신을 위한 것이라고 하버마스는 강변한다.[9]

이러한 주장의 실제 예로 그는 유럽의 현실을 들고 있다. 유럽인이 함께 살아가기 위해 스스로 버려야 하는 것은 바로 "유럽중심주의Eurocentrism"라고 말한다. 그런데 하버마스는 유럽중심주의적 사고에서 벗어나는 것은 바로 유럽에서 태동한 "훌륭한 정신"에 의해서만 가능하다고 역설한다. 그 훌륭한 정신이란 바로 서구의 합리주의다. 이성에 근거한 서구의 합리주의는 끊임없이 자기 성찰과 비판을 통해 앞으로 나아가는 일상적 삶과 지적 삶의 추진력으로 작동해야 하며, 이것만이 이를 담보해준다고 하버마스는 굳게 믿고 있다.[10] 그리고 관용은 이러한 서구 합리주의에 기초한 이성이 전제되어야만 담보된다.

---

9   Jürgen Habermas, "Europe's Second Chance," *The Past As Future*, tran. and ed. Max Pensky(Lincoln: University of Nebraska Press, 1994a), p. 96.
10   같은 글, p. 96.

이 사실을 명확히 이해하기 위해 하버마스의 의사소통행위 이론을 좀더 자세히 살펴보자. 하버마스는 의사소통행위에서 '상호 주관성'[11]을 특별히 강조한다. 즉 그는 개인을 고립된 행위자가 아닌 담화자들의 공동체를 이루고 있는 하나의 성원으로 본다. 이것은 그의 '보편화용론 universal pragmatics'에 고스란히 녹아 있다.[12] 하버마스가 보기에 일상의 의사소통행위에서 개별 행위자의 독단적인 언어 사용은 철저히 억제된다. 왜냐하면 담화자들의 공동체에는 성원끼리 상호 의존성과 상호 침투성에 기반을 둔 공유된 이해가 이뤄지고 있기 때문에 그렇다. 그리고 여기엔 어김없이 담화자 간의 '합의지향orientation toward consensus'이 내재해 있다.[13]

하버마스에 의하면 일상의 의사소통행위는 바로 '합리성의 잔여물'[14]이다. 그 까닭은 담화자들 간의 상호 의존성, 상호 침투성, 합의 지향 등등 합리성이 관여하지 않는 영역이 없기 때문이다. 그것은 이성을 통해 작동할 뿐만 아니라 자율적이며, 이 모든 것이 이상적으로 행해진다면 그것은 곧 해방을 보장한다. "강요 없는 이해가 일어나는 매 순간, 유대감을 지니며 함께하는 매 순간, 하나의 옹골찬 개인으로 해방을 만끽하는 매 순간" 의사소통행위(이성)는 "갱신된다."[15] 이렇게 매 순간 갱신되는 "의사소통의 이성은 역사에서 항거의 힘으로 작동"하기도 한다.[16]

---

11 Jürgen Habermas, *Communication and the Evolution of Society*, tran. Thomas McCarthy(Boston, MA: Beacon Press, 1979), p. 3.
12 같은 글, p. 5. 이에 대한 더 자세한 논의로는 John B. Thompson, "Universal Pragmatics," *Habermas: Critical Debates*, ed. John B. Thompson and David Held(Cambridge, MA: MIT Press, 1982), pp. 116-133 참조.
13 Jürgen Habermas, *Postmetaphysical Thinking: Philosophical Essays*, tran. William Mark Hohengarten(Cambridge, MA: MIT Press, 1994c), p. 68.
14 Giovanna Borradori, *Philosophy In A Time Of Terror*, p. 60.
15 Jürgen Habermas, "A Reply to My Critics," *Habermas: Critical Debates*, ed. John B. Thompson and David Held(Cambridge, MA: MIT Press, 1982), p. 221.
16 같은 글, p. 227.

하버마스는 이런 의사소통행위가 이상적[17]으로 일어날 수 있는 보고 寶庫로 '생활세계life-world'를 지목한다. 생활세계란 의사소통행위가 발생한다는 점에서 이른바 '정치적인 공적 영역political public sphere'과 일맥상통하는데,[18] 하버마스는 그것을 "한 국가의 시민들로 구성된 공중의 의견 및 의지의 담론 형성을 가능케 하는 의사소통의 제반 조건"으로 정의한다.[19] 그런데 이런 생활세계를 왜곡하고 억압하는 것들이 있으니 이를 통칭해 하버마스는 '체계'라고 부른다. 체계의 대표적인 것들로 하버마스는 '국가기구'와 '경제'를 거론하는데, 하버마스 비판이론의 목표는 "체계가 생활세계의 영역을 식민지화하기 위해 생활세계에 침투하려 들 때 그것을 막기 위해 민주적인 댐을 쌓는 것이다."[20] 그의 눈에 비친 체계는 자율적인 의사소통행위와는 달리 비통합적이고 비참여적인 전략적 행위의 처소일 뿐이다. 그래서 이러한 체계에 놓인 생활세계의 식민지화를 극도로 우려하고 그런 기도를 방지하려는 것이다. 이를 방지하려는 움직임, 즉 운동[21]들이 단순히 개인적인 불만에서 발로하는 것이 아닌 자유로운 공적 담론을 거쳐 형성된 것인 만큼 역사적으로 볼 때 전례가 없는 것들이므로 새로이 조명받아 마땅하다고 주장한다. 그리고 이런 운동이 이전의 것들과 다른 점은 바로 국가 권력을 획득하는 데 전혀 무관심하다는

---

17 이상적인 대화 상황에 대한 하버마스의 글로는 Jürgen Habermas, "Wahrheitstheorien," *Wirklichkeit und Reflexion: Walter Schulz zum 60, Gerburtstag*, ed. Helmut Fahrenbach(Pfullingen: Neske, 1973), p. 256을 볼 것. 또한 Seyla Benhabib, *Critique, Norm, and Utopia: A Study of the Foundations of Critical Theory*(New York, NY: Columbia University Press, 1986) 참조.

18 물론 '공적 영역' 개념이 18세기의 유럽사회를 모델로 하고 있다는 점에서 현대사회의 복잡성을 설명하는 데 부적절하다고 생각해 하버마스는 후기에 그보다는 '생활세계' 개념을 선호한 것이 분명하지만, 이 맥락에서는 생활세계와 정치적인 공적 영역 간에 별다른 차이점을 보이지 않는다는 점에서 양자의 정의는 상호 대체 가능하다.

19 Jürgen Habermas, "Further Reflections on the Public Sphere," *Habermas and the Public Sphere*, tran. Craig Calhoun(Cambridge, MA: MIT Press, 1992), p. 446.

20 같은 글, p. 444.

21 하버마스는 이런 운동들을 '신사회 운동'이라 불렀다. 그 예로는 생태주의, 시민권리주의, 평화주의 등이 있다. Jürgen Habermas, "New Social Movement," *Telos*, Vol. 49, 1981, pp. 33-37.

것이라고 지적한다.[22] 즉 그것들은 한 국가의 형태를 넘어서는 그야말로 '보편적인' 것들이라 새로운 의미를 부여해야 한다는 것이다.

이렇듯 하버마스에게 있어 '보편주의'는 각별히 옹호되어야 할 대상이다. 왜냐하면 그것이야말로 공적인 합의의 가능성을 높이며, 개인적으로 취할 수 있는 주장이나 신념을 타인에게 합리적으로 납득시킬 만한 정당화의 가능성 또한 활짝 열어놓고 있기 때문이다. 결국 하버마스의 보편주의 옹호는 개별 '국민국가' 관념의 폐기와 '다문화 사회'[23]로의 길목을 지나 칸트가 언급한 '만민연합federation of people'[24]의 건설로까지 이어진다. 궁극적으로 하버마스는 '세계시민주의적 질서cosmopolitan order'로 나아갈 것을 주창한다.[25] 이것은 세계 각국의 주권을 넘어서는 '초국가적 합의transnational agreements'[26]체의 구성으로 완성된다. 따라서 이러한 큰 그림의 일환으로 유럽은 반드시 통일된 유럽연방국가로 나아가야 한다고 하버마스는 역설했다. 그에게 있어 "국가 정체성은 인간들을 위한 상호 공존이라는 보편주의 원칙과 필연적으로 충돌"하기 때문에 국민국가는 극복의 대상이어야만 한다.[27]

이렇게 '보편주의'는 개별 국가의 특별한 이해에 매몰되지 않는 이성의 발현이고 이는 곧 관용의 형태로 구체화된다. 즉, 세계시민주의적 질서를 구축하기 위해 관용은 실천되고 실제적으로 작동되어야 한다. 그러

---

22 같은 글, pp. 33-37.

23 Jürgen Habermas, "Yet Again: German Identity-A Unified Nation of Angry DM-Burghers," *New German Critique*, Vol. 52, 1991, p. 96.

24 Immanuel Kant, "Perpetual Peace: A Philosophical Sketch," p. 102.

25 Jürgen Habermas, "Fundamentalism and Terror: A Dialogue with Jürgen Habermas," *Philosophy In A Time Of Terror: Dialogues With Jürgen Habermas And Jacques Derrida*, ed. Giovanna Borradori(Chicago, IL: University of Chicago Press, 2003), p. 27; James Bohman, *Perpetual Peace: Essays On Kant's Cosmopolitan Ideal*(Cambridge, MA: MIT Press, 1997); Johannes Lenhard, *Kant And The Liberal Democratic Peace Theory: The Cases Of Kosovo, Iraq And Afghanistan*(Norderstedt Germany: Grin Verglag, 2010) 참조.

26 Jürgen Habermas, "Fundamentalism and Terror: A Dialogue with Jürgen Habermas," p. 40.

27 Jürgen Habermas, "Yet Again," p. 96.

하기에 관용은 하버마스에게 있어 절대적으로 주목받아야 할 덕목이 된다.[28] 보편주의와 관용의 관계에 대해서 하버마스는 다음과 같이 묘사하고 있다.

> 타인의 신념이 옳은 것이라고 여기지 않으면서도 그것을 관용하기 위해서, 그리고 우리 자신의 삶의 방식에 그렇게 하는 것과 달리 타인의 그것에는 하등의 어떤 본질적 가치도 내재해 있다고 믿지 않으면서도 타인의 삶의 방식을 관용하기 위해서는 일종의 공통된 규준이 요구된다. (…) 중요한 것은 성찰성이라는 독특한 특징이다. (…) 이런 복잡한 문제들의 설명이 우리를 보편주의의 문제로 되돌아가게 만든다.[29]

이런 모든 것에 비추어볼 때, 하버마스가 생각하는 관용은 확실히 계몽주의적 근대성의 산물이다. 이성이 유난히 부각된 근대사회에서 그것은 성찰성이라는 겉옷을 입고 보편주의라는 화장을 한 채 그 자태를 맘껏 뽐내고 있는 것이다. 관용이야말로 근대성의 화려한 왕관이다. 그것은 근대성이 끊임없이 스스로를 채근하고 닦달하며 비판하는 가운데 얻은 결실이다.[30] 그리고 그 조건하에 삶을 영위하는 근대인이 터득하고 습득한 귀중한 삶의 덕목이다. 이는 집단과 사회가 제공하는 든든한 보호의 울타리를 스스로 제거하거나 제거당한 현대인들이—그런 의미에서 이방인이라 할 수 있는—스스로가 덧없고 매우 연약한 존재라는 것을 뼈저리게 절감한 후 타인들과 교감할 때 자연적으로 취하는 삶의 태도인 것이다.

---

28 Jürgen Habermas, "Fundamentalism and Terror," pp. 40–41.

29 같은 글, p. 41.

30 근대성의 본질적 특징 중 하나인 '성찰성'을 하버마스는 다음과 같이 묘사하고 있다. "근대는 자신의 규범성을 그 자신으로부터 이끌어내야 한다. 근대성은 별수 없이 자신에게로 회귀하는 자신을 본다." Jürgen Habermas, *The Philosophical Discourse of Modernity*, tran. F. G. Lawrence(Boston, MA: Beacon Press, 1987), p. 7 참조.

◪ 데리다의 환대

현대사회에서 관용이 필요한 덕목으로 요청된다고 믿는 하버마스와 마찬가지로 데리다 역시 관용을 바람직한 덕목으로 간주한다. 데리다가 중요시하는 이른바 차이들의 인정과 거기서 비롯되는 평화를 위해서는 어떤 형태로든 관용의 티를 내는 덕목이 전제되어야 하기 때문이다. 따라서 데리다에게 있어 "평화란 관용적 동거"다.[31]

그럼에도 불구하고 데리다는 '관용'이란 개념을 성에 차지 않아 한다. 해서 그는 다른 개념을 제시한다. 바로 '환대'다. 그렇다면 데리다는 왜 관용과는 영 다른 개념을 제시하면서까지 관용을 탐탁하게 여기지 않았을까? 이유는 간단하다. 데리다의 눈에 관용이란 개념은 그 근원에 종교성을 깊이 배태하고 있을 뿐만 아니라 권력관계가 내포되어 있기 때문이다.

> 분명코 불관용의 표현보다 관용의 표현이 더 나은 것은 사실이지만 그럼에도 불구하고 나는 '관용'이란 용어와 그것이 펼쳐내는 담론이 여전히 탐탁하지 않다. 관용은 종교적 뿌리를 가진 담론이며, 그것은 은전을 베푸는 것과 같은 양보로 늘 권력을 쥔 편에서 아주 흔히 사용되는 것이기 때문이다.[32]

데리다에게 있어 관용은 "자비의 한 형태"로 "최강자의 논리" 편에서 베푸는 일종의 시혜로서, 이는 "환대의 조건"이라기보다는 오히려 "환대

---

31 Jacques Derrida, "Autoimmunity: Real and Symbolic Suicide: A Dialogue with Jacques Derrida," *Philosophy In A Time Of Terror: Dialogues With Jürgen Habermas And Jacques Derrida*, ed. Giovanna Borradori(Chicago, IL: University of Chicago Press, 2003), p. 127.
32 같은 글, p. 127.

의 한계"로 보인다.[33] 관용은 타인을 향해 선한 얼굴로 가장했지만 심중으로는 그를 온전히 받아들이지 않는, 즉 주체는 일정한 선을 그어놓고 일정 부분까지만 타자를 용인하겠다는 태도다. 이를 데리다는 "주권의 선한 얼굴the good face of sovereignty"이라는 표현을 써서 폄훼한다.[34] 데리다는 다음과 같이 말한다.

> 주권은 높은 자리에서 타자에게 이렇게 말한다. 널 그냥 내버려둘게. 넌 못 봐줄 정도는 아니야. 여기 내 집에 네가 있을 자리는 있어. 하지만 절대로 이걸 잊어서는 안 돼. 이게 내 집이라는 사실을……[35]

관용이란 '관용의 문턱the threshold of tolerance'[36]이란 말에서 보듯 정해진 문지방(선)을 넘어서는 안 된다는 것을 말하기에 데리다로서는 불만일 수밖에 없다. 관용은 조건적이고, 주의 깊고, 신중한 환대다.[37] 달리 말해 관용은 "면밀하게 요것조것 따진 환대, 경계의 끈을 놓지 않는, 그리고 인색한 환대이며 주권을 방어하는 환대"다.[38] 이에 비해 데리다가 주창하는 환대는 그 앞에 관용과 같이 어떤 구차한 수식어도 붙지 않는 그 용어 자체로서의 환대다. 굳이 붙이자면 "순수한 그리고 무조건적 환대"[39]이며 "절대적 환대"[40]인 것이다.

이를 데리다는 다음과 같이 요약했다. 관용은 "초대의 환대"이자 "조건

---

33 같은 글, p. 127.
34 같은 글, p. 127.
35 같은 글, p. 127.
36 Jürgen Habermas, "Fundamentalism and Terror," p. 40; Jacques Derrida, *Of Hospitality*(Stanford, CA: Stanford University Press, 2000), p. 49.
37 Jacques Derrida, "Autoimmunity," p. 128.
38 같은 글, p. 128.
39 같은 글, p. 129.
40 Jacques Derrida, *Of Hospitality*, p. 25.

적 환대"이며 "실천 가능한 환대"[41]임에 반해, 데리다 자신이 주창하는 환대는 "방문의 환대"이자 "무조건적 환대"이며 "실천 불가능한" 것이다.[42] 즉, 초대하는 자가 아닌 방문자를 위주로 하는 환대가 만일 현실 세계에 있다면 이는 초대하는 자의 입장에서 보면 위험하기 그지없는 것이다. 이는 "죽음을 무릅쓴 위험천만한" 환대인 것이다.[43] 그에 비해 초대의 환대인 관용은 위중한 위험을 내포하지 않는 그렇고 그런 무미건조한 환대다.

그렇다면 데리다는 왜 이런 위험천만하기 짝이 없는 무모한 환대를 주창하는 것일까? 데리다는 왜 무난한 관용을 외면하고 환대에 눈을 돌린 것일까? 그 답의 실마리는 앞서 이미 나왔다. 관용이 주체가 지닌 일정한 권리와 그가 그어놓은 선(문지방), 즉 '주권'을 내포하기 때문이다. 그는 거시적으로는 국민국가의 시민권을, 미시적으로는 주체의 권리를 극복하길 원한다. 이를 통해 데리다가 열망하는 것은 바로 '도래할 민주정 democracy to come, la démocratie àvenir'이다.[44] 그런데 '도래할 민주정'에서는 그 어느 것으로도 환원되거나 대체될 수 없는 "독특한 존재들singular beings이 함께 살아가는 것"이 가능하다.[45]

그러면 이 '도래할 민주정'의 '시민'인 '독특한 존재들'은 과연 어떤 이들일까? 어떤 특징을 보유하고 있을까? 데리다에 의하면 '도래할 민주정'의 '시민the demos'은 어디에고 구속받지 않는 존재다. 그럼에도 불구하고 '시민'은 바로 그 구속받지 않는다는 것에 구속받는 모순된 존재이기도 하다. 이 시민은 한편으로는 다른 이와 확연히 구별되는 차이를 지닌 '특별한 존재'이고, 다른 한편으로는 그 다르다는 자체를 함께 지닌, 그리고 그 차이 가운데 공통의 뭔가를 찾아야 할 운명을 지닌 '보편적 존재'이기

41　Jacques Derrida, "Autoimmunity," p. 128.
42　같은 글, p. 129.
43　같은 글, p. 129.
44　같은 글, p. 120, 130.
45　같은 글, p. 130.

도 하다. 데리다는 이를 다음과 같이 묘사하고 있다.

> [도래할 민주정의] 시민은 어떤 '주체'에 선행하는 모든 이의 따질 수 없는 유일무이성incalculable singularity이다. 그것은 모든 시민권을 넘어, 모든 국가를 넘어, 심지어는 인간을 생명체라 규정하는 현재의 정의를 넘어, 나름의 존중받을 비밀을 간직하고 있기 때문에 사회적 연대에서마저도 떨어져나가는 것이 가능한 그런 존재다. 이와 동시에 시민은 합리적 계산의 보편성the universality of rational calculation이다. 법 앞에 평등한 시민의 보편성, 계약에 의해서든 아니든 상관없이 함께 살아가야 하는 사회적 연대의 보편성 말이다.[46]

필자가 볼 때 데리다의 '도래할 민주정'의 시민은 다름 아닌 이방인이다. 두 가지 이유에서 그렇다. 그 하나는 '도래할 민주정'의 '시민'은 앞의 것과 마찬가지로 '도래할 자'여야 한다. 그런데 데리다에게 있어 이방인은 '도래자the new arrival, l'arrivant'다.[47] 이것만으로도 데리다가 말하는 '시민'이 이방인임을 단박에 간파할 수 있다. 두 번째 이유는 이것이다. 차이를 차이로 인식하기 위해서는 반드시 타자가 필요하며, 그것도 이질적인 타자와의 공존이 전제되어야 한다. 이 말은 곧 이 관계에 참여하는 인간은 헤아릴 수조차 없는 그만의 독특성을 보유해야 하며 동시에 그것으로 만족해 자기 혼자서만 살아가는 것이 아닌 그와 똑같은 특성을 보유한 타인들과 사회적 교분을 맺어야만 하는 보편성 또한 인식하고 그것을 필요로 하는 존재다. 이것은 데리다의 '시민'과 '이방인' 모두에게서 공히 보이는 모습들이다. 다만 차이가 있다면, 데리다가 생각하는 '도래할 민주정'의 시민은, '도래할 민주정'이 "아직 현재에는 실존하지 않는 것"처럼

---

46 같은 글, p. 120.
47 Jacques Derrida, *Of Hospitality*, p. 77.

아직 도래하지 않았지만,[48] 이방인은 지금도 우리 주위를 배회하고 있다는 사실이다.

어쨌든 데리다는 '도래할 민주정'에서의 '시민', 즉 이방인에게 절대적으로 필요한 것은 무늬만 있는, 생색내기식 관용이 아니라 진실된 환대라고 주장한다. 이것은 "절대적 환대"[49]이며, 이방인에게 문호를 활짝, 완전히 개방하는 것을 의미한다.

> 절대적 환대란 내 집을 개방하고, 성姓과 이방인이라고 하는 사회적 지위 등을 가진 이방인뿐만 아니라 이름도 없는 미지의 절대적 타자에게까지도 거처할 곳을 주고, (계약을 체결함으로써 발생하는) 상호성을 요청하거나 심지어 그들의 이름을 묻는 것 없이, 그들이 오게 놔두고, 도래하게 내버려두며, 내가 그들에게 제공한 장소에서 그것이 일어나도록 하는 것이다.[50]

> 스스로를 개방하는 것, 우리를 시간에 개방해주는 것, 우리에게 도래하는 것에, 도래하거나 발생하는 것에, 그 사건에 개방해주는 것이다. 역사에 관해서는, 당신이 할 수만 있다면, 목적론적 지평에서 사유되는 역사나 실제로 아예 어떤 지평이든 그것에서 사유되는 역사와는 완전히 다른 그런 역사에 우리를 개방하는 것이다.[51]

그런데 데리다는 이런 환대가 현실세계에서는 실천 불가능하고 문자 그대로 이상적이라는 것을 이미 알고 있다. 그러나 그것은 현실에 없더라

---

48 Jacques Derrida, "Autoimmunity," p. 120.
49 Jacques Derrida, *Of Hospitality*, p. 25.
50 같은 글, p. 25.
51 Jacques Derrida, "Autoimmunity," p. 120.

도 분명 "존재하는 불가능the impossible that there is"이라고 말한다. 데리다는 그 존재하는 불가능에 개방이 필요하다고 역설한다. 그 이유는 무엇일까? 먼저, 데리다는 이 절대적인 환대를 최소한 사유해보지도 않고서는 인간이 환대에 속하는 어떠한 일반적인 개념조차 소유할 수 없다고 이야기한다. 이렇게 된다면 실천적으로 가능한 현실세계의 이른바 조건적인 환대의 규준조차 정할 수 없기 때문이라는 이유를 든다. 나아가 데리다는 더 중대한 이유로 "순수(절대) 환대의 사유 없이는 타자에 대한 관념, 타자의 타자성, 즉 초대 없이 우리 삶 속으로 불쑥 진입해 들어오는 불청객인 타자들의 타자성에 대한 관념조차 지니지 못할 것"이라고 천명한다. 심지어 이 절대적인 환대의 개념 없이는 인간은 "사랑의 관념"도, 어떤 총체나 집합체의 일부분이 되지 않지만 그것들과 '함께 조화를 이루며 살아간다'는 개념조차 가질 수 없을 것이라고 단언한다.[52] 한마디로 표현하면 데리다가 부각시킨 환대의 개념은 타자와 살아가기 위한 필요 요건이며, 이것 없이는 타자의 관념도 그리고 그들과 함께 어울리는 것조차도 불가능해진다. 이렇게 볼 때 타자와 삶을 병행해나가는 이방인에게 있어 환대란 가장 절실히 요청되는 필수 덕목임이 분명해진다. 데리다도 이를 힘주어 강조하고 있는 것이다.

---

[52] 같은 글, p. 129.

3. 관용 및 환대의 담론의 무차별성

앞서 살펴본 바와 같이 데리다는 하버마스의 관용과는 차이를 보이는 좀더 급진적인 개념인 환대의 담론을 형성하는 데 주력했다. 그러나 안타깝게도 데리다가 아무리 하버마스와의 차별성을 내세운다고 하더라도 그것이 그리 성공적인 것 같지는 않다. 다시 말해 언뜻 상당한 차이를 보이는 듯한 그들 간의 담론 개진에도 불구하고 양자 사이에는 별다른 차이점이 없어 보인다.

과연 어떤 점에서 그러할까? 단도직입적으로 그들이 주창한 두 덕목이 죄다 현실세계에서 국민국가의 주권을 무시하고 그 지평 너머의 세계를 향해 있다는 데서 그 답을 찾을 수 있다. 하버마스는 앞서 살펴본 바와 같이 현실 세계의 모든 다름에서 오는 온갖 종류의 갈등을 종식시키기 위해 '국민국가' 개념을 폐기하고 '세계시민주의적 질서'로 나아갈 것을 주창했다. 더욱이 '초국가적 합의체'의 구성으로 그것이 완성될 것으로 굳게 믿었다. 이런 상태라면 그 상황에서 요구되는 인간끼리의 최상의 덕목인 관용이 그것이 안고 있는 폐단—이른바 '주권'이라고 하는 권력적 관계를 내포하는—을 충분히 자정할 수 있을 거라 믿었다. 즉 관용이 안고 있는 문제점으로 지적된 '관용의 일방성'은 쉽게 중화될 수 있다고 굳게 믿었던 것이다.[53]

하버마스는 갈등이란 다른 것들이 서로 멀리 떨어져 있고 접하지 못해 낯설게 된 데서 비롯되었다고 말한다.[54] 결국 갈등의 해결은 다른 것

---

53 Jürgen Habermas, "Fundamentalism and Terror," p. 41, Giovanna Borradori, *Philosophy In A Time Of Terror*, p. 17 참조.

54 Jürgen Habermas, "Fundamentalism and Terror," p. 35.

들이 서로 떨어져 있지 않고 자주 접하는 데서 시작된다고 믿는 것이다. 그렇게 되면 낯선 것들이 더 이상 낯설지 않게 되고 그 과정에서 갈등은 자연적으로 치유되리라 믿었던 것이다. 그런데 이런 과정에서 선행되어야 할 것은 바로 낯선 것을 낯선 상태로 머물지 못하게 하는 것이다. 이는 현실적으로 국민국가의 경계를 허무는 것이고 결국 초국가적 합의체가 구성되어 그 안의 구성원이 되어야 가능하다. 이런 상황에서 관용이 실행된다면 그때의 관용은 '내 것'이라는 '금(선)'을 그어놓고 행해질 수 없다는 것이다. 따라서 오랫동안 관용에 따라붙는 오명인 '관용의 문턱'이라는 우려가 말끔히 해소되리라 믿었던 것이다. 어쨌든 하버마스의 관용이 결국 국민국가의 주권을 넘어서는 초국가적인 세계시민주의 질서를 지향하고 있다는 점은 분명해진다.

그런데 이런 생각은 데리다에게서도 극명하게 노정된다. 그 점에서 하버마스와 데리다 간의 차별성이 무색해진다는 주장이 가능하다. 어떤 면에서 그럴까? 데리다로 넘어가보자. 데리다도 하버마스와 비슷하게 국가와 시민권 너머의 "보편적 동맹"이나 "보편적 연대"의 도래를 학수고대하고 있다.[55] 이는 하버마스와 데리다가 공동 작성해 발표한 공동선언문에 뚜렷하게 드러난다. 그들은 "우리 둘 사이의 논점과 논증들에서 보이는 모든 명백한 차이에도 불구하고 국제법 기구들의 미래 및 유럽의 새로운 과제들에 대한 양자의 관점이 일치한다"고 분명히 못 박았다.[56] 좀더 자세히 살펴보자.

어쨌거나 데리다도 하버마스와 마찬가지로 이른바 세계시민주의에 후한 점수를 주었다. 왜냐하면 이것은 특정 국민국가의 주권과 시민권을 넘어서는 인물들의 형성을 가능케 하기 때문이다. 즉 이방인에게 유리한

---

55 Jacques Derrida, "Autoimmunity," p. 123.

56 Jürgen Habermas and Jacques Derrida, "Unsere Erneuerung-Nach dem Krieg: Die Wiergeburt Europas," *Frankfurt Allgemeiner Zeitung*, May 31, 2003.

환경을 조성해주기 때문이다. 그런데 이러한 이념을 널리 확산시키고 실제로 가능케 하는 세계화에 대해서는 양가적인 감정을 내비친다. 우선 데리다는 널리 통용되고 있는 개념인 세계화(혹은 지구화globalization)와는 다른 용어인 '세계화mondialisation'를 제시한다. 여기서 그가 지칭하는 '세계'란 "지구도 아니고 우주도 아닌 세계monde, Welt, mundus"를 말한다.[57] 데리다는 이런 세계화가 현실세계에서는 아직 일어나지도 않았으며, 현재 일어난 세계화는 겉으로만 그렇게 보일 뿐 완전하지 않은 것이라고 판단한다. 그래서 현재의 세계화는 최선이기도 하면서 동시에 최악이기도 하다는 매우 이해하기 어려운 주장을 펼친다.

그러나 잘만 곱씹어본다면 그의 주장을 이해하는 것은 그리 어렵지 않다. 우리는 앞서 데리다가 말한 '도래할 민주정'에 대해 살펴보았다. 다분히 유토피아적 색채가 짙은 이 '도래할 민주정'은 아직 현실 세계에는 존재하지 않지만 확실히 도래할 가능성이다. 이와 마찬가지로 데리다에게 있어 세계화란 현재는 존재하지 않지만 조만간 도래해야 하고 도래할 그런 세계의 상태다. 그러하기에 현재의 세계화는 그 진짜 도래할 세계화의 그림자일 뿐이다. 따라서 그것은 완전한 것이 아니다. 그러나 그것은 현재로서는 최선의 것이기도 하고 동시에 최악이기도 하다.[58] 예를 들자면 현재의 세계화는 국가 간의 불평등 심화와 소수 국가의 권력의 전유 등으로 인해 'mondialisation'의 근처에도 가지 못할 정도로 자신이 이야기하는 세계화는 아직 일어나지 않았다고 데리다는 단언한다.[59] 또한 현재의 세계화에 학을 떼고 아예 쇄국정책으로 회귀하는 반동적 성향도 양산하고 있어 현재의 세계화는 최악의 상황과도 맞닿아 있다고 주장

---

57 Jacques Derrida, "The University Without Condition," *Without Alibi*, tran. and ed. Peggy Kamuf(Stanford, CA: Stanford University Press, 2002a), p. 203.
58 Jacques Derrida, "Autoimmunity," pp. 121-123.
59 같은 글, p. 123.

한다.[60]

이처럼 현재 진행되는 세계화의 한계에도 불구하고 데리다는 그것이 최선을 위해서도 발생하고 있다며 긍정적인 평가 역시 내리고 있다. 그것이 무엇인가 하면 바로 국제법, 국제형사재판소과 같은 것이다.[61] 그것들은 그가 도래하길 바라는 세계의 '보편적 동맹'이나 '보편적 연대'를 가능케 한다. 이런 의미에서 현재의 세계화가 분명히 그 한계를 노정하고 있음에도 불구하고 데리다는 이것의 진전을 저지하는 것이 바로 인류가 직면한 가장 큰 '절대적 위협', 심지어는 '절대적 악'이라고 밝힌다.

[세계의] 절대적 위협은 세계 질서와 단일 세계의 바로 그 가능성과 전 세계적인 노력(세계화mondialisation)들의 가능성—국제법, 단일 세계시장, 단일의 보편언어 등—을 유지해주는 것들을 위협하기에 (…) 위험에 처해지는 것은 다름 아닌 세계의 실존, 즉 전 세계적인 것 자체의 실존인 것이다. (…) [냉전 이후]에 지구상의 어떤 생명도 빠짐없이 세계화되는, 즉 세계의 세계화가 위험에 처하는 것, 바로 그것이 절대적 악이요 절대적 위협인 것이다.[62]

하지만 데리다는 이런 절대적 위협에 굴하지 않고 자신이 열망하는 세계화를 향해 국제기구 및 국제법 수준에서 "심대한 변화가 반드시 일어날 것"이라고 단언한다.[63] 심지어는 이런 도래할 문제를 다룰 사람을 시대가 요구하는 '철학자'[64]라고까지 치켜세울 정도니 세계화를 향한 그의 열망이 얼마나 강렬한지 가늠할 수 있다. 이러한 의미에서 데리다와 하버

---

60 같은 글, p. 124.
61 같은 글, p. 98, 123.
62 같은 글, pp. 98-99.
63 같은 글, p. 106.
64 같은 글, p. 106.

마스는 일맥상통하며, 그로 인해 그들이 각각 개진한 관용과 환대의 차이점은 퇴색됨을 알 수 있다. 그러나 여기서 우리가 짚고 넘어갈 것은 바로 이들을 한 지점으로 모을 수 있었던 것이 이방인에 대한 특별한 고려라는 점이다. 그리고 이방인이 '나'와는 아무 상관 없는 그런 무의미한 존재가 아니라 결국 '나'의 주위에 늘 어슬렁거리는 인물이고, 나아가서는 '나'조차 그런 이방인에 속한다는 자각이 하버마스와 데리다로 하여금 관용과 환대의 문제에 초점을 맞추게 했다는 점이다.

4. 관용 및 환대의 담론의 구멍들

이상을 되짚어볼 때, 확실히 하버마스와 데리다 모두 이방인을 염두에 두고 이방인이 살아갈 수 있는 최적의 조건을 고려하는 문제에만 골몰하던 끝에 각자 관용과 환대의 이슈를 들고 나온 것이 분명해진다. 한마디로 하버마스와 데리다에게 있어 관용과 환대야말로 이방인에게 적용되어야 할 가장 시급한 문제였던 것이다. 심지어 이와 관련된 그들의 모든 의견을 종합적으로 고찰해볼 때, 하버마스와 데리다는 이방인을 중립적으로 다루려 하기보다는 확실히 이방인 편에 서 있을 뿐만 아니라 이방인을 위한 것이 무엇일지를 최우선적으로 고려했던 인물들이라고 평가해도 지나침이 없다. 그리고 그들이 이처럼 자기 나름의 주장과 견해를 피력했던 데에는 '인간이란 존재가 이방인과 다르지 않다'는 생각을 품고 있었기 때문으로 여겨진다. 즉, 이제 이방인은 특정 부류의 사람들로 한정될 수 없고 그 테두리와 지평을 인류 전체로 넓혔기 때문에 이방인 문제는 곧 인류의 보편적 문제라고 하버마스와 데리다가 믿어 의심치 않았다는 추정도 가능하다.

따라서 앞의 이야기에 동의한다면, 하버마스와 데리다의 관용 및 환대의 담론이 이 시대에 가장 필요한 주제가 된다는 것 또한 부인할 수 없을 것이다. 왜냐하면 '나'조차도 낯선 이방인의 대열에 들 수 있다는 자각의 가능성이 날로 높아가는 현대적 상황에서는 관용과 환대가 '나'와 동떨어진 문제가 될 수 없기 때문이다. 나아가 '친이방인주의'를 넘어 '이방인우선주의' 같은 관념—이방인에게 우호적일 뿐만 아니라 항상 그를 위하고, 그를 위주로 해 그에게 최선인 것이 무엇일지를 늘 염두에 둔—이 팽배해지는 것도 전혀 이상한 현상이 아니다.[65]

어쨌든 이런 상황에서 하버마스와 데리다의 주장은 커다란 함의를 주고 있다. 문제는 그들의 주장이 이방인과 관련된 모든 논의의 끝이 아니라는 사실에 있다. 즉, 하버마스와 데리다의 의견은 귀 기울일 필요가 있으며 도움받을 구석이 확실히 있지만, 그럼에도 불구하고 그들의 견해가 이와 관련된 논의의 종착점이 되지 못한다는 것이 필자의 생각이다. 즉, 그들의 견해가 품고 있는 문제점을 지적하고 평가할 필요가 있다. 이는 그들이 관용과 환대의 문제를 들고나왔을 때 애초에 제기되던 질문들―무엇이 이방인에게 가장 절실한 것인가? 무엇이 과연 이방인을 위한 것인가?―에 대한 하버마스와 데리다의 응답이 과연 적절하고 타당한지를 점검할 필요가 있다는 뜻이다.

단도직입적으로 말해, 필자의 시각으로는 위의 질문들에 대한 하버마스와 데리다의 응답이 부분적으로는 설득력 있지만 한편으로는 그렇지 못하다고 여겨진다. 이를 입증하기 위해 필자는 애초에 제기되었던 질문으로 되돌아가 그 문제에 대해 다시 골똘하고도 냉정히 궁리하고자 한다. 즉 하버마스와 데리다의 관용 및 환대가 과연 이방인을 위한 것인지, 그리고 그들이 요청한 관용과 환대가 이방인에게 절실한 것인지를 근본적으로 따져보려 한다. 그렇다면 어떤 점에서 하버마스와 데리다의 견해에 허점들이 보인다는 것일까?

첫째, 하버마스와 데리다의 관용과 환대는 이방인을 위해 우리의 일상생활에서 "낯섦의 소거"를 요구한다. 즉, 낯선 이방인을 낯설지 않은 자로 여기고 받아들이며 결국 그를 낯설지 않은 자로 만들 것을 요구한다. 그런 의미에서 하버마스와 데리다는 이방인을 위한 최선의 조건이 관용과 환대를 통한 낯섦의 소거라고 본다. 이를 통해 인간 모두가 "우리"가

---

65 따라서 관용이 가치 있는 것이라고 말하는 경향은 현대의 특이한 현상 중 하나임에 분명하다. 이에 대해선 Michael Walzer, *On Toleration*(New Haven, CT: Yale University Press, 1997), p. 2와 Thomas Scanlon, "Contractualism and Utilitarianism," *Utilitarianism and Beyond*, ed. Amartya Sen and Bernard Williams(Cambridge: Cambridge University Press, 1982), p. 116 참조.

될 것을 요청한 것이다.[66] 문제는 이방인에게 얼핏 선해 보이는 이 낯섦의 소거가 곧 낯선 자의 소거와 일맥상통하고 나아가 이방인의 소거와 통한다는 사실이다. 결국 낯섦의 소거란 곧 이방인을 없애는 것을 의미한다. 애초에 이방인을 위해 제시되었던 조건이 역설적으로, 그리고 낯설게도 오히려 이방인을 없애는 조건이 되는 이 황당한 사실을 목적의 전치라고 부를 수 있을까? 만일 하버마스와 데리다의 관용과 환대가 이러한 것에 의도치 않게 사용된다면 그것은 커다란 문제가 아닐 수 없다. 그런데 이보다 더 큰 문제는 이런 잘못된 목적의 전치 가능성은 완전히 무시된 채, 그리고 그 목적의 전치가 무엇을 의미하는지에 대해서는 모르쇠로 일관한 채 그 목적이 명백히 이방인을 위해 선한 것이라고 평가되면서 의도적으로 주창되고 있다는 점이다.

예를 들면, 애초에는 선한 의도로 이방인을 받아들일 것을 권고했던 크리스테바 같은 이가 최종적으로 도달하기를 바라던 목표 지점이 "이방인 없는 사회a world without foreigners"[67]인 것과 마찬가지로 하버마스와 데리다도 이런 사회를 열망했던 것이다. 좀더 극적으로 말해 이방인을 이방인으로 대우하지 않는 사회야말로 이방인을 위한 것이 아니라 결국은 이방인을 없앤 사회가 된다는 것을 이들은 간과하고 있다. 크리스테바와 마찬가지로 하버마스와 데리다는 "이방인 없는 사회"를 이방인이 이방인으로 차별받지 않는 그런 이방인에게 좋은 사회일 거라고만 순진하게 생각했던 듯하다.

이 대목에서 이방인의 본질을 좀더 근본적으로 고려해볼 필요가 있다. 이방인은 그 존재 자체에 이질성을 내포하고 있으며 때로는 괴물로

66　Jürgen Habermas and Jacques Derrida, "Unsere Erneuerung-Nach dem Krieg: Die Wiergeburt Europas."

67　Julia Kristeva, *Nations Without Nationalism*(New York, NY: Columbia University Press, 1993), p. 36과 Julia Kristeva, *Strangers to Ourselves*(New York, NY: Columbia University Press, 1991) 참조.

불릴 정도로 차이를 지닌 타자성을 가진 존재다.[68] 그런데 이런 이방인을 없앤 사회—즉 모든 구성원이 동질화된—가 과연 다름과 차이를 생래적이고 본질적으로 보유한 이방인을 위한 사회일 수 있을까? 셀 수 없을 정도로 많은 이방인을 한가지 유로 만들어버리는 것이 과연 이방인을 위한 것일까? 이에 대해 하버마스와 데리다는 답을 내놓아야 할 것이다.

둘째, 하버마스와 데리다는 "이방인의 주인화"를 주창한다. 데리다는 절대적 환대란 이방인에게 초대자 집의 문호를 개방할 뿐만 아니라 그 집의 주인이 되는 것까지 의미한다고 못 박는다. 다음은 데리다의 이야기다. "[이방인이여] 내 쪽으로만이 아니라 내 안으로 들어오시게나. 나를 점령하시게나. 내 안에 자리를 잡으시게나."[69] 즉, 데리다에게 있어 환대받는 이방인은 단순한 손님이 아닌 그가 방문하는 곳의 "해방군"이자 "주인"이다.[70] 데리다는 열쇠를 주인이 아닌 이방인이 쥐는 "치환"이 곧 "환대의 법"이라고 설파한다.[71]

이러한 치환이 일어나는 것은 하버마스에게서도 예외가 아니다. 자유스런 의사소통행위가 발생하는 민주적 상황에서는 이방인과 주인의 권력관계가 사라진다. 그런 의미에서 관용의 일방성은 소멸된다고 하버마스는 이야기했다. 이는 곧 관용을 행사하는 '주체'의 권력 행방이 묘연해짐을 뜻한다. 그러나 과연 이런 상황을 이방인들이 간절히 원한다고 볼 수 있을까? 다시 말해 객이 주인의 자리에 앉아 모든 열쇠를 거머쥐고 거드름 피우는 것을 이방인이 원한다고 단언할 수 있을까? 혹시 이방인이 그것을 대단히 어색해하고 부담스러워하진 않을까? 이런 추정의 근거는 바로 관용이 '주권'과 긴밀히 연결되어 있다는 사실에 놓여 있다. "관

---

68 Richard Kearney, *Strangers, Gods, and Monsters: Interpreting Otherness*(New York, NY: Routledge, 2003).

69 Jacques Derrida, *Of Hospitality*, p. 123.

70 같은 글, p. 123, 125.

71 같은 글, p. 125.

용이 주권의 본질적 측면"이라고 말한 왈저Michael Walzer의 표현[72]을 굳이 들먹일 필요도 없이 관용과 주권은 떼려야 뗄 수 없는 관계를 갖는다.

관용은 단순한 시혜를 베푸는 권력자 위치의 함의[73]만 가졌다고 볼 수 없다. 그것은 한 개인이 그만의 자율성을 확보한 타인과 구분된 '주체' 임을 표현하는 하나의 중요한 수단이 된다. 그런 의미에서 주권과 그것을 지닌 주체는 결코 소거되고 희석되어야 할 잉여의 존재가 아니며 소중히 보존되어야 할 것들이다. 이를 다른 식으로 표현하면 주권의 호혜성the reciprocality of sovereignty[74]이라 할 수 있다. 필자는 이런 의미에서 하버마스와 데리다보다는 이런 사실을 강조한 왈저의 관용의 견해가 더 낫다고 생각한다. 왜냐하면 하버마스와 데리다는 주권을 폐기되어야 마땅할 것으로 간주해버려 종국에는 관용과 환대가 향도할 세계가 곧 주객의 치환이 일어난 세상임을 주장하고 있기 때문이다. 한마디로 이들에게 주권에 대한 세밀한 주의와 존중이 결여돼 있다는 점이 아쉽다.

그러나 장성한 이방인의 조건은 이방인의 주권 인정에 있다. 그리고 그를 받아들이는 주인의 주권 인정도 동시에 이뤄져야 한다. 그것이 바로 주권의 호혜성이다. 이것이 전제되어야 그 후 양자 간의 대화 가능성도 열린다. 이에 근거해 볼 때 '나'의 주권이 상실된다는 것은 곧 타인의 주권 상실의 가능성을 의미한다. 따라서 주인의 주권 포기와 상실이 전적으로 이방인을 위한 것이라고 볼 수 없다. 왜냐하면 그것은 곧 이방인

---

72 Michael Walzer, *On Toleration*, p. 19.

73 이를테면 "관용의 언어는 곧 권력의 언어"라고 묘사했던 카터가 그 예다. Stephen L. Carter, *The Culture of Disbelief*(New York, NY: Basic Books, 1993), p. 96. 그러나 리쾨르 같은 이는 "관용이 권력 행사의 절제의 결실"이라고 달리 말하기도 한다. Paul Ricoeur, "The Erosion of Tolerance and The Resistance of the Intolerable," *Tolerance Between Intolerance And the Intolerable*, ed. Paul Ricoeur(Providence, RI: Berghahn Books, 1996), p. 189. 리쾨르와 같은 견해로는 Catriona McKinnon and Dario Castiglinone, "Introduction," *Toleration, Neutrality and Democracy*, ed. Dario Castiglione and Catriona McKinnon(Dordrecht: Kluwer Academic Publishers, 2003), pp. 1-10 참조.

74 이는 왈저의 "주권의 호혜성의 논리"에서 따왔다. Michael Walzer, *On Toleration*, p. 20을 볼 것.

의 주권 포기와 상실까지 의미하기 때문이다. 그러므로 이 대목에서 하버마스와 데리다는 왈저의 다음 주장을 숙고해볼 필요가 있다.

> 우리는 국가의 시민이자 집단의 구성원으로 관용받고 보호받아야 할 필요가 있다. 마찬가지로 이방인으로서도 그렇게 될 필요가 있다.[75]

즉, 이방인은 주인으로서 관용과 환대를 받아야 할 존재가 아니라 이방인으로서 관용받고 보호될 필요가 있다. 그것이 바로 이방인의 주권을 인정받는 한도 내에서, 마찬가지로 그를 맞이하는 주인의 주권을 인정하는 한도 내에서 이루어지는 절묘한 협동 작업임을 잊지 말아야 한다. 이런 맥락에서 결국 영원한 주변인으로서 이방인의 고독과 자유와 주권을 인정함이 무엇보다 이방인을 위하는 것임을, 그래서 그를 주인으로 들어앉히고 주인의 세계에 가둬두는 것만이 능사가 아님을 하버마스와 데리다는 간과하고 있다.

마지막으로 지적하고 싶은 하버마스와 데리다의 문제는 앞서 살펴보았던 '주권'의 문제와 연장선상에 놓여 있다. 그러나 이번에는 개인의 주권이 아닌 국가의 주권 문제다. 하버마스와 데리다는 둘 다 국민국가의 주권을 폐기하고 국제기구와 같은 초국가적 합의체의 공고화를 열망하고 적극 지지했다. 물론 데리다의 경우 세계국가the world state 창설에 대해서는 유보적 자세를 취했지만,[76] 어쨌든 그가 추구하는 세계화에 근접하기 위해 앞서 언급한 국제기구와 초국가적 합의체가 절대적으로 필요하기에 요청된다고 믿었던 것이 사실이다. 그러나 그러한 초국가적 합의체가 거기에 편입하지 않는 이방인들에게 압력을 행사할 가능성에 대해서는 하버마스와 데리다 모두 외면할 뿐 아니라 일절 함구하고 있다.

---

75 Michael Walzer, 같은 글, pp. 90-91.
76 Jacques Derrida, "Autoimmunity," p. 123.

여기에는 이른바 "비관용자의 관용" 문제가 대두된다. 만일 초국가적 합의체인 국제기구 같은 것이 그것의 존립 이유로 관용을 모토로 삼았을 때 이에 동의하지 않는, 그래서 '비관용자'로 낙인찍힌 이들에 대한 관용의 문제는 어떻게 풀어나갈 것인가 하는 점 말이다.[77] 아마도 하버마스와 데리다에게 있어 이들은 척결 대상이 되어야 마땅할 것이다. 그러나 진정한 관용과 환대의 주창자라면, 게다가 객에게 주인의 자리마저 내주

---

[77] 여기서 언급된 비관용자에는 하버마스와 데리다가 상정한 근본주의자나 테러주의자들도 속하지만 이른바 국지성과 국가 주권을 무시한 세계시민주의에 대한 반발로 특정 국가의 애국주의를 옹호하는 이들도 포함된다. 이에 세계시민주의와 애국주의 중 어떤 것이 우선되어야 마땅하냐는 논쟁에 대한 예로는 다음을 참조할 것. 먼저 세계시민주의가 더 우선시되어야 한다고 주장한 이들의 대표자로는 Martha C. Nussbaum, "Patriotism and Cosmopolitanism," *For Love of Country*, ed. Joshua Cohen(Boston, MA: Beacon Press, 1996), pp. 3-20; Charles, R. Beitz, "Justice and International Relations," *Philosophy and Public Affairs*, Vol. 4, No. 4, 1975, pp. 360-389; Peter Singer, *One World: The Ethics Of Globalization*(New Haven, CT: Yale University Press, 2002); Amartya Sen, "Humanity And Citizenship," *For Love of Country*, pp. 111-118 등이 있다. 그리고 세계시민주의 이상에는 대체로 공감하나 그것이 자칫 문화적 획일주의로 나아갈 수 있다며 제한적 지지 입장을 천명한 학자들도 있다. 예를 들면 Kwame Anthony Appiah, "Cosmopolitan Patriots," *For Love of Country*, pp. 21-29; Kwame Anthony Appiah, *Cosmopolitanism: Ethics In A World of Strangers*(New York, NY: W. W. Norton & Company, 2006)와 Richard Falk, "Universality In Culture," *For Love of Country*, pp. 53-60 등을 참조할 것. 이에 반해 세계시민주의를 비판하면서 애국주의를 적극 지지하는 쪽도 있다. Richard Rorty, "The Unpatriotic Academy," *New York Times*(1994, Feb. 13); Gertrude Himmelfarb, "The Illusions Of Cosmopolitanism," *For Love of Country*, pp. 72-77; Benjamine R. Barber, "Constitutional Faith," *For Love of Country*, pp. 30-37; Michael W. McConnell, "Don't Neglect The Little Platoons," *For Love of Country*, pp. 78-84; Charles Taylor, *Multiculturalism and 'The Politics of Recognition'*(Princeton, NJ: Princeton University Press, 1994); Charles Taylor, "Why Democracy Needs Patriotism," *For Love of Country*, pp. 119-121 등이 여기에 속한다. 한편 세계시민주의도 어차피 국가의 애국주의 확장에서 그 가능성이 열린다며 세계시민주의와 애국주의를 분리시키지 않는 이들도 있다. Nathan Glazer, "Limits Of Loyalty," *For Love of Country*, pp. 61-65와 Sissela Bok, "From Part To Whole," *For Love of Country*, pp. 38-44 등이다. 마지막으로 세계시민주의냐 애국주의냐는 양자택일의 문제가 아니라고 생각하는 부류다. Immanuel Wallerstein, "Neither Patriotism Nor Cosmopolitanism," *For Love of Country*, pp. 122-124; Amy Gutman, "Democratic Citizenship," *For Love of Country*, pp. 66-71; Michael Walzer, "Spheres Of Affection," pp. 125-130; Michael Walzer, *On Toleration*; Judith Butler, "Revisioning Cosmopolitanism," *For Love of Country*, pp. 45-52 등이 여기에 속한다. 이렇듯 세계시민주의를 비판하는 입장이 하버마스와 데리다가 구체적으로 지적한 국제 테러 세력만이 아니라는 것에 명심해야 한다. 따라서 세계시민주의에 반하는 세력들, 즉 비관용자들에는 다양한 스펙트럼이 존재함을 인식하는 것이 매우 중요하다.

어야 할 것이라고 주장한 사람들이라면, 어찌되었든 논리적으로 비관용자에 대한 관용도 베풀어야 마땅하지 않을까? 하지만 이들은 비관용자에 대한 관용의 여지를 처음부터 염두에 두지 않았다. 그렇다면 어떻게 이런 상황이 벌어지는 것일까?

필자가 판단하기에 하버마스와 데리다는 모두 이상적인 혹은 유토피아적 역사관과 사회관을 지녔기에 이런 모순을 노정하는 듯하다. 하버마스의 경우, 그의 비판이론은 유토피아를 상정하고 현실의 난맥상을 구구절절 비판하는 이론으로 규정되는바 필자의 주장이 설득력을 얻을 수 있고, 데리다는 자기 사상의 "메시아성"에 대해 여러 곳에서 논한 바 있다.[78] 이 모두를 종합적으로 고찰해볼 때, 하버마스와 데리다는 이상적인 상황을 염두에 두고 있고, 그 때문에 적나라한 현실 세계의 골치 아픈 실상을 애써 무시한 것은 아닐까 싶다. 즉 그들은 현실세계의 복잡함을 조목조목 따지는 주도면밀함을 서둘러 포기한 듯한 인상을 준다.

실제로 모든 이가 관용적일 때 비관용적 태도를 견지하는 이들을 이 방인으로 보는 것은 불가능한가? 하버마스와 데리다의 논의에서 그것은 여지없이 불가능하다. 그들에게 이들은 척결되어야 할 암적인 존재로 그려지고 있을 뿐이다. 데리다는 그들을 절대적 위협과 절대적 악이라고까지 규정했다. 그들의 삶의 내용이 어찌되었든, 만일 이방인의 본질이 완전한 타자성과 이질성으로 규정되는 것이 사실이라면 그들을 용인 못 하는 국제질서와 초국가적 합의체가 전체주의의 모습을 띤다고 주장할 수는 없을까? 그러나 아이러니하게도 하버마스와 데리다도 가장 혐오했던 것이 바로 이 전체주의다. 왜냐하면 전체주의는 이질적인 타자, 즉 이방

---

78 이는 "메시아주의 없는 메시아성messianicity without messianism"으로 요약할 수 있다. Jacques Derrida, "Faith and Knowledge: The Two Sources of Religion at the Limits of Reason Alone," *Acts of Religion*, ed. Gil Anidjar(New York, NY: Routledge, 2002b), p. 56; Jacques Derrida, *Specters of Marx: The State of The Debt, The Work of Mourning, and The New International*, tran. Peggy Kamuf(New York, NY: Routledge, 1994).

인을 허용하지 않기 때문이다. 그러나 하버마스와 데리다가 이방인을 위한 것이기에 바람직하다고 평가한 바로 그 국제질서(세계시민주의적 질서)가 전체주의의 모습을 띠고 있고 또 띨 가능성에 대해서는 묵언하고 있는 게 사실이고, 필자는 바로 그 점이 실망스러운 것이다. 그들이 이런 모습을 보이는 이유에 대해서는 앞서 언급했다.

　나아가 필자는 하버마스와 데리다가 이상으로 여기는 그 세계가 혹시 인간들의 힘으로 현실화될 수 있다고 그들 자신이 굳게 믿고 있기에, 그런 조짐이나 티를 내는 현실 세계가 있다면 그 어떤 것이라도 거기에 그들의 유토피아적 환상을 투사하고 있는 것은 아닌지 의문이 들기도 한다. 즉 그것이 안고 있는 다른 심각한 문제에는 눈을 감고서 말이다. 결국 필자는 이런 모든 문제로 인해 하버마스와 데리다가 개진한 관용과 환대가 그들의 열망대로 현실 세계에 실현될 경우 이방인에게 도움이 되기보다는 오히려 독이 될 가능성도 충분히 있다고 지적하고 싶다.

5. 모든 사람이 "우리"가 될 수 있는가

　이제껏 우리는 이방인에게 가장 필요하고 절실한 것이 관용과 환대라는 하버마스와 데리다의 주장을 세심하게 점검해보았다. 낯선 자로서 타인에게 다가가는 이방인을 따뜻한 마음과 배려로 맞이하고 받아들이는 것을 이방인이 원할 것이란 점은 누가 보나 당연하다. 해서 이방인이 그런 배려와 관용 그리고 환대를 절실히 필요로 한다고 주장하는 것이 가능하다. 이런 문제를 하버마스와 데리다가 다루고 있기에 이 장에서는 이들의 주장을 깊이 파고들었다.

　하버마스와 데리다가 요청한 관용과 환대는 분명 이방인을 위한 것임을 부인할 수 없다. 하지만 그들의 논의를 좀더 주의 깊게 살펴보면 그렇게 간단하게 결론내릴 문제가 아니라는 점이 포착된다. 왜냐하면 그들이 지향하는 사회의 극단에는 이방인이 사라진 세계가 위치하고, 그 세계에서는 모든 이가 서로에게 낯설지 않은 그런 일이 벌어질 것이기 때문이다. 이는 그들이 모두 세계시민주의 질서를 옹호하고 있다는 점에서 확실하게 증명된다. 그들에 따르면 세계시민주의 질서는 관용자와 환대자들의 구성체이고 이 공간에서만 이방인들은 모든 선입견과 차별에서 해방되며 서로가 "우리"가 될 수 있다고 간주한다. 따라서 하버마스와 데리다에게 세계시민주의 질서에 딴죽을 거는 어떠한 행위도 비관용적 태도로 규정되고 그것은 척결 대상으로 간주된다. 하지만 이러한 사고와 태도는 정녕코 이방인을 위한 것이라고 볼 수 없다. 왜냐하면 이방인은 본질상 이질적인 타자이고 결코 '우리'라는 동질성에 포함될 가능성이 없는 주권을 지닌 엄연한 주체이기 때문이다. 정녕코 이방인을 위한 것은 그들을 주인이 아닌 이방인으로 받아들이는 것임을 인식할 필요가 있다. 그것은 곧 비관용자에 대한 관용까지도 허용하는 것이 진정한 이방인을 위한 것이라는 인식과 맞닿아 있다. 이런 맥락에서 모든 낯선 이가, 즉 이방인이 낯설지 않은 이로 변모하는 세상인, 즉 이방인 없는 사회가 결국 이방인을 위한 것이 아니라는 역설적 결론에 도달하게 된다. 무엇이 진정으로 이방인을 위한 것인지에 대한 좀더 진지한 궁리를 본 연구는 근본적으로 요청하고 있는 것이다. 그리고 이 대목에서 가장 강조되어야 할 것은 바로 주권의 상호성이다. 그것이 전제되지 않은 상태에서의 관용과 환대는 애초의 목적과는 전혀 다른 지점으로 향한다는 것을 인식해야만 한다.

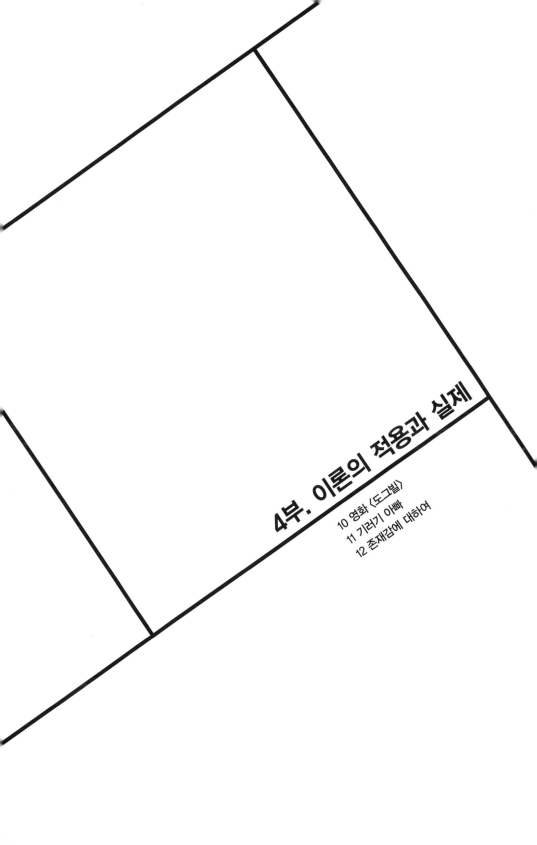

4부. 이론의 적용과 실제

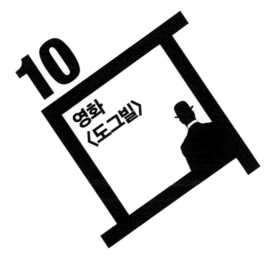

10

영화
⟨도그빌⟩

1. 사회학적 텍스트, 〈도그빌〉

이 장에서는 어떤 공동체나 집단 혹은 사회가 이방인을 대하는 흔한 방식에 대해 살펴보려 한다. 이방인이 비집고 들어가고자 하는 집단이 이방인을 대하는 태도 및 자세 등을 살피려는 것이다. 이에 대해 적나라한 답을 주는 영화가 있다. 해서 이 장에서는 그 영화를 통해 공동체(사회)[1]와 이방인의 문제에 깊이 천착하기로 한다. 이 문제와 관련해 필자가 활용하려는 영화는 〈도그빌Dogville〉이다. 그러면 영화를 보지 않은 사람들을 위해 먼저 〈도그빌〉을 간략히 소개하고 본격적인 논의를 진행하자.

이 영화의 시대적 배경은 대공황이 한창이던 1930년대이며, 무대는 미국 로키산맥에 위치한 콜로라도의 도그빌이란 마을이다. 겉으로 봐서는 목가적이고 평화로운 시골 마을에 멀리 총성과 함께, 한 여자가 갱단에 쫓겨 흘러 들어오면서 영화는 시작된다. 이 낯선 방문객의 이름은 그레이스이고, 정체불명의 매혹적인 이 이방인을 발견한 마을의 지식인 청년 톰은 자기 마을에 잠시 머물러 위기를 피할 것을 그레이스에게 제안하면서, 동네 사람들에게도 그녀를 숨겨줄 것을 요청한다. 톰의 설득에

1　이 글에 쓰인 '공동체'란 용어는 퇴니스Ferdinand Tönnies가 분류한 조직Gesellschaft과 공동체 Gemeinschaft 중 후자의 의미와 거의 같다고 할 수 있다. 다시 말해서, '이익사회'와 '공동사회'의 분류에서 후자에 속한다. 하지만 이 글 어느 부분에서는 '공동체'란 인간들이 모여 사는 '사회 자체'를 의미하기도 한다. 그렇게 쓴 것은 바로 인간들 사이의 끈끈한 연대가 있든 없든 상관없이, 즉 '공동사회'이든 '이익사회'이든 관계없이 그것들은 어쨌든 '사회'라는 범주에 속하기 때문이다. 따라서 단순한 '공동사회'(공동체)의 본성이 이 글의 주요 연구 대상임이 분명해 그것을 중점적으로 다룬다 해도, 어쩔 수 없이 그 수준을 넘어 '사회 자체'의 측면을 건드리지 않을 수 없었다. 어쨌든 다시 탈(반)근대화론자들의 '공동체의 회복'의 움직임으로 돌아가서, 그런 운동의 대표적인 예를 들어보자면 아마도 Ivan Illich, *Celebration of Awareness*(Garden City, NY: Anchor, 1971a); Ivan Illich, *Deschooling Society*(New York, NY: Harper&Row, 1971b)를 꼽을 수 있다. 그는 탈근대의 유토피아로 '친목親睦적 사회convivial society'를 주창했다. 그가 유토피아로 내세운 사회는 이 글에서 초점을 두고 있는 소규모 '공동체'임에 분명하다.

넘어간 마을 사람들은 그녀에게 약 2주간 도피할 시간을 주고, 이에 그녀는 후의에 답하는 뜻에서 그들로부터 경계의 눈총을 받으면서도 마을 사람들의 일을 도와준다. 2주 뒤 마을 사람들은 재차 회의를 열고 그녀가 그 마을에 좀더 머무르는 것에 '만장일치'로 동의한다.

서서히 그녀를 받아들이는가 싶던 차에, 그 마을에 좀처럼 모습을 드러내지 않던 경찰이 방문하고는 마을이 술렁이는데, 그것은 '실종자'를 찾는다는 벽보를 마을 중앙에 붙이고 돌아간 후의 일이다. 그 벽보 속 얼굴은 바로 이방인 그레이스였다. 그러나 그 벽보 때문에 일어난 마을의 동요는 이내 수그러진다. 그녀에 대한 마을의 수용 의사는 7월 4일 미국 독립기념일, 온 마을의 잔치가 열려 만찬을 들 때 정점에 이르는데, 마을의 한 장님인 중늙은이는 그레이스 때문에 자기들 마을이 이제야 살 만하게 되었다며 그녀를 한껏 추켜세운 뒤 도그빌에서 영원히 살아달라고 너스레를 떨어댄다.

그러나 이런 초대받지 않고 흘러 들어온 이방인에 대한 따뜻한 환대는 얼마 지나지 않아 경찰의 두 번째 방문으로 산산조각 나버린다. 경찰관은 이번에도 벽보를 붙이고 갔는데, 그 벽보는 그레이스의 얼굴을 '실종자'가 아닌 '수배자'의 신분으로 찾고 있었다. 그녀가 은행털이범일 수도 있다는 경찰관의 흘리는 말로 인해 마을은 이내 두 번째 동요로 술렁거리기 시작했으나, 적어도 겉으로는 "그녀가 그럴 리 없다"는 어림짐작으로 진정되는 듯 보인다. 하지만 그레이스는 드러나지 않지만 물밑의 확연히 달라진 마을 사람들의 태도를 직감하고 그녀를 사랑한다고 집적대는 톰에게 이제는 그녀가 마을을 떠날 시기가 된 것 같다고 토로한다. 하지만 톰은 마을 사람들이 그레이스를 경찰에 넘겨주지 않아 생기는 위험 부담에 대한 대가를 치르면 그뿐이라면서 마을을 떠나지 않는 대신 그 대가로, 이제껏 그녀가 마을 사람들에게 해준 일들—사실 이제까지 그 일은 자원봉사였지 의무 사항은 아니었다—의 강도를 올리는, 즉 일종의 작업량과 작업 시간을 늘림으로써 마을 사람들의 동요를 무마하는 것이 좋겠다는 궤변으로 그녀의 발목을 더 붙잡아둔다. 결국 그녀는 그 제안을 받아들이고 혹독한 노동에 시달리게 된다. 왜냐하면 그녀에게는 진정으로 마을 사람들이 받아주기만 한다면 그까짓 일을 많이 하고 보수는 적게 받는 것쯤이야 하등 문제될 것이 없었기 때문이다.

그러나 사정은 그레이스의 마음처럼 돌아가지 않는다. 마을 사람들은 그녀를 대상으로 한 노동 착취를 당연하게 여기고, 마침내는 그녀가 겪는 정신적·육체적 고통을 즐기는 지경에까지 이른다. 즉 마을 사람들은 이방인에 대한 학대를 즐기게 되었다. 이는 철저히 "너는 우리와는 다른 사람, 즉 너는 우리 마을 사람이 아닌 의심스런 낯선 타인, 이방인"이라는 선을 그어놓는 데서 비롯되는 것이었다. 그러한 학대는 어른은 물론 아이들까지도 저지른다. 그리고 학대의 둘째 단계는 그녀를 성적으로 유린하는 데까지 이른다.

그 마을에 FBI와 함께 경찰이 세 번째로 들이닥치던 날, 과수원을 하면서 그녀를 호시탐탐 성적으로 농락하려 들던 척이란 인물은 그녀를 6개월 동안이나 감춰준 것에 대한 공치사를 늘어놓으면서 당장 밀고하지는 않을 테니 몸을 갖겠다며 강제로 그녀를 성폭행한다. 그녀가 강간당했다는 사실을 알게 된 톰은 말로만 분노했지 더 이상의 어떠한 조치도 취하지 않는다. 그 뒤로 척은 과수원 일을 도와주러 오는 그레이스를 틈나는 대로 성적으로 유린하고, 척의 부인은 애들을 돌봐달라고 했더니 애를 때렸다며 앙탈을 부린다. 나중에는 그레이스가 자기 남편을 꾀어내 정을 통한 것으로 몰아대고, 마침내는 동네 여자들과 함께 몰려와 그녀가 노동을 통해 그때까지 사 모아 애지중지하는 도자기 인형들을 모조리 깨트려버린다. 그레이스는 서러움에 복받쳐 울음을 터뜨리고 톰을 찾아가 다시 하소연한다.

한편, 톰은 그 동네에서 트럭을 운전하며 다른 지역을 오가는 벤이라는 인물에게 10달러를 지불하고 탈출 계획을 짠다. 비용을 걱정하는 그레이스를 톰은 아버지에게 빌리면 된다며 안심시킨다. 결국 톰이 가지고 온 10달러를 탈출 비용으로 벤에게 지불한 그레이스는 그 마을을 벗어나는 일을 감행한다. 탈출 전날 밤, 이런 지경에 빠진 그레이스의 처지는 아랑곳하지 않고 톰은 사랑을 입에 담으면서 그녀를 범하려고 갖은 애를 쓰지만 그레이스는 톰에게 자신이 이 몹쓸 곳에서 빠져나가 자유를 얻은 이후로 그것을 미루자며 그를 달랜다. 마을을 탈출하려는 그레이스를 태운 벤은 트럭을 세우고, 그런 위험천만한 탈출 계획에는 10달러 외에 더 큰 대가가 필요하다며 그녀를 강제로 욕보인다. 물론 트럭이 광장에 서 있으므로 소리를 지르면 그녀의 탈출 계획은 수포로 돌아간다는 협박과 함께 말이다. 그러나 자포자기 심정으로 탈출만을 학수고대하며 잠에 빠져들던 그녀가 깨어난 곳은 다름 아닌 도그빌이었다. 그녀를 싣고 떠났던 트럭은 그녀를 싣고 다시 그 마을로 돌아온 것이다. 그녀의 돈과 몸만 빼앗은 채……

사실 그 마을은 그녀의 탈출 계획을 이미 눈치채고 있었다. 그런데도 애초에 그녀의 탈출을 막지 않고 방치한 이유는 이제까지보다 더 확실한 올가미를 그녀에게 덧씌우기 위해 실패로 돌아갈 계획을 그녀가 감행하게끔 계획적으로 함정에 몰아넣은 것이다. 설상가상으로 그녀는 톰의 아버지가 잃어버린 10달러를 훔친 범인으로 지목되었다. 그리고 더 이상 그녀가 도망가지 못하도록 그녀의 목에는 자물쇠가 채워지고 그 자물쇠는 긴 쇠사슬과 연결되어 쇠바퀴를 끌게 된다. 그녀는 이제 그 마을의 개보다도 못한 존재가 되어버린다. 척과 벤의 성적 노리개였던 그녀는 이제 온 동네 남정네들의 성적 유린의 대상으로 전락한다. 장애인이건 정상인이건 늙었건 젊건 상관없이 톰을 제외한 그 마을의 모든 사내는 욕정이 일어나면 장소와 시간을 가리지 않고 닥치는 대로 그녀를 능멸한다. 또한 동네 여자들은 작은 일에서부터 큰일까지 밤낮을 가리지 않고 자기들이 해야 할 일을, 쇠사슬을 몸에 감아 거동이 불편한 그레이스에게 떠맡기고 그녀를 정신적·육체적으로 철저히 학대하며 착취하고 파멸시킨다. 그 대표적인 인물은 척의 아내인데, 그녀는 자기 남편이 그레이스를 강간

한 사실을 알게 되었음에도 불구하고 그녀의 편이 되어주기는커녕 그녀를 더 악질적으로 대하는 잔인함을 보인다.

이런 가운데 그 마을 주민 가운데 가장 흥미로운 인물은 다름 아닌 톰이란 작자다. 그는 하루가 다르게 피폐해져만 가는 그레이스를 위로한답시고 그녀 주위를 맴도는데, 그가 보이는 작태는 도그빌의 나머지 사람들보다 더하면 더했지 덜하지 않있다. 예를 들면 그의 아버지로부터 빌렸다는 돈은 실제로는 톰이 훔친 것이고, 자신에게 돌아오는 혐의의 화살을 피하기 위해 그레이스를 범인으로 지목했다는 그의 고백은 그레이스에게 분노를 넘어 그의 인간성을 측은히 여기게 할 정도다. 그런데 이 먹물 든 자의 변명은 정말 가관이 아닐 수 없다. 자신이 혐의를 뒤집어쓰면 그레이스를 돌봐줄 사람은 아무도 없게 된다는 것 때문에 그레이스를 범인으로 지목했다는 것이다. 그러고는 집요하게 그레이스의 몸까지 탐하려 든다. 그러나 마을의 무식한 남정네들처럼 강제로 범하고 싶지만 그렇게 하지 못하는 데 짜증내면서 그레이스에게 자신과 자발적으로 성관계를 가질 것을 끈질기게 요구한다. 그렇지만 그레이스는 단호히 거절한다. 이에 그는 강한 불만을 토로한다. "다른 놈들과는 하면서 왜 나와는 안 되냐?"는 말로. 이자는 사랑을 말하지만 그레이스를 성적으로 능멸하는 이 마을의 여느 남자들과 하등 다를 바 없는 존재임에 틀림없다. 그가 그런 얼굴을 교묘히 감추고 있다는 점에서, 그들보다 더 악질적인 존재임이 그레이스의 눈에도 고스란히 비친다.

어쨌든 사면초가에 빠진 그녀에게 톰은 마을 회의를 소집해서 모든 사람에게 이제까지의 일들을, 즉 개개인이 그레이스에게 행한 일들의 비밀을 가감 없이 이야기함으로써 그들의 양심에 호소해 활로를 모색해보자고 제안한다. 그레이스는 이제 자포자기 상태였으나 다른 대안이 없는 이상 지푸라기도 잡아보자는 심정으로 그 의견에 따른다. 그런데 그 마을 회의는 소집에서부터가 문제였다. 모두가 시큰둥한 반응을 보였기 때문이다. 그럼에도 그 회의는 마을 사람 전원이 참석하는 이변을 보였다.

그런데 그것은 이변 아닌 이변이었다. 왜냐하면 모두가 책잡힐 구석이 있을 때, 한 사람이 오면 자신의 일도 탄로날까봐 그것이 불안해서 모두가 오게 마련이기 때문이다. 그러나 이런 마지막 시도도 예상했던 대로 허사였다. 그레이스가 털어놓는 비밀들을 그들이 모르지 않았던바, 그것은 이미 공공연한 비밀들이었다. 그리고 엄연한 사실이었다. 그것들을 그들이 몰라서 그레이스가 현재 곤경에 처한 것은 아니라는 말이다.

그러나 그들은 겉으로는 그레이스가 털어놓은 사실들을 부인했다. 그레이스가 허위 사실을 악의적으로 유포한다며 오히려 생떼를 썼다. 더욱이 이제 남은 것은 그녀가 이 마을에서 완전히 사라지는 것뿐이라고 했다. 즉, 그녀를 원하는 사람들에게 대가를 받고 넘기는 것이다. 그리고 이 마을 회의를 중재했던 톰에게 그레이스를 택할 것인지 자신들을 택할 것인지 결정하라고 으름장을 놓는다. 이에 갈팡질팡하던 톰은 무슨 생각에서인지 그레이스에게 가서 마지막으로 그녀의 몸을 요구한다. 톰은 그녀에게 자신은 그레이스를 택했노라고 이야기한다. 그리고 그녀의 성을 요구한다. 이것은 그녀를 넘겨주기 전에 자기 욕심이나 채우자는 속셈인 것이다. 그런 의도를 모를 턱이 없는 그녀는 그의 요청을 거절한다. "자유스럽지 않은 상태의 성을 원하지 않는다" "원한다면 가져라, 다른 이들처럼" "난 너를 믿는데 넌 왜 나를 믿지 않느냐"며 톰을 받아들이지 않는다.

그레이스의 단호한 거부 의사를 확인한 톰은 그녀에게 다시 오겠다는 말을 한 뒤 돌아서 나오며, 맨 처음 그 마을에 그녀를 찾으러 온 사람들 중 우두머리가 주고 간 그의 명함—이것을 어떻게 했느냐고 그레이스가 이전에 물었을 때 톰은 태워버렸다고 거짓말을 했었다. 그 뒤 서로 간의 의심이 싹텄을 때, 그레이스가 재차 그 명함에 대해 묻자 그는 똑같은 대답을 했으며 그레이스는 만일 그 명함이 그대로 있다면 그것은 화를 가져올 것이라고 경고한 바 있다—을 꺼내 전화를 건다. 그녀를 그들에게 넘겨주려고 밀고하려는 것이다. 그녀의 거부를 확인한 이상 톰에게 그녀는 더 이상 쓸모없는 사람이 된 것이다. 톰은 이제 그의 모든 것을 그레이스에게 들켜버린 꼴이 되었다. 그가 감추어 포장했던 가식, 거짓 사랑, 위선을 들켜버린 것이다. 다시 말해 정곡을 찔려버리고 말았다. 이런 이상, 그의 가식은 더없이 거추장스러운 것이 되어버린다. 이제 그는 대놓고 그 마을에서 악마의 우두머리가 된다. 천사와 악마는 종이 한 장 차이라고 했던가? 아니 애초부터 그는 천사가 아니었다. 단지 천사로 위장하고 있었을 뿐이다. 그것이 발각나버린 이상 거추장스런 탈을 계속 쓰고 있을 필요가 없었다. 이제 실속을 채우는 일만 남은 것이다.

톰을 비롯한 마을 사람들은 그레이스를 넘겨줄 사람들이 도착하기를 학수고대하지만 그들은 나타날 기미가 없다. 초조히 기다리기를 닷새째, 드디어 명함을 건네준 사람들이 들이닥친다. 그들에게 그레이스를 잘 묶어두었다며 보상까지 요구하는 톰과 마을 사람들을 뒤로한 채, 마을에 들이닥친 이들은 그레이스를 찾아내고 그녀의 목에 잠긴 자물쇠를 풀어주며 그녀를 그들의 우두머리에게 안내한다. 그런데 그 우두머리는 바로 그레이스의 아버지였다. 갱의 두목으로 나오는 그녀의 아버지는 무지막지한 갱단의 우두머리는 아닌 것 같다. 그녀의 아버지와 그녀가 나누는 대화 속에서 왜 그녀가 이 마을에 흘러 들어오게 되었는지에 대한 의문이 풀린다. 그녀의 아버지는 그가 관할하는 지역의 악한 일을 하는 사람들을 공권력을 대신해 가차 없이 처벌하는 역을 도맡아 온 것으로 여겨진다. 그러나 그의 단호함을 비정함으로 여긴 그레이스는 아버지에게 반항하고, 악행을 밥 먹듯이 저지르는 사람들에 대한 처벌을 놓고 의견 충돌이 있었다. 아버지는 가혹하다 싶더라도 악행에 대해서는 벌을 내려야 한다고 주장한 반면, 그레이스는 자신의 이름처럼 그들에게 관대한 용서가 필요하다고 맞섰으나 그것이 받아들여지지 않자, 아버지에게서 도망쳐 이 마을에 흘러 들어온 것이다. 차 안에서 이에 대해 다시 의견 충돌이 있는가 싶더니, 아버지는 도그빌에서 그레이스가 곤경에 처해 있다는 것을 듣게 되었다며 자신의 권한을 줄 테니 그 마을 사람들을 마음대로 처리하라고 말한다. 그러고는 그레이스의 평소 소신을 짐작해서 마을의 개를 죽여 마을 초입에 매닮으로써 마을 사람들에게 겁을 주고 정신을 차리게 하겠느냐고 딸에게 묻는다. 그러나 그녀는 잠시 생각할 시간을 달라며 마을을 한 바퀴 둘러보고는 아버지에게 그 마을의 모든 사람을 아이에서부터 어른까지 다 죽이라고 요청한다. 그것은 그녀가 그들에게서 당한 학대와 착취에 대한 복수가 아니었다. 그것은 그녀가 마을을 둘러보면서 세상을 위해서는 이런 마을이 존재해서는 안 된다는 것을 인식했기 때문이다. 동네 사람들이 하나둘 죽어가는 가운데 톰은 그레이스에게 살려달라고 구원을 청한다. 그러나 그의 비겁함에 대해 그녀는 직접 총을 들어 그를 사살함으로써 답을 대신한다.

2. '공동체' 내에서 열심히 사는 것이 과연 최선最善을 의미하는가?

장황할 수 있지만 필자는 영화 내용의 요약이 꼭 필요하다고 생각했다. 영화에서 그려지는 마을의 인간 군상의 행위가 적나라하게 노출되어야 이제부터 할 논의가 탄력을 받기 때문이다.

네덜란드 감독 라스 본 트리어가 2003년 제작 감독한 이 영화는 2시간 35분이 넘는 긴 상영 시간과 영화에서는 좀처럼 드문 '극장주의' 테크닉을 사용함으로써, 말초적이고 즉흥적인 재미를 추구하는 이들에게는 지루하고 흥미 없는 영화로 비칠 수 있다. 다른 한편 그 영화가 감독이 기획한 반미反美 영화 3부작 중 한 편이라는 것을 귀동냥으로 듣게 된 사람이나, 혹은 이 영화가 일종의 수난극passion play으로 기독교의 최후의 심판을 은연중 이야기한 것이라는 호사가들의 귀띔을 듣는다면, 각 개인이 지닌 정치적 견해나 처한 상황에 따라 큰 흥미를 자아내기에 충분하다.

사정이야 어찌 됐든 이 장은 이 영화와 관련된 세간의 이런저런 이야기에는 관심이 없다. 말하자면, 기술적으로 영화 전문가들이나 거론할 법한 영화 제작상의 기법, 반미냐 아니냐로 구분되는 감독의 정치적 성향, 이 영화가 하나님의 창조 이후에서부터 벌어지는 구원과 심판의 역사, 즉 예수 그리스도의 수난과 재림 등을 의미한다는 종교적인 해석 등에는 초점을 두지 않는다. 다만 필자가 주목하는 것은 이 영화에서 그려진 소규모 마을 도그빌이라는 '공동체'의 모습, 즉 사회의 본질이다. 그러면 혹자는 이렇게 대꾸할 것이다. "어떻게 필자는 영화 한 편만 가지고 '공동체'의 본성에 대해 이야기할 수 있는가?" 조금 풀어서 이야기하자면, "도그빌이 보여주는 인간성의 극단적 악마성과 파괴적인 모습이 영화 속의 한 마을만이 지닌 개별적이고 특수한 모습일진대 그 사례만 가지고 어떻게

'공동체' 일반에 적용할 수 있느냐?"고 반문할 수 있다. "더군다나 그것은 실제가 아닌 허구 아닌가?" 하는 의문을 덧붙이면서.

이에 대한 필자의 대답은 간단하다. 우선, 필자가 이 영화에서 주목한 것은 그 마을에서 벌어진 특수한 죄악이 아니다. 이것은 영화를 요약할 때, 영화의 여주인공인 그레이스가 그 마을 사람 모두를 처단해달라고 주문하기 전 자신이 그러한 결정을 내리게 되는 이유를 설명하면서 간략히 거론했다. 한마디로 이야기해서, 그런 결정은 그녀가 사적으로 마을 사람들에게 당한 갖은 수모와 학대에 대한 복수 때문에 내린 것이 아니었다. 이 점은 그런 결정을 내리기 전 그의 아버지와 나눈 대화에서 명백히 드러난다. 그 마을 사람들의 악마적 행위에 대해 알고 있었다는 아버지의 언급에 대해, 마을 사람들을 한결같이 옹호해주는 그녀의 발언에서 분명히 간파할 수 있다. 즉, 그녀는 아버지에게 대꾸하길, "마을 사람들은 그저 최선을 다해 열심히 살았을 뿐people living here are doing their best under very hard circumstances"이라며 시종일관 편들어주는 장면이 있다.

그렇다면 그녀가 마을 사람 모두를 처단해야 한다는 결정을 내리게 된 결정적인 이유는 무엇인가? 필자는, 그것은 자신이 받은 능멸에 대한 사적인 복수 때문이 아니라, 그 마을 전체가 지니고 있는 본질적인 성격에 대한 통렬한 간파에 있다고 본다. 이렇게 확신하는 단초는, 딸의 옹호 발언에 대해 아버지가 던지는 말 한마디 이후 그녀에게 극적인 심경 변화가 일어난다는 데서 찾을 수 있다. 따라서 결정적인 계기를 제공해준 그녀 아버지의 의미심장한 말 한마디에 주목할 필요가 있다.

그렇다면 과연 아버지가 그녀에게 던진 한마디 말은 무엇이었을까? 그것은 바로 "그들의 최선(열심)이 과연 최선最善이었느냐?Is their best really good enough?"는 것이다. 이 말을 듣고 잠시 아버지 곁을 떠나 마을을 둘러본 그녀는 만일 그녀가 그들처럼 그 마을에서 태어나 살았다면 그들과 똑같은 행동을 했을 것이라는 생각에 몸서리를 치고, 그것이 그들을 몰살시킴으로써 그 마을 자체를 없애버리는 중대한 결정의 계기가 된다. 다시 말해 그녀의 이러한 결정은 한 마을 '공동체' 자체에 대한 본질에 다다라 내리게 된 것이다. 필자는 바로 이 점을 주목하는 것이다. 다시 말해서, 한 마을이 보여주는 매우 적나라한 파행적인 모습, 그리고 그것의 대표성의 가능성 운운에 대해, 필자는 그 구체적인 파행적 모습보다는 영화에서 그려지고 있는 마을 공동체의 본질의 한 측면에 주목했다. 따라서 이것은 그 하나의 사례가 지닌 일반화의 문제를 충분히 비껴나가는 전략이 될 수 있다고 본다. 또한 이 글이 실제가 아닌 영화적 허구에 매달리고 있는 것 아닌가 하는, 혹 제기될지 모를 반문에 대해서는, 영화를 비롯한 예술 영역들, 이를테면 문학작품, 음악, 미술, 연극 등이 어떤 특정한 사회적 상황을 반영하는 충분한 도구가 될 수 있다는 것을 상기시키고자 한다. 극히 일부를 제외하고, 대부분의 예술 행위나 작품이 일상을 살아가는 이들의 공감을 얻는 이유가 거기에 있다고 할 수 있다.

그렇다면 이름에서 암시하듯 '용서'와 '자비'의 미덕으로 똘똘 무장한 그레이스로 하여금 그처럼 냉정한 결정을 내리게 한 도그빌에 대해 그레이스가 자각한 것은 무엇이었을까? 그것은 필자가 보기에 인간들이 모여 사는 사회 자체society per se에 대한 뼈아픈 자각이었던 것 같다. 그렇다면 구체적으로 어떤 자각이었을까? 이를 부연하기에 앞서, 그녀가 인식했을 법한 조그만 마을 도그빌의 본성이 필자가 이 글에서 화두로 던진 문제와 긴밀히 연관된다는 점을 다시 한번 분명히 하고 넘어갈 필요가 있다. 우선 영화 속 마을 도그빌은 사회 중에서도 '공동체'로 분류될 수 있기 때문이다. 이런 맥락에서, 사회학적 상상력을 동원하여 그녀가 했을 그 마을에 대한 자각은 필자가 보기에 세 가지로 요약될 수 있다.

첫째로 그녀는 그 조그만 마을, 즉 소규모 '공동체'가 지니는 '광적狂的인 본성'을 간파한 것 같다. 이 표현은 그 단어가 주는 강렬함 때문에 오해를 일으킬 소지가 다분한데, 그럼에도 필자가 그 수식어를 쓴 이유는 '광적'이란 단어가 매우 형이상학적인 고찰을 요하는 의미를 내포하고 있기 때문이다. 다시 말해 그 마을 '공동체'의 모든 성원이 정신병원에 가야 할 정도로 정신(혹은 이성)이 나갔다는(혹은 잃었다는) 뜻에서 '광적'이란 수식어를 쓴 것이 아니라, 마을 '공동체' 성원 모두가 논리적이면서 이성적(혹은 합리적)으로 행동하되, 문제는 그들의 시각이 지향하는 곳이 한 곳이라는 점에서 '광적'이라는 표현을 썼다. 이렇게 되면, 이런 의미에서 '광적'인 것을 간파(혹은 인식)하지 못하고 그 집단에서 아무 생각 없이 살게 될 경우, 그들은 모든 것에서 삐걱거리는 문제점을 발견하지 못한 채 "최선을 다해 열심히만 살면 만사 오케이"라는 상태에 빠지게 된다. 종국에 그들은 자신들의 그러한 '광적인 태도와 행동'들을 모두 자연스럽게 여기는 상태에 이른다.

이와 관련해서는 이미 수많은 사회학의 선각자가 입이 아프도록 이야기한 통찰들이 즐비하다. 그중 대표적인 한 사람만 꼽으라면, 우리는 단연코 에밀 뒤르케임을 거론해야 할 것이다. 그는 일찍이 그가 남긴 명저 중 하나인 『종교생활의 원초적 형태』에서 이와 관련된 날카로운 지적을 한 바 있다. 간략히 살펴보자. 그에 의하면, 우리 사회는 다름 아닌 일종의 종교 현상이며, 아니 더 정확히 말해서 그것 자체가 종교이며, 그 사회라는 종교 현상이 존재하는 데 반드시 있어야 하는 것은 '정신착란'이라는 것이다. 왜냐하면 종교와 사회란 그것이 존속되기 위해서는 사람들이 "일정한 방식으로 사물을 보고, 일정한 방식으로 그것을 느낄 필요가 있기 때문이다."[2] 생김새를 비롯해 모든 것이 저마다 다른 사람들이 이렇게 일정한 방식으로 사물을 보고 느끼게 되는 이것이야말로 뒤르케임이 보기에는 '정신착란'처럼 '광적'인 것이다. 이런 '광적'인 '정신착란'에 근거하고 그것에 의지한 것이 다름 아닌 인간사회다.[3]

그런데 모든 사회와 종교가 일종의 '정신착란'에 의지하고 있다면, 사회의 여러 유형 중에서 그 결속력이 상대적으로 매우 강한 '공동체'는 그

---

2   Emile Durkheim, *The Elementary Forms of Religious Life*, tran. Karen E. Fields(New York, NY: Free Press, [1912]1995), p. 62.

정도가 중증이라는 것을 쉽사리 짐작하고도 남는다. 필자가 짐작하기에 바로 이러한 점을 그레이스가 눈치챘을 것이다. 그러하기에 아버지 앞에서 끝까지 마을 사람들을 옹호하며 버티다가, 아버지의 딱 한마디에 자신의 무한정한 용서의 태도를 일순간 포기해버린 것이다. 이는 그녀가 그 마을에서 버텨 살아나가면서 인식하기 시작한 '공동체'의 본성에 내한 어슴푸레한 자각이 아버지에 의해 정곡을 찔릴 만큼 뚜렷하고 선명하게 되었기 때문이라고나 할까? 이런 상황을 가능케 한 것은, 위에서 언급한 바 있듯 "그들의 열심이 과연 선善한 것이었느냐?"는 아버지의 직격탄이었음이 분명하다.

즉, 그레이스가 뼈저리게 인식했었을 희미하기만 했던 그 마을의 '광기'를, 아무리 그녀가 마을 사람들을 옹호하기 위해 "그들은 그래도 그들의 삶을 최선을 다해 살지는 않았는가?"란 변명으로 정당화해서 그러한 점증하는 회의와 인식을 덮으려고 애를 써도, 아버지의 폐부를 찌르는 말 한마디로 인해 더 이상 묻어둘 수 없는 사실로 만천하에 드러났기 때문이다. 즉, '광적'인 집단 자체에서 열심히 살았다는 것은 그리고 그곳에서 최선을 다해 살았다는 것은, 달리 말하면 그 집단의 집합적 '정신착란'을 더욱 공고히 했다는 것 그 이상도 이하도 아니기 때문이다. 그리고 이와 관련하여 더욱 흥미 있는 뒤르케임의 관찰은, 그 내용과는 상관없이 그들이 최선을 다해 열심히 하는 것과 그 열심 자체가 곧 그 집단의 '도덕'[4]이 된다는 것이다. 이것이 바로 뒤르케임이 꿰뚫어본 인간사회의 '도덕'의 본질이다. 그리고 이러한 통찰은 인간들의 '도덕'에 대한 위대한 종

---

3   뒤르케임에게 있어 사회의 초석이 곧 '흥분effervescence'이라고 요약한 논의에 대해서는 Chris Schilling, "Embodiment, Emotions, and the Foundations of Social Order: Durkheim's Enduring Contribution," *The Cambridge Companion to Durkheim*, ed. Jeffrey Alexander and Philip Smith(Cambridge: Cambridge University Press, 2005), pp. 221-224를 참조. 그리고 뒤르케임의 사회 개념에 대한 최근의 상세한 탐구로는 Zygmunt Bauman, "Durkheim's Society Revisited," *The Cambridge Companion to Durkheim*, pp. 360-382를 볼 것.

4   Emile Durkheim, *The Elementary Forms of Religious Life*, p. 150.

교의 태도와 일맥상통하는 면이 있음을 알아야 한다. 위대한 종교가 인간사회의 '도덕'을 일면 존중하는 면도 있으나, 근본적으로는 그것을 매우 하찮게 여기며 그것을 뛰어넘는 이유를 이 점에서 찾을 수 있다.[5]

둘째로 그레이스가 각성했을 수 있는 '공동체'에 대한 본질은 위에서 언급한 '공동체'가 지닌 '광적'인 본성과 긴밀히 연결된다. 그 하나는 다름 아닌 '자유'의 '부재'라고 할 수 있다. 개개인이 각자의 시각이 지향하는 바대로 행하는 정신병원 내의 환자들은 어쩌면 이 세상에서 가장 자유로운 이들이라고 할 수 있다. 비록 그들이 정신병원이라는 울타리 안에 갇혀 있다 해도 그들은 자기가 지향하는 대로 행할 수 있다는 점에서 그들이 보유한 자유의 가능성에 대해 이야기할 수 있는 것이다. 그러나 각자의 시각을 한곳으로 향해서 사회 성원 모두가 집단적으로 '정신착란'에 빠져 있는 '공동체' 사람들은, 비록 그들이 정신병원이라는 눈에 보이는 울타리에 의해 구속받지 않고 있다 하더라도, 눈에 보이지 않는 사회의 울타리, 타인의 시선이라는 울타리, 그리고 자기 내면에 자리 잡고 있는 이른바 '도덕적 양심'의 울타리에 의해 구속받게 되는 것이다. 이런 점에서 그들에게 자유란 먼 나라 이야기가 된다.[6] 그런데 이러한 현상은 사회의 규모가 작으면 작을수록 더욱더 그 선명성이 부각된다.

다시 말해서, '공동체'가 주는 이른바 '엄격한 유대감'에 의해 사회가 주는 색깔에 밀착됨으로써 개개인은 그 자신의 색조를 드러내는 것이 어려워진다. 물론 사회가 주는 힘이 아무리 세더라도[7] 그곳에 속한 인간들

---

5 Peter L. Berger, *Sacred Canopy: Elements of a Sociological Theory of Religion*(Garden City, NY: Doubleday, 1967); Peter L. Berger, *Redeeming Laughter: The Comic Dimension of Human Experience*(New York, NY: Walter De Gruyter, 1997).

6 이에 대한 적나라한 고전적 묘사로는 Peter L. Berger, *Invitation to Sociology: A Humanistic Perspective*(Garden City, NY: Doubleday, 1963)를 볼 것.

7 예를 들면 고프만이 계발한 개념인 '전방위적 압박기관total institution' 같은 곳을 말함. Erving Goffman, *Asylums: Essays on the Social Situation of Mental Patients and Other Inmates*(Harmondsworth: Penguin, 1961a).

은 자신들의 영역을 어떤 형태로든 확보하지만, 필자가 이 장에서 이야기하는 '자유'란 고프만이 「수용소」에서 관찰한 '역할소원'적이고 '이차적인 적응'으로서의 남의 눈에 좀처럼 띄지 않는 은밀한 것이 아닌, 타인의 눈에 확연히 드러날 수 있는 '자유', 좋게 표현하면 '당당하고' 나쁘게 보면 '뻔뻔스런' 그런 것을 의미한다. 그런데 이런 '자유'의 가능성이 '공동체'적 환경 가운데서는 현격하게 결여됨을 주목해야 한다는 것이다. 필자가 보기에, 타인의 눈치를 보면서 어떤 일을 행하는 '자유'는 엄밀한 의미에서 그리고 현대적인 의미에서 '자유'라고 할 수 없다. 그런데 '공동체'는 물론 어떤 물리적 억압과 압박을 고프만이 열거한 군대, 정신병원, 감옥 등과 같은 곳처럼 행하진 않지만, 어찌 보면 그보다 더한 '눈치'와 '감시'라는 억압 및 압박의 가능성을 넘치도록 보유하고 있다. 바로 이런 사정 때문에 대부분의 사람은 '익명성'이 보장된 도시지역과 옆집 사정을 자기 집처럼 꿰뚫어볼 수 있는 농촌지역 중에서 후자를 덜 선호하게 된다고 볼 수 있다.

필자가 주목하는 점이 바로 이것이다. 물론 '공동체'적 환경의 '눈치 봄' '비익명성' 등은 인간이 살아가는 데 필요한 덕목 중 중요한 많은 것, 이를테면 따스함, 정감, 배려 등을 의미한다는 것을 부인하려는 것은 아니다. 필자가 논하려는 바는, 그러한 '공동체'의 특징들이 다른 한편으로 되레 인간들의 '자유'를 침해한다는 점에 대해 인정할 것은 인정하자는 것이다. 필자가 보기에는 그레이스가 분명히 깨달은 인식 중 하나가 바로 자기 색깔을 낼 수 없는, 즉 필자가 의미하는 바의 '자유'를 압박하고 박탈하는 '공동체'의 숨 막히는 본성에 대한 자각이었을 것이다. 그리고 그러한 점이 여태껏 어떤 이상향으로서의 그리고 환상으로서의 '공동체'를 이야기할 때, 의도적으로든 아니든 언급되지 않고 간과된, '공동체'가 지닌 또 다른 얼굴이라고 생각한다. 이것은 "모든 이의 목소리가 마치 한 사람의 목소리처럼 단일한 어조를 띠게 된다"[8]는 뒤르케임의 사회와 종교에 대한 날카로운 관찰에서 볼 수 있듯, 종교와 사회 그리고 그런 유형의

하나인 '공동체'가 갖고 있는, 반드시 폭로되어야만 하는 얼굴임에 틀림 없다.

마지막으로, '이방인'에 대한 철저한 '배제'라는 자각이었을 것으로 추정된다. 그레이스가 그 마을에서 겪은 갖은 냉대와 수모 그리고 능멸은 도그빌 사람들 사이에도 충분히 가해질 수 있는 것이나, 그러한 잠재적 가능성이 그 마각을 완전히 드러내려면 몇몇 조건이 충족되어야 한다. 그중 가장 중요한 조건은 바로 '다름'에 대한 것이라고 할 수 있다. 왜냐하면 그 '다름'은 자신들 간의 '같음'과 '친숙'에 금이 가게 할 수 있기 때문이다. 그러나 강한 연대감을 지닌 동질적 집단인 '공동체'에서는 그 내집단 성원들 간에 어떤 '이질성'을 찾아내기란 그리 쉽지 않다.

한편 어떤 집단 외부에서 진입한 '낯선 이'가 그야말로 '이질적'인 '다름'의 존재로 인식되는 것은 그리 어려운 일이 아니다. 이런 상태에서 어떤 계기가 충족되면 그 집단 성원들의 '다름'에 대한 거부감은 수면 위로 급부상하고, 그것에 대한 배타와 공격은 급물살을 탄다. 그런데 이런 상황에서 우리가 주목할 것은 바로 그런 배제와 공격으로 '공동체'가 얻는 혜택이다. 그것은 그 '이방인'을 배제하거나 착취, 학대함으로써 얻는 개인적이고 일시적인 이득이 아니라, 바로 집단 내 결속의 강화다. '공동체' 성원들이 다시 한번 똑같은 것을 지향할 기회를 '이방인'이 제공할 수 있다는 것이다.

둘째로, 내집단의 결속 강화를 위해 '이방인'을 희생양으로 삼을 가능성 외에도, 내집단 성원들은 '이방인'을 통해 자신들의 삶의 태도와 방식에 금이 가거나, 회의가 이는 것에 대해 달갑게 여기지 않을 뿐만 아니라 두려워할 수 있다는 점 때문에 '이방인'에 대해 칼날을 세울 가능성이 농후해진다. 다시 말해, '당연시 여기던' 자신들의 제도화된 습성에 대한

8　Emile Durkheim, *The Elementary Forms of Religious Life*, p. 210.

'의문 제기의 가능성'을 안고 있는 이 '이방인'을 그들이 배척할 것은 당연한 일이다. 그것은 개개인의 사적인 문제이기에 앞서 집단 전체와 관련된 '공공'의 문제이기 때문이다. 그리고 바로 이러한 점으로 인해 평상시에는 공공을 그다지 생각지 않는 매우 이기적인 사람들조차, '이방인'과 관련된 사적인 문제를 공적인 문제로 쉽사리 둔갑시키곤 한다.

그런데 이런 목적에서 '이방인'을 배척하거나 능멸하는 것을 통해, 그 '공동체'가 잃는 매우 중요한 기회에 대한 자각을 그레이스는 했을 것으로 추정된다. 그레이스가 하게 된 자각은 한 '이방인'으로서 자신에게 밀어닥친 일개 사회 집단의 악의적 공격성에 초점이 맞춰졌다기보다는, 한 '이방인'의 착취와 학대, 그리고 능멸과 멸시를 통해 그 집단 사람들이 잃게 되는 소중한 기회, 즉 그 마을의 '공공성'에 초점이 맞춰졌다고 본다. 그러면 그들은 어떤 소중한 기회를 잃어버리게 된 걸까? 필자가 보기에 그들은 자신들을 되돌아볼 수 있는 진지한 '성찰'의 가능성을 끝끝내 외면하고 배제하게 된다. 즉, 강한 결속을 자랑하는 '공동체'가 지니는 치명적인 약점은 바로 자신들과는 다른 '이방인'들을 배제하려는 것이고, 종국에는 그런 태도로 인해 자기 집단과 자신들을 되돌아볼 '성찰'의 가능성마저 배제하는 형국에 놓인다. 그런데 '성찰'은 다른 존재들은 할 수 없는 신이 '인간'에게 부여한 '인간'들만의 전유물이라고 할 수 있다. 그리고 그런 '성찰'을 포기하는 것은 인간 자신들의 지위를 동물이나 다른 지위로 격하시키는 것을 의미한다. 아니, 적어도 '성찰'하지 않는 인간은 더 이상 '인간'이라고 할 수 없다. 그리고 '성찰'하지 않는 '인간들'의 사회는 더이상 '인간적인 사회'라고 볼 수 없는 것이다. 아마도 이런 자각이 그레이스에게 일어났던 것 같다. 비록 허구에 대한 추정이긴 하나 이는 설득력을 지닌다고 감히 말할 수 있다. 그리고 그레이스에게 그런 '성찰' 없는 '사회'란 동물들의 군락보다도 못한 것이었으며, 그것은 일소해야만 할 대상이었음이 분명하다.

그런데 이 시점에서 우리가 주의를 기울여야 할 것은, 이 '성찰'의 가능성의 배제는 곧 어떤 집단의 성원들이 "아무 생각 없이 안온하게 자신들의 삶을 영위해나간다"는 것을 의미하며, 이런 모습이 사회가 그 성원들에게 제공해줄 수 있는 본연의 모습과도 연결된다는 점이다. 그러나 이러한 사회의 강점에도 불구하고, '사회'는 그 '사회' 이외의 다른 가능성[9]에는 그 '사회' 성원들이 눈을 돌리지 않게 함으로써 그들을 철저히 '잠'에 빠져들게 만든다는 것이다.[10] 즉, 철저히 '사회적 인간'만을 최고의 지선으로 칭송하면서 그런 종류의 인간들을 마치 벽돌공장에서 벽돌을 찍어내듯 생산해내려 한다는 것이다. 바로 이 점이 '사회'와 '공동체'가 안고 있는 부정적인 또 다른 얼굴이다. 그런데 이런 얼굴이 더 부정적인 근본적인 형이상학적 이유는 바로 우리 인간은, 모두가 모두에게 그리고 이 세계에 대해서 '이방인'이라는 데 기인한다. 자신의 처지를 까마득히 망각한 채, 사회라는 콩깍지에 눈이 씌워 언젠가는 떠날 것이라는 사실을 인식하지 못하는 이런 사람은 한심스럽다기보다는 측은하기까지 하다. 그러나 '공동체'는 이런 유의 사람들을 양산해내기에 아주 좋은 환경을 갖고 있다. 그렇지만 그런 환경 속에서 '안온히' 삶을 영위하는 이 '우물 안 개구리'들도 그 우물을 떠나야 할 때가 반드시 있다는 것을 알게 되었을 때 그들은 과연 누구를 탓할 것인가?

9　이 또 다른 가능성에 대한 추구로는 Peter L. Berger, *A Far Glory: The Quest for Faith in an Age of Credulity*(New York, NY: Anchor Books, 1992); Peter L. Berger, *Redeeming Laughter*, Erving Goffman, *Frame Analysis: An Essay on the Organization of Experiences*(New York, NY: Harper & Row, 1974); Alfred Schutz, *Collected Papers Vol. I: The Problem of Social Reality*(The Hague: Martinus Nijhoff, 1962) 등을 볼 것.

10　이에 대해서는 이 책의 마지막 장인 14장을 볼 것.

3. '이방인'의 눈

물론 인간은 사회적 존재이기에 분명코 사회를 벗어날 수 없다. 그런 이유에서인지 우리는 사회에 대해서 숱한 이야기를 해오고 있다. 사회학이 존재하는 이유와 또한 수많은 사회학의 하위 분과가 있는 이유가 거기에 있다. 그러나 아주 적은 수의 사람만이 사회의 본질에 대해 골똘히 생각하고 천착하려는 듯하다. 그리고 그런 학자들의 사회에 대한 시각은 반반으로 나뉘는 것 같다. 한편으로 어떤 이들은 사회가 인간에게 주는 혜택에 대해서, 다른 한편으로 어떤 이들은 사회가 인간에게 주는 구속에 대해 몰두함으로써 그런 현상을 드러내는 것 같다.

그러나 이런 구분들도 현대사회에 대해서 이야기할 때면 불분명해질 정도로 한편으로 쏠리는 듯하다. 즉, 현대사회는 몹쓸 것이고 이를 제거하고 과거 전통사회의 모습을 간직한 그런 살맛나는 세상을 그리는 게 바로 그 현상이다. 특히 한국에서는 이런 경향이 더 짙은 것 같다. 필자가 보기에 그 이유는 서구의 근대화는 장기간에 걸쳐 일어난 반면, 한국의 근대화는 단기간에 일어났다는 점에서 찾을 수 있다. 즉, 한국에서는 근대화 과정이 매우 짧은 시간에 압축적으로 일어나, 웬만큼 나이를 먹은 사람들은 자신의 생애에서 전통과 현대를 모두 경험하게 되는 기이한 현상이 벌어지는 것이다.

이런 한국 사회에서 서구보다 전통에 대해 더 깊은 향수를 갖게 되는 것은 당연하다. 만일 이처럼 뼛속 깊이 전통에 대한 향수를 간직하면서 좀더 바람직한 이상향의 건설을 도모하려는 이들이 있다면 그들에게 건전한 '공동체'의 회복과 복원이야말로 그 이상향을 실현해주는 유일한 수단이자 목표가 될 것이다. 물론 여기에도 일견 타당성이 있음은 부인할 수 없다.

그럼에도 불구하고 필자가 이런 견해에 회의적인 태도를 견지하는 이유는 그들이 '공동체'에 거는 집착이 과도하다는 데 있다. 필자가 보기에 그것은 환상이다. 그런 집착에 가까운 환상에는 위험성이 도사리고 있는 것 또한 사실이다. 이에 대해 일종의 경각심을 불러일으키는 일이 이 장에서 필자가 노렸던 바다. 그리하여 그런 경각심을 일으키는 하나의 수단으로 〈도그빌〉이란 영화를 끌어왔다. 그리고 그런 경각심은, 공동체건 결사체건 상관없이, 불완전하고 사악한 인간이 만든 사회의 본성에 대한 통렬한 반성과 재인식을 목적으로 삼았다. 이런 자각은 그러나 그런 사회에 빠져서 아무 생각 없이 삶을 영위하고 있는 사람들에겐 가핑켈의 말처럼 좀처럼 눈치채기 힘든 것이다.[11] 그것을 눈치채기 위해서는 일종의 '현상학적 환원'이 필요한데, 이를 가능케 해주는 것이 필자가 보기에는 '이방인'의 '눈'이다. 그레이스가 지닌 '눈'이 바로 '이방인'의 '눈'이었으며, 우리는 그런 그레이스의 '이방인적인 눈'을 빌려 그녀가 방문한 도그빌뿐만 아니라, 대개의 우리가 살맛나게 보여 염원하는 '공동체' 사회의 진면목을 슬쩍 엿보게 된 것이다.

---

11 Harold Garfinkel, *Studies in Ethnomethodology*(Englewood Cliffs, NJ: Prentice-Hall, 1967), p. 36

11

기러기 아빠

1. 왜 기러기 아빠인가?

이 장은 최근 특이한 한국적 현상으로 자리매김하고 있는 이른바 '기러기 아빠'에 대해 논의한다. 보도에 의하면, 2006년 현재 한 해 동안 유학을 목적으로 출국한 초중고생이 3만 명에 육박하는 등 조기유학생 숫자가 매년 사상 최대치를 경신하고 있다. 2007년 9월 교육인적자원부가 한국교육개발원을 통해 집계한 2006년 초중고 유학생 출국 통계에 따르면, 2006년 3월 1일부터 2007년 2월 28일까지 1년 동안 해외로 나간 유학생 수는 총 2만9511명으로 전년도의 2만400명에 비해 무려 44.6퍼센트나 증가했다.[1] 이 통계 수치는 1998년도 초중고 유학 출국생 수가 1562명에 불과한 것에 비하면 놀랄 만한 증가 추세다. 이러한 현상은 최근 『워싱턴포스트』[2] 등의 해외 유수 언론이 앞 다투어 보도할 정도로 세계로부터 주목을 받는 한국의 이상異常 교육열이 빚어낸 결과라고 할 수 있다.

여기서는 이러한 현상에 반드시 동반되는 가족의 이상 징후—이를테면 균열, 파열, 심지어는 붕괴까지 일으키는—에 주목하고, 그러한 징후 속에서 가족 구성원들이 반드시 거칠 수밖에 없는 경험에 초점을 맞추고 있다. 더 구체적으로 말해 이른바 '비동거(혹은 분거) 가족'으로 분류되는 가족 형태에 주목하면서, 그런 유형의 가족 구성원 중 특히 홀로 분리됨으로써 가족 균열의 위기를 가장 몸소 경험하게 되는 '기러기 아빠'를 연

---

1   "초중고 조기유학 출국 3만 명 육박 최다," 『조선일보』, (2007). 9. 26.
http://issue.chosun.com/site/data/html_dir/2007/10/09/2007100900363.html
2   "A Wrenching Choice," Washington Post, (2005). Jan. 9.
 http://www.washingtonpost.com/wp-dyn/articles/A59355-2005Jan8.html

구 대상으로 삼는다. 즉, 기러기 아빠가 그의 가족과 별거하기 전에는 겪지 못했던 매우 독특한 경험들에 대해 사회현상학적 이해를 제시하는 것이 이 장의 목적이다.

이 분야의 선행 연구들에 따르면 대부분의 '기러기 아빠'는 가족 성원들과의 별거에 돌입하면서 극심한 외로움, 심지어는 가족 해체의 위기라는 극단적인 상황에까지 내몰리는 것으로 보고된다. 이 글은 그러한 극한의 경우까지 포함해서, 설사 그 정도까지는 아니더라도 가족이 동거하지 못하고 분리되는 까닭에 '친밀성'의 변화는 반드시 야기된다는 것을 확신하고, '기러기 아빠'가 어떻게 친숙했던 가족에게서 '낯섦'(이방성)을 겪고 그것을 인식하게 되는지를 현상학적 시각에서 추적하려고 한다.

그런데 '기러기 아빠'에 대한 연구는 그 주제의 특이성으로 인해 이를 다룬 선행 연구가 적지 않다. 그것들은 모두 이른바 '비동거 가족'에 대한 가족사회학적 통찰들을 보여주는 나무랄 데 없는 연구이지만, 그러나 이 장이 분석하려는 '기러기 아빠'가 겪는 다양한 경험을 일목요연하게 현상학적으로 기술해 사회학적으로 이해하려는 시도는 하지 않았다.

이러한 차이점 외에도 이 장은 선행 연구들과 다음과 같은 점에서 대별된다.

첫째, 선행 연구들은 '기러기 아빠'의 문제를 주로 '대면적 관계'와 '친밀성'의 잣대를 가지고 천착한 본 연구와는 구분된다. 그리고 이러한 잣대를 가지고 '기러기 아빠' 문제를 다루어야 할 필요성은 절실하다. 그래야만 우리는 비로소 '기러기 아빠'가 갖는 그들만의 독특한 경험의 기저에 한발 더 다가갈 수 있기 때문이다.

또한 본 연구가 갖는 선행 연구들과의 차별성은 다음에서 찾아볼 수 있다. '기러기 아빠' 문제는 필자가 앞서 했던 '이방인' 연구와 뗄 수 없는 긴밀한 관련성을 지닌다. 필자의 선행 연구[3]는 대략적으로 말해서, "인간 행위자가 어떻게 '이방인'으로 그려질 수 있는가?"의 문제를 다루고 있다.

그런데 그러한 연구들이 지닌 한 가지 약점[4]이 있다면, 일상을 살아가는 사람들 중 아주 예민한 자들만이 '이방인'으로서의 자기를 발견할 수는 있다는 사실이다. 즉, 대다수의 사람은 그러한 인식을 할 만큼 예민하지도 한가하지도 않다는 데 문제가 있다고 하겠다.

그 주된 이유는 일상의 사람들은 당연시되는 세계 속에서 안온하게 살고 있기 때문에도 그러하고, 또한 좀처럼 그러한 세계가 심각하게 방해를 받지 않는다는 점 때문에 자기 자신을 '이방인'으로 파악하게 될 계기가 흔치 않다. 그러나 이 장에서는 앞의 경험들과는 사뭇 다른 이야기를 들려줄 것이다. 즉, 사람들이 충분히 혹은 태생적으로 예민하지 않더라도 명백하게 자기 자신을 '이방인'으로 감지할 가능성의 이야기를 풀어내려 한다.

필자는 그 명백한 예가 바로 '기러기 아빠'라고 본다. 그 까닭은 '기러기 아빠'가 당연시되던 가족에 대해 끊임없이 질문을 제기할 기회를 남들보다 더 많이 그리고 극적으로 갖기 때문이다. 즉, 다른 이들에게서보다 그에게는 '가족'이 훨씬 더 주제화(혹은 문제화)되기 쉽다. 비록 그 자신이 전문 가족사회학자는 아닐지라도 가족이 무엇인지 끊임없이 문제제기를 하게 되는 인물 군상이 될 가능성이 매우 높다. '가족'을 주제화했다는 것은 이제는 '가족'을 더 이상 무덤덤하게 함께 사는 존재로 인식하지

---

3 김광기, "'이방인'의 사회학을 위한 이론적 정초," 『한국사회학』, 38(6), 2004b, pp. 1-29(이 책의 1장 참조); 김광기, "알프레드 슈츠와 '자연적 태도': 철학과 사회학의 경계를 넘어서," 『철학과 현상학 연구』, 25, 2005a, pp. 47-70(이 책의 2장 참조); 김광기, "이방인과 인간행위자 I: 초월과 내재 사이," 『한국 사회학』, 39(5), 2005b, pp. 1-25(이 책의 4장 참조); 김광기, "'이방인'과 '인간행위자' II: '친밀'과 '거리' 사이," 『사회와 이론』, 7(2), 2005c, pp. 151-175(이 책의 5장 참조); 김광기, "이방인과 인간행위자 III: 불안과 안도 사이," 『사회이론』, 28, 2005d, pp. 155-186(이 책의 6장 참조), 김광기, "'이방인'의 현상학: '이방인'과 '자연적 태도'," 『철학과 현상학 연구』, 33, 여름, 2007b, pp. 41-67(이 책의 3장 참조).
4 그런데 주의할 것은, 이 '약점'이 필자의 연구 자체가 지닌 결함에서 기인하는 것이 아니라는 점이다. 그것은 바로 우리의 일상세계 자체가 본래적으로 지니고 있는 매우 특이한 측면에서 기인한다. 이에 대해서는 김광기, "'이방인'과 '인간행위자' II: '친밀'과 '거리' 사이," p. 170(이 책의 5장 참조)을 참조할 것.

않고 이와 정면으로 대면함을 의미한다. 그런 점에서 그는 '가족'으로부터 '이방인'이 된 것이다. '가족'을 문제시하면서 그는 따뜻함을 주던 친숙한 가족에게서 일종의 낯섦을 감지하게 된다. 이러한 맥락에서, 여기서는 '기러기 아빠'가 자신의 가족으로부터 어떻게 '이방인 됨'을 경험하는지를 규명해보려 한다.

바로 이 점이 '기러기 아빠'를 다룬 기존 연구들과 구분되는 지점이자 장점이다. 즉, 이 장에서는 한 번의 사냥에서 두 마리 토끼를 좇는 일을 하고자 한다. 그 첫째는 '기러기 아빠'만의 경험을 '이방인'의 그것과 중첩시켜서 사회현상학적으로 깊이 있고도 농밀하게 해부, 묘사, 분석하는 것이다. 둘째는 기왕에 필자가 진행했던 '이방인' 문제의 이론적 탐색을 실제 생활에 적용함으로써 '이방인'으로서의 '인간행위자' 이론을 더욱 공고히 하는 것이다. 특히 여기서 초점을 맞춘 것은 친숙한 것에서 낯섦을, 그리고 친밀한 것에서 거리를 느끼는 '이방인'의 모습을 또다시 '기러기 아빠'에게서 확인하는 것이다.

우리는 흔히 '기러기 아빠'라고 하면 조기 유학, 고통스러운 선택, 가족과의 장기간 별거, 가진 자들의 여유, 외화 유출, 부러움, 열망, 망국의 징조 등 매우 복잡하면서도 상반된 감정이 뒤섞인 수식어와 개념을 떠올린다. 그런데 필자는 여기서 '기러기 아빠'라는 현상을 배태해낸 특이한 한국적 상황, 이를테면 입시지옥, 빗나간 이상 교육열, 왕따, 일류대 선호, 영어에 대한 사대주의적 숭배와 몰입, 파행적 교육 체계, 자기 자식만 생각하는 뿌리 깊은 가족주의 등에 대해 이야기할 생각은 없다. 필자가 초점을 두는 것은 단지 그러한 복잡한 상황에서, 이미 아이들은 엄마와 함께 조기 유학을 떠난 터에 혼자 남아 고통받고 있는 처량한 가장들의 삶과 의식 및 경험이다. 물론 여기서는 이를 '기러기 아빠'라고 했지만, 만일 떠나고 남는 주체가 부인으로 바뀐다면 그 역시 해당된다. 이들은 자식과 배우자를 자식 교육을 위해 이역 만리 외국에 떠나보내고 정기적으로 통신 수단을 통해 안부와 소식을 나누기도 하지만 정작 가족이 재회하는 것은 그리 쉽지 않은 정도로 한정되어 있다. 그런 와중에 우리는 이따금 언론을 통해 이들의 이런저런 소식을 뉴스거리로 전해 듣곤 하는데, 그 소식이란 그들의 '외도'에서부터 심지어는 자살이나 방치된 죽음까지 망라한다. 우리는 그런 뉴스를 접하며 피상적으로 혹은 황색저널리즘식으로 흘려듣거나 대수롭지 않은 화젯거리로 삼을 뿐이다. 한편 이런 점은 이들을 학문적 탐구 대상으로 접근하는 학계에서도 별반 차이를 보이지 않는다. 이들과 관련된 전문 연구자의 시각이 일반인의 그것과 차별되는 점이 있다면 기껏해야 '기러기 아빠'가 사회경제적으로 여유 있는 계층의 사람이라거나, 외롭다거나, 성생활에 문제가 있다거나, 경제적인 곤란을 겪고 있다거나 하는 등의 흔한 이야기를 숫자를 동원하거나 좀더 전문적인 용어를 섞어 다른 식으로 표현했을 뿐 그 분석과 주장이 일반인들의 것과 크게 다르지 않다.

사정이 그렇게 된 이유는 무엇보다도 기존 연구들은 '기러기 아빠'가 겪는 독특한 경험들, 이를테면 고통, 고독, 좌절, 방황, 회의, 절망, 심지어 공포까지를 포함하는 이 모든 의식 경험에 대해 일차적으로 초점을 맞추지 않았다는 데 있을 것이다. 이외에도 기존 연구들은 그러한 '기러기 아빠'들의 경험이 어떠한 기제와 과정을 거쳐 야기되는지에 대해 심도 있게 고민하거나 천착하지 못했다. 즉 필자가 보기에 앞선 연구들은 그것들이 지닌 관심의 폭과 접근 방법에 한계가 있다. 이 장은 이 점에 유의하며 다음과 같은 전략들을 택한다. 우선 온전히 '기러기 아빠'가 겪는 경험에만 초점을 맞추었다. 그런데 그 경험은 결코 한 개인의 심리적 차원의 것이 아니다. 이는 사회적 과정에서 노정되는 사회적 경험이다. 그리고 가족 구성원 간의 별거로 인해 구성원이 느끼는 친밀성에 있어 어떤 변화가 일어나는가를 추적하는 것이다. 한마디로, 매우 친숙했던 가족 구성원들이 어떻게 서로 낯섦을 경험하게 되는지를 추적할 것이다. 이를 위해 우리는 '기러기 아빠'의 경험을 묘사할 때, 그에게서 떨어지지 않고 "좀더 가까이", 그리고 그가 처한 상황을 "좀더 깊숙이" "좀더 높은 곳에서" 다각

도로 살펴보고 이해해야 할 것이다. 이제 이러한 전략을 통해 '기러기 아빠'에게 다가가보자.

2. 전주곡:
좀더 가까이—과거 속에 사는 사람들

이방인은 과거가 없는 자다. 슈츠가 이야기했듯 이방인은 그가 속하려는 집단의 역사를 공유하지 못한다.[5] 한편 '기러기 아빠'는, 그리고 그를 포함한 '기러기 가족'은 과거 속에서만 사는 자들이다. 그래서 혹자는 '기러기 아빠'를 이방인으로 중첩시키려는 필자의 생각에 심각한 하자가 있다고 여길 수 있다. 그렇지만 이는 하나만 알고 둘은 모르는 것이다. 그 까닭은 '기러기 아빠'와 '기러기 가족' 구성원들은 그들이 생이별한 이후의 공유된 과거가 없는 자들이기 때문이다. 따라서 그들은 재회하면 서로가 서로에게 이방인일 뿐이다. 그들에게 공유된 것이 있다면 단지 그들이 별거하기 이전의 희미한 과거뿐이다. 그런 의미에서 '기러기 아빠'를 비롯한 '기러기 가족'은 과거 속에서만 사는 사람들이다.

◪ 사회세계의 전형

인간은 그리고 그들이 모여 만든 사회는 반드시 '전형typification'이 있어야만 가능하다.[6] '전형'이란 사물과 인식, 그리고 타인에 대한 일종의 추상적 개념과 같은 것인데, 이것 없이 사회세계는 존재할 수 없다고 슈츠

5　Alfred Schutz, "The Stranger," *Collected Papers Vol. II: Studies in Social Theory*(The Hague: Martinus Nijhoff, [1944]1964), p. 97.

6　김광기, "왜 사회세계엔 '전형'이 반드시 필요할까?: 알프레드 슈츠의 '전형성' 개념을 중심으로," 『한국사회학』, 36(5), 2002a, pp. 59-85; Kwang-ki Kim and Tim Berard, "Typification in Society and Social Science: The Continuing Relevance of Schutz's Social Phenomenology," *Human Studies*, Vol. 32, No. 3, 2009, pp. 263-289.

는 역설했다.[7] 그것을 통해서만 우리는 타인을, 타인의 행동을, 그 행동에 내포된 의미를 그리고 결국 내 자신을 이해할 수 있기 때문이다. 간단한 예를 들어보자. 우리는 '선생'이라는 전형을 통해서 내 앞에 중년의 남자 '선생님'에게 지식의 전수를 당당히 요구할 수 있다. 그리고 '파출소'와 '경찰'이라는 전형이 없다면, 위급한 상황에 처했을 때 우리는 어디에도 도움을 청할 수 없을 것이다. 마찬가지로 이러한 일종의 개념들, 즉 전형들은 가족 내 구성원에게도 깊숙이 내재해 있다. '아버지' '어머니' '남편' '아내' '아들' '딸' 등을 포함해서 '행동이 굼뜬 딸' '축구 좋아하는 아들' '바가지 긁는 아내'에 이르기까지, 또한 더 깊숙이 들어가서 아이들이 좋아하는 취미와 먹거리, 싫어하는 학과목과 친구, 생일선물로 원하는 것에 이르기까지 자질구레한 전형들은 가족의 일상사를 구성하는 데 필수 불가결한 요소들이다.

하지만 한마디로 말해서, 분리된 '기러기 가족'은 현재 진행 중인 가족의 전형들을 공유하지 못한다. 그들에게 공유된 것이 있다면 '과거의 전형'뿐이다.[8] 그런 의미에서 그들은 과거 속에 사는 사람들이다. 예를 들면, '기러기 아빠'는 떨어져 있는 딸 혹은 아들의 얼굴에 돋아난 '여드름'과 사춘기의 '이차성징'이라는 전형을 갖지 못한다. 만일 그동안 가족 간의 재회가 없었다면 '기러기 아빠'의 기억 속에는 '여드름'이라는 전형이 없는 과거의 아이만 있을 뿐이다. 그의 전형과 기억은 아이가 공항에서 "아빠 안녕!" 하는 순간에 멈춰 있다. 그러고는 아이의 신체적 변화에 대해 간간이 들을 때면 마치 덮어씌우기를 하는 소프트웨어 프로그램처럼

7   Alfred Schutz, *Collected Papers Vol. I: The Problem of Social Reality*(The Hague: Martinus Nijhoff, 1962), 그리고 Peter L. Berger and Thomas Luckmann, *The Social Construction of Reality*(Garden City, NY: Doubleday, 1966); Maurice Natanson, *Anonymity: A Study in the Philosophy of Alfred Schutz*(Bloomington, IN: Indiana University Press, 1986) 등을 참조.

8   Alfred Schutz, "The Homecomer," *Collected Papers Vol. II: Studies in Social Theory*(The Hague: Martinus Nijhoff, [1945]1964), p. 112.

무방비로 접할 뿐이고, 그것은 일방적으로 당하는 것처럼 여기게 하고, 그러면 그럴수록 '기러기 아빠'는 희미해져만 가는 과거의 전형을 명징한 것으로 간주하며 그것을 붙잡기 위해서 안달하게 된다. 이는 실제로 본 것과 상상하는 것 사이에는 엄연한 차이가 있기 때문이다. 그리고 '기러기 가족'이 과거 속에 사는 동안 별거 이후의 또 다른 과거는 분리된 자들 사이에 공유되지 않은 채 자기만의 방향으로 굴러간다. 말하자면 친숙했던 '서로'는 이제 낯선 '따로'가 되어버린다. 이렇게 낯선 '따로 따로'가 되어가는 것, 즉 이방인이 되어가는 것은 바로 가족이 "대면적 상호 작용 안에서 함께 늙어가지 못해서다."[9]

☑ 대면적 상호 작용

여기서 우리는 '대면적 상호 작용face-to-face interaction'이라는 용어에 주목할 필요가 있다. 사람의 얼굴과 얼굴을 맞댄 교분을 일컫는 이 용어는 사회학에서 이른바 '미시 이론'이라 불리는 것들에 의해 주목받았다. 한마디로 '미시이론가'들은 사회를 먼 데서 찾지 않는다. 즉 사람들의 눈에 보이지 않는 추상적 개념들, 이를테면 국가, 세계질서, 정치 등등에서 찾지 않고 눈에 명확히 목도되는 것을 실질적인 사회로 간주한다. 그중 하나가 바로 인간과 인간이 얼굴을 맞대고 서로의 생각과 행동을 주고받는 작용과 반작용이다. '미시이론가'들이 이를 중시하는 이유는 그러한 상황에 놓인 이들은 서로를 "순수하게 거기에 있는 존재pure-being-there, Dasein"로서, 그리고 말과 제스처, 헛기침, 손짓, 얼굴의 찡그림, 미소 등을

---

9   Alfred Schutz, *The Phenomenology of the Social World*, tran. G. Walsh and F. Lehnert(Evanston, IL: Northwester University Press, 1967), p. 162; Alfred Schutz, *Collected Papers Vol. I.* Alfred Schutz, *Collected Papers Vol. II: Studies in Social Theory*(The Hague: Martinus Nijhoff, 1964), pp. 38–39.

포함한 모든 행동에 의해 "영향을 주고받는 타자들affecting-the-other"로서 서로를 구체적으로, 직접적으로, 생생하게 인식하기 때문이다.[10] 즉, '대면적 상호 작용' 속 인간들은 실제로 살아 있는 자들이며, 살아 있는 자들의 상호 작용을 다루는 것은 바로 살아 있는 사회를 다루는 것이고, 그것을 다루는 사회학은 관념으로서의 사회─즉 의식 없는 자들의 사회, 꼭두각시들의 사회, 연구자가 상정한 허수아비 같은 인간들의 사회─를 다루는 기존의 사회학과 현격한 차이를 보인다. 그런 면에서 '미시이론가'들은 자신들이 행하는 사회학을 책상 앞에 앉아 혹은 컴퓨터를 돌리며 하는 공상의 사회학이 아니라 거친 '야생의 사회학wild sociology'이라고 자부한다.[11]

어쨌든 '야생의 사회학'을 표방하는 이들이 주목한 '대면적 상호 작용'은 '사회적인 것'의 무한정한 보고다. 왜냐하면 그들이 주목한 '대면적 상호 작용', 즉 이 생생한 사회는 고정되어 있고 화석화된 불변의 결정체가 아니며, 거기에는 아슬아슬한 긴장과 균형, 의무감과 그것의 무시가 있는, 한마디로 말해 가변적이고 위태위태하기만 한 순순한 '날것'이기 때문이다. 따라서 그렇게 가변적이고 불안정한 사회를 잠시나마 안정적인 것으로 이끌어나가는 것은 순전히 그 상황에 처한 참여자, 즉 인간들의 몫이다. 그 인간들의 '애씀'과 능력에 '미시이론가'들은 주목하는 것이다.

이렇게 자신들의 사회를 안정적으로 유지시키려는 참여자들의 노력 때문에 이른바 '대면적 상호 작용'은 엄청난 능력을 보유한 것처럼 여겨진다. 그 능력 중 하나는 '대면적 상호 작용'이 사회가 본질적으로 내재하고 있는 불안정성─균열과 파열의 가능성─의 구체화를 봉합하는 탁월한

---

10 George Psathas and Frances Waksler, "Essential Features of Face-to-Face Interaction," *Phenomenological Sociology*, ed. George Psathas(New York, NY: John Wiley&Sons, 1973), p. 172.

11 John O'Neill, *Making Sense Together: An Introduction to Wild Sociology*(London: Heinemann Educational, 1975).

능력이다. 나머지 하나는 그 상황에 참여한 구성원들의 친밀성을 증대시킨다는 것이다. 이것은 상세한 부연을 필요로 한다.

◪ 고프만의 '공석共席'

이와 관련해서는 고프만의 관찰이 발군이다. 고프만은 그의 유명한 저서『공공장소에서의 행동』에서 '대면적 상호 작용'의 중요한 두 가지 측면을 제시했다. "정보 흐름의 풍성"과 "주고받는 순환의 촉진"이 그것이다. 간략히 말하면, 서로가 다른 관심사를 지니고 다른 세계를 살아가는 사람끼리의 위태위태한 접촉은, 그들이 얼굴과 얼굴을, 무릎과 무릎을 맞대고 대면한 바로 그 상황—이를 고프만은 '공석co-presence'이라고 불렀다—에 의해 좀더 안정화될 수 있다는 것이다. 그 이유는 첫째로, 거기에 참여한 인간들이 '적나라한 감각'으로 상호 경험하고 있으며, 서로가 서로의 눈으로 목격된 몸을 통해 상대방에게서 뿜어져 나오는 '구체화된 소식'을 전달하고 받을 수 있으므로 여타 상호 작용(대면적 접촉이 없는)보다 한층 더 오해의 여지를 줄일 수 있기 때문이다. 두 번째 이유는, 그 상황의 참여자들은 시간과 공간을 공유하기 때문이다. 그렇게 되면 그들은 "적나라하고 구체화된 소식을 주고받을 뿐만 아니라 그런 소식의 발신자가 동시에 수신자가 되고, 수신자는 또한 발신자가 되어", 그만큼 자신들에 의해 유발된 모든 소식을 상호 '점검'하는 것이 가능해지고, 이것은 차례로 그 소식과 관련된 오해의 개연성을 현저히 낮춰준다. 그리고 이것은 그들 관계의 불안정성을 제거하게 된다.[12]

이러한 결과가 발생하는 주요 요인은 바로 '대면적 상호 작용'에 참여한, 즉 '공석'한 구성원들의 '상호 교호성' 때문이다.[13] 이 '상호 교호성'

---

12 Erving Goffman, *Behavior in Public Places*(New York, NY: Free Press, 1963b), pp. 15-17.

은 '앎'이라고 하는 '지식'과 직결된다. 이에 대해 웨스트레이크Donald Westlake는 다음과 같이 이야기한다.

> 나는 이것을 안다. 그리고 그도 내가 이것을 안다는 것을 안다. 그리고 나는 내가 이것을 아는 것을 그가 알고 있다는 것을 또한 안다. 그래서 마치 서로 포개놓은 거울들처럼 그것은 무한히 계속된다. 그리고 우리 각자는 저 뒤로 한 칸씩 밀려난 타인의 지식을 분명히 감지하게 된다.[14]

우리는 여기서 '앎'과 '지식'이라는 개념들에 주목해야 하는데, 이는 그것들이 '친밀성'과 긴밀한 관련을 맺고 있기 때문이다. 흔히 사람들은 '친밀성'을 감정과 결부짓는데 이는 정확한 이해가 아니다. '친밀성'은 바로 '지식의 신뢰성'[15]을 일컫는다.[16] 즉 이것은 정의情誼적 차원의 문제라기보다는 인식적 차원의 문제다. 우리가 "나는 X와 매우 친하다"고 이야기하는 것은 곧 "나는 X에 대해 잘 알고 있다"는 것을 의미하고, 그 친밀성의 정도는 '앎'의 신뢰성 정도와 비례관계에 있다. 따라서 '대면적 상호 작용' 상황의 '공석'을 통해, 이런저런 있을 수 있는 오해의 여지를 줄인다는 것은 곧 거기에 참여한 사람들 사이의 상호 친밀성의 증대를 뜻한다.

---

13 Erving Goffman, *The Presentation of Self in Everyday Life*(New York, NY: Doubleday, 1959), p. 15.

14 Donald Westlake, *The Spy in the Ointment*(New York, NY: Random House, 1966), p. 131.

15 Alfred Schutz, "The Homecomer," p. 113.

16 이러한 슈츠의 '친밀성'의 정의는 기존의 그것을 감정의 차원으로 보는 시각보다 여러 측면에서 더 탁월하다. '친밀성'을 '친한 정도'의 어떤 정서적 혹은 감정적 차원으로 접근하는 것은 대면적 상호 작용을 통해 상대방에 대해 더 나쁜 감정을 지니게 될 수 있고 멀어질 수 있다는 점에서 한계를 지니기 때문이다. 반면 슈츠와 같이 '친밀성'을 지식의 차원, 그것도 신뢰성을 지닌 지식의 정도로 정의하면, 앞서의 시각이 지닌 한계점을 극복할 수 있다. 즉, 우리는 대면적 상호 작용을 통해 거기에 참여한 행위자들이 서로 더 멀어질 수 있다는 가능성도 이론에 끌어들일 수 있다. 그들이 그렇게 된 것은 서로에 대해 더 신뢰할 만한 지식을 상호 작용을 통해 습득했기 때문이다.

◢ 알프레드 슈츠

고프만과 유사하게 한발 앞서 슈츠도 이러한 '대면적 상호 작용' 내에 참여한 구성원끼리 상호 '앎'과 '지식'이 늘어날 수 있는 이유로 구성원들 간에 '벌거벗은 영혼naked soul'을 목도하는 것이 가능하기 때문이라고 하고,[17] 뿐만 아니라 그 구성원들 간에 '시·공간의 공동사회community of space & of time'[18]가 구축되며 그곳에 함께 거주하고 함께 시간을 소비했기 때문이라고 지적한다. 그리고 무엇보다 그곳에는 '위장'이 있을 수 없기에 그들이 서로에게 지닌 지식은 신뢰성이 높을 수밖에 없고 이는 곧 그들 간의 친밀성 증대를 가져온다고 설파한다.[19] 또한 이러한 친밀성의 증대는 혹여 발생할 수도 있는 구성원끼리의 괴리와 분열, 갈등을 파국으로 몰아가지 않고 잘 봉합할 가능성을 증대시킨다고 본다.[20] 이러한 결과를 양산하기 위해 필요하고도 충분한 조건은 바로 이러한 '대면적 상호 작용'의 '반복'을 통한 '제도화'다. 이것이 있을 때에만 그리고 그것만을 통해, 슈츠가 말하는 '우리 관계we-relation'는 재설립된다.[21]

그런데 슈츠에 의하면, 이런 안정적인 '우리 관계' 구축의 선결 조건인 '대면적 상호 작용'의 제도화에 교란이 일어나면 일대 변화가 발생한다. 그것은 바로 '대면적 상호 작용'에 참여했던 구성원끼리 공유했던 이해 관심사의 붕괴와 분열이다. 이를 슈츠는 '이해관심 체계의 변동change of the system of relevance'이라고 불렀다. 별거 상태에 있는 자들은, 즉 남은 자와 떠난 자들은 이제 서로 각자의 이해관심을 가질 뿐 공통의 이해관심

---

17 Alfred Schutz, "The Homecomer," p. 113.

18 같은 글, p. 109.

19 같은 글, p. 113.

20 물론 그러한 파국의 방지는 극히 일시적이고 임시방편적인 것이다. 또한 다른 차원에서 보면, 바로 그 친밀성의 증대—즉 지식의 신뢰성의 증대—로 인해 파국으로 치닫는 경우도 배제할 수 없다.

21 Alfred Schutz, "The Homecomer," p. 111.

은 점점 더 과거 속으로 사라진다. 따라서 슈츠가 예를 들듯, 전장에 나가 있는 병사가 고향에서 온 가족의 편지를 보고 눈물을 흘릴 수는 있을지언정 거기에 적힌, 고향에 남은 가족들이 강조한 자질구레한 사안들이 자기와는 전혀 상관없는 일이라고 생각할 수 있게 되는 것이다. 그 병사는 왜 자기와는 아무 관계 없는 것에 고향의 가족들이 그토록 관심을 쏟고 지면을 할애했는지 의아해할 수도 있고 섭섭해하며 심지어는 골이 날 수도 있다. 결국 '이해관심의 변화'는 '친밀성의 변화'를 이끈다. 이러한 상황은 한마디로 별거 중인 인간들, 즉 제도화된 '대면적 상호 작용'에서 이탈한 인간들 사이에 메워질 수 없는 간극의 증대, 다시 말해서 그들 간의 깊어지는 골로 요약될 수 있다.[22]

◪ 남은 자와 떠난 자, 그들 간의 메울 수 없는 골의 심화: 기러기 가족

그런데 필자가 보기에 이 장에서 주목하는 '기러기 아빠'와 그 가족 구성원이 바로 이러한 상황에 놓인 자다. 그들은 재회하기 전까지 '대면적 상호 작용'이 불가능하고 설사 있다 해도 아주 간헐적이며 일시적으로 일어나기 때문이다. 그렇다면 '기러기 아빠'와 그 가족이 겪는 이 메울 수 없는 골(간극)은 어디서 기인하는 것일까? 그들은 어떻게 서로 과거 속에서만 살게 되는 것일까? 물론 답은 명백히 주어져 있다. '대면적 상호 작용의 삭제'로 이러한 상황이 불거지는 것이다. 그렇지만 이런 답은 지나치게 추상적이다. 그보다 더 깊고 상세한 설명이 필요하다. 이제부터는 이를 위해 더 구체적으로 파고 들어가보자.

첫 번째 이유는 바로 '대면적 상호 작용'의 '반복'적 '재생'의 소멸에서 찾을 수 있다. 어느 가정이든, 어느 '대면적 상호 작용'이든 쉽사리 와해될

---

22 같은 글, pp. 112-113.

수 있다는 점에서 '기러기 아빠'와 그의 가족은 일반 가족과 공통선상에 놓여 있다. 하지만 일반 가족에게서는 '대면적 상호 작용'의 지난한 '반복'과 '재생'이 쉽게 일어날 수 있기에, 슈츠가 말한 어떤 이상 징후를 나타내는 균열의 조짐이 일어난다 해도 대면적 상호 작용이 되풀이하여 재생된다면 그것의 복구력으로 인해 아무렇지 않은 듯 사장되고 아물어질 수 있다.[23] 반면 '기러기 아빠'와 그 가족은 사회적 관계의 반복이 여느 일상의 가족처럼 일어나지 않으므로 특별히 불거질지도 모를 균열의 조짐이나 문제들을 '완전히 해결'하는 것은 불가능해진다. 그런 해결은 "실현되지 않는 이상"으로 남아 요원해질 뿐이다.[24] 이 때문에 떠난 자와 남은 자 사이의 간극과 골은 좀체 메워지기 힘든 것이다. 따라서 그들은 이상 면에서 영원히 일치하지 못하며, 서로가 서로에게 이방인으로 남겨질 따름이다.

그 두 번째 이유는 '대면적 상호 작용'이 주는 '구체성'의 결여 때문이다. 물론 인간은 추상(개념)과 구체성 모두를 필요로 한다. 하지만 그 모두는 긴밀히 관련을 맺어야 할 뿐 아니라 상보적이어야 한다. 다시 말해 구체성에 근거한 추상이어야 하고, 추상에 의해 파악 가능한 구체성이어야 한다. 그런데 그 관계가 어그러지고 분리되며 붕괴된 상태의 추상과 구체성은 인간에게 아무런 도움을 주지 못한다. 그 둘의 상보성과 상관성은 '대면적 상호 작용'에서만 확보된다. 왜냐하면 그것들 사이의 연결은 '공석'한 몸을 지닌 참여자들에 의해 상호 점검받을 수 있기 때문이다. 예를 들어 '아내'라고 하는 전형(추상)은 구체적으로 '지금 여기' 내 손

---

23 물론 그러한 긍정적인 봉합을 위해 반복되는 대면적 상호 작용에서 때로는 감정적이거나 물리적 폭발이 발생할 가능성도 매우 높다. 또는 이러한 과정을 통해 긍정적인 관계의 봉합보다는 완전한 결별로 치달을 가능성도 배제할 수 없다. 다만 여기서 지적하는 것은 대면적 상호 작용이 반복적으로 재생되는 동안만큼은 어떤 형태로든 가족은 명맥을 유지할 수 있다는 점이다. 이에 대한 자세한 논의는 이 장 후반부에서 개진한다.

24 Alfred Schutz, "The Homecomer," p. 114.

에 의해, 내 후각과 청각 그리고 시각에 의해 실제로 감지되는 구체적인 하나의 '몸'('내 아내의 몸')을 통해 그 타당성을 인정받을 수 있다. 이것은 거꾸로 내 앞의 구체적인 '몸'으로 있는 하나의 여자가 추상인 '아내'로서 타당성을 인정받는 그 상황에도 동일하게 적용된다. 결국 '대면적 상호 작용'을 통해 추상과 구체성은 상보적으로 연결되고 확인된다. 즉, 양자를 연결하고 그것들의 타당성을 인정하기 위해서는 반드시 구체적인 몸과 몸의 만남이 필요하다. 그런데 만일 이런 관계를 확인할 수 있는 '대면적 상호 작용'이 박탈되면 거기엔 심각한 문제가 발생한다. 그리고 그 상황에서 떨어진 자들은 서로의 '몸'을 그리워할 수밖에 없다. 여기서 지적된 '몸'은, 그것이 아내의 몸이라고 할 경우, 단순히 성적 해소를 하지 못해 그리워하는 몸이 아니다. 아주 명확하게 '기러기 아빠'는 '아내' '딸' 혹은 '아들'이라고 하는 분리되어 남은 추상과 개념으로만 충족되지 않는, 그것과 정확하게 부합하며 일치하는 바로 '아내의 몸' '딸의 몸' '아들의 몸'이라는 '구체성'을 그리워하는 것이다. 배고플 때 마치 광고 전단지 위의 음식이 아무런 충족을 주지 못하는 것과 같이, 그래서 실제로 밥상 위에 놓인 밥과 찌개를 원하듯, 위 인용문의 피면접자는 구체적인 가족의 몸을 원하는 것이다. 전화선이나 인터넷 선을 타고 들려오거나 보이는 아내, 아들, 딸을 그리워하는 것이 아니라, 구체적인 '몸'을 가지고 내 앞에 현존하면서 내 눈에 왼쪽 옆모습과 오른쪽 모습, 정면과 뒷모습 모두를 보여주며 내 손을 통해 만질 수 있는 그리고 내 코를 통해 독특한 체취를 맡을 수 있는 구체성을 원하는 것이다. 이 구체성이 결여되면 남는 것은 추상뿐이며, 그 추상도 점검받고 수정된 것이 아니므로 한낱 절름발이 추상밖에 되지 않는다.[25] 슈츠는 이를 '사이비 전형pseudo-typification'이라고 불렀다.[26]

---

25   즉, 그것들의 예로는 땀 냄새가 밴 가족의 몸이 아닌 가족과 관련된 그 외의 모든 것이 포함될 수 있다. 예를 들면 사진, 옷, 편지 등등일 것이다.

이 '사이비 추상(전형)'을 지니고 남은 자와 떠난 자가 서로를 보면 균열의 조짐은 더 클 뿐 그것이 해결될 가망성은 요원해지는 것이다. 그들 각자는 점검되고 수정되지 않은 개념으로만 상대방을 이해하고 거기에 꿰맞추려 할 뿐, 상대방이 진정 몸으로 경험한 구체성은 획득할 방법이 없어 이를 상대에게 적용할 수 없기 때문이다. 그리고 그런 개념들조차 현재가 아닌 별거 이전의 과거에 교분을 통해 형성된 것이 대부분이다. 이들은 현재 그것밖에 의지할 게 없는데, 이것이야말로 지금 그들에게 가장 친숙한 것이기 때문이다. 이를 슈츠는 상대방에 대해 지닌 '친숙한 속성familiar traits'이라고 불렀다.[27] 하지만 현재 진행 중인 대면적 상호작용 없이 과거의 '친숙한 속성'의 개념으로 떨어져 있는 상대방을 이해하는 것은 화합을 불러오기보다는 분란을 조장할 공산이 더 큰데, 이는 현재 모든 이가 그것으로부터 벗어났기 때문이다. 즉, 각자가 상대방에게 가진 그 '친숙한 속성'의 옷을 벗어버린 지 오래이기 때문이다. 이런 상태에서 재회한 가족이 삐거덕거리지 않는다는 것이 오히려 이상하다. 그들은 그 별거 이전에 비해 이제는 서로를 이해하기 더 힘든 이방인이 되어버렸기 때문이다. 얼굴과 얼굴을 맞대고 같은 시·공간을 공유하지 못한 낯선 타인과도 같이 그들은 서먹함을 느끼게 되는 것이다. 그런 의미에서 그들은 서로에게 낯선 이방인이 되어버렸다.

따라서 우리는 매일매일 겪는 '대면적 상호 작용'이 우리 삶에 얼마나 중요한 역할을 하는지를 목도할 수 있다. 그리고 그것은 바로 그것 안에서만 그리고 그것을 통해서만 추상과 구체성이 결합되고, 그 결합된 것은 거기에 참여한 구성원들이 상호 점검하므로 타당성과 신뢰성을 획득하게 된다. 그 결합은 서로의 삶에 녹아든다. 하지만 이러한 과정과 작용이 원천적으로 봉쇄된 상황, 즉 '기러기 아빠'의 '기러기 가족' 같은 상황

---

26 Alfred Schutz, "The Homecomer," p. 114.

27 같은 글, p. 114.

은 추상과 구체성의 결합 가능성을 허공으로 날려버리고 그들에게 오직 남은 것은 타당성도 신뢰성도 확보하지 못하는 추상들뿐이다. 그나마 결합되었던 분리 이전의 추상과 구체성조차 다시 추상 속으로 빨려 들어가 남은 자와 떠난 자 사이에는 깊게 팬 간극만이 있는 것이다.

떠난 자와 남은 자, 즉 '기러기 아빠'와 나머지 '기러기 가족' 구성원 간의 '간극'이 생겨나는 세 번째 이유는, 조금은 난해할 수 있으므로 좀 더 세심한 관찰과 이해가 필요하다. 이것은 우리의 사회적 현실이 고정되어 있지 않고 인간들의 행동과 의식에 의해 항상 변동하고 있다는 사실 때문에 그러하다. 아주 간단히 말해서, 현재 진행 중인 사회적 현실은 어제의 그것에 오늘을 사는 인간에 의해 무언가가 덧붙여졌다는 사실을 인식하는 것이 중요하다. 이 문제는 현대사회학에서 중요하게 부각되는 이슈 중 하나인 '물화reification' 개념과 깊은 연관을 가진다. 이 용어를 아주 쉽게 설명하면, 사물이 아닌 것을 사물로 여기는 것을 의미한다. 주지하다시피, 우리 눈앞의 물리적 사물들은 변함없이 늘 우리 외부에 존재한다. 한마디로 말해, 물화된 사회적 실재에 대해 인간은 무기력한 존재일 뿐이며 사회적 실재는 위압적인 모습으로 인간 외부에 당당히 존재하고 있다.

그러나 이러한 '물화'된 사회적 실재의 모습은 현대사회학의 거장들에 의해 무참히 훼손되었다. 일일이 거론할 수도 없이 수많은 사회학자가 사회적 실재는 분명 존재하지만, 그것이 인간과 무관하게 독립적으로 있을 수 없다는 것을 간파했다. 그들이 그렇게 인식한 이유는 바로 그 사회적 실재 혹은 사회적 환경이 모두 인간들에 의해 구성된다는 사실 때문이다. 현대사회학의 거장들이 보여주는—이를테면 뒤르케임, 베버, 마르크스, 슈츠, 파슨스, 고프만, 버거, 가핑켈, 부르디외 등—사실은 바로 인간들의 행위와 의식이 사회적 실재를 만들어가고 있다는 점이다. 그리고 그들에 의하면, 인간들의 행위와 의식은 단 한 번으로 사회적 실재를 만들어내고 그것으로 끝내는 것이 아니다. 그것들은 지금도 계속해서 작동함으로써 사회적 실재를 구성하고 있다. 위에서 언급한 사회사상가들은 모두 이런 점을 강조함으로써 사회적 실재의 '물화'적 시각을 파기하고 있다. 그리고 몇몇 세심한 사회학자는(특히 현상학에 영향을 받은 학자들) 구성되는 이 사회적 실재의 작동 기제의 비밀을 세밀한 관찰과 분석을 통해 발견했으며, 그것은 우리 눈에 동일하게 보이는 사회적 실재라도 매 순간 내용과 외양이 변한 것이라고 주장한다. 이것은 슈츠의 '내적 시간의 회복 불능성irreversibility of inner time'[28]이라는 개념에 잘 나타나 있다. 그에 의하면 한번 흘러간 시간은 다시 돌아오지 않는다. 한번 흘러간 시간 뒤의 시간은 앞의 시간과 다른 것이고, 그렇게 각각 다른 시간의 선상에서 행해진 인간들의 행위와 의식, 그리고 그것에 의해 구성된 사회적 실재는 비록 그것이 동일해 보일지라도 분명 다른 것이라는 주장이다.[29]

사회적 실재에 관한 이와 비슷한 관찰을 민간방법론ethnomethodology의 창시자인 가핑켈도 행했다. 그는 인간이 재현하는 그 어떠한 것도 동일한 것이 없다는 사실을 "또 다른 다음의 첫 번째 시간another next first time"이란 수식어와 함께 개진했다.[30] 다시 말해, 동일해 보이는 모든 사회적 실재와 현상들은 사실 매 순간 다른 형태와 성격을 띠고 발생하는, 즉 엄격히 말해서 시간마다 '다른' 사회적 실재의 현상들인 것이다. 그것이 사회적 실재가 지닌 실상이고 한계다. 그것의 실상은 시간마다 변화하는 인간들의 그것과 매우 닮아 있는데, 시간마다 달라지는 것이 바로 인간의 조건이기 때문이다. 그리고 이 인간 조건은 곧 사회의 조건이기도 하

---

28 같은 글, pp. 114-115.

29 슈츠가 예를 든 것은 헤라클리투스의 이야기다. 헤라클리투스는 동일한 강물에서 두 번 목욕할 수 없다고 주장했다. 즉, 두 번째로 몸을 담근 강물은 첫 번째 담근 물과는 다른 것이라는 것이다. 처음 담갔던 물은 이미 흘러가버렸기 때문이다. Alfred Schutz, 같은 글, p. 114.

30 Harold Garfinkel, *Studies in Ethnomethodology*(Englewood Cliffs, NJ: Prentice-Hall, 1967), p. 9; Harold Garfinkel, "Ethnomethodology's Program," *Social Psychology Quarterly*, Vol. 59, No. 1, 1996, p. 10; Harold Garfinkel, *Ethnomethodology's Program: Working Out Durkheim's Aphorism*, ed. Anne Warfield Rawls(Lanham, MD: Rowman & Littlefield Publishers, 2002), p. 92.

다. 그런데 일상을 사는 일반인들은 이것을 쉽사리 간파하지 못한다. 알고는 있지만 피부로 감지하지 못한다. 즉, 이들은 가핑켈의 용어대로 "뻔히 보고 있지만 눈치채지는 못하는seen but unnoticed" 상태에 놓여 있다.[31] 다시 말해 그들은 우리 현실이, 혹은 특정 현상이 매번 다르다는 것을 뻔히 목도하며 살면서도 그것이 동일한 것이라고 여긴다. 현상 혹은 현실의 동일성을, 즉 오늘의 현실이 바로 어제의 현실이라는 것을 전혀 의심하지 않는다.

이러한 우리 일상인의 착시 현상은 과연 어디서 오는 걸까? 우리는 왜 모든 사회적 현실과 현상이 시간의 경과라는 변수를 집어넣고 고려하더라도 동일한 것이라고 확신하는 것일까? 그 주된 이유는 앞서 이야기한바 '반복' 때문이다. 즉 우리가 그것을 지탱하는 행위를 반복해서 규칙적으로 행하고 있기 때문이다. 반복은 모든 것을 동일한 것으로 여기게 하는 착시 현상을 일으킨다.[32] 또 하나의 주된 이유는 바로 그것이 동일한 것이라고 확신하는, '당연시 여김'이라는 믿음 때문이다. '당연시 여김'은 혹여 일어날 만한 의문을 괄호 속에 넣어버린다.

이 반복과 당연시 여김으로 우리는 눈으로 뻔히 보면서도 그것을 눈치채지 못하는 착시 현상을 자아내게 된다. 그러나 그 어느 것도 동일하지 않다. 어제의 가족과 오늘의 가족은 분명 다르다. 그리고 내일의 가족

---

31 Harold Garfinkel, "Aspects of the Problem of Commonsense Knowledge of Social Structures," *Transactions of the Fourth World Congress of Sociology*, Vol. 4, 1959, p. 54; Harold Garfinkel, *Studies in Ethnomethodology*, p. 36; Harold Garfinkel, "A Conception of, and Experiments with, 'Trust' as a Condition of Stable Concerted Actions," in *Motivation and Social Interaction*, ed. O. J. Harvey(New York, NY: Ronald Press, 1963), p. 216.

32 그러나 '반복' 없이 그것을 보면 그것이 확실히 변한 것을 알게 된다. 마치 친구의 갓난아이를 몇 년 만에 보았을 때 못 알아볼 정도로 그 아이의 '성장'이라는 '변화'가 눈에 확연히 들어올 것이다. 하지만 그 아이를 매일 혹은 자주 보고 있다면 마치 아이의 부모가 그러하듯 그 아이의 성장을 엔간해선 눈치채기 어렵다. 이것이 바로 '반복'이 주는 착시다. 그러나 그 아이는 그 부모가, 또한 그 자신도 눈치채지 못하는 사이 성장하고 있다. 어른들 자신이 눈치채지 못하는 사이에 늙어버리는 것과 마찬가지로……

또한 다를 것이다. 일단 나는 어제보다 오늘 신체적으로 하루 더 늙었다. 내일은 오늘보다 더 늙을 것이다. 즉 우리 신체는 노화했고 노화할 것이다. 어제의 기분과 오늘의 기분, 어제의 신체적 조건, 내일의 그것 모두 다르다. 또한 내 것이 변화할 뿐만 아니라 가족 구성원의 그것도 시간의 흐름 속에서 변한다. 그래서 어제 가족들과 같이했던 밥상머리의 저녁식사와 오늘의 그것은 분명 다른 것이다. 그 변화를 감지하지 못하는 이유는 매일 동일해 보이는 조건 내에서 동일해 보이는 행위가 되풀이되기 때문이다. 이로써 매번 똑같은 일상으로 지겨워질 정도로, 또 도망치고 싶을 정도로 그것들은 똑같아 보이고 그것은 거기에 참여한 우리와는 아무 상관 없이 그저 '거기에' 있는 것처럼 여겨진다. 그러나 사실은 그와는 정반대다. 어떤 것도 어제의 그것과 오늘의 것이 동일할 수 없다. 오늘의 그것은 어제의 그것에 무언가가 '첨가'된 다른 것이다.

문제는 장시간의 별거 상태에 놓인 가족 구성원들은 여기에 교란이 생긴다는 것이다. 즉, 그들은 일단 동일하게 보이는 가족이라는 사회적 실재를 만들어가는 행위와 믿음의 반복에 장애를 떠안게 된다. 동일하게 보였던 착시 현상은 콩깍지가 벗겨지듯 눈에서 걷히고, "뻔히 눈으로 보면서도 눈치채지 못했던 것"들을 이제 "눈치채게 된"다. 특히 나머지 가족 구성원과 떨어져 있는 '기러기 아빠'는 더더욱 그러하다. 그의 앞에 놓인 '가족'은 이제 구성원 모두가 반복하여 만든 것이 아니다. 그런 가족은 그의 기억 속 잔영에만 있을 뿐이다. 현재 그가 직면한 '가족'은 그가 아무 생각 없이 살아갔던, 그래서 모든 의문이 괄호 속에 묶인 '가족'이 아니라, 모든 의문이 잠들지 않고 불거지는 '가족'이다. 이제 그는 그런 '가족' 앞에 내던져졌다. 이 '가족'은 과거 별거하기 전처럼 어제와 오늘이 동일한 것으로 보이는 그런 이들이 아니다. 그렇게 똑같이 보일 만큼 굳건한 '가족'의 모습은 더 이상 존재하지 않는다.[33]

서로가 공유한 과거가 없다는 말은 서로 매 순간 그들의 주위 환경에, 그리고 구성원을 향해 덧붙인 무언가가 없다는 이야기다. 그렇게 된 것은 가족이 함께 공간을 차지하지 못하고 시간을 보내지 못했기 때문이다. 한마디로, '기러기 가족'은 마치 사별로 헤어진 자들이 그러하듯, 지나간 과거 속에만 사는 사람들이다.[34] 이런 형태의 가족을 택한 이유는 좀 더 나은 미래를 위해서라고 그들은 이구동성으로 말한다.[35] 그러나 거기에 커다란 아이러니가 있다. 그들은 미래를 위해 그렇게 한다지만, 그래서 미래만을 향해 살아가지만, 사실은 과거에만 살게 되므로 커다란 아이러니가 아닐 수 없다. 앞만 보고 살아가는 것 같지만 사실은 뒤에만 머물러 있으니까, 즉 과거만을 동경하는 그런 형국이므로 심각한 모순이다. 이런 와중에 그들은 소중한 현재와 그것을 바탕으로 한 미래를 허공 속으로 날려버리고 있는 것이다.

---

33 그런 '가족' 앞에 던져진 '기러기 아빠'는 다음과 같이 자신의 심경을 토로하고 있다. "아버지로서 단점을 한마디로 하면 아이들 가기 전까지만 있고 그다음에는 아이들을 잃어버린 거죠. 본인의 독립심이라고 좋게 표현했지만, 아버지 시각에서 보면 모든 걸 잃어버린 거죠. 자식을 키우는 맛, 저녁 때 살을 비비면서 정을 나누는 것, 그것도 귀중한 것 아닙니까? 그 모든 걸 잃은 거죠. (…) 아버지 입장은 모든 걸 잃는 거죠. 가족이 없으면 사실 돈 벌어 뭐합니까?"[최양숙, 『조기유학, 가족 그리고 기러기 아빠』, (서울: 한국학술정보, 2005), p. 179에서 인용]

34 이런 점에서 "patir, c'est mourir un peu"라는 프랑스 속담을 인용해 "별거 중인 자들은 어느 정도는 사별로 인해 떨어진 자들과 같다"고 말하는 슈츠의 지적은 일리가 있다. Alfred Schutz, "The Homecomer," p. 112.

35 최양숙, 『조기유학, 가족 그리고 기러기 아빠』, p. 102, 107.

3. 간주곡:
좀더 깊숙이—"행동하지 않는 곳에 가족은 없다"

움켜잡을 수 없는 미래, 자식의 미래를 위해 현재의 가족생활을 희생시킨 '기러기 가족'은 그런 의미에서 일종의 '유예 가족moratorium family'으로 분류되기도 한다.[36] 특히 혼자 떨어져 있는 '기러기 아빠'에게는 본질적으로 가족이란 없는 것이나 매한가지다. 그러나 가족이 재회할 때 희미한 과거 속 기억만 갖고 그 울타리 안으로 들어갈라치면 나머지 구성원들이 보이는 저항은 만만치 않다. 그래서 그는 '가족'으로부터 거리를 느끼는 이방인이 된 자신을 어렵지 않게 발견한다. 특히 그의 아버지로서의 '행위'가 나머지 가족 구성원에 의해 이제 아버지인 '척하는' 것으로 왜소화되거나 희화화될 때 그가 느끼는 낯섦은 극에 달한다.[37]

아버지로 행동하는 것과 아버지인 척 행동하는 것은 실제 아버지와 소꿉장난 속의 아버지처럼 하늘과 땅 차이가 있다. 그런데 '기러기 가족'과 같이 현재의 가족생활이 유예된 이들은 가족 구성원으로 행하는 자신들의 행위에서 진실성과 실재성을 찾기보다는 비본래성과 희극성을 발견하기가 더 쉽다. 그들이 이렇게 된 데에는 앞서도 이야기한 "뻔히 보이지만 눈치채지 못했던" 사실을 이제 "뻔히 보면서 눈치까지 채는" 상황에 놓였기 때문이다.

---

36 같은 글, p. 248

37 이에 대한 절묘한 보고는 조은이 해주고 있다. 한 피험자는 오랜만에 가족과 재회해 즐거운 시간을 보낸 뒤 아이들이 잘못한 점을 지적했을 때 아이들이 보인 예기치 못한 반응을 허탈하게 고백하고 있다. "아이들이 아빠의 부재에 익숙해져서 아이들이 아빠가 야단칠 때 '왜 아빠인 척을 해'라고 하여 야단을 치니까, '아빠는 우리가 자라는 거 보지도 않았잖아'라고 하였다." 조은, 『세계화의 최첨단에 선 한국의 가족: 원정유학 모자녀가족 사례를 중심으로』(서울: 학술진흥재단연구보고서, 2004).

이들은 별거를 통해 '가족'이라는 판도라의 상자를 열고 말았다. 상자 속에 과연 무엇이 들어 있기에 그들은 선각先覺하게 되었을까? 아주 좋게 이야기해서, 마치 성인聖人들이 그러하듯 자기 피붙이들의 행동조차 진짜라고 여기지 못하고 결국 희화화해 여길 정도의 혹은 아무렇지도 않게 여길 정도의 감정적 여유나 초연을 견지하게 되었을까? 나쁘게 이야기하자면, 가족을 못 알아 볼 정도로 망나니들이 되어버렸을까?

그 판도라 상자 속에 들어 있는 것은 바로, 그것이 가족이든 뭐든 상관없이, 사람들이 같이 있어 함께 '행동'하지 않으면 이는 사라지게 마련이라는 사실이다. 그것이 바로 인간적이고 사회적인 것들이 지닌 본질이요 본성이다. 헤어져 눈앞에서 멀어지면 마음마저 멀어지듯, 그래서 그 관계는 곧 깨지듯, 가족도 이런 사실에서 예외일 수 없다. 그것이 바로 인간적인 것의 한계이며, 사회적인 것의 한계다. 그러나 일상인들은 이러한 인간적인 것과 사회적인 실재들의 한계를 눈치채지 못한다. 해서 그들은 그것을 마치 하늘에서 자연적으로 우리에게 주어진 것들로 여긴다. 그것들을 영원히 변치 않는 무한한 것으로 여긴다. 특히 '가족'의 실재에 대한 일상인들의 믿음과 시각은 이 점에서 요지부동이다. 그들은 '가족'이 자신들과는 무관하게 변함없고 군건한 물리적 실체인 양 받아들인다.

그런데 이러한 일반인들의 믿음을 한순간에 뒤집어 '가족'의 실체를 보여준 이가 있다. 바로 가핑켈인데, 그는 학생들에게 각자 집에 가서 아들딸이 아닌 하숙생처럼 공손하게 행동하고 그 과정과 결과를 보고하라는 숙제를 내주었다. 그런데 이 과제를 수행하다가 그것을 계속하면 자칫 가족이 자신들의 행동 때문에 깨질 것 같은 위기감을 느껴 중도에 포기해야만 했다는 결과 보고서를 거의 모든 학생이 제출했다.[38]

가핑켈이 이 과제 부여를 통해 학생들로 하여금 깨닫게 해주고 싶었

---

38 Harold Garfinkel, *Studies in Ethnomethodology*, pp. 44-49.

던 것은 두 가지다. 일상인들이 확고부동하다고 여기는 사회적 실재가(여기서는 '가족'이라는 실재) 전혀 그런 성질을 보유하지 않으며 불안정하다는 것을 보여주기 위함이다. 다른 하나는 그것들이 확고부동하게 보였던 것은 바로 그들이 그렇게 여겼기 때문이었음을 알려주고 싶었던 것이다. 가핑켈이 주장하려는 바를 한마디로 요약하면, 사회적 현실의 존립은 거기에 참여한 인간들의 '애씀'에 달려 있다는 것이다. 인간들의 그 '애씀'이 작동하는 동안만 특정의 사회적 현실이 존재한다. 이 사실에는 '가족'이라는 사회적 현실도 적용된다. 가족이란 독자적으로 무한히 존재하는 물리적 사실과 현실들이 아닌 것이다. 사회적 현실에 대한 가핑켈의 이 같은 통찰은 수많은 현상학적 사회학자와 민간방법론자에 의해 지원 사격을 받았다.[39]

'지금 여기'에서의 그 순간과 상황에서 '진행 중인 성취ongoing achievement'[40]로서의 사회 질서와 사회적 현실은 '가족'이라는 사회적 현실에서도 그대로 적용된다. 특정 상황과 시간에 인간들에 의해 행해지는, 즉 진행 중인 성취 없이는 '가족'도 없다. 한마디로 가족으로 행동하는 것 없이 가족은 없다. 인간의 행동 없이 그것은 없기 때문에, 사회적 현실은 쉽게 깨질 수 있는 연약하고 취약한 것이다. 그러므로 그것은 본질적으로 건실하거나 영원하지 못하다. 그것은 사람들이 흔히 생각하듯

---

39 그 대표적인 예로는 Paul ten Have and George Psathas, "Introduction," *Situated Order*, ed. Paul ten Have and George Psathas(Washington D.C.: University Press of America, 1995); Don Zimmerman and Melvin Pollner, "The Everyday World as a Phenomenon," *Understanding Everyday Life*, ed. J. Douglas(Chicago, IL: Aldine, 1970), pp. 94-95; Jeff Coulter, "Remarks on the Conceptualization of Social Structure," *Philosophy of Social Science*, Vol. 12, 1982, p. 44 등을 꼽을 수 있다. 이들 모두는 사회적 현실과 질서가 인간들의 구체적인 '행위'가 존재하는 한에서만 가능하다는 것을, 즉 그것들의 임시성과 우의성을 강조하고 있다. Cf. Emanuel Schegloff, "Parties and Talking Together: Two Ways in Which Numbers Are Significant for Talk-in-Interaction," *Situated Order*, ed. Paul ten Have and George Psathas(Washington D.C.: University Press of America, 1995), p. 35.

40 Harold Garfinkel, *Studies in Ethnomethodology.*

견고한 것이 될 수 없다. 위에서 보듯 가족은 '구체적 상황in situ'에서 만들어지는, '대면적 상호 작용'에서 매일 매일 갱신되며 구성되고 성취되는 생물生物[41]이다. 그런데 그것은 영원히 살 수 없다. 인간이 매일 매일의 성취를 중단하면 그것은 생명유지장치를 떼어낸 위중 환자처럼 즉시 사망하고 만다. 그리고 그의 이름만을 기억하게 되듯 가족에서의 '특정 상황'과 '행위'를 없애면 가족도 생명 없는 추상과 개념만 남게 된다. 다시 말해 살아 있는 '가족'은 사라지는 것이다.

'기러기 가족'의 문제점은 바로 이런 사실과 긴밀한 관련성을 지닌다. 먼저 '기러기 가족'에게는 '특정 상황'에서 순간적인 질서를 창출하는 '행위'가 결여되어 있다. 간략히 말해 특정 상황에 자주 참여한 사람끼리는 구체적으로 명확하게 표현하는 것 없이도 서로를 잘 이해할 수 있다. 말하자면 '아'만 말해도 '어'까지 알 수 있는 것이다. 가핑켈은 이를 '지표적 표현'이라고 불렀다.[42] 이것을 통해 상호 작용 시 참여자들 간의 '여백et cetra'의 영역은 점점 더 확장된다.[43] 하지만 대면적 상호 작용을 상실하며 구체적인 가족으로서의 행동을 유보한 '기러기 가족'은, 가핑켈이 말하는 '지표성indexicality'이 작동할 여지가 사라지고, 별거 이전 과거에 통하던 '지표'는 시간의 흐름에 따라 공통의 '지표'가 아닌 각기 다른 맥락의 '지표'로 변해버린다. 과거는 현재에 의해 끊임없이 재구성되는 것인데, 그 재구성을 헤어진 상태의 당사자들이 상호 간에 검열과 점검 없이 별거 상태에서 해냈기 때문이다. 해서 오랜만에 만난 '기러기 가족'은 그들

41　가핑켈은 이를 '괴이한 짐승wonderful beast'[Harold Garfinkel, "Ethnomethodology's Program," p. 7], 혹은 '동물animal'[Harold Garinkel and Lawrence Wieder, "Two Incommensurable, Asymmetrically Alternated Technologies of Social Analysis," *Text in Context: Contributions to Ethnomethodology*, ed. Graham Watson and Robert Seiler(London: Sage, 1992), p. 177]에 비유했다. 또 다른 곳에서는 '살아 있는 불멸의 일상 사회lived immortal ordinary society'라고 표현했다. Harold Garfinkel, "Ethnomethodology's Program," p. 5.

42　Harold Garfinkel, *Studies in Ethnomethodology*, p. 6.

43　같은 글, p. 3.

이 특정 상황을 지탱해나가는 데 필요한, 공통으로 이해하는 '지표성'을 잃기 쉽다. 그것은 서로 간의 오해와 갈등을 양산하고 증폭시킨다. 그럴 수밖에 없는 것이 '여백'의 영역이 축소된다는 것은 그만큼 새로이 설명하고 이해시켜야 할 시간과 정력이 들어가야 함을 뜻하는데 그것은 피곤한 일인 까닭이다. 그리고 그것을 피곤한 일이라고 치부하고 공통의 '지표성' 구축을 회피할 경우, 참여자는 무시당한다는 느낌을 받으며 그 자신의 외톨이 됨을 발견하게 된다.

두 번째, '기러기 가족', 특히 '기러기 아빠'는 '가족'을 주제화함으로써 치명타를 맞는다. 가족은 때로 어떤 것을 문제 삼지 않고 의심하지 않으면서 사는 것이 행복한 법이니까. 그러나 '가족'이 별거하면서 '가족' 문제에 정면으로 직면하게 된 '기러기 아빠'는 이를 골똘히 숙려하게 된다. 그럼으로써 그는 정신적인 피로를 느낀다. 대부분의 사람이 '당연시 여김'에서 피곤을 덜 느끼는 데 반해, 확실히 골똘히 생각하는 것은 많은 에너지와 시간을 필요로 한다. 때로는 이러한 정력의 소비를 희열로 느끼는 이들도 없지 않겠지만, 대부분의 '기러기 아빠'는 '고통'으로 여길 공산이 크다.

4. 피날레:
좀더 높이─상징적 우주의 붕괴 혹은 아노미

판도라의 상자를 열게 되어 '희열'보다는 극도의 '공포'와 '고통'을 겪게 되는 '기러기 아빠'만의 독특한 경험은 단순히 외로움과 고독이라고 하는 한 개인의 심리적 상태로만 환원시킬 수 없다. 왜냐하면 그것은 '기러기 아빠'와 나머지 가족 구성원 간의 관계 변화, 특히 친밀성의 변화라고 하는 사회성이 배태된 문제이기 때문이다. 다시 말해, 그것은 '가족'이라고 하는 집합체의 사회 심리의 문제이지, 한 개인의 개별적 심리의 문제로 귀착시킬 수 없다. 그러면 '기러기 아빠'의 고통과 공포는 어디에서 연유하는 것일까?

이를 잘 설명할 수 있는 이론을 뒤르케임이 제시해주고 있다. 바로 그의 '아노미' 이론이다. 아노미는 흔히 '무규범 상태'로 해석된다. 한마디로 인간은 얼핏 보기에 구속적이라고 생각하는 '규범'에서 벗어나길 원하는 것 같지만, 사실은 그와 정반대임을 뒤르케임이 보여준다. 그에 따르면, 인간은 오히려 규범이 없는 곳에서 엄청난 혼란을 느낀다. 말하자면 어디로 가야 할지 방향감각을 잃어버린다는 것이다. 그는 이 혼돈이 인간들에게는 공포와 고통을 뜻한다고 설파한다. 실제로 그런 상태에 놓이면 인간은 자살까지도 감행할 수 있다는 것이다. 그것이 그의 유명한 『자살론』에서 개진했던 '아노미적 자살'이다.[44]

그렇다면 '기러기 아빠'는 어떤 무규범 상태에 직면하게 될까? 필자가 볼 때 두 가지 형태의 무규범 상태를 경험한다. 첫째는 별거 이후 혼자 남

---

[44] Emile Durkheim, *Suicide*(New York, NY: Free Press, 1951), p. 241 이하.

게 되었을 때의 무규범 상태다. 가족이 떠난 뒤 그는 '가족' 모두가 공유해야 할 어떤 규범으로부터도 자유로워졌다. 속된 말로 그는 집에 일찍 들어갈 필요도 없고, 매일같이 술을 마시지 말라고 닦달하는 부인도 없으며, 주말에 잠만 자지 말고 놀이공원에 가서 같이 놀아달라고 조르는 아이들도 없다. 물론 이런저런 의사소통 수단을 통해 기존의 가족 내 규칙들을 준수할 것을 종용하는 떠난 가족들이 있을지 모르지만, 어쨌든 이제 그는 슈츠가 이야기하듯 그것들을 눈 가리고 아웅하는 '위장'을 할 수 있게 되었다. 그런 의미에서 그는 일종의 무규범 상태에 빠진 것이다.

두 번째 무규범 상태는 좀더 숙고가 필요하다. 가족과의 별거로 인해, 과거 가족 내에 존재했던 규범도 이젠 시쳇말로 약발이 더 이상 듣지 않게 되어버렸고, 동시에 떠난 가족에게서 새로이 형성된 규범으로부터도 일정 부분 소외되어 있다. 즉, 그는 그만 홀로 남겨두고 떠난 나머지 가족이 형성한 새로운 규범에 직접적으로 참여하지 않았으므로, 그에 대해 잘 모를 뿐 아니라 익숙하지 않다. 결국 그는 과거의 규범으로부터 그리고 현재 진행 중인 떠난 가족이 보유한 규범으로부터도 일정 거리를 두게 되었다. 이런 상황은 아주 낯선 나라에 이민해 살아가려는 사람들이 겪는 어려움이나 혹은 같은 나라라 하더라도 살아온 내력이 다른 하위문화에 접근해 그들의 문화를 접하고 살려는 사람들이 겪는 어려움과 내용 면에서 일치한다. 그것은 충격이고, 공포이며, 고통이다. 그것은 바로 규범의 상실이 가져오는 짐인 것이다.

뒤르케임의 '아노미'는 위에서 살펴본 '무규범 상태'뿐만 아니라 '소속감의 상실'이라는 의미로도 풀어 쓰인다. 한마디로 말해서, 자신이 어디에도 소속되어 있지 않다고 느낄 때 아노미 상태에 빠졌다고 볼 수 있다. 때로 사람들은 모든 것을 훌훌 벗어버리고 소속된 무엇으로부터 벗어났으면 하고 바랄 때가 물론 있다. 사람들이 여행을 떠나는 것은 그런 이유에서다. 그러나 인생 전체를 여행으로 일관하거나 채우고 싶어하는 사람은 그리 많지 않을 것이다. 매일 매일의 직장의 일상으로부터 벗어나고 싶어 안달하는 이들도 정작 직장에서 해고 통지서가 날아들면 청천벽력의 기분을 느끼듯, 어딘가에 소속되어 있다는 것은 한 개인의 정서적 안정에 일익을 담당한다. 그러나 소속되지 못한 자, 그는 고통스럽고 불안하며, 고독할 뿐 아니라 심지어 공포를 느낀다. 왜냐하면 어떤 이를 품어주는, 즉 그에게 소속감을 주는 집단과 사회는 바로 그에겐 '상징적 우주'와 같은 곳으로서 그가 그 속에 들어가 안주하고, 일하고, 쉬고, 미래를 꿈꿀 수 있기 때문이다.[45] 그곳은 일종의 안전한 '쉼터'다. 그곳은 그에게 "이렇게 해라 혹은 저렇게 해라" 하고 몰아대는 성가신 곳으로 여겨질 때도 있지만, 동시에 안락함을 주는 일종의 포근한 덮개다.[46]

그런데 그러한 '상징적 우주'로부터 벗어난 사람, 그래서 포근하고 안전한 '덮개'가 벗겨진 사람, 즉 어떤 집단이나 사회에 소속되지 못하고 이탈해 표류하는 이들은 안락과 안도와는 거리가 먼 불안과 공포를 느끼게 되는 것이다. 그것이 곧 '상징적 우주'가 붕괴된 상태, 아노미 상태에 놓인 자들이 겪는 내적 경험이고 이것은 곧 그의 주위를 둘러싼 사회적인 것과 긴밀한 관련을 맺는 사회적 경험이다. 그런데 '기러기 아빠'는 바로 이러한 상징적 우주가 붕괴된 상태에 놓인 전형적인 인물이다. 그에게 명목상의 '가족'이 있다고는 하나 실질적으로 '가족'이라는 상징적 우주에 속해 있지 못하다. 그런 의미에서 그에게는 '가족'이 없다. 실제적으로 가족이 떠난 상태에서 그에게는 피부로 느낄 수 있는 아무런 '가족'—위에서 말한, 살아 있는 생물로서의—도 없다. 그리고 어떤 형태로든 가족이 재회했을 때조차 그는 그 가족 안에서 자신이 설 자리를 선뜻 발견하지 못하기에 그에게 가족은 없는 것이나 진배없다. 재회하면 그는

45　Peter L. Berger and Thomas Luckmann, *The Social Construction of Reality*, p. 103.
46　Peter L. Berger, *Sacred Canopy: Elements of a Sociological Theory of Religion*(Garden City, NY: Doubleday, 1967); Emile Durkheim, *The Rules of Sociological Method*(New York, NY: Free Press, 1938); Emile Durkheim, *The Elementary Forms of Religious Life*, tran. Karen E. Fields(New York, NY: Free Press, [1912]1995).

모든 것이 낯설다. 가족 구성원이 낯설고, 그들에게도 그 자신이 낯설다.[47] 이렇게 '기러기 아빠'의 소속되지 못한 자로서의 느낌은 결국 존재감의 위기로 치닫는다. 나아가 그것은 모든 아노미가 그러하듯 인간으로 하여금 '무의미성'이라는 독을 그의 심장과 폐부에 한 방울 떨어뜨린다. 그것은 삽시간에 그의 몸과 영혼에 퍼진다. 인간이란 그런 존재다. 세상살이가 힘겨워 모든 끈을 놓고 싶어질 때조차도 뒤에서 등 두드려주고, "아빠 힘내세요" 하고 조잘대주는 배우자와 아이들이 있다면 그는 모든 실의를 털어내고 다시 삶의 세속적인 의미를 찾을 수 있는 것이다. 그러나 '기러기 가족', 특히 '기러기 아빠'는 가족의 미래를 위한다는 커다랗고 추상적인 꿈을 위해 가족이 있어야 하는, 그래서 가족을 구성하려고 선택한 바로 그 중요한 '의미'를 상실하게 되고, 그는 소속되지 못해 허공에 뜬 무중력 상태의 인간이 되며, 그런 의미에서 슈츠가 이야기하듯 '고아'가 되어버린다.[48] 결국 그는 가족으로부터 '이방인'이 되어버린 자신을 발견하게 되는 것이다.

---

47 한 선행 연구에서 발췌한 '기러기 아빠'를 가장으로 둔 어떤 부인의 진술은 이를 직접적으로 잘 대변해준다. "서먹서먹해지고 솔직히 말씀드리자면 처음에 2~3년 됐을 때는 우리 남편이 아주 타인 같더라고요. 만지는 것도 싫더라고요. 이 사람이 누구야 막 스트레인저 같은 생각이 드는 거예요."(조은, 『세계화의 최첨단에 선 한국의 가족』에서 재인용).

48 Alfred Schutz, "The Homecomer," p. 118.

5. '대면적 상호 작용'의 힘

이제까지 우리는 '기러기 가족', 특히 '기러기 아빠'가 겪는 내적 경험을 심리적 차원이 아닌 사회적 차원에서 이해하는 이론적 논의를 살펴보았다. 크게 세 가지 방향에서 이 글은 '기러기 아빠'라는 주제에 접근했는데, 그 하나는 미래를 위해 고통스런 선택을 했지만 결국 과거에 머문 채 살 수밖에 없는 '기러기 아빠'의 형편에 대해 살펴보았다. 다음으로 '가족'으로 남기 위해 '가족'으로 행동하는 것이 필수불가결하다는 것을 논의했다. 끝으로 '가족'이라는 상징적 우주가 붕괴되어 '가족'의 울타리에서 벗어난 거리감을 느끼는 '기러기 아빠'에 대해서 다루었다. 결국 필자는 '기러기 아빠' 연구에서, 친숙하다고 여기는 '가족'에게서 낯섦과 거리를 발견하게 되는 이방인의 모습을 보았고, 그것을 독자들에게 가감 없이 드러내고자 했다.

이 모든 과정에서 필자가 표현하고 싶었던 것은 바로 '대면적 상호 작용의 힘'이다. 즉, 일상을 사는 사람들이 얼굴과 얼굴, 무릎과 무릎을 맞대고 교분을 맺는다는 것이 우리 일상을 지탱해나가는 데 있어 얼마나 중요한가를 일깨우고자 했다. 그러나 여태껏 이 '대면적 상호 작용'의 힘은 전문가나 일반인들 모두에게서 무시되어왔고 간과된 것이 사실이다. 대부분의 사회학자는 그곳에서 학문적으로 쓸 만한 것은 전혀 없다고 단정한 듯 보였으며, 그들의 눈을 다른 곳, 이를테면 좀더 커다랗거나 추상적인 곳을 향해 고정시켰다. 다시 말해 그들은 그곳에서 사회를 찾지 않았고, 사회의 진면목이 바로 그곳에서 시작됨을 간과하지 못했다. 마찬가지로 일반인들은 자신들의 현실을 유지하는 것이 바로 그러한 구체적인 대면적 상호 작용이라는 사실을 뻔히 보면서도 실제로는 그것의 중요성을 눈치채지 못하고 그들의 삶을 지탱하는 중요한 것은 다른 것들이라고 믿어왔다.

 그러나 이런 상황은 이제 바뀌고 있고 또 바뀌어야만 한다. 일부이긴 하지만 전문 사회학자들도 대면적 상호 작용의 중요성을 인식한 사회학적 통찰을 제시하고 있으며, 그들의 이야기와 주장을 기존의 사회학적 전통을 고수한 이들도 일부 귀담아 듣고 있고, 비록 전적으로 수용하지는 못하더라도 대면적 상호 작용의 중요성을 재인식하려는 움직임이 있다. 물론 그 움직임이 그것의 중요성에 비하면 턱없이 부족하지만 말이다. 한편 일반인이 대면적 상호 작용의 중요성을 그리고 그것의 힘을 눈치채는 것은 그리 쉬운 일이 아니다. 그렇더라도 그럴 가능성을 몇몇 인물 군상이 어렵지 않게 가질 수 있다. 예를 들면 지금 눈에 콩깍지가 씌워 잠시라도 떨어져 있으면 못 견디고 안달하는 연인들이 그렇다. 또한 필자가 보기에 '기러기 가족', 특히 '기러기 아빠'는 그 가능성을 소유할 공산이 매우 크다. 즉, 그들은 가족이 함께 있어야 할 필요성을 절감할 가능성이 매우 높은 것이다. 하지만 그들은 자신이 느끼는 모든 내적 경험을 논리적이면서 이론적으로 파악하기에는 역부족이다. 단지 그것을 직관적으로 감지했을 뿐이다. 그러한 직관적 파악에 조금이라도 미흡한 점을 느꼈던 이들이라면, 이 글이 주는 함의가 어느 정도 있을 것이다. 이 글을 통해 그들이 느끼고 있는 '이방인'으로서의 낯섦과 거리는 결국 가족이 함께 공간을 점유한 채로 늙어가지 못하는, 즉 그들이 '대면적 상호 작용'을 현격하게 결여하는 까닭에 겪는 것이라는 점을 이야기해주고 있기 때문이다. 그리고 그들이 대수롭지 않게 여기고, 그래서 생략해도 괜찮은 것으로 여겼던 '대면적 상호 작용'이야말로 가족을 가족이게끔 하는 데 출발점이자 종착점이라는 일깨워주고 있기 때문이다.

 이 장이 '기러기 가족'에게 던지는 실제적인 함의는 다음과 같은 것이다. 어차피 우리 인간은 모두가 서로에게 '이방인'이다. 이 점에서는 가족 구성원조차 예외일 수 없다. 다만, 어느 만남과 집단보다도 더 긴밀하고 직접적인 '대면적 상호 작용'을 함으로써 우리는 잠시 가족 구성원에게 서로 '이방인'이라는 것을 감지하기 어려울 뿐, 결국 언젠가는 모두 '이방인'으로 남게 되어 있다. 하지만 신은 지속적이고 농도 짙은 '대면적 상호작용'을 통해 가족 내에서 서로 '이방인'이라는 것을 느낄 시점을 다른 집단에서보다 유예, 연기해주었다. 결국 선택은 우리, 특히 한국의 부모들 당사자에게 달려 있다. 가족 간의 '이방인'이 되는 것을 바짝 앞당길 것인가, 아니면 좀더 미룰 것인가? 여기서 고려해야 할 최대 변수가 바로 '대면적 상호 작용'이라는 것을 이 글은 말하고 있다. 그것이 깨졌을 때의 고통스러운 짐을 함께 알려주면서…….

12

존재감에
대하여

1. '존재감'의 사전적 의미와 일상적 용법

근자에 우리 일상생활에서 "존재감"이라는 단어가 심심치 않게 사람들의 입에 오르내리고 있다. 이 용어를 국립국어원의 표준국어대사전에서는 "사람, 사물, 느낌 따위가 실제로 있다고 생각하는 느낌"이라고 풀어쓰고 있다. 그런데 이 단어를 사전적 의미로만 풀이하면 현재 널리 쓰이는 이 말의 용법을 파악하는 데 한계가 있다. 왜냐하면 "존재감"이라는 말은 일상생활에서 사전에 나와 있는 의미 이상으로 쓰이고 있기 때문이다.

그러면 일상에서 "존재감"이란 용어가 뜻하는 바는 무엇일까? 그것과 사전적 의미는 어떤 점에서 대비될까? 먼저 첫 번째 물음에 대해서는 다음과 같은 답이 제시될 수 있다. 즉 일상에서 널리 사용되는 "존재감"이라는 용어는 "어떤 것이 다른 것들과 구별되는 무엇을 소유하고 있음, 혹은 다른 것들과 함께하는 와중에 그것 나름의 존재를 드러낼 수 있는 능력"쯤으로 풀이할 수 있다.

말하자면 그 어떤 것을 사람이라고 가정할 때, "존재감"의 사전적 의미가 "내가 여기 있소!" 혹은 "나란 사람이 여기 있소!"로 대변될 수 있다면, 일상에서 통용되는 "존재감"의 의미는 "나란 잘난(혹은 못난) 사람이 여기 있소!"로 대변될 수 있다. 따라서 "존재감"의 사전적 의미와 일상적 용법을 구체적으로 대비해보면 다음과 같이 정리될 수 있다. 전자가 주관적이고 절대적이며 유아唯我적인 것으로 특징지어지는 데 반해, 후자는 객관적이고 상대적이며 사회적이라는 것이다. 한마디로 후자는 타자他者의 현전現前을 전제로 한다.

이 장은 후자의 "존재감"에 대한 연구다. 즉 한 개인이 어떻게 타인에게 자신의 존재를 객관적으로 각인시키는가에 대한 사회학적 탐구다. 좀더 구체적으로 타인에게 그렇게 객관적으로 인식시킬 때 필요한 조건에 천착하는 것이 이 장이 꾀하려는 첫째 목적이다. 나아가 한국 사회에서만 유독 관찰되는 그런 특수한 조건을 규명하는 것이 이 장의 둘째 목적이다.

2. '존재감'을 위한 일반적인 조건: 쇼-인상 관리

단도직입적으로 말해, 다른 이와의 관계 속에서 이 장에서 초점을 둔 "존재감"을 가지려면 다음의 두 가지 조건이 필요하다. 첫째는 "존재감"을 갖기 원하는 사람은 뭐니 뭐니 해도 남에게 정상적으로 비쳐야 한다. 이는 누구든 그 사람의 행동을 이해할 수 있어야 함을 뜻한다. 이때 주의할 것은 "이해"가 그런 행동을 한 사람의 절친한 지인이나 친구가 하는 방식—굳이 말하자면 "깊은 이해"—을 말함이 아니라는 점이다. 여기서 일컫는 "이해"란 그 행동을 하는 사람과 타인들이 속해 있는 사회나 집단에서 그가 그 행동을 했을 때 이를 대동소이하게 해석하는 그 "이해"—굳이 말하자면 상식에 근거한 일반적인—를 말한다.

이것은 거꾸로 이야기하면 그가 타인들로부터 어떤 것을 "이해"받고 싶을 때 취할 수 있는 행동의 대안들에 대해 그가 충분히 인지하고 있는지를 말한다. 만일 충분히 인식하고 있다면 그는 다른 사람들에게 정상적으로 보일 수 있고, 그 자신 나름의 "존재감"을 가질 한 가지 조건을 구비하고 있는 것이다. 예를 들어 중매에서 만난 여자가 마음에 들었을 때, 상대에게 어떤 행동으로 그것을 "이해"시킬 것인가를 알고 있다면 그는 "존재감"을 지녔다고 할 수 있다. 만일 그가 다음에 만날 시간과 약속 장소를 적은 메모를 그녀의 손에 건네주었다면 그는 "존재감" 획득의 첫 단추를 훌륭히 끼운 것이다. 반면 그가 그녀의 손에 피 묻은 칼을 건네주었다면 말은 달라진다.

두 번째 조건은 그 행동—타인을 "이해"시킬 수 있는—을 타인에게 보여줄 때 허투루 해서는 안 되고 아주 잘 보여줄 수 있어야 한다는 것이다. 즉 능수능란하게 보여주어야 그는 "존재감"을 얻을 수 있다. 어설피 행한다면 "이해"는커녕 책잡힐 공산만 커진다. 다시 말해, 엉성하고 성긴 행동은 그것이 지닌 "이해"의 요청을 무위로 돌아가게 할 뿐이다. 그렇게 되면 그것을 행하는 이의 "존재감" 획득은 요원해진다.

이런 것들에 대해 자세히 알아보는 데 우리가 의지할 수 있는 사람은 바로 고프만Erving Goffman이다. 주지하다시피, 고프만은 우리의 사회적 일상생활을 하나의 드라마, 즉 사회적 드라마로 간주하는데, 그에 따르면 사회적 드라마의 핵심은 일상생활의 행위자들이 행하는 "공연"—무대 위의 배우들이 하는 것같이—이다. 그리고 그 "공연"을 와해시키지 않고 그럭저럭 꾸려나가는 것이 바로 행위자들의 행동이라는 것이다. 물론 이런 논의를 전개할 때 고프만은 무대 위 배우들이 행하는 "연기"라는 행동 양식을 그대로 따와 일상생활의 행동에도 적용하고 있다. 이에 대한 논의를 여기서 더 깊이 다루지는 않겠다. 어쨌든 중요한 것은 고프만이 말하는 공연—일반적인 무대 공연이든 사회적 드라마든 무관하게—이 성공적으로 수행되기 위한 제 조건을 훑어보면 우리가 현재 관심 갖고 있는 "존재감"에 대해 상당한 시사점을 던져준다는 사실을 간파하는 것이다. 즉 앞서 지적한 바 있는 "존재감"을 위한 두 가지 조건이 이제 살펴볼 고프만이 제시한 공연의 성공을 위해 필요한 조건과 얼마나 긴밀하게 연결되는지를 파악하는 게 중요하다. 따라서 우리는 후자에 대해 더 자세히 살펴볼 필요가 있다.

◪ 이상화의 조건

성공적인 공연을 위해 필요한 첫째 조건으로 고프만이 지적한 것은 공연자가 행하는 공연이 정상에 부합하는지의 여부다. 만약 부합한다면 공연은 성공적이고 그렇지 않다면 성공적인 공연은 수포로 돌아간다. 이를 부연하면 다음과 같다. 사회적 드라마에 성원으로 참여한 개인은 그가 맡은 배역과 연기가 그가 속한 사회의 일반적인 도의나 상식에 어긋남 없는 지극히 '정상적'이라는 인상을 타인들에게 고취시킬 필요가 있다.[1] 여기서 '정상적인'이라는 말은 한 사회의 '전형적인'이라는 말과 바꿔 써도 무리 없다. 한 개인은 자신이 맡은 인물 성격과 행동이 한 사회가 지닌 일종의 '공통적이고 공식적인 가치'에 위배되지 않는, 즉 그것의 일환임을 매 순간 여실히 보여주어야만 한다.[2]

이렇게 하기 위해서는 어떤 사회에서 통용되고 있는 그 '공통적이고 공식적인 가치'를 어느 정도는 습득하고 있어야 하며, 습득된 가치들은 이런저런 상황에서 조율되고 수정된다.[3] 어쨌든 그러한 가치를 견지하는 것으로 남에게 보인다는 것은 곧, 그 사회적 드라마에 참여한 사람 모두 "한 사회의 공통된 가치의 신성한 심장부에 바짝 다가서려는 욕망"을 너나 할 것 없이 지녔다는 것을 뜻한다.[4] 예를 들면 우리나라에서 대학은 이른바 일류 대학을 나와야 한다는 가치, 거주는 서울 그중에서도 강남에 거주해야 한다는 가치, 대학을 가려는 자든 아니든, 강남 거주자든 아니든 상관없이 그러한 가치가 이 사회에 엄연히 존재한다는 것을 분명히 인식하고 있어야 함을 의미한다. 만일 어떤 이가 이러한 '공통의 가치'를 깨닫지 못하고 재확인하지 않으면서 자신의 어떤 것을 드러내 보이려 한다면, 그의 행위는 타인들에게 하나의 이해 대상으로서 전적으로 배제되지는 않겠지만, 그들로부터 완전한 이해를 받는다는 것은 애초에 기대하지 않는 것이 좋다. 그리고 대부분의 행위자는 이러한 사실을 알고 있으며, 자신을 드러내는 것에 실패하지 않기 위해 설사 그러한 '공통의 가치'에 동의하지 않더라도, 그것에 동의하지 않는다는 것을 보이기 위해서라도 이를 완전히 무시하지 않고 사용해야만 한다.

사회에서 자신과 자신의 행위가 이렇게 '정상적인' 것으로 보이기를

---

1   Erving Goffman, *The Presentation of Self in Everyday Life*(New York, NY: Doubleday, 1959), pp. 34-36.

2   같은 글, p. 35.

3   같은 글, p. 35.

4   같은 글, p. 36.

원한다는 공연적 성격이 극명히 드러나는 곳은 '지위'와 관련된 영역이다. 고프만이 제시하는 예를 보면, 사회의 상류층은 그들대로, 하류층은 하류층대로 자신들이 처해 있는 사회적 위치를 드러내는 일에 몰두하는데, 그때 그들이 동원하는 것은 바로 '돈'이나 '부' 같은 '지위상징status symbol'이다.[5] 상류층에 속한 이들은 자신들이 가진 것보다 더 많은 '부'를 지닌 듯 행세하고, 하층민들은 그들이 가진 것보다 더 적게 가진 듯 보이려 애쓴다. 이러한 애씀은 '부'와 관련된 모든 것에 해당된다. 고프만이 관찰한 바에 따르면, 하층민 역시 "그들은 자신들을 위해 암묵적으로 수락하는 지위보다 더 낮은 지위에 맞는 이상적 가치를 얼마나 잘 연기할 수 있는가"를 늘 염두에 둔다.[6] 그 예로 미국 남부의 흑인들은 백인들과 접촉하는 동안, 자신들이 진정으로 무식하고 게으르며 이래도 그만 저래도 그만인 식의 천하태평의 인생관을 갖고 있는 것처럼 행동해야만 한다고 느낀다. 그리고 마음에 드는 남자 앞에서 여학생들은 그 남자가 자신이 이미 알고 있는 것을 말해도 마치 처음 듣는 것인 양 내숭을 떤다는 것이다.[7] 그러나 이와 관련된 가장 적절한 예는 아마도 지하철 등에서 동냥하는 사람의 옷차림에서 찾을 수 있을 것이다. 우리는 지하철에서 가끔 구걸하는 이들을 보는데, 그들이 말쑥한 정장 차림으로 혹은 값비싼 유명 상표 옷을 입고 하는 것을 보지 못한다. 이것이 바로 고프만이 이야기하는 '정상적'으로 드러내기의 좋은 예가 된다.

이렇게 '정상적'인 것으로 자신을 드러내는 것을 고프만은 '이상화 idealization'라고 명명했다. 그리고 그는 '이상화'를 성공적으로 수행하기 위한 수단으로 택할 수 있는 것에는 크게 두 가지가 있다고 한다. 그 하나는 "내 자신이 그 일에 적임자"라는 강한 인상을 관객, 즉 타인에게 부

---

5   같은 글, p. 36.
6   같은 글, p. 38.
7   같은 글, p. 39.

여하는 것이다. 나머지 하나는 첫 번째 수단을 이행하는 데 방해가 되는 그 어떤 것도 철저히 배제시키는 것이다. 그중 하나가 바로 그런 범주에 해당되는 사람들을 분리시켜 관리하는 일, 즉 '관객 격리audience segregation'다.[8]

먼저, 자신이 어떤 일에 적임자라는 강한 인상을 관객들에게 심어주려고 한 개인이 택하는 방법은 자신이 상대하는 관객 각자에게 그와 그 관객의 관계가 특별하다는 것을 주지시키는 일이다. 그것이 통하면 통할수록 그 자신은 그 타인으로부터 그가 맡고 있는 일이나 자리에 가장 걸맞은 인물이라는 인상을 줄 소지가 높아진다. 당연히 자신에게 특별한 사람을 사회적 관계에서 마다할 이는 거의 없기 때문이다. 세상 이치가 이러할진대 자신과 가장 가까운 친구가 자기 외의 다른 사람과도 허물없이 지내는 것을 보고 실망하거나 시기하는 것은 바보 같은 짓이다.[9] 그리고 "너"에게만 유독 "나"는 "특별하다"는 인상을 갖게 하는 것은 "나 자신"이 그 자리에 가장 적합한 인물이라는 인상을 만들어내는 것 외에도 "너"와 "내"가 함께 하는 공연이 지극히 정상적일 뿐 아니라 나아가 진정한 것이라는 신념을 자아내는 데도 결정적인 기여를 한다. 이것이 바로 이 첫 번째 수단이 '이상화'를 위해 채택되는 주요한 이유다.

다음으로 '관객 격리'와 관련해서는 다음의 부연이 도움이 된다. 한 개인은 한 사람이 아닌 여러 사람과 사회적 교분을 맺는다. 그리고 그가 교분을 맺는 사람 각각을 대할 때의 모습은 저마다 다르다. 그래서 아이가 온순한 양 같아 숫기가 없다며 걱정하는 부모가 막상 자기 자식이 친구들 사이에서 엄청난 카리스마로 인기를 끈다는 사실을 알게 되면 깜짝 놀랄 수 있다. 그 경우, 그 아이는 '관객 격리'를 훌륭히 수행했다고 볼 수 있다. 그런데 이와 관련해서 고프만은 더 흥미로운 점을 한 가지 지적

---

8   같은 글, p. 49.
9   같은 글, p. 50.

한다. 그것은 어느 순간 한 개인이 자신이 보여왔던 '관객 격리'에 염증이 나서 그것을 깨부수려 한다면 그를 상대하던 공연자 및 관객들, 즉 타인들이 그런 행위를 못 하게 막으려 든다는 점이다.[10] 예를 들면, 고위급 장교인 남편이 자기 부하들에게뿐만 아니라 부인인 자신에게조차 부하 취급을 하려 들면, 십중팔구 그 장교의 부인은 저항할 것이고, 만일 그 저항이 먹히지 않으면 그녀는 보따리를 싸려 할 것이다.

◪ 극적인 시연의 필요성

그러면 이제부터는 사회라는 공연이 성공하기 위해 공연하는 이가 타인들에게 정상적으로 보여야 한다는 것 외에 또 어떤 점에 유의해야 하는지를 살펴보자. 두 번째 조건은 사회적 드라마에 참여한 개인들은, 타인들에게 자신의 행동이 얼토당토않은 것처럼 보이지 않도록 노력함으로써 극적으로 연기를 수행하는 배우와 같아야 한다는 것이다.[11] 그런데 그들이 하는 행동을 극적으로 보이게 하는 이유는 바로 그렇게 함으로써 자신의 행동을 목도하는 타인들이 그 행동이 진짜가 아닐 수도 있다는 생각을 품을 일말의 여지도 주지 않기 위해서다. 당연히 그렇게 함으로써 얻는 결과는 그 행동이 포함된 공연, 즉 그때 그 장소에서 벌어지는 드라마가 엄연한 "현실"임을 참여자들이 감지하는 것이다.

그런데 일상생활의 공연을 수행하는 개인은 일상의 무대에서 그저 무방비로 내동댕이쳐지지는 않는다. 다행스럽게도 그에겐 이런 극적인 공연을 시행하는 데 활용할 무언가가 주어져 있는데, 그것은 바로 '신호 sign'다. 사회적 드라마에 참여하는 개인은 자신의 행위를 극적으로 보이려고 십중팔구 특정 상황에 가장 적합한 어떤 '신호'를 사용하는데, 이

---

10   같은 글, p. 49.
11   같은 글, pp. 30–34.

'신호'는 타인들로 하여금 연기하는 자신이 무엇을 하는지를 알아보게 하는 데 도움을 준다. 그것들이 이러한 이해에 도움이 되는 이유는 그 '신호'들이 가진 상호주관성intersubjectivity(간주관성) 때문이다.[12] 현상학에서 유래된 이 개념은 아주 쉽게 이야기해서 어떤 집단이나 사회 내 성원들이 공유한 객관성을 의미한다. 같은 문화권 내의 성원 모두가 공유한 '신호'이기에 이를 특정 순간에 적절히 사용하는 것은 이를 사용하는 개인, 그리고 그와 "공석共席, co-bodily presence"[13]한 타인들이 참여한 상황에 진정성을 부여해준다. 즉 그것은 위에서 언급한 "현실"이 되는 것이다. 늘 그렇듯이 일상인들은 "현실"은 거부할 수 없는, 저항할 수 없는, 그래서 변경될 수 없는, 그야말로 요지부동의 것으로 간주하고 우리는 그것에 던져져버린 하찮은 존재라는 인상을 갖게 한다. 그러한 인식 속에 극적으로 행한 자신의 행동이 지니는 "별 볼일 없음" 혹은 "보잘것없음"을 가장할 수 있게 된다. 말하자면 그 앞에 설 때 자신이 초라해지는 현실 속에 들어가 자신을 맡기면 그 자신의 초라함은 그 위풍당당한 현실에 의해 감춰지는 것이다.

따라서 이런 신호를 끊임없이 발산하고 또 그것을 타인들이 적절하게 수용하도록 개인들은 매 순간 신경을 곤두세우고 애써야만 한다. 고프만이 제시한 다음 야구 심판의 예를 살펴보자. 야구 게임에서는 판정

---

12   Edmund Husserl, *Ideas: General Introduction to Pure Phenomenology*(New York, NY: Collier Books, 1962); Alfred Schutz, *Collected Papers Vol. I: The Problem of Social Reality*(The Hague: Martinus Nijhoff, 1962); Kwang-ki Kim and Tim Berard, "Typification in Society and Social Science: The Continuing Relevance of Schutz's Social Phenomenology," *Human Studies*, Vol. 32, No. 3, 2009, pp. 263-289; 김광기, "왜 사회세계엔 '전형'이 반드시 필요할까?: 알프레드 슈츠의 '전형성' 개념을 중심으로," 『한국사회학』, 36(5), 2002a, pp. 59-85; 김광기, "익명성, 추상성, 그리고 근대성," 『철학과 현상학 연구』, 21, 2003b, pp. 249-272.

13   Erving Goffman, "The Interaction Order," *American Sociological Review*, Vol. 48, No. 1, 1983, p. 4. 고프만은 이를 다른 표현으로 "타자의 즉시적 현존immediate presence of others"이라고도 했다. Erving Goffman, "The Interaction Order," p. 2. 이런 이유로 기든스 같은 이는 고프만을 "공석의 이론가a theorist of co-presence"로 불렀다. Anthony Giddens, *The Constitution of Society*(Berkeley, CA: University of California Press, 1984).

내리기 애매한 경우가 종종 일어나기 마련이다. 그런데 이때 야구 게임을 관장하는 심판들이 시비의 여지를 주지 않기 위해 동원하는 '신호'가 있다. 그것은 바로 재론의 여지가 없을 정도로 자신의 판단은 정확하고 확고부동하다는 것을 보여주는 일이다. 이를 위해 보이는 "신호"는 망설이지 않는 즉각적인, 한술 더 떠 매우 단호한 판정의 액션을 취하는 것이다. "그의 판단이 진실로 확실한가에 대해 생각할 시간적 틈(싹)을 주지 않는 것"을 포괄하는 "신호"를 관객과 선수들에게 주면 판정과 관련된 게임은 그것으로 끝이다.[14]

그런데 이러한 신호는 고프만이 제시한 야구 심판만의 전유물이 아니다. 자신의 시험 답안이 어디가 잘못됐는지를 따지러 온 학생들에게 취하는 교수들의 당당하고 결연한 태도 또한 마찬가지다. 해서 대부분의 학생은 어깨가 처진 채 교수 연구실을 나선다. 그러나 학생이 그렇게 발길을 돌리는 것은 대부분 자신의 이의가 잘못됐음을 인정해서라기보다는 교수들이 보인 "신호"의 의미를 파악했기 때문일 것이다. 그런데 이러한 "신호"를 타인에게 주입하면서 얻는 결과는 상상 이상의 것이다. 쉽게 말해 그는 그런 "신호"로써 타인을 제압할 뿐만 아니라 스스로조차도 그 "신호"가 의도하는 결과의 진실성에 대해 확신을 갖게 된다. 즉 야구 게임 심판은 그 "신호"를 통해 자신의 판단이 "실제로" 그리고 "진실로" 옳은 것이라는 확신을 갖게 된다. 그리고 앞선 예의 그 교수 또한 자신의 학점 부여가 더 이상 고칠 수 없는 최종판이라는 데 추호의 의심도 갖지 않게 된다. 요컨대 이런 확신은 모두 그 "신호"를 통해 가능해진다. 어쨌든 "신호"를 통해 타인에게 "이해"를 촉구하거나 자신의 행동이 지닌 "허접스러움"을 가장하게 된다.

이상의 논의를 바탕으로 우리가 이 글에서 초점을 맞춘 "존재감"을

---

14 Erving Goffman, *The Presentation of Self in Everyday Life*, p. 30.

갖기 위한 일반적인 조건을 헤아려보면, 고프만의 논의가 이 글의 주제와 절묘하게 맞아떨어짐을 알 수 있다. "존재감"을 위해 이 글 서두에서 필자가 제시한 행동이 정상적 외양을 띨 것은 바로 고프만이 말한 이상화의 조건과 맞닿아 있고, 능수능란하게 행동할 것이란 강령 또한 고프만이 말한 극적 시연의 필요성과 긴밀히 연결된다. 그런데 이 대목에서 혹자는 이 글에서 제시된 조건들이 지극히 "평범한" 것이라 의미를 찾기 어렵다고 이의를 제기할 수 있다. 여기서 "평범함"이란 제시된 조건들을 평가할 때 아무런 학술적 가치가 없는 의미에서의 "평범함"이 아니라 어떤 독특함이 없는 "일상적임"을 의미한다. 이러한 이의 제기—"존재감"의 획득을 위한 비방이 지나치게 평범하지 않느냐는 질문—가 충분히 납득 가능한 것은 현재 우리가 행하는 논의의 초점이 "평범"이 아닌 시쳇말로 "튀는 것"에서 오는 "존재감"이 아니냐는 핵심을 건드리고 있기 때문이다. 확실히 맞다. 그런데 이런 문제 제기에 대해 필자는 다음과 같이 방어하고자 한다.

먼저, 그런 조건들이 지극히 평범해 보이지만 바로 그 "평범" 속에 진리가 숨겨져 있다는 사실을 놓쳐서는 안 된다는 것이다. 그러면 그 "평범" 속에 감춰진 진실은 무엇일까? 첫째, 지극히 평범해 보이는 것 자체도 무척 어려운 기획이라는 사실이다. 즉 평범해 보이기 위해 알게 모르게 엄청난 노력이 필요하다. "평범함"은 그저 주어지는 것인 줄 알던 사람들에겐 괴이하게 들릴지 모르지만 어쨌든 그 "평범함"조차 아무런 노력 없이 거저 주어지지는 않는다.[15]

---

15 그 대표적인 예를 민간방법론의 창시자인 가핑켈이 그의 아그네스Agnes 연구에서 여실히 보여주었다. 아그네스는 남자에서 여자로 성전환 수술 허락을 의사에게 받기 위해 "여자"로서의 "평범성"을 보여주고자 얼마나 눈물 나는 노력을 행하고 있는지에 대해 보고한 바 있다. 이 아그네스 연구를 통해 가핑켈이 간파한 것은 "여성"이라는 것이 매 순간 여성으로서 "통과passing"해야만 하는 하나의 기획이라는 점이다. 이는 현재 우리가 논의하는 "평범성"의 진수를 보여준다. 이에 대한 자세한 논의로는 Harold Garfinkel, *Studies in Ethnomethodology*(Englewood Cliffs, NJ: Prentice-Hall, 1967), p. 185.

둘째로, "튀기" 위해서라도 우리 일상의 행위자들은 이른바 "평범"의 범위를 가늠하고 그것의 한계가 어디까지 미쳐 있는지를 알아야만 한다. 그 범위를 넘어서면 그가 이루려는 것, 즉 튀는 "존재감"의 획득이라는 과업조차 달성할 수 없다. 이것은 뼈아프지만 엄연한 사회학적 진실이다. "튀기 위함"은 한정된 범위를 전제로 한다. 즉 어떤 테두리 내에서 "튀어 보임"을 말한다는 것이다. 그런데 그 테두리를 벗어나는 것은 제아무리 "튀어 보인다"고 해도 의미가 없다. 그 "튐"이란 그 테두리 내의 성원들에게 인지되고 인정되어야 하기 때문이다. 그래야만 그것에 바탕해 그 "튀는" 대상자는 비로소 "존재감"을 획득하게 된다. 그래서 그는 반드시 그가 속한 집단이나 사회의 테두리 내에 속한 성원들의 평범함에 대한 지식을 갖고 있어야만 한다. 그 속에서 튀기 위해서 말이다. 그것이 없는 "튐"은 무의미하며, 그에 바탕을 둔 "존재감" 또한 무의미하다. 왜냐하면 이런 "존재감"은 결정적으로 사회성을 배제한 것이기 때문이다.

◪ 인상 관리

이제 우리는 우리가 초점을 맞춘 "존재감"에 한발 더 다가섰다. 한마디로 "존재감"은 한 집단이나 사회의 테두리 내에서, 그것들의 평범함 속에서, "존재감"을 갖길 원하는 이가 그의 "비범"함을 드러내는 행위의 결과라는 정의를 내릴 수 있다. 이제 여기서 우리가 초점을 맞출 것은 "드러냄"이다. "존재감"은 "보여주고" "드러내는 것", 그 이상도 이하도 아니다. 즉, 그것은 "연기"를 말하며, "존재감"이 있는가 아닌가의 여부는 "드러냄" 혹은 "연기"에 달려 있다.

따라서 "존재감"은 사회가 무대 위에서 벌어지는 하나의 거대한 연극일 수 있다는 시각에 쐐기를 박는 역할을 한다. 우리가 살고 있는 사회가 연극이라는 생각은 고프만의 것만이 아니다. 그와 같은 생각은 셰익스피어와 라신Jean Racine, 그리고 피란델로Luigi Pirandello 등과 같은 대문호들이 읊조린 오래된 경구이기도 하다. 그들의 이야기는 다음과 같이 요약된다. 우리 인간 모두는 마치 무대 위에서 공연하는 배우처럼 우리가 살고 있는 사회 속에서 그리고 사회라는 무대 위에서 날마다 자신을 드러내는 그런 연기를 하고 있다. 동시에 타인들의 연기를 접하고 받아주어야만 하는 관객이 된다. 다시 말해, 우리 모두는 서로에게 배우이자 관객인 것이다. 이것을 성공적으로 수행하기 위해 우리는 자신을 타인에게 그럴듯하게 드러내 보이고, 또한 그들과 별반 다를 바 없는 평범한 가치관과 인생관을 지닌 것처럼 보이기 위해 매 순간 신경 쓰며 살고 있는 것이다.

여기서 한 가지 분명한 것은 우리의 사회적 삶의 대부분이 이런 식으로 구성될지라도, 우리 삶이 전적으로 이렇게 구성되지는 않는다는 것 또한 사실이라는 점이다. 다시 말해, 이렇게 남에게 보이는 행위 외에 나 혼자만 알고 있는 '숨겨진 행위'도 존재한다. 이러한 행위들은 대부분 한 사회가 보유한 주류적 가치관이나 '이상적 기준ideal standards'에 위배되기 때문에 감춰져야만 하는 것이다. 예를 들면, 늘 오페라만 즐겨 보는 상류층이라도 가끔은 야한 동영상을 볼 때가 있는데 그들은 그것을 남이 눈치채지 못하게 은밀한 형태로 향유한다. 이것이 바로 타인들이 없는 무대 뒤편에서 일어나는 일들이다. 한편 그렇지 않은 것은 대부분 무대 위에서 일어난다.[16]

어쨌든 이러한 사회의 연극성—그것을 인식하든 안 하든—을 침해하지 않고 위에서 보이는 것들을 완벽하게 소화해내는 이는 비로소 그의 "존재감" 획득에 성공한다. 즉 그는 자신이 맡은 역의 연기를 그럴듯하게 해낼 때에만 비로소 "존재감"을 얻는 것이다. 그런 "그럴듯하게 해냄"을 고프만은 "인상 관리impression management"라는 용어로 대체했다.[17] "인상 관

---

16 "무대 위"와 "무대 뒤"에 대한 자세한 논의로는 Erving Goffman, *The Presentation of Self in Everyday Life*, pp. 22-30, 112-140을 참조할 것.
17 같은 글, p. 208.

리"라는 개념은 다음과 같이 풀어 쓸 때 이해하기 쉽다.

자신의 공연을 중도에 망치지 않고 지속적이고 성공적으로 수행하기 위해 사람들은, 마치 배우가 자신의 옷매무새, 분장, 말투, 걸음걸이 등을 매번 점검하며 연기에 임하듯, 자신의 인상을 관리한다. 이 '인상 관리'의 예는 무궁무진하다. 유명 의과대학 졸업장을 의사 면허증보다 더 화려한 액자에 끼워넣고 눈에 가장 잘 보이는 벽에 걸어두거나 환자 앞에서 영어 단어로 진료 기록을 휘갈겨 써내려가는 의사들은 그런 '인상 관리'를 통해 환자들을 끌어모으고 환자에게 책잡히지 않으려 한다. 읽지도 않은 그리고 앞으로도 읽을 것 같지 않은 많은 책을 연구실에 벽돌처럼 쌓아두고 있는 교수들은 그것으로 그 방에 드나드는 학생들을 기죽이고, 또한 자신들도 잘 해독하지 못하는 영어 책을 학생들에게 읽힘으로써 교수의 권위를 세운다고 굳게 믿는다. 글로벌화한 대학은 큰돈을 들여 외국 대학의 총장 몇몇을 초대해 자리에 앉히고 전통주 대신 양주 비슷한 것을 내놓은 채 파티를 하며 사진을 찍는 것으로 글로벌화한 대학임을 만천하에 천명한다. 사실 우리네 대부분의 학생이 자기 대학의 총장이 누구인지 잘 모르는 것처럼 그 외국 대학의 학생들도 자기 학교 총장을 알지 못하는데 말이다. 대학 총장은 보직에 목을 맨 사람들이나 관심을 갖지 사실 대학과는 별 상관이 없다. 그리고 대학 총장이 그 대학을 대표하는 인물은 결코 아니다. 그럼에도 불구하고 그런 일은 심심치 않게 자행된다.

어찌 이러한 예가 여기에만 국한되겠는가? 학생들은 어떤가. 대학생들은 굵은 제목이 새겨진 두꺼운 원서 하나를 가슴팍에 끼고선 공부도 하지 않고 뭔가를 아는 척 행동하고 눈에 보이지 않는 학교와 관련된 벽과 선에 우쭐해하거나 의기소침해한다. 이 모든 것이 겉으로 사람들에게 "드러내 보이는 쇼"이고 "인상 관리"다.

유명 대학 졸업장을 번쩍이게 벽에 걸어놓은 의사는 그보다 못하다고 여겨지는 의과대학 졸업장을 손에 쥔 의사보다 우리가 말하는 "존재감"을 더 갖게 되며, 다른 이들보다 더 많은 책을 연구실에 모아두고, 게다가 더 많은 영어 책을 쌓아둔 교수들에겐 다른 교수들보다 더 많은 수의 학생이 지도받기를 원하고 몰려들어 그의 "존재감"을 빛내준다. 글로벌화한 대학이라고 자부하는 대학의 총장은 소매를 걷어붙인 와이셔츠 차림으로 백인(결코 흑인은 아니다) 외국인 교수와 어깨를 나란히 해 사진을 찍은 광고를 신문에 대문짝만 하게 내보내면서 다른 대학들보다 더 "존재감"을 가진 양 우쭐해한다. 사실 그 외국인 교수는 자기 나라에서는 취직을 못 하고 온 함량 미달이거나 혹은 이제는 퇴물이 되어 자기 나라에선 "존재감"조차 없는 이들이 돈을 많이 준다는 데 혹해서 왔을 공산이 큰데 말이다.

그렇다면 과연 위에서 언급한 사람들과 대상들의 "존재감"은 어디에서 오는 것일까? 다시 말해 그들과 그것들 자신이 인지하고 그들과 그것들을 상대하는 이들이 지닌 그 "존재감"은 도대체 어디에서 연유한 것일까? 답은 간단명료하다. 모두 겉으로 "드러냄" "과시"에서 비롯된 것이다. 그래서 지방 의과대학 출신의 의사들은 자신의 학위증을 적어도 서울에서는 내세우지 않고—반대로 출신 대학이 자리 잡고 있는 해당 지역에서는 버젓이 걸어놓을 것이다—, 교수들은 기를 쓰고 책을 사 모으며, 글로벌화했다고 자부하는 대학은 대학평가 기관에 줄을 대 순위를 올리고자 로비하고 죽어라고 함량 미달의 외국인 학생들을 모집하고자 이 나라 저 나라를 헤매고 다닐 것이다. 왜 그럴까? 그래야만 "존재감"이 얻어지기 때문이다. 그렇게 하지 않으면 고만고만한 "평범" 가운데서 "뛸 수" 없기 때문이다.

이 모든 것이 사실상 한 편의 코미디다. 즉, 공연 중인 사회는 한 편의 드라마이고, 그 드라마와 드라마 속 인물 군상의 "존재감"이 지니는 각각의 성격은 희극喜劇 그 자체다.[18] 문제는 이렇게 기막힌 코미디가 그곳에 참여한 사람들을 실제로 울리고 웃기며, 그들의 호주머니를 털게도 하고, 아까운 시간과 정력을 쏟게도 하며, 심지어는 목숨까지도 앗아가는 그야말로 잔인한 현실이라는 데 있다. 그것이 바로 우리 사회이고, 우리가 만들어가고 있는 "존재감"이다.

18　사회적 현실에 대한 이러한 시각의 대표적인 예로는 Peter L. Berger, *The Precarious Vision: A Sociologist Looks at Social Fictions and Christian Faith*(Garden City, NY: Doubleday, 1961)을 볼 것.

3. 전통과 현대

이제까지의 논의를 요약하면 다음과 같다. "존재감"의 획득은 타인에게 어떻게 "드러내는가?" 혹은 어떻게 "보여주는가?"에 전적으로 의존한다. 한마디로 "존재감"을 위해서 연기, 즉 "쇼"—고프만은 "인상 관리"라고 했다—가 필요조건이다. 이것은 인간이 살고 있는 곳이라면 어디서나 적용될 일반적인 조건이므로 동서고금을 막론하고 "존재감"이 성취되는 곳에서는 목도된다. 즉, "존재감"을 위해서 예전 사람들이나 현대의 사람들, 그리고 동양과 서양 사람 모두 다른 이들에게 "쇼"를 해야 한다. 이것은 재론의 여지 없이 자명한 공리axiom다. 그것이 시간과 공간을 통해 적용될 때는 물론 다양한 스펙트럼을 보인다. 특히 여기서는 시간에 따라 그것이 어떻게 전형적인 스펙트럼을 보이는지 살펴보기로 한다. 즉 전통사회와 현대사회에서 "존재감" 획득을 위해 "쇼"의 비중이 어느 정도로 필요한지를 알아보는 것이다.

이를 위해서는 파슨스Talcott Parsons의 유형변수pattern variables가 도움이 된다.[19] 파슨스는 현대사회가 전통사회와는 사뭇 다른 특징들을 지녔다고 생각했다. 그것들을 유형별로 나누어 대별시킨 것이 바로 '유형변수'다. 그런데 그 여러 변수 가운데 현재의 논의와 관련하여 주목을 끄는 부분은 바로 전통사회는 '귀속적ascription'이라고 하는 특징을, 현대사회는 '성취적achievement'이라고 하는 특징을 각각 보유한다고 파슨스가 구별한 대목이다. 전자는 숙명적인 것과 맞닿아 있고, 후자는 가능성과 긴밀히 연결되어 있다. 그리고 전자는 본래부터 특정 대상에 내재되어 있

---

19   Talcott Parsons, *The Social System*(Glencoe, IL: Free Press, 1951).

는 어떤 속성을 중시하는 것이 강조되고 후자는 성취를 추구하는 또는 그것을 향한 노력, 과정, 혹은 행동을 중요시하는 경향을 보인다. 이 때문에 파슨스는 실제로 이들 유형을 나중에 "질quality"과 "공연performance"으로 각각 대체해 그 성격을 더욱 분명히 했다.[20]

물론 이렇게 과거와 현대사회를 구분해서 살펴보면 각각의 장단점이 드러난다. 전자는 귀속의 속성이 강조됨으로써 그것을 넘어서는 다른 가능성은 원천적으로 봉쇄된 듯 보이지만 그만큼 안정적인 사회로 여겨진다. 반면, 후자는 한 개인의 태생적인 한계는 아랑곳하지 않고 무언가를 노력해서 일궈내는 경향을 보인다는 점에서 개방적이기는 하지만 그만큼 불안정한 사회다. 그런데 후자의 경우 이러한 경향과 맞물려 딱히 바람직하다고는 볼 수 없는 불쾌한 경향이 함께 득세할 수 있다. 그것은 사람들이 정말로 '쇼'에만 집착하는 것이다. 즉 "무엇을 진정으로 하느냐?"보다는 "무엇을 진정으로 하는 것처럼 보이기 위해 어떤 것을 해야 할까?"에 몰두하게 된다는 것이다. 내실보다는 외양 그리고 내용보다는 기술skill에 치중하는 경향을 보이는 것이다. 시대와 공간을 초월해 어떤 사회에서든 목격되는 '인상 관리'는 현대적 상황에서는 기승을 부리다 못해 그것 자체가 목적이 되는 특이한 형국을 맞게 된 것이다. 그 결과 현대인에게 '인상 관리'는 지상명령imperatives이 되었다고 해도 과언이 아니다. 현대인은 끊임없이 자신의 뭔가를 보여주려고 안달하는 "쇼 강박증 환자"와도 같다.

그런데 '인상 관리'가 현대인에게 지상명령이 된 데에는 대중매체(매스 미디어)가 큰 몫을 차지한다. '인상 관리'와 사회의 '공연적' 성격은 대중매체에 의해 조장되고 증폭된다. 우리나라에서 찾을 수 있는 단적인 예가 바로 성형수술이다. 대중매체가 부추긴 외모지상주의는 성형수술

---

20 Talcott Parsons, *Sociological Theory and Modern Society*(New York, NY: Free Press, 1967).

의 성행을 낳았다. 성격은 다르지만 또 다른 예로 강의의 알찬 내용보다는 그저 형식적으로 잘 보이도록 강의 준비와 강의의 대부분을 허비해야 하는 오늘날 한국 대학의 현실을 들 수 있다. 그것들의 구체적인 예를 열거하는 것은 입이 아플 정도다. 현재 대학에서 벌어지고 있는 일들만 잠시 나열해보자. 불필요한 파워포인트의 사용뿐 아니라, 강의하는 교수나 강의 듣는 학생 모두 불편하고 거북스러우며 나아가 허접하기 그지없는 영어 강의는 글로벌화를 지향하는 모든 대학의 필수 항목처럼 여겨지고 있다. 대학교수는 논문을 작성할 때 자기만이 갖는 독특하고 창의적인 무엇을 싣는 데 전력을 기울이기보다는 그것이 논문으로서의 외양을 얼마나 더 잘 갖추고 있느냐를 보여주는 데, 즉 포장에 더 관심을 기울인다. 해서 복잡한 수식과 최신 통계 기법의 사용, 쓸데없이 긴 참고문헌의 나열에 신경을 쓴다. 또는 훌륭한 우리 글로 논문을 쓰기보다는 허접스러운 영문 학술지에 글을 실으려고 혈안이 되어 있다. 이것들은 현대에 대학에서 교수들이 살아남고 또한 그들의 "존재감"을 부각시키는 데 없어서는 안 될 조건으로 자리 잡은 게 분명해 보인다.

그런데 이러한 현대사회에 팽배한 '인상 관리'적 경향은 그것이 강조되어 실행되면 될수록 이를 통해 원래 얻으려 했던 애초의 목적을 달성하지 못한다는 데 아이러니가 있다. 쉽게 이야기해서 '인상 관리'를 통해 얻으려던 원래의 목적은 '인상 관리'를 시도하는 사람에 대한 타인들의 좋은 인상의 생성이다. 즉 현재 논의의 초점이 맞춰져 있는 "존재감"의 획득이다. 그런데 '인상 관리'가 과도하게 이뤄질 경우 타인들로부터 좋은 인상을 얻는 것에 실패하는, '의도하지 않은 결과'를 양산한다는 것을 명심해야 한다.

이를 잘 보여주는 예가 바로 전통사회의 왕과 현대사회의 대통령이다. 과거 사회에서 왕은 일반 백성 앞에 전면적으로 나선 적이 없다. 일반인이 왕의 용안을 보는 일은 지극히 드문 일이었을 것이다. 반면, 오늘날의 대통령은 국민 모두가 그 얼굴을 알고 있다. 뿐만 아니라 그의 행동 하나하나, 일정 하나하나를 꿰뚫고 있을 정도로 노출되어 있다. 대중매체가 있기에 가능한 일이다. 오늘날의 대통령들은 또한 그 대중매체를 이용해 자신의 인상을 관리함으로써 대통령으로 선출되고 인기를 누릴 수 있다. 그러나 한 가지 분명한 사실은 한 국가의 최고 우두머리가 갖는 권위 면에서 현대의 대통령은 죽었다 깨어나도 과거 시대의 왕을 따라가지 못한다는 점이다. 그 "존재감"은 비교 대상조차 될 수 없다. 그 주된 이유를 한마디로 표현하면, 보이는 것에 지나치게 치중하면 질은 떨어지게 되어 있다는 평범한 진리 때문이다. 확실히 잦은 노출은 식상하게 하는 지름길이기도 하다. 그리고 그 식상은 너무 자주 봐서도 생기지만 그럼으로써 그 "쇼"에 내포된 거짓이 쉽게 드러날 위험성을 내포하고 있기 때문에도 그렇다. 만일 이러한 일이 벌어진다면—그것은 반드시 동반되는 것인데—애초에 기대했던 "존재감"의 획득과 성취는 공기 중으로 사라지고 말 것이다.

4. "존재감"을 위한 한국적 조건

앞서 "존재감"의 획득을 위해 필요한 "쇼"가 시간적으로 어느 정도의 비중을 차지하는지에 대해 짚어보았다. 이제는 공간이라는 변수를 넣어 살펴보고자 한다. 그 공간의 변수는 바로 우리네 사회다. 즉 한국이라는 공간에서 펼쳐지는 "존재감" 획득을 위한 조건을 짚어보려 한다. 그런데 그것이 오늘날의 한국이라는 공간을 다루고 있기 때문에 동시에 시간적인 문제도 건드리게 되는 이점이 있다. 혹 그러한 이점이 없더라도 앞서의 일반적인 논의를 더 풍부히 하려면 현대의 한국적 상황은 반드시 다뤄야 한다.

결론부터 이야기하자면, 한국은 위에서 말한 전통과 현대의 이분법적 구분에서 당연히 후자에 속한다고 볼 수 있다. 다시 말해서 "존재감"을 획득하는 데 있어 "드러내 보이려고 함"이, "쇼"의 비중이 매우 큰 사회다. 이 대목에서 유의할 점이 있다. "쇼"를 비중 있게 여기는 현대의 한국 상황에는 여타 나라에서는 볼 수 없는 독특한 요인이 배태되어 있다는 점이다. 이는 아이러니하게도 우리네 전통, 즉 유교적 전통에서 유래한 것이다. 확실히 유교적 전통은 파슨스가 말한 유형변수 중에서 "성취"보다는 "귀속"을 강조한다. 단적으로 이야기해서 유교가 풍미하던 전통사회에서는 양반과 상민 사이에 건널 수 없는 강이 존재했다. 그러나 이러한 유교 사회에서도 우리가 주목해야 할 다른 현상들이 동시에 발생했다. 그것은 바로 "체면치레facework"를 중시하는 것이다. 자신의 얼굴을 세우는 것, 그리고 자신의 얼굴을 깎이지 않게 하는 이 "체면치레"는 바로 다른 이들의 얼굴을 전제로 한다는 점에서, 파슨스가 애초의 이름에서 변경한 "질"과 "공연"이라는 대립항의 유형변수 중 후자에 속한다. 그 까닭은 유교적 전통사회에서 강조된 "체면치레"는 다른 이들에게 자신을 "드러내고" "보여주는" 그런 "쇼"가 분명하기 때문이다. 그래서 유교적 전통사회의 이런 측면은 현대사회의 특징들과 긴밀히 연결되는 독특한 측면을 지니고 있다고 봐도 무리가 없다.

그런데 이 "체면치레"는 일찍이 현대사회를 연구할 때 사회학자들에게 매우 중요하게 다뤄야 할 하나의 현상으로 간주되었다. 이렇게 보는 대표적인 인물이 바로 고프만이다. 고프만은 아무런 연고 없이 사회라는 공간을 정처 없이 흘러다니는 현대인들이 어쩔 수 없이 만나게 될 경우 "체면치레"가 그들의 조우遭遇를 일시적으로나마 가능케 하는 데 커다란 기폭제가 됨을 주도면밀한 관찰로써 전달하고 있다. 그에 의하면 그 조우는 "의례적 평형ritual equilibrium"을 특징으로 하고, "의례적 평형"은 "사회적 조우를 하는 자기 규제적 참여자들이"[21] 행하는 "체면치레"의 결과[22]라는 것이다. 이때의 "의례적 평형"이란 마음에 들건 들지 않건 그 상황을 파국으로 몰고 가지 않고 지탱할 때의 상태를 말한다.

다음은 그 예를 잘 보여준다. 비행기를 기다리는 공항에서 옆자리에 앉아 있던 사람이 시간을 물어와 이를 알려주는 장면을 떠올려보자. "나"는 시간을 물어보는 사람을 처음 본다. 그리고 "나"의 기분은 지금 답할 만한 상태가 아니다. "나"는 지금 사랑하는 아이들과 며칠 동안 출장으로 떨어져 보지 못하게 된다는 사실에 몹시 슬퍼하고 있기 때문이다. 그러나 처음 보는 "그"가 그런 "나"의 기분을 알 턱이 없지 않은가? 만약 "내"가 "그"의 질문을 묵살해버린다면 "그"의 기분은 어떨까? 해서 "나"는 어쩔 수 없이 "그"의 질문에 내키지 않지만 대꾸해주었다. 이 가상의 장면 속에 바로 고프만이 이야기하려는 모든 내용이 담겨 있다. "그"의 기분이 상할까봐 대꾸해주는 것에 고프만이 이야기하는 현대인의 "체면치레"

21 Erving Goffman, *Interaction Ritual: Essays on Face-to-Face Behavior*(Garden City, NY: Anchor Books, 1967), p. 44.

22 같은 글, p. 12.

가 있다. "그"의 얼굴을 살려주는 것, "그"의 얼굴을 붉히지 않게 하는 것, 그런데 "그" 얼굴은 "나"에겐 도통 낯선 것이다. 즉, "그" 얼굴은 "나그네"와 "이방인"의 것이다. 그래서 "그"의 얼굴은 그 자리만 지나치면 기억나지 않는 까닭에 모든 이의 얼굴일 뿐 아니라 누구의 얼굴도 아닐 수 있다. 따라서 "나"는 "그"의 얼굴을 외면해도 된다. 하지만 "나"는 "그"의 얼굴을 매몰차게 외면하지 못한다. 왜냐하면 "나"의 얼굴이 곧 "그"의 얼굴이기 때문이다. 그래서 "나"는 "그"의 얼굴을 그 순간 존중해준다. 그것이 바로 "예의"다. 그리고 그 "예의"는 그 순간만 작동하는 것이다. 이것이 바로 고프만이 이야기하는 "의례적 균형"과 "체면치레"의 핵심이다. 어쨌든 이것들을 줄곧 관통하는 것은 "내"가 "그"에게 그리고 "그"가 "나"에게 "보여줌"이다. 즉 "쇼"다. "연기"다. "공연"이다. 그의 인상을 관리해주고 나의 인상을 관리해주는 것이다. 그것은 곧 그의 존재감을 인정해주는 동시에 나의 존재감을 인정해주는 것이다.

그런데 "쇼"를 하는 점에서 고프만이 말하는 "체면치레"와 우리네 유교적 전통사회에서의 "체면치레"는 성격이 같다. 다만 한 가지 분명히 다른 점은 우리네 전통사회에서의 "체면치레"가 신분에 의거한 것이라면, 고프만이 지적하는 것은 여기에 전혀 얽매이지 않는다는 점이다.[23] 따라서 전자는 시간적으로 지속성을 갖는 반면 후자는 그런 것이 보이지 않는다. 즉 후자는 찰나적이다. 전자의 "체면"인 얼굴은 "내" 눈앞에서 당장 사라져도 여운이 남아 오래 기억될 수 있지만, 후자의 얼굴은 그렇지 않다. 그리고 이러한 얼굴을 보존하는—즉 "체면치레"를 하는—전자의 경우가 여전히 현대 한국인의 삶과 문화 속에 깊이 뿌리내려 영향력을 행

---

23 이용규·정석환, "한국적 토착심리가 조직구성원의 혁신행동에 미치는 영향: 체면, 우리성지향 행동을 중심으로," 『한국행정학연구』, 15(1), 2006, p. 36; 임태섭, "체면을 숭배하는 나라, 한국," 『정, 체면, 연줄 그리고 한국인의 인간관계』(서울: 한나래, 1995), pp. 101-128; 강길호, "공손 전략과 체면 관리," 『정, 체면, 연줄 그리고 한국인의 인간관계』, 임태섭 엮음, 서울: 한나래, 1995, pp. 129-148; 최상진·유승엽, "한국인의 체면에 대한 사회심리학적 한 분석," 『한국심리학회지』, 6(2), 1992, pp. 137-157 등 참조.

사하고 있다. 이것은 현대 서구 사회의 "체면치레"가 갖는 성격과 확실히 구별되는 우리 사회만의 것이다. 이제부터는 이것에 대해 살펴보자. 즉 본격적으로 "존재감"의 획득과 창출을 위해 현대 한국에서 필요한 제 조건을 구체화해볼 것이다. 그 조건들의 특징을 열거하면 다음과 같다.

◪ 면허증의 물신숭배

위에서 우리는 현대 한국사회에서 "존재감"을 얻는 데, 서양과 동양 가릴 것 없이 현대사회에서 필요한 조건과 또한 한국 사회의 전통 중에서 특정한 한 요소가 곁들어져 매우 독특한 조건을 필요로 한다고 지적했다.

그런데 그 독특한 조건 중 하나를 꼽으라면 "면허증"을 중시하는 것을 들 수 있다. 필자는 이를 "면허증의 물신숭배fetishism of the certificate"라고 부르고자 한다. 이것은 "면허증"을 소지하기 위해 "어떤 이가 그만한 자질을 가지고 있는가?"가 중요시되는 게 아니라 단지 "그가 '증'을 가지고 있는가 없는가?"의 여부가 최대 관건임을 말한다. 마치 운전면허시험에 합격해 면허증은 소지하고 있으나 장롱 속에 처박아두고 정작 도로에 차를 몰고 나갈 수 없는 이들이 부지기수인 것과 같이 우리네는 너 나 할 것 없이 "증" 소지에 열을 올린다. 모두 "존재감"을 갖기 위한 하나의 전략을 터득한 것이다. 이들이 이런 것을 체득한 것은 한국인의 문화적 삶속에 이런 요소들이 팽배해 있음을 목도하기 때문에 거기서 살아남고자 하는 전략 중 하나라고 봐야 한다.

능력과 자질보다는 "증" 하나만 가지면 만사형통인 독특한 분위기는 이곳저곳에서 목도된다. 대학에서 교양을 넓히고 전문 지식을 습득하는 것이 목적이 아니라 졸업장을 따는 것이 중시되는 한국 사회다. 진정으로 하고 싶은 공부를 더 하기 위해 해외로 유학 가는 것이 아니라 단지 해외 대학의 졸업장을 얻기 위해 우후죽순 비행기를 탄다. 그 결과 우리

나라에서 어떤 이의 "존재감"은 "그가 무엇을 공부했는가?" "그에겐 어떤 능력이 있는가?"가 아닌 "그가 어디에서 어떤 '간판'을 땄는가?"로 결정된다. 즉 현대 한국의 "존재감"을 위한 조건은 바로 이 "간판", 이 "면허증"을 소지하고 다른 이에게 보여주는 것이다. 그것을 "보여주는 것"은 분명코 서구의 현대사회에서 "보여주고자" 하는 문화와 일맥상통하는 면이 있다. 하지만 서구에서의 "드러냄"의 문화는 우리의 그것과는 엄연한 차이를 보인다. 서구에서 그것은 "어떤 이가 가지고 있는 그 무엇을 끊임없이 보여주려 노력하는 것"을 의미하는 반면 한국에서는 일정 선에서 멈추는 그런 "드러냄"과 "보여줌"이라는 데 차이가 있다. 그런데 한국인은 과연 어디서 멈춘다는 말인가? 그 종점은 어디인가? 그것은 바로 "간판" 혹은 "면허증"을 따는 순간이다. 그것을 손에 넣고 나면 마치 옛날 어사의 마패처럼 신비스런 힘을 발휘한다. 즉 그 순간부터 "존재감"이 솟구쳐 나온다. 따라서 그의 "체면치레"는 모두 그 "면허증"과 "간판"에 달려 있다. 요약하면, 현대 한국의 "존재감"은 "체면치레"와 "면허증" 및 "간판"과 밀접히 연결되어 있는 것이다.

그런데 이러한 사실은 굳이 이렇게 학술적인 분석을 통하지 않더라도 한국 문화 속에 사는 이라면 몸으로 터득한 것이라 누구나 알고 있다. 그리고 한국의 일반인들이 이런 진실을 몸소 실천하고 있는 이유는 "면허증"과 "간판"이 한국에서 새로운 "신분"을 가름하는 잣대임을 잘 알고 있기 때문이다. 그런데 이것은 논리적으로 매우 타당하다. 앞서 필자는 한국의 유교적 전통 속의 "체면치레"가 신분에 근거한다고 언급한 바 있다. 그리고 한국적 "존재감"과 "체면치레"와 "면허증" 및 "간판"이 긴밀히 연결된다고도 언급했다. 따라서 현대 한국에서 "면허증"과 "간판"이 "새로운 신분"을 위한 조건이 된다는 것은 논리적 타당성을 확보한다. 즉, 그것들은 "신新 혹은 현대판 신분"이 되어버린 것이다. 그런데 이러한 모습은 "면허증"이 원래는 파슨스가 이야기한 "귀속/성취"라는 유형변수의 이분법 중에서 후자에 속해야 할 것이, 현대 한국에서는 전자가 되어버린 특수한 상황을 드러내준다. 후자는 어느 선에서 멈춤 없이 끊임없이 보여주어야 하지만, 전자는 어느 지점에서 멈추고 곧장 신분처럼 귀속적인 성격을 띠게 되기 때문이다. 유명 대학 졸업장이 한 사람의 인생을 좌지우지하지 않는 서구 사회와 그것이 거의 모든 것을 결정짓는 우리네를 생각하면 위의 설명에 수긍이 갈 것이다.

◪ 문화적 사대주의

"존재감" 획득을 위해 필요한 또 한 가지 한국적 조건은 이국적인 것을 채택해 그것을 드러내는 것이다. 즉 이국적이고 이질적인 것의 선호가 한국적 조건을 특징짓는다. 이것은 우리네가 지닌 고질적인 "문화사대주의cultural obsequence"에서 비롯된다. 소위 "외국물"이 "존재감" 획득에는 그만인 것이다. 그런데 "국외" 것에 대한 무조건적인 숭상은 사실 매우 근대적인 것이다. 어떤 학자는 이를 "뱃짐 숭배cargo cult"라고 명명해 설명했다.[24] 뱃짐을 통해 들어오는 외국 근대 문명의 산물에 대한 기대와 열망, 이것을 표현한 말로 "뱃짐 숭배" 이상은 없는 것 같다. 따라서 그 용어는 분명코 근대적인 것과 관련된다. 그럼에도 불구하고 모든 원칙에는 예외가 있듯이, 그 용어는 동서고금을 막론하고 적용되기도 한다. 그 예가 바로 우리나라다. 우리나라에는 고금을 막론하고 이러한 "뱃짐 숭배"가 만연해 있다. 예나 지금이나 물건은 국내산보다는 외국산을 더 선호하고, 생각조차 토착적인 것보다는 외국에서 흘러들어온 것에 가치를 두는 경향이 짙다. 물론 물이 고여 있는 것보다는 늘 외부에서 흘러들어오는 물이 있어야 호수가 썩지 않듯이 외부로부터 어떤 것의 유입이 긍정적인 효

---

24 Peter Worsley, *The Trumpet Shall Sound*(London: MacGibbon and Kee, 1957); Peter L. Berger, Brigitte Berger and Hansfried Kellner, *The Homeless Mind: Modernization and Consciousness*(New York, NY: Vintage Books, 1974).

과를 낼 수 있음은 분명하지만, 그렇더라도 우리의 행보는 지나치다. 전통사회에서 대우를 받던 것은 중국이었다. 그것은 이내 일본으로 잠시 이어지는 듯하다가 이제는 미국으로 바뀌었다. 해서 과거에는 "존재감"을 갖기 위해 누구나 중국 것을 빌려다 흉내 내며 내세우기 일쑤였다. 한글이 언문으로 천시되며 식자들이 한자를 전용했던 것이 그 흔한 예다. 그리고 공자의 사상이 중국에서보다 한국에서 더 지고의 사상으로 꽃피어 수많은 당파를 만들어내고 심지어는 피를 부를 성도였으니 말이다. 생각해보라. 우리나라 사람이 아닌 다른 나라 사람의 생각을 재단하면서 우리나라 사람끼리 피를 부르며 죽일 정도로 싸운 것을 말이다. 비록 현재는 그 대상이 미국으로 바뀌었지만, 대상만 달라졌을 뿐 "존재감"을 얻기 위해 외국에 목을 맨다는 점에서는 바뀐 것이 없어 보인다.

해서 이제는 미국적인 것이, 미국의 냄새를 피우는 것이, 그리고 미국 흉내를 내는 것이 자신의 "존재감"을 위한 지상명령이 되어버렸다. 언어에서부터 교육에 이르기까지, 의식주 생활에서부터 기타 여가생활에 이르기까지, "존재감"을 폼 나게 가지려 하는 이라면 반드시 "미국 물" 먹은 티를 내야만 하는 우리 사회가 되어버렸다. 이는 우리 주위를 둘러보면 대번에 알 수 있다. 수많은 영어 간판, 영어 학원, 영어 광고, 영어 강의, 넘쳐나는 미국 박사학위 소지자, 조기유학 등 어느 것도 미국과 관련되지 않는 것이 없을 정도다. 이러한 편향된 문화사대주의는 한국인의 상당수가 "미국적인 뭔가"를 소유해야만 "존재감"을 갖게 된다고 생각하는 데서 비롯된다. 이는 고등교육을 받지 못한 연예인에서부터 가방끈이 긴 식자층에 이르기까지 모두가 공유하는 가치다. 그런 까닭에 연예인들은 방송에서 "안녕하세요?"와 "바로 지금"이라고 이야기하기보다는 "왔츠 업 what's up?"과 "라잇 나우right now"를 외치고, 대학에서 교수들은 아무도 읽지 않는 한국에서 발행되는 잡지에 영어 논문을 쓴다. 아니면 한글 논문에 영문 초록을 쓰고 영문 제목을 달아 투고하며 게재한다. 정작 미국의 유수 학술지에는 논문을 싣지 못하면서 그 이유를 영어를 못 하기 때문이라고 토를 달면서 말이다. 사실 미국의 저명한 학술지에 싣지 못하는 이유는 말이 부족해서가 아니고 내용이 턱없이 부실해서인데도 말이다. 또, 미(외)국 교수들을 데려와 학술대회를 열어야 그것의 품격이 높아지는 것으로 안다. 그래서 대부분의 학회장과 임원들은 이런 대회를 열 계획으로 그들의 임기를 시작하고, 외국인 교수들을 초청하는 데 들어가는 돈을 끌어오는 일로 자신의 임무를 다한 양 착각한다. 외국에서 초대된 교수들은 자신들 나라 말로 아무런 알짜배기 없는 발표를 한 대가로 자기 나라에서는 만져보지도 못하는 거금을 손에 쥐고 겉으로는 아무런 내색도 않은 채 속으로 봉 잡았다고 생각하며 한국을 괴상한 나라라고 비웃는데 말이다. 어쨌든 이렇게 거리의 일반인들에서부터 사회 꼭대기에 앉아 있는 사람들에 이르기까지 온 나라가 "영어"와 "미국"만을 주절대고 있다. 그런데 이것은 한국인들이 모자라서가 아니다. 반대로 죄다 똑똑해서다. 즉 우리네 모두는 "존재감"을 얻기 위해 미국이 그리고 영어가 최고라는 것을 인식하고 있을 뿐만 아니라 그것을 굳게 믿고 있기 때문에, 그런 참으로 웃어넘길 수 없는 꼴불견이 벌어지고 있는 것이다.

5. 이방인 없는 곳에서 이방인 되기

　　오늘날 한국에서의 "존재감" 갖기—요즘 학계에서 유행하는 용어로 포장하면 "상징적 경계"짓기쯤이 되겠다—를 위한 이런 독특한 조건은 "존재감" 획득의 관건이 "어떻게 고만고만하게 비슷한 것을 넘어 남들과 달리 보일 것인가?"에 치중하기 때문에 생겨나는 것이다. "남들보다 더 낫게 보이려면 무엇이 필요한가?"에 몰두하다보니, 자연히 남들이 갖지 않은 이질적인 것에 초점을 맞춰 벌어지는 양태들이다. 그렇다면 앞의 진술은 무엇을 의미하는가? 그것은 바로 "우리는 아주 동질적이다"라는 것을 방증한다. 즉 우리는 너무나도 흡사해 모순적이게도 그만큼 이질적인 것을 찾는다는 말이다. 이것의 예는 미국의 이름과 우리나라 사람들의 이름을 비교하면 대번에 알 수 있다. 생김새와 피부색 그리고 각기 떠나온 고국이 다른 사람들로 이루어진 미국에는 동명이인이 아주 많다. 성분이 다른 까닭에 그들은 이름만큼은 튀지 않고 같은 것을 사용해 처음 듣는 사람이 쉽게 받아들일 수 있게 친숙해 보이려 애쓴다. 반면 우리는 어떤가? 필자부터라도 나와 동일한 이름을 가진 이에게 그다지 좋은 감정을 갖지 않는다. 그래서 우리는 모두 각양각색의 이름을 갖기 원하고 또 그렇게 한다. 아니, 우리 부모님들이 이런 것을 미리 헤아리고 그렇게 해준다. 그 이유는 우리네는 생김새와 피부색이 동질성을 띠기에 그러하다. 그러나 이름에서라도 튀는, 즉 희귀한 것을 갖고 싶어한다.

　　이와 비슷하게 우리네 동질성 속에서 "튀기 위해", 즉 "존재감"을 갖기 위해 우리는 이국적인 것을 선호한다. 그리고 이국적인 풍미와 대상들을 좋아하는 것이다. 이 모든 것은 현대의 한국적 상황에서 "존재감"을 얻기 위해, "이방인 없는 곳에서 스스로 이방인 되기"가 관건임을 말해준다. 그런데 이러한 사실은 동시에 우리 사회가 지닌 커다란 모순을 노정시키고 있다. 그것은 바로 "우리는 또 얼마나 이방인을 싫어하는가!"의 문제다. 다른 민족을 괄시하고, 게다가 우리 민족 내부에서조차 조금이라도 다른 구석이 있으면 곧바로 벌어지는 동족 간의 멸시와 천대, 이 모두는 왕따와 학대의 형식으로 우리 삶 깊숙이 파고들어 있다. 이런 판국에 "튀기 위해" 이방인을 자처하다니……. 그것은 모순이 아니고 대체 무어란 말인가?

그런데 이런 모순 속에서 또 하나의 한국적 특징이 불거져 나온다. 그것은 "튀기 위해", 즉 "존재감"을 얻기 위해 "우리 모두가 스스로 이방인 되기"를 선택한다는 것이다. 여기서의 강조어는 "우리 모두"다. 그것의 목적 달성을 위해 "우리 모두"는 존재감 획득의 필요조건을 만들어내고, 용인하고, 거기에 전력 질주를 한다. 예외 없이 말이다. 따라서 이 점에서 우리네에는 그 어디에고 이방인은 없다. 동일한 집합의식과 집합적 현상만 있을 뿐이다. 그 예는 무궁무진하다. 우리는 특목고가 좋다고 하면 모든 사람이 자기 자식이나 본인이 그곳에 들어가겠다고 마음먹고 결연한 의지로 뒤도 안 돌아보고 매진한다. 이와 비슷하게 우리는 조기유학을 보내길 원한다. 우리는 모두가 특정 ㅅ대에 가길 원한다. 우리는 박사학위를 따고 싶은 이라면 미국 박사학위를 따기를 원한다. 그런데 이런 행태를 보이는 애초의 의도는 남들과 다른 "존재감"을 갖기 위한 것이었다. 하지만 맨 처음 달라 보이는 듯했던 것은 결국에는 같아져버리는 결과를 빚는다. 이 말은 모두가 그것을 원한다고 해서, 우리 모두가 특목고에 가거나, ㅅ대에 가거나, 조기유학을 가거나, 미국 박사학위를 딴다는 이야기는 아니다. 여기서 같아진다고 하는 것은 여력만 된다면 누구나 그런 길을 택하겠노라는 생각과 가치관이 만연해 있음을 의미한다. 즉 그것이 통념이 되고 뒤르케임이 말하는 집합의식[25]이 되었다는 것을 의미한다. 이런 점에서 우리네 한국인에게 이방인은 없다는 주장이 가능해진다. 왜냐하면 진정한 이방인이란 다른 생각으로 다른 길을 가는 이들을 지칭하기 때문이다. 해서 우리네의 이방인적 모습은 '사이비 이방인'의 모습일 뿐이다. 그것이 사이비인 이유는 어떠한 이방인도 집단적으로 움직이지 않기 때문이다. 이방인은 집단에서 비껴난 자인 것이다. 그러므로 우리의 그것은 본래 이방인의 모습에서 한참이나 멀리 떨어져 있다.

---

25 "집합의식collective consciousness"에 대해서는, Emile Durkheim, *The Rules of Sociological Method*, ed. W. D. Halls(London: The MacMillan Press, [1895]1982); Emile Durkheim, *The Elementary Forms of Religious Life*, tran. Karen E. Fields(New York, NY: Free Press, [1912]1995); Emile Durkheim, "Course in Sociology: Opening Lecture," in *Emile Durkheim on Institutional Analysis*, tran. Mark Traugott(Chicago, IL: Chicago University Press, [1888]1978), pp. 43-70; Emile Durkheim, *Pragmatism and Sociology*, ed. J. B. Allcock and tran. J. C. Whitehouse(Cambridge: Cambridge University Press, [1955]1983); Emile Durkheim, "The Dualism of Human Nature and its Social Condition," in *Emile Durkheim on Morality and Society*, ed. R. N. Bellah(Chicago, IL: Chicago University Press, [1914]1973), pp. 149-163 등을 참조. 그리고 이에 대한 최근의 논의로는 김광기, "정상과 비정상, 그리고 이방인," 『사회이론』, 33, 봄/여름, 2008, pp. 281-314(이 책의 7장 참조); 김광기, "뒤르케임 일병 구하기: 파슨스, 뒤르케임주의 문화사회학, 그리고 롤스," 『사회와 이론』, 14, 2009, pp. 45-91 참조.

6. '존재감'과 '존재'의 간극

이제까지의 논의를 어느 한 국수주의자의 넋두리쯤으로 여기는 사람이 있다면 이는 큰 오해다. 필자가 이러한 논의를 전개한 것은 단지 인간 모두는 소위 "있어(튀어) 보이기" 위해 어떤 것들을 필요로 하는가를 우선적으로 짚어보고 싶었기 때문이다. 다음으로는 동일한 문제를 위해 현재 우리 한국인의 형편은 어떠한가를 진단해보고 싶었다. 그러나 그 둘 중에서 전자보다는 후자에 무게가 더 쏠려 있다. 왜냐하면 "존재감"이라는 문제와 관련하여 현재 우리네는 과연 어디쯤 서 있고, 또한 그것을 얻기 위해 어떤 것을 행하고 있는가를 진지하게 성찰할 기회를 갖고 싶었기 때문이다. 즉, 이 장에서는 "존재감"의 획득과 성취를 위해 한국에서 어떤 특수한 조건들이 필요한가를 적확하게 추려내고자 했다. 그 결과가 "존재감"이 정말로 "존재"인 줄로 착각하는 일상인들에게 어떤 함의를 던져주기를 조심스럽게 희망하며 이 장을 마친다.

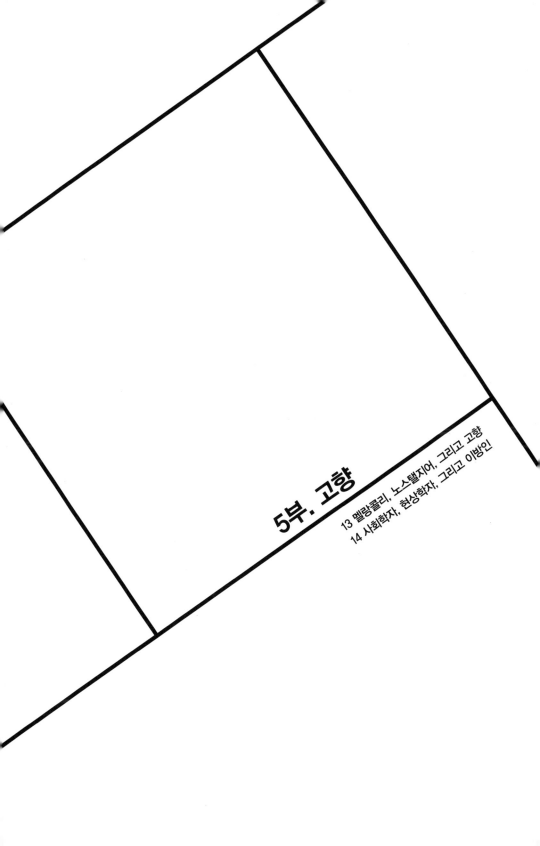

5부. 고향

13

멜랑콜리,
노스탤지어,
그리고
고향

1. 고향을 잃어버린 현대인

일찍이 루카치George Lukács는 그의 유명한 『소설이론』에서 이 시대와 이 시대를 사는 인간을 각각 "선험적 고향을 상실한 시대" 혹은 "신으로부터 버림받은 세계" 속에 사는 인간으로 규정했다.[1] 과연 그럴까? 이 질문에 답하는 것은 그리 간단치 않다. 그럼에도 에둘러 답하는 것이 아주 불가능한 일은 아니다. 단, 이를 위해서는 '고향'이란 무엇인지에 대한 질문을 먼저 제기할 필요가 있다. 루카치가 바로 고향의 문제를 간접적으로 건드리고 있기 때문이다.

이 장에서 필자가 초점을 두는 것은 이 고향의 문제다. 고향이란 무엇인가? 사람들은 왜 그 단어를 떠올리기만 해도 그토록 가슴 설레는가? 그것의 본질에 접근하기 위해서 여기서는 우회 전략을 택한다. 조금 돌아가지만 그게 더 안전하고 수월하기 때문이다. 그 우회적 방법이란 어떤 노선을 말하는 걸까? 필자가 볼 때 고향을 알기 위해서는 고향을 잃은 자들, 즉 실향인(또는 이방인)을 관찰하는 것이 적절하다고 여겨진다. 실향인을 보면 여지없이 고향에 대한 그림이 나오기 때문이다. 실향인들에게 고향은 무엇인가? 고향을 잃었다는 것은 과연 그들에게 무엇을 뜻하는가? 그것은 실향인들이 어떤 사태에 처했음을 말해주는가?

이 문제를 고찰해보는 것이 이 장의 첫째 목적이다. 이를 통해 고향의 본질에 접근하는 것, 그것이 두 번째 목적이다. 이를 위해 이 장에서는 실향인이 겪는 멜랑콜리와 노스탤지어에 주목할 것이다.

---

1   George Lukács, *The Theory of The Novel*(Cambridge, MA: MIT Press, 1971), p. 41, 88. 따라서 그에게 있어 소설이란 "신에게 버림받은 세계의 서사시"일 뿐이다.

2. 멜랑콜리

철학자 하이데거Martin Heidegger는 인간을 '세계형성world-formation, Weltbildung'의 존재로 규정하면서 광물과 동물 같은 여타 존재자와 구분했다. 그에 의하면 돌멩이나 바위와 같은 광물은 '세계 없음worldlessness, Weltlosigkeit' 속에 존재하고, 말이나 소 같은 동물은 '세계빈곤poverty-in-world, Weltarmut' 속에 존재한다.[2] 그런데 여기서 말하는 세계란 대체 무엇인가? 하이데거에게 있어 세계란 "신적인 존재자가 아닌 그리고 신적인 존재자 이외의 존재자 총체"[3]다. 그가 내린 이런 정의를 확대해 비춰보면, 인간이란 단지 하나님이 창조한 피조물에 지나지 않는다. 그리고 인간은 그런 피조물로 이루어진 "존재자의 총체the totality of beings"인 세계의 일부분일 뿐이다.

그러나 세계의 일부분으로만 존재하는 것으로 끝나는 게 인간이라면 이는 그런 방식으로 존재하는 돌멩이나 동물과 한 치의 다름도 없을 것이다. 인간의 이런 점만 강조할 경우 마치 돌멩이나 동물의 그것처럼 인간의 피동성만 부각되기 때문이다. 그러나 인간은 분명 돌멩이나 동물과는 다르다. 인간은 하나의 피조물일 뿐만 아니라 신을 닮은 창조자이기도 하기 때문이다. 다시 말해 인간은 피조물의 세계 속에서도 마치 바닷가의 조약돌이나 말 못 하는 목각인형처럼 그것의 일부분으로만 존재하는 것이 아니다.

한마디로 피조물로 이루어진 존재자 가운데서 인간은 "세계를 마주

---

2 Martin Heidegger, *The Fundamental Concepts of Metaphysics: World, Finitude, Solitude*(Bloomington, IN: Indiana University Press, 1995), p. 178.
3 같은 글, p. 176.

하고 우뚝 서 있는" 유일한 존재자이기도 하다. 그리고 이러한 "세계를 마주하고 우뚝 서 있음the standing-over-against the world"은 곧 "세계를 소유함having of the world"인데, 이는 그의 손에 의해 세계가 달라질 수 있음을 의미한다. 즉 그에 의해 세계가 다시 주조될 수 있는 것이다. 따라서 인간은 수동적이 아닌 능동적인 존재다. 달리 말해 그는 신 이외에 또 하나의 창조자인 것이다.[4]

그런데 우리가 여기서 주목할 것은 인간이 세계 속에 존재하는 여느 존재자들과 본질적으로 다른 성질을 지녔다는 사실이 아니다. 그런 점은 그리 큰일이거나 새삼스런 게 아니다. 그럼에도 불구하고 우리가 인간의 창조성을 다시금 거론하는 이유는 바로 그 창조성을 지닌 이가 겪는 독특한 경험을 부각시키기 위해서다. 그것은 과연 무엇일까?

세계를 형성하는 데 적극적인 이 창조자 인간은 세계라는 현실에 만족하지 못하는 자이며, 현실에 흥미를 느끼지 못하는 자이고, 그런 것들을 주는 새로운 것을 창조하고자 부단히 애쓰는, 세계 어디서도 찾을 수 없는 그런 '특이한'[5] 존재다. 따라서 창조자인 인간은 우울하다. 그런데 현실에서 비껴난, 다시 말해 이와 같이 초월한 창조자의 모습은 바로 실향인과 이방인에게서 극명하게 드러난다. 그들은 떠나며, 새롭고 만족스러운 것을 끊임없이 추구해 그것들을 찾아 나선다. 그리고 그 만족을 주는 곳(것)을 고향이라 여긴다. 즉 자신에게 만족을 주는 곳을 자신이 "영원히 쉴 최후의 거처the last resting place"인 고향이라고 생각한다.[6]

그들은 자신이 만족하지 못하는 그 순간 불안해하며, 그래서 어딘가에서 만족을 임시방편적으로 구하려 들 때조차 그 심연에서는 "그것은

---

4 하이데거는 인간을 "세계의 주인"으로 규정함으로써 이런 사실을 직접적으로 표현했다. 같은 글, p. 177.
5 이를 '철학적 인간학'에서는 '비상궤성eccentricity'이라고 부른다. 이에 대해서는 Arnold Gehlen, *Man: His Nature and Place in the World*(New York, NY: Columbia University Press, 1988), p. 18 을 참조할 것. 이에 대한 하이데거의 자세한 논의는 이 장 후반부에서 할 것이다.

네가 찾는 그게 아니야"라는 미세한 속삭임[7]이 계속 흘러나오고 어쩔 수 없이 그것에 귀 기울이게 되는 그런 자들이다. 그리고 그것을 자각해 또 다른 만족을 위해 있는 곳을 박차고 떠나려 시도하는 동안 그들은 치명적인 우울함에 휩싸일 수밖에 없다. 이것이 바로 아리스토텔레스의 "탁월한 창작가들은 죄다 우울증 환자melancholics"[8]라는 말의 의미다.

창조 행위는 일종의 자유를 의미하면서 동시에 고통스런 짐을 지는 것을 뜻한다. 그러하기에 창조자가 창작 행위를 하는 동안 침울해지는 것은 어쩌면 당연하다. 새로운 것을 창조해야 하는 절박함이 그를 우울함에 이르게 한다. 예를 들어 작가는 글을 쓰고, 그것에 만족하지 못해 또 다른 글을 쓰고자 책상 앞에 앉을 것이다. 그 행위를 부단히 하는 동안 그는 고독하고 고통스러워 그 작업에 대한 부담으로 미치도록 침울할 수밖에 없다. 마치 구원투수가 없는 마운드에 들어선 투수처럼 그는 그 몫을 온전히 자신만이 해내야 한다는 사실을 뼈저리게 절감하며, 그것은 그의 정신과 몸을 서서히 갉아먹는 악성 바이러스나 박테리아같이 그를 피폐하게 만들고 침울하게 할 것이다. 따라서 창조자와 침울함은 평생 함께하는 동반자가 될 수밖에 없다.

우울함과 침울함을 뜻하는 멜랑콜리는 바로 창조자들, 그리고 어떤

---

6 Jacques Derrida, *Of Hospitality*(Stanford, CA: Stanford University Press, 2000), p. 87. 데리다는 이 책에서 실향인들displaced persons이 품고 있는 한恨의 두 가지 근원 중에서 "자신들의 조상이 최후의 안식을 얻은 곳인 그들이 묻힌 곳"을 그 하나로 지목하고 실향인들이 적어도 순례 차원에서라도 그곳으로 반드시 돌아가고 싶어 안달하는 고향으로 여긴다고 지적한다. 그곳이 고향이 되는 이유는 실향인들이 그곳으로부터 아무리 멀리 떨어져 있어도 그곳은 그 떨어진 거리를 측정할 수 있는, 즉 거리 측정의 기점이 되는 "부동의 장소the place of immobility"가 되기 때문이다.

7 하이데거가 이를 "양심의 부름call of conscience"이라 표현한 것이 이런 '속삭임'에 해당될 것이다. Martin Heidegger, *Being and Time*, tran. John Macquarrie and Edward Robinson(New York, NY: Harper&Row, 1962), p. 317 이하. 그리고 이에 대한 자세한 논의로는 Stephen Mulhall, *Inheritance and Originality: Wittgenstein, Heidegger, Kierkegaard*(Oxford: Oxford University Press, 2001), p. 276 이하 참조.

8 Aristotle, *Problememata, Aristotlis Opera*, Vol. II. Λ I. 953a, ed. Immanuel Bekker(Berlin, 1831), p. 10 이하; Martin Heidegger, *The Fundamental Concepts of Metaphysics: World, Finitude, Solitude*, p. 183에서 재인용.

의미―기존 현실에 흥미나 재미를 느끼지 못하고 다른 것을 찾아 나선다는 의미―에서 창조자에 포함되는 떠난 자들, 초월하는 자들, 이방인들과 실향인들의 전유물이라고 해도 과언이 아니다. 그가 새로 무엇을 만들어낼, 즉 창조할 자유를 얻은 만큼 그는 침울함에 시달릴 수밖에 없다. 멜랑콜리는 모든 창조자에게 신이 내린 어쩔 수 없는 천형天刑이다. 따라서 침울하지 않은 자, 현실에 만족하는 자는 창조자도 아니요 이방인도 아니며 실향인도 아니다. 만일 그런 이가 존재한다면, 그런 자에 비유될 수 있는 것은 동물과 돌멩이밖에 없을 것이다. 그도 그럴 것이 그는 세계를 형성하는 자, 창조하는 자만이 체험하는 멜랑콜리를 전혀 맛보지 못하기 때문이다. 돌멩이와 동물들은 멜랑콜리라는 것을 알지 못한다. 그것들에게 멜랑콜리란 도무지 어울릴 수 없는 것이다. 우리는 침울함에 젖어 인상을 잔뜩 찌푸리고 음악을 들으며 함께 커피를 들이키는 오랑우탄을 볼 수 없다. 적어도 하이데거가 보기에는 만일 침울하지 않은 자가 있다면 그는 금수와 같은 존재자로 전락한 것이나 진배없다.

3. 노스탤지어

그렇다면 이 이방인으로서나 실향인으로서의 창조자는 과연 무엇때문에 멜랑콜리에 빠지는 것인가? 그는 무엇 때문에 우울한가? 여기서 확실한 점은 그가 신을 닮아 혹은 흉내 내 창조 행위를 한다는 것이요, 그 창조 행위는 '달라짐', 즉 기존 것의 변화를 목적으로 한다는 것이다. 그렇다면 그는 무엇 때문에 창조하지 못해 안달하는가? 도대체 무슨 이유로 창작을 통해 기존의 것을 변화시키려 하는가? 그 변화의 동력은 무엇인가? 그것은 한마디로 만족이다. 달라짐, 즉 변화의 종착점은 만족을 주는 것(곳)으로 가는 것이다. 그곳으로의 귀환, 그것이 그 창조 행위의 종점이다. 그렇다면 그곳을 고향이라 부를 수는 없을까? 여기서 우리는 그곳을 잠정적으로 고향이라고 부르자. 그런데 그곳으로 가길 원하는 염원, 열망, 그것이 종국에는 고질병이 되어버린 것, 그것이 바로 노스탤지어다.

한편 '향수병'으로 번역되는 노스탤지어[9]는 종종 과거와 연관된 것으로 그려진다. 스타로뱅스키Jean Starobinski와 캠프W. S. Kemp 같은 이가 노

---

9 노스탤지어에 대한 역사적 논의로는 Jean Starobinski and W. S. Kemp, "The Idea of Nostalgia," *Diogenes*, Vol. 14, No. 54, 1966, pp. 84-87, 89-103과 Susannah Radstone, *The Sexual Politics of Time: Confession, Nostalgia, Memory*(London: Routledge, 2007), pp. 112-142를 참조할 것. 그리고 노스탤지어에 대한 심리학 및 정신분석학적 접근으로는 James Phillips, "Distance, Absence and Nostalgia," *Descriptions*, ed. Don Ihde and Hugh J. Silverman(Albany, NY: SUNY Press, 1985), pp. 64-75; Willis H. McCann, "Nostalgia: A Descriptive and Comparative Study," *Journal of Genetic Psychology*, Vol. 62, No. 1, 1943, pp. 97-104; Roderick Peters, "Reflections on the Origin and Aim of Nostalgia," *Journal of Analytic Psychology*, Vol. 30, No. 2, 1985, pp. 135-148을 참조할 것. 이외에 노스탤지어를 일종의 '사회적 감정social emotion'으로 탐색한 사회학적 연구로는 Fred Davis, *Yearning for Yesterday: A Sociology of Nostalgia*(New York, NY: Free Press, 1979)를 참조할 것.

스탤지어를 과거 "기억의 뭉클한 감정passion de souvenir"으로[10] 보고 있다. 그러나 언제나 그렇듯 멈춰선 과거란 이 세상에 없다. 모든 과거는 우리의 불완전한 기억에 의해 의도적이든 그렇지 않든 재구성되기 마련이다. 해서 노스탤지어가 그 과거를 부풀려 신비화해 사실을 호도하는 면이 있다고 비판하는 이들도 있다.[11]

그렇지만 노스탤지어를 반드시 과거와 연관지을 필요는 없다. 그 이유는 과거로의 귀환 불가능성 때문이다. 즉 귀환의 목적지가 과거라면 그 특정 과거, 특정 대상이 이미 변질되었기 때문이다. 칸트와 키르케고르가 바로 이런 이유를 들어 귀환의 불가능성을 상기시킨 대표자들인데, 그들은 과거로의 귀환은 결코 이룰 수 없는 과업이라고 단언했다.[12] 이렇게 주장한 이유는 바로 우리의 불완전한 기억뿐만 아니라 시간과 공간 또한 변하고 있다는 사실 때문이다. 이를 통해 볼 때 노스탤지어는 반드시 과거를 향한 것이라 볼 수 없다. 그것은 어쩌면 귀환 불가능성에 대한 '어쩔 도리 없음' 또는 '하릴없음'에 대한 실향인과 이방인의 짜증스런, 혹은 허망한 반응일 수 있다. 해서 노스탤지어는 그런 "서글픈 현실에 대한 반동"[13]이라는 주장과, 노스탤지어는 돌아가려고 하는 시간과 공간이

---

10 Jean Starobinski and W. S. Kemp, "The Idea of Nostalgia," p. 93.

11 예를 들면 마갈릿과 로웬탈 같은 이다. 마갈릿은 노스탤지어가 "과거를 이상화시켜 그것의 왜곡을 가져온다"고 주장했으며, 로웬탈 역시 비슷한 시각에서 노스탤지어가 역사의 남용을 빚어낸다고 주장한다. Avishai Margalit, *The Ethics of Memory*(Cambridge, MA: Harvard University Press, 2004), p. 62; David Lowenthal, "Nostalgia Tells It Like It Wasn't," *The Imagined Past: History and Nostalgia*, ed. M. Chase and C. Shaw(Manchester: Manchester University Press, 1989), pp. 18-32 참조. 이 외에도 이런 이유로 인해 노스탤지어를 진정한 사태의 파악을 위해서는 반드시 피해야 할 일종의 '허위 의식'으로 간주한 비평들까지 있다. 예, Raphael Samuel, *Theatres of Memory: Past and Present in Contemporary Culture*(London: Verso, 1994).

12 이에 대한 논의로는 Jean Starobinski and W. S. Kemp, "The Idea of Nostalgia," p. 95; Edward S. Casey, *Getting Back into Place: Toward a Renewed Understanding of the Place-World*(Bloomington, IN: Indiana University Press, 1993), p. 298 참조.

13 Linda Hutcheon, "Irony, Nostalgia, the Postmodern," *Methods for a Study of Literature as Cultural Memory: Studies in Comparative Literature*, ed. R. Vervliet and A. Estor(Atlanta, GA: Rodopi, 2000), p. 195.

사라졌다는 의미에서 귀환하고자 하는 대상의 증발에 대한 아쉬움과 슬픔, 즉 "대상이 없는 비애" 또는 무조건 귀환하고자 하는 귀소 본능인 "욕망을 위한 욕망"[14]이라는 표현이 가능해진다.

노스탤지어는 "고향으로 돌아감return home"이란 뜻의 그리스어인 "노스토스νόστος, nóstos"와 "갈망"하고 "염원longing"한다는 그리스어인 "알고스άλγος, álgos"에서 유래했듯이 고향으로 갈 것을 염원하고 열망하는 것이다.[15] 학수고대하듯 목을 길게 빼고 간절히 바라는 것이다. 그러다 못해 병이 나는 것이다. 몸살이 나는 것이다. 이를 두고 루카치는 고향을 향한 영혼의 추구는 "맹목적인 충동blind impetuousness"이라고까지 표현하지 않았던가![16]

이제 그 귀환하고자 하는 고향이 시간적으로 딱히 과거의 그것이 아님은 분명해졌다. 그렇다면 고향의 어렴풋한 그림이 그려진다. 그것은 지금 실향인이 혹은 이방인이 '잠시 거하는 곳'으로 규정한 어떤 것(장소)과 대비되는 것이다. 그것은 그에게 흘러넘치는 만족을 주는, 그래서 '영원히 거하고 싶은(거할) 그런 곳'이다. 그것을 유토피아든 다른 무엇이라 부르든 상관없다. 바로 그곳이 고향이다. 그곳을 향해 고개를 쳐들어 목을 길게 빼는 것, 그곳에서 흘러나오는 미세한 신호에 귀를 쫑긋 세우는 것, 그 희미한 피사체에 시각을 고정시키는 것, 그것에 입성하기를 간절히 바라는 것, 그것을 그리워하는 것, 그곳으로 돌아갈 날을 간절히 기다리는 것, 그것이 바로 노스탤지어다. 즉 향수병이다.

그러나 노스탤지어는 고통이다. 그것을 앓는다는 것은 격심한 고통을 수반한다. 아직도 쟁취하지 못한, 그리고 언제 쟁취할지도 모르는, 기약

---

14 Susan Stewart, *On Longing: Narratives of the Miniature, the Gigantic, the Souvenir, the Collection*(Durham: Duke University Press, 1993), p. 9.

15 Svetlan Boym, *The Future of Nostalgia*(New York, NY: Basic Books, 2001), p. 8.

16 George Lukács, *The Theory of The Novel*, p. 87.

할 수 없는 고향으로의 귀환을 그린다는 것은 당장은 고향을 잃은 것과 같다. 그래서 고향을 잃었다는 것은 꼭 과거의 사태를 이르는 게 아니다. 그런데 고향을 잃은 것보다 더 큰 고통은 이 세상에 없다. 그러기에 이 방인을 비롯한 실향인은 그 고통을 극복하기 위해서라도 더욱더 고향으로의 귀환을 염원하고 갈망한다.

그 까닭은 한恨이 한탄이자 동시에 안도이기 때문이다. 한은 풀지 않으면 한탄이 되지만 풀리면 곧 안도가 된다. 그래서 한은 아이를 품은 임산부와 같다. 아이가 임부의 뱃속에 있을 때는 그의 자람이 임부에게 커다란 고통을 준다. 그러나 아이가 뱃속에서 나오자마자 그는 한없는 기쁨이 된다. 해서 여자는 임부가 되기를 간절히 원한다. 한은 곧 안도이기에……. 그렇기에 이방인과 같은 실향인은 불멸보다는 오히려 이 고향으로의 귀환을 더 맹렬히 바란다. 그것은 호메로스가 쓴 『오디세이아』에서 잘 드러난다. 오디세우스는 고향 이타카로의 귀환을 포기한다면 대신 불멸을 주겠노라고 천명한 신의 제안을 단박에 거절하고 주저함 없이 귀향을 택한다. 이는 인간의 가장 원초적 욕망이 귀향에 있음을 잘 드러낸다.[17]

그렇다면 고향을 잃은 이방인은 왜 그토록 귀향을 욕망하는 것일까? 이 이유 또한 그리스 비극에서 잘 드러난다. "고향을 잃은 것만큼 큰 고통은 없다"고, 그리고 그 고통은 "고통 가운데 가장 무서운 고통"이라고 코러스가 노래하는 것을 보면 그 이유를 짐작할 수 있다.[18] 그 고통에 못 이겨 실향한 이방인은 고향으로의 귀환에 목을 맨 듯, 향수병이라는 또 다른 차원의 고통을 앓고 있는 것이다. 그것을 기꺼이 감내하는 것이다. 전자의 고통이 후자의 고통을 집어삼킨 것이다. 다시 말해 영원히 거할 곳에 지금 당장 있지 못함 자체에서 오는 고통이 현재 잠시 거할 곳에서

17 임철규, 『그리스 비극: 인간과 역사에 바치는 애도의 노래』(파주: 한길사, 2007), p. 413.
18 같은 글, p. 472에서 재인용.

그곳을 계속해서 갈망하는 것으로부터 오는 고통을 능가하는 것이다. 그러하기에 실향한 이방인에게 노스탤지어가 가능해진다.

4. 고향이란 무엇인가

◪ 고향의 애매성

　주변 사람들에게 고향이 어디냐고 물어보면 돌아오는 답은 제각각이다. 어떤 이는 태어난 곳을 고향이라고 지목하는 반면, 또 다른 이는 자란 곳이 고향이라고 생각하며, 또 어떤 이는 가장 마음에 들어 하는 곳을 고향이라고 답한다. 한마디로 말해 현대인들에게 고향은 제각각이며 불분명하다. 또한 자신의 고향이 어디라고 답하는 데 있어 사람마다 다를 뿐만 아니라 한 개인에게조차 그것은 분명치 못한 게 사실이다. 시간이 흐름에 따라 고향으로 인지되는 것이 달라질 수 있기 때문이다.

　집을 떠나 어디 먼 곳으로 여행을 하다가 아주 좋은 풍광을 만나 거기에 혹해서, 아니면 인심 좋은 사람들에 끌려서 그곳에 안착해서 살고 싶단 생각이 들 때가 있다. 그 이후의 행로는 크게 두 가지일 것이다. 하나는 그곳에 진짜로 터를 잡고 살든지, 아니면 예전에 살던 집으로 되돌아가는 것이다. 전자는 "아, 정말 이곳이 내 집이다" 하고 살게 되고, 후자는 "역시 내가 살던 곳이 최고야"라고 말하게 되는 법이다. 어느 곳이 진짜로 그에게 고향인지는 그조차도 알 수 없다. 시간에 따라 그 마음먹었던 것이 언제든 변할 수 있다는 말이다. 도대체 어디가 고향이란 말인가? 어느 곳이 그가 마음을 둘 곳이란 말인가?

　반면 전통사회의 인간들에게 고향은 비교적 분명했다. 살던 곳으로부터 떠남이 자유롭지도, 용이하지도 않던 시절의 이야기다. 그들에게 고향은 확실했다. 그러나 떠남이 불가능했기에 고향에 대한 미련은 그리 크지 않았다. 이 시대 대부분의 사람은 고향에서 태어나 거기서 자랐고 종국엔 그곳에 뼈를 묻었다. 그렇기에 역설적으로 이 시대 사람들은 고향을 인식하기가 어려웠다. 떠난 적이 없는데 어떻게 고향을 인식하랴. 마치 우리 주위에 공기가 널려 있어 그것의 소중함을 모르듯, 고향에 젖어 있어 그들은 그 소중함을 깨닫지 못했고 굳이 고향이라는 개념을 떠올릴 필요조차 없었던 것이다. 단, 그 시대에 고향을 떠나 타지로 떠돌던 이들에게는 고향이란 개념이 매우 분명했을 것이다. 그것은 명징한 상태로 그들의 삶 속에 늘 맴돌았을 것이다.

한편 위에서 짧게 언급했지만, 현대인에게 고향은 애매하고 불분명하다. 이는 떠남이 용이하고 자유로울 뿐만 아니라 그것이 거의 일상화되었기에 그러하다.[19] 결과적으로 대부분의 현대인은 고향이 대체 무엇인지 모르는 지경에 이르렀다. 그들의 입에서 고향이란 단어가 쉽사리 새어나올 수는 있어도 의미심장하게 읊조려지진 않으며, 그들은 그것이 무엇인지 쉽게 정의내리지 못한다. 말 그대로 그들은 고향을 잃어버렸다. 대신 전통시대 사람들에 비해 현대인이 얻은 것은 있다. 현대인은 고향에 젖어 있지 못하는 대신 그것의 소중함을 인식하는 데는 일가견이 있다. 모든 것이 그렇듯 어떤 것의 결여와 궁핍은 아쉬움과 그리움을 자아낸다. 고향의 결여는 역설적으로 그것의 소중함을 각인시키고 그 결과 현대인은 고향에 대한 중대한 자각이 한번 일기만 하면 그것을 향한 집념과 소중히 여김은 타의 추종을 불허할 정도로 각별하며 강렬하다. 고기 맛을 한번 보면 그 이전과 달라지듯 말이다. 그들은 귀향의 일상화로 이미 고향과 귀환이라는 그 두 개의 맛을 미약하게나마 경험한 상태이기에 그것들의 소중함을 얼마쯤은 알고 있다. 단, 그들이 안고 있는 치명적인 문제는 그들이 무엇이 고향인지 가늠하기 어렵다는 점이다. 너무 자주 귀환하며,

---

19 현대사회에서 떠남이 자유롭고 용이해졌다는 것은 역으로 집으로의 귀환도 그렇게 됐음을 의미한다. 즉 떠남의 일상화는 귀향의 일상화를 뜻한다. 헬러도 이와 비슷하게 이를 "현대사회에서 귀향은 큰 문제가 아닌 진부한 일상이 되어버렸다"고 진단했다. Agnes Heller, *A Theory of Modernity*(Malden, MA: Blackwell, 1999), p. 193.

돌아오는 귀환의 대상이 바뀌는 곳에서 이런 일이 일어나는 것은 지극히 당연하다.

그렇다면 현대인은 어떻게 그들의 고향이 무엇인지도 모르는 지경에 이른 것일까? 이에 대한 답은 간단하다. 그들이 몸담은 세계가 이질적이 되었기 때문이다. 그런데 이 세계의 이질성의 전개는 두 가지 차원을 갖는다. 첫째 층위는 이질성의 단순한 결과다. 사회 구성원의 이질성이 높아지면 질수록 그들 간의 고향에 대한 의견의 이질성 또한 늘어날 수밖에 없다. 고향으로 지목되는 것에 대한 합의가 이뤄지지 않는다면 이는 분명한 고향이 사라지는 것과 같다.

둘째 층위는 주의를 요한다. 이질성이 얼핏 보기에 전혀 반대의 성질을 지닌 것을 수반하기 때문이다. 이질성은 그것으로만 끝나지 않고 동질성을 동반한다. 사람들이 함께 살아가는 이상 이질성 속에서 동질성을 발견하고 그것을 이질성보다 더 부각시키려 들기 때문이다. 그 때문에 현대인은 아무리 다른 세계에 처해 있어도 별로 낯섦을 느끼지 못할 수 있다. 그런 의미에서 낯익음이라는 것을 대표하는 고향이 어디에고 있는 듯이 느껴질 수 있는 것이다. 일상의 표피적인 삶의 모습들 어디에서고 낯설게 느껴지지 않을 때 벌어지는 현상이다. 이는 근본적으로 현대인의 삶의 찰나성 때문에 가능하다. 찰나적이고 임시적인 삶을 특징으로 하는 현대인은 결과적으로 그 어떤 것도 고향으로 움켜잡아야 할지조차 모르게 되었다.

이를 이해하기 쉽게 하나의 예를 들어보자. 워낙 이질적인 사람들이 섞여 살다보니 오히려 전 세계는 어떤 면에서 더욱더 동질성을 향해 가는 경향이 짙어진다는 점을 쉽게 목도할 수 있다. 전 세계 어디서나 맥도날드와 스타벅스 간판 로고를 보는 것은 이제 일도 아니다. 그리고 그 매장 안에 들어가 소비하든 않든 간에 그 간판 로고를 보는 동안 낯선 곳에서조차 현대인은 낯익음을 발견하게 된다. 낯선 곳에서 현대인은 더 이상 세계 어디에서고 낯설지 않음을 경험하다보니 어떤 것들은 고향처럼 편안하게 느낄 수 있게 되었다. 그 결과는 바로 우리가 여기서 짚어보고 있는 고향의 헷갈림 또는 애매모호성이다.[20]

현대는 고향이 도처에 있고 동시에 고향이 도처에서 사라져버린 세계다. 이것은 이해하기 힘든 역설로 들릴지 모르지만 사실이다. 마치 홍수가 나면 물이 도처에 있지만 정작 마실 수 있는 물은 사라진 그런 지경과 똑같다. 그런데 고향이 도처에 있으며 동시에 사라져버린 세계가 펼쳐지는 극단에서는 다음과 같은 일이 벌어진다. 이 점을 서둘러 지적하고 다음 논의로 나아가자. 그것은 바로 이방인의 세계가 종국에는 이방인이 사라지는 세계가 될 가능성이다. 어떻게 그런 일이 벌어질까? 이방인을 위한, 이방인에 의한, 이방인의 세계가 달려가는 목표 지점은 바로 그들이 주인이 되는 세상이다. 그러나 역설적이게도 만일 이것이 완벽하게 실현된 세계가 있다면, 그 세계는 이방인이 종적을 감추고—이방인이 어디에서 왔는지의 문제, 즉 그의 근본적인 출신 성분은 더 이상 문제가 안될 뿐만 아니라—급기야는 모두가 동향 사람으로 취급되는 그런 곳이 될 것이다. 이방인이 더 이상 이방인 취급을 받지 않는 세상, 이것은 분명 이방인이 사라진 세상이고 동시에 고향도 완전히 사라져버린 그런 사회다. 어떤 곳에서 내가 그곳 사람들과 동향 사람 취급을 받는다는 것은 곧 나의 원천(고향)이 무시됨을 의미하기 때문이다. 그것은 분명코 고향의 증발이다.

이런 의미에서 만일 그런 세상이 실제로 도래한다면[21] 그 세계는 마치

---

20 헬러가 여행 중 만난 한 중년 여성 사업가의 예가 여기에 딱 들어맞는다. 5개 국어를 구사하며 세계 도처에 집을 여러 채 소유한 그녀는 세계 여러 곳에 출장을 가는 동안 힐튼 호텔에 머물고, 참치 샌드위치를 먹으며, 컴퓨터를 사용할 수 있다. 말하자면 그녀는 전혀 다른 곳을 여행하면서도 같은 것을 경험할 수 있다. 이에 덧붙여 헬러는 전 세계의 대학을 방문하며 강연할 때조차 전혀 낯섦을 느끼지 못함을 증언한다. 강연 후의 질문도 세계 어디서나 비슷하다는 것이다. 따라서 그녀가 방문한 서로 다른 곳의 외국 대학은 "전혀 낯선 장소가 아니다. 그러나 그렇다고 그곳들이 고향인 것도 아니다." Agnes Heller, "Where Are We at Home?," *Thesis Eleven*, Vol. 41, No. 1, 1995. 또한 바우만에게서도 이와 유사한 주장을 찾을 수 있다. Zygmunt Bauman, *Globalization: The Human Consequences*(New York, NY: Columbia University Press, 1998b), p. 91 참조.

원시(전통)사회와 매우 유사할 것이다. 앞서 전통사회에서는 대부분의 사람이 떠나지 않아 고향은 고향으로서의 의미가 퇴색되었음을 지적했다. 그런데 현대사회의 극단에는 바로 이와 같은 현상으로 되돌아간 듯한 모습이 보인다. 외양상 모두 고향이 증발되었기 때문이다. 그리고 그렇게 된 중대한 이유는 공히 양쪽 세계에서 이방성, 즉 이질성을 소거했기 때문이다. 고향은 이방성 또는 이질성을 전제로 한다. 고향의 본질은 오직 "추방 속에서만 빛나며",[22] "낯선 타지alien places가 없다면 고향도 있을 리 만무한 것"[23]이다. 다시 말해 고향은 반드시 이방성을 필요로 하며 그것이 제거된 곳에서 결코 고향은 설 자리가 없다. 이를 이해하는 것은 그리 어렵지 않다. 이것 한 가지만 놓치지 않으면 된다. 오직 이방인만이 고향에 대한 애틋함을 갖는다는 사실, 그것이다. 그들만이 고향을 품을 수 있다. 고향을 떠나보지 않은 이들, 즉 비실향인들에게는 고향에 대한 애틋함이 없다고 해도 과언이 아닐 것이다. 아니, 심지어 그들에게는 고향에 대한 개념조차 없다. 그들에게 애향심은 있을 수 있어도 고향에 대한 각별한 감정을 찾을 수는 없는 것이다. 현대사회의 극단의 모습, 즉 이방인을 위한다며 종국에는 이방인이 사라지게 만들어버릴 수 있는 세상이 도래한다면 그것은 마치 그런 상태에 이른 것과 같을 것이다.

◪ 고향의 증발, 그리고 오리지널리티

이방인의 성함prevalence은 곧 이방인의 사라짐, 즉 소멸을 의미한다.[24] 그리고 이방인의 소멸은 곧 고향의 소멸을 뜻한다. 흔히 고향이 '세상의

---

21   도래할 수 있고, 이미 도래했을 수도 있다. 그리고 그것을 현대사회라 부를 수도 있고, 후기근대사회나 탈근대사회라 부를 수도 있다.

22   Martin Heidegger, "Die Sprache Johann Peter Hebels," *Denkerfahrungen, 1910-1976*(Frankfurt am Main: Vittorio Klostermann, 1983a), p. 73.

23   Agnes Heller, *A Theory of Modernity*, p. 192.

중심'으로 묘사되듯,[25] 어쩌면 어떤 이들에게는 자신이 거하는 곳이 세상의 중심으로 보일 수도 있다. 자기가 거하는 곳 외에 다른 곳은 아예 안중에도 두지 않으려는 이들이 있다. 그들에게 다른 곳은 전혀 필요가 없다. 그것들 없이도 자신이 거하는 곳이 모든 것의 시작이며 모든 것의 끝인, 즉 중심이며 전부라고 생각한다. 그런 의미에서 그들은 자신이 거하는 곳을 고향이라고 간주할 수 있다.

그러나 그 고향은 앞서 언급했듯이 "낯선 타지"가 없다면 결코 세상의 중심, 즉 고향이 될 수 없다. 후자가 있어야 비로소 전자는 고향으로 대접받을 수 있다. 이것은 묘한 아이러니다. 중심만으로 이뤄진 고향은 성립되지 않는다. 그런데 모더니티(현대성)는 "세상의 중심"을 헷갈리게 했다. 아주 많은 "중심"을 현대인에게 제공했다. 현대인은 중심에 대한 합의된, 그리고 분명한 정의를 갖고 있지 못하다. 이는 분명코 현대인에게 아주 많은 "낯선 타지"가 주어졌기 때문이다. 모더니티는 현대인을 그 "낯선 타지"의 불못(용광로)으로 이끌었다. 이것도 모자라 더 극단적으로 그 "낯선 타지"를 더 이상 낯설게 느끼지 못하게 만들었다. 즉 현대인의 눈에 "낯선 타지"를 사라지게 만든 것이다. 말하자면 모더니티는 현대인에게 "중심"도 빼앗았고, "낯선 타지"도 빼앗아갔다. 결국 현대인에게서 고향을 앗아가버린 것이다. 이 상태를 루카치처럼 "선험적 고향"이나 "선험적 좌표transcendental place"[26]가 상실된 세계로, 또는 하이데거나 횔덜린처럼 "척도가 사라진 세상"이라 불러도 좋을 것이다.[27] 그것이 어떻게 불

---

24   크리스테바는 관용을 필요로 하는 이방인의 세계가 최종적으로 도달하는 곳은 바로 "이방인이 없는 사회a world without foreigners"라고 명명했다. Julia Kristeva, *Nations Without Nationalism*(New York, NY: Columbia University Press, 1993), p. 36. 이에 대한 심도 있는 논의로는 김광기, "관용과 환대, 그리고 이방인: 하버마스와 데리다를 중심으로," 『현상과 인식』, 36(4), 2012, pp. 141-170(이 책 9장 참조) 참조.

25   대표적인 예는 헬러다. 그녀는 고향을 '세계의 중심center of world'이라고 규정했다. Agnes Heller, *A Theory of Modernity*, p. 190.

26   George Lukács, *The Theory of The Novel*, p. 97.

리든 한 가지 분명한 사실은 현대인들의 눈앞에서 고향이 사라져버렸다는 것이다. 돌아갈 고향이 눈에 잡히지 않는다는 것이다. 그 고향이 쉽사리 간파되지 않는다는 것이다. 어쩌면 그것은 실향(고향을 떠난 것)보다 더 큰 고통일 수 있다. 떠난 것은 아는데 돌아갈 곳을 모르는 것, 돌아갈 곳이 사라져버린 것, 이 사실을 감지한다면 그보다 더한 고통이 있을까? 말하자면 현대인은 부모를 잃어버린 미아가 되어버린 것과 같다. 이런 비극 속의 현대인은 어쩌면 전통인들보다 멜랑콜리와 노스텔지어의 심연에 빠질 개연성이 훨씬 더 높다. 향수병이 진저리날 정도로 더 도질 수 있을 것이다. 그것이 전통사회에서보다 더 악화될 수 있는 것이다. 이 시대 최고의 사상가들은 바로 이 점을 이런저런 표현으로 통렬히 지적하고 있다.

또한 이방인의 소멸이 곧 고향의 소멸을 가져온다는 사실은 다음의 함의를 지닌다. 이방인의 소멸은 모든 이의 고향이 같다는(동향) 것을 의미한다고 앞서 지적한 바 있다. 그래서 그것은 고향의 소멸을 의미한다는 것도 짚어봤다. 그런데 고향이 같은 것은 로봇밖에 없다. 우리 모두는 저마다 나온 자궁이 다르다. 로봇만이 한 자궁에서 생산된다. 인간에게 자궁이 같은 이는 형제자매뿐이다. 그런데 전지구화globalization는 전 세계 시민의 고향이 단 하나, 지구라고 하면서 우리가 한 형제자매임을 강조한다. 그러나 엄밀한 의미에서 세계시민은 우리 이웃은 될지언정 형제자매가 될 수는 없다. 저마다 나오는 자궁이 다르기 때문이다. 자궁이 다른 곳에서 유래한 자들이 서로 어울리며 살 수는 있어도 결코 피를 나눈 형제자매가 될 수는 없다. 이를 간과하며 세계시민이 동향의 형제자매임을

27　이것은 휠덜린이 "In Lovely Blueness"라는 시에서 읊조렸던 시구인 "지상에 과연 척도란 존재하는가?Is there a measure on earth?"에서 따온 것이다. 이 시에 대한 하이데거의 풀이를 보려면, Martin Heidegger, "⋯Poetically Man Dwells⋯," *Poetry, Language, and Thought*, tran. Albert Hofstadter(New York, NY: Harper&Row, 1971), pp. 217-227 참조.

강조하는 것은 마치 자궁이 다른 인간을 로봇으로 만들겠다는 것이나 진배없다. 그것은 인간의 본성을 거스르는 커다란 기만이 아닐 수 없다. 그런 의미에서 그런 것을 밀어붙이는 시도는 인간에게 화평보다는 고통을 불러올 공산이 크다.

어찌되었든 이방인은 그리고 실향인은 본질적으로 고향 없이 살 수 없다. 모든 미아가 자신을 키워줄 어떤 대상을 찾듯 모든 실향인의, 그리고 이방인의 심연에는 고향에 대한 열망이 내재한다. 현대인에게 고향이 사라졌다고 해서 그들에게 고향의 필요성이 사라지는 것은 아니다. 떠난 임이 더욱 그리워지듯, 고향이 사라졌음을 인식하자마자 그것은 더욱더 간절히 바라는 것이 된다. 그렇다. 고향은 사라졌지만 여전히 고향을 필요로 하며 고로 고향은 존재해야 한다. 그렇다면 고향이 사라진 이 시대의 실향인은 그리고 이방인은 무엇을 고향이라 일컫는가?

아무리 고향이 손에 잡히지 않고 사라졌다 해도 그들은 고향 없이 살 수 없기에 그들에게 낯익게 되는 무엇이든 거기에 정붙이고 이를 고향으로 여기며 산다. 이것을 "이 없으면 잇몸"이라거나 "꿩 대신 닭"이라고 표현할 수 있을까. 또한 이것을 적극적으로 밀어붙이는 삶의 기제들을 현대세계는 보유하고 있다. 이질성 속에서 일말의 동질성을 고향으로 삼아버리게 하는 정책적·제도적 기획과 밀어붙임이, 그리고 그것을 당연시하는 사상들이 현대세계에 팽배하다. 혹자는 이를 전지구화나 근대화 modernization라고 부르기도 한다. 그리고 이런 과정에서 현대의 이방인과 실향인들에게 새로운(낯선) 것들이 낯익은 것으로 둔갑한다. 결과적으로 낯익은 것들이 쉴새없이 출몰하고 사라진다. 그들은 그것을 취사선택한다. 그 결과 고향은 끊임없이 바뀐다. 그래서 이들에게 고향은 늘 새로운 것이다.

그러나 새것이 좋다는 것은 부인할 수 없는 사실이지만 항상 그렇지만은 않다. 새 컴퓨터가 헌것보다 더 좋은 것은 사실이지만, 새엄마와 '헌엄마' 중 후자가 더 좋은 것은 두말할 나위 없다. 여기서 우리가 주목해야 할 것은 현재 논의의 초점이 옛것과 새것이라는 문제의 차원이 아니라는 점이다. 그것은 바로 '오리지널'이냐 아니냐의 문제다. 즉 진짜냐 가짜냐의 문제다.

이방인은 원본(오리지널리티)을 희구하는 본성을 지니고 있다.[28] 그는 끊임없이 사태나 현상의 진위 여부를 가늠질한다. 아류를 한낱 하찮은 것으로 치부하는 이방인의 이런 생래적인 경향은 마치 연어가 물길을 거슬러 알을 낳을 장소, 즉 자신이 배태된 장소를 찾아가는 것처럼 분명하고 처절하게 존재한다. 새것이 좋아 보이다가도 만일 그것이 오리지널리티가 아니라는 것을 알게 된다면 그 순간 그의 마음은 바뀌고 거기로부터 마음을 거두어들일 것이다.[29] 마치 부모를 잃어버린 미아가 자신을 길러줬던 고아원과 양부모를 떠나 종국에는 친부모를 찾아 나서듯 이방인은 오리지널리티를 찾아 나설 것이다. 따라서 오리지널리티가 바로 고향이다. 그것이 소재한 곳이 고향이다.

오리지널리티가 있는 곳은 "특별한 곳"이다. 그곳은 존재감이 뛰어난 "위세가 있는 곳privileged place"이다.[30] 그래서 그것이 있는 곳은 충분히 "중심"이 될 수 있다. 그러나 오리지널리티를 찾는 것은 매우 어렵다. 특히나 너도나도 앞 다투어 자신이 원조라고 우기는 현대세계에서 그것을 찾기란 여간 어려운 일이 아니다. 이것이 바로 현대인의 조건이자 숙명이다. 현대의 이방인은 그 여정에 흥겨워서든 아니면 지쳐서든 정신이 혼미해져 어디가 특별한 곳인지, 어디가 위세가 있는 곳인지, 어디가 중심인지

---

28 이에 대한 자세한 논의는 '본래성'을 다룬 다음 장(14장)에서 할 것이다.

29 버거는 현대세계의 이런 특징을 지목해 "경신輕信의 시대"라고 명명했다. Peter L. Berger, *A Far Glory: The Quest for Faith in an Age of Credulity*(New York, NY: Anchor Books, 1992), p. 126. 이와 유사하게 짐멜과 지더벨트는 각각 "가변성"과 "변덕성"이란 용어로 이런 현대인의 특징을 지적하고 있다. Georg Simmel, *The Philosophy of Money*, tran. David Frisby(London: Routledge, 1978), p. 577; Anton C. Zjiderveld, *On Cliché: The Supersedure of Meaning by Function in Modernity*(London: Routledge & Kegan Paul, 1979), p. 78 참조.

30 Agnes Heller, *A Theory of Modernity*, p. 190.

가늠하지 못한다. 즉 오리지널리티가 어디에 있는지 잘 모른다. 마치 경험한 사랑 중 어떤 것이 진정한 사랑인지 헤아리지 못하는 것처럼 현대의 이방인은 그것이 어디 있는지 몹시 헷갈려 한다. 왜냐하면 모더니티는 이방인에게 무엇이 '오리지널'인지에 대한 명쾌한 답을 주지 못할 상황을 제공하고 있기 때문이다. 결국 수십 또는 수백 개의 거울이 비치된 방에 들어온 것처럼, 또는 미로에 빠진 것처럼 현대의 이방인과 실향인은 진정한 고향을 찾지 못하고 극심한 현기증에 시달리게 된다. 이것이 바로 그들의 슬픔이며 비애다. 그리고 그것은 고향을 잃어버린 자가 벗을 수 없는 짐이자 피할 수 없는 통렬한 고통이다.

5. 말로서의 고향 또는 고향으로서의 말

하이데거의 말대로 '척도가 사라진 지상'에서 현대인은 너도나도 척도를 찾아 나선다. 그러나 그들이 찾으려는 척도가 척도로서 인정받기 위해서는, 다시 말해 그것이 오리지널임을 입증하려면 지난한 싸움을 해야 한다. 그런데 하이데거 같은 이의 눈에 현대인은 그 싸움에마저 지쳐 아예 "척도를 위한 싸움조차 포기한 시대the time of renouncing the struggle for measures"³¹에 거주하고 있는 듯 보인다. 말하자면 현대인은 고향을 둘러싼 극심한 혼란 가운데 있으며 무엇이 고향인지 가늠하지 못하는, 배웠고 눈과 귀가 뜨였으되 영락없는 청맹과니와도 같은 자가 되고 말았다.

그렇다면 이 처량한 현대의 이방인들이 최후의 고향으로 삼는 것은 과연 무엇일까? 이 시대 탁월한 사상가로 알려진 이들은 이구동성으로 한 가지를 지적하고 있다. 그것은 언어, 즉 모국어다. 데리다는 모든 절대적인 이방인들이 "말이, 그것도 모국어가 (그들에게 있어) 최후의 고향the ultimate homeland, 심지어는 최후의 안식처the last resting place가 된다는 것을 흔히 인정한다"며 모국어(말, 언어)가 현대의 이방인들에게 눈에 유독 들어온 고향임을 주장하고 있다.³² 그는 한나 아렌트가 "언어를 제외하고는 더는 자기가 독일인이라는 것을 느끼지 못한다"고 답한 것도 상기시킨다.³³

다음으로 우리 눈길을 끄는 이는 자신이 한때 망명자로 이방인적 삶

---

31 Martin Heidegger, *Contributions to Philosophy*, tran. Parvis Emad and Kenneth Maly(Bloomington, IN: Indiana University Press, 1999), p. 84.

32 Jacques Derrida, *Of Hospitality*, p. 89.

33 Jacques Derrida, *Monolingualism of the Other: or, The Prosthesis of Origin*, tran. Patrick Mensah(Stanford, CA: Stanford University Press, 1999), p. 84.

을 살았던 아도르노Theodor W. Adorno다. 나치를 피해 미국에 체류하는 망명 지식인으로 살면서 그는 영어로 글 쓰는 것에 거부감을 가지고 그렇게 하지 않았다. 고향을 잃어버린 이방인으로서 그에겐 모국어가 유일한 고향이었기 때문이다. 그것마저 잃어버린다면 그는 마지막 고향을 상실하는 것이나 다름없었다. 그것은 매우 참담한 일임에 틀림없다. 해서 모국어로 글쓰기는 바로 그에겐 피난처이자 안식처요, 즉 마지막 보루로서의 고향이었기에 타국의 말인 영어로 글쓰기를 끝까지 하지 않았던 것이다. 말하자면 그에게 영어는 "낯선 타지"이며, 모국어인 독일어는 '중심'이요 고향이다. 만일 "낯선 타지"인 영어를 낯익게 만들어버렸다면 그는 미국에 동화되었겠지만, 완전히 오갈 데 없는, 즉 마지막 고향마저 완전히 잃은 자가 되어버렸을 것이다.[34] 그에게 그것은 견딜 수 없는 일이었다.

하이데거는 현대인에게 언어가 고향이 될 수 있음을 다음의 한 문장으로 압축해 표현하고 있다. "말(모국어)은 엄마의 언어일 뿐만 아니라, 동시에 그리고 여전히 언어의 엄마다dialect is not only the mother's language but, at the same time and still more so, the mother of language."[35] 어머니의 말이자 말의 어머니인 모국어는 이방인이 그의 어머니의 품에서, 그 무릎에서 귀가 닳도록 들어 인이 배긴 그런 말이다. 그것은 어머니의 깊은 숨소리이며 따뜻한 젖가슴이다. 따라서 그것이 이방인들에게 고향이 되지 않는다는 것이 더욱 이상한 일일 것이다. 그러므로 돌아갈 고향을 잃어 상심한 자들에게 그들의 모국어가 고향이 되는 것은 아주 당연하다. 그렇다면 언어는 진정으로 고향의 본성을 지니고 있는가?

언어와 고향이 어떻게 서로가 서로를 풀이할 수 있는지에 대해서도

---

34 Theodor W. Adorno, *Minima Moralia: Reflections on a Damaged Life*(New York, NY: Verso, 2005), p. 51. 그는 "더 이상 고향이 없는 자에게는 글쓰기가 고향이 된다"고 했다.

35 Martin Heidegger, "Sprache und Heimat," *Denkerfahrungen, 1910-1976*(Frankfurt am Main: Vittorio Klostermann, 1983b), p. 88.

역시 하이데거가 행한 언어의 분석을 곱씹어보면 그 답이 나온다. 한마디로 하이데거에게 있어, 로고스λόγος, 즉 말은 "존재를 제시하고 표현하는 은폐 또는 탈은폐(들통)의 가능성as the possibility of the 'either/or' of that revealing and concealing which points out and which expresses being"의 능력이다.[36] 그러면 무엇을 은폐하고 탈은폐한다는 말인가. 이는 곧 말의 상징성에서 그 답을 구할 수 있다. 하이데거는 아리스토텔레스가 말한 심볼론σύμβολον을 상기시킨다. 그에 의하면 말과 낱말은 "상징의 발생 속에서만 존재"하기 때문이다.[37] 그리고 말의 최종 목표는 "이해 가능성understandability"이다. 그런데 이때의 "이해 가능성"은 말을 하는 자들이 상징인 말을 통해 서로 "합치agreement"에 이르렀을 때 생겨난다. 하이데거에 따르면 아리스토텔레스가 말한 '심볼론'은 "서로 간에 함께 맞춰(비교해)보는 데서 합치됨agreement in being held to-gether, being held-to one another(compared)"을 말한다.[38]

심볼론을 통해 합치에 이른 말은 비로소 이해를, 즉 소통을 가능케 한다. 그런데 이 이해 가능성이 항상 진실을 내포하지는 않는다. 합치에 이르렀다고 해도 그 말을 통해 인간들은 사기를 칠 수 있고 거꾸로 당할 수도 있다. 그런 의미에서 하이데거는 은폐와 탈은폐의 가능성을 언급한 것이다. 왜냐하면 은폐란 바로 "속이면서 있음, 즉 기만이 로고스의 본질임"[39]을 가리키고 있기 때문이다. 그러므로 인간은 말을 통해 항상 그리고 끊임없이 거짓과 진실게임을 하고 있는 것과 같다. 사실이 그렇다고 하더라도 인간이 상징을 기반으로 한 말을 통해 다다르고 싶어하는 최종 도착지는 진실된 이해 가능성이다. 그것은 이미 심볼론에 내포되어 있다.

---

36 Martin Heidegger, *The Fundamental Concepts of Metaphysics*, p. 337.

37 같은 글, p. 308.

38 같은 글, p. 308.

39 같은 글, p. 310.

하이데거가 제시하는 심볼론의 구체적인 예는 정표情表다. 서로 친한 두 친구가 정표로 반씩 나누어 가진 반지를 그 후손들이 각기 유산으로 간직하고 있다가 훗날 만나 그것을 맞춰보았을 때 짝이 맞는 것을 보고 자신들의 선조가 그렇게 친했으며 자신들도 현재 그래야 한다는 것을 비로소 인식하는 게 심볼론의 예다. 여기서 우리는 두 가지를 간파해야 한다. 그 하나는 심볼론에 기초한 말이 바로 초월을 의미한다는 것, 그리고 심볼론의 최종 목표는 딱 들어맞음에서 오는 기쁨이라는 것이다. 심볼론은 지금 여기에 있는 이들을 위해 주어지지 않았다. 그것은 위의 예에서 보듯 친한 친구의 후손들을 향해 있다. 그들이 각기 나눠 가진 반지 반쪽은 지금 두 친구의 우정을 초월해 후손들에게까지 뻗칠 것을 목적으로 한 것이다. 즉 '지금 여기'를 초월하는 것을 목적으로 삼은 것이다. 이런 의미에서 하이데거는 아리스토텔레스가 심볼론에 대해 이야기한 것이 매우 천재적이라고 평가한다. 아리스토텔레스의 심볼론은 곧 본질상 초월하고 있는 존재자에게만 주어진다는 것과 일맥상통하기 때문이다.[40]

다음으로 말을 통해 인간이 최종적으로 도달한 이해 가능성은 인간에게 무엇을 주는가? 바로 기쁨이다. 최종적인 합치를 통해 인간이 얻는 것은 기쁨이라는 것이다. 하이데거가 보여준 예에서 반쪽의 반지를 유산으로 물려받은 후손들은 늘 궁금했을 것이다. 누가 이 반지의 반쪽을 갖고 있는가? 그들은 누구이며 어디에 있을까? 그들을 언제 만날 수 있을까? 그리고 반쪽의 반지를 가진 자들이 나타나면 늘 맞춰보았을 것이다. 그러나 자신들이 가진 반지의 반쪽과 꼭 들어맞는 것을 가진 자들을 수세대가 지나도록 만나지 못해 영원히 못 만날 것만 같아 낙심하던 차에 마침내 나머지 반쪽을 가진 자를 만났을 때의 기쁨은 어떠하겠는가? 그것을 상상하는 것은 어렵지 않다. 이와 같이 말은 자신이 전달하고자 하

---

40   같은 글, p. 308.

는 뜻을 제대로 전달하고 상대방 또한 그것을 제대로 접수했을 때 기쁨을 준다. 그것은 상징이란 말을 통해 의사소통을 하는 인간만이 누릴 수 있는, 지구상 어느 피조물도 누릴 수 없는 기쁨임에 분명하다. 이를 두고 하이데거는 "로고스야말로 인간의 특출난 점"이라고 힘주어 강조했던 것이다.[41]

이런 언어는 고향의 그림자다. 고향도 그런 것이다. 즉 언어와 같은 것이다. 과연 어떤 점에서 그러한가. 먼저 고향도 말처럼 은폐와 탈은폐를 한다. 고향은 뭐가 뭔지 모르게, 그것이 도대체 무엇인지 모르게, 이방인에게 그 면모를 완전히 드러내지 않는다. 그 얼굴을 완전히 보여주지 않는다. 즉, 이방인은 그것의 완전한 민낯을 볼 수 없다. 그러나 고향은 그것의 면모를 아주 완벽하게 감추지는 않는다. 마치 빙산의 일각처럼 일부분만 보여준다. 그러하기에 이방인은 어떤 것이든 부분적인 면모를 보이는 것이라면 가리지 않고 그것이 자신의 고향이라고 여기며 그것과 합치시키려 든다.

그렇다면 그렇게 합치시킨 고향은 이방인에게 무엇을 주는가? 그것은 말이 합치되면 인간에게 주는 그것을 똑같이 준다. 곧 기쁨이다. 그렇기에 고향은 말에 비유될 수 있을 뿐만 아니라 고향이 말이라고 주장할 수 있는 것이다. 어쨌든 고향은 말이 인간에게 주는 그것처럼 기쁨을 준다. 희락을 준다. 우리가 세상의 어떤 것을 고향으로 합치시켰을 때 그것들은 기쁨과 희락을 준다. 왜냐하면 그것들은 분명 고향의 일부분을 갖고 있기 때문이다. 그러나 그것들이 주는 기쁨은 아주 일시적이다. 설탕의 단맛과 과일의 단맛에 차이가 있듯, 그리고 탄산음료와 생수의 청량감에 차이가 있듯, 그것들이 주는 희열은 근본적으로 차이가 나며 들통나게 마련이다. 아무리 현란한 방송 광고로 은폐와 포장을 하더라도 그

---

41 같은 글, p. 313.

것들은 결국 평가되고 서열이 매겨질 것이다. 은폐된 것은 반드시 탄로 나며 그러면 또 다른 합치를 위해 들통난 것은 폐기될 것이다.

여기 다국어를 능수능란하게 다루는 자가 있다고 치자. 그는 자신이 구사할 수 있는 언어가 모두 편해 그것들 모두를 그의 고향으로 여길 수 있다. 그것들 모두를 고향으로 합치시킬 수 있다. 그러나 그에게도 엄마 무릎 위에서 배운 언어가 있다. 그것이야말로 그에게 진정으로 편한 언어다. 혹 싸울 때면 그 말로만 그는 속 시원히 욕을 해댈 수 있다. 그것으로만 욕의 제맛을 느끼고 희열을 맛볼 수 있다. 이렇듯 은폐된 것은 언젠가는 들통날 것이다. 지난한 그런 과정을 거친 후, 그리고 그렇게 기다린 뒤 최후에 우리 앞에 드러나는 것, 그게 바로 고향이다.

고향은 아직 완료되지 않았지만 지금 우리 곁에 이미 와 있다. 그 모습을 다 드러내지 않아 때론, 아니 늘 혼란스럽게 만들기도 하지만 우리가 고향으로 삼는 여러 가지 것에서 그것의 일부를 발견할 수는 있다. 그렇기에 우리는 때로 그것이 진짜 고향인 듯 착각하기도 한다. 어쨌든 우리가 배우자로서의 이상형을 현실에서 만날 수 없는 것과 같이 온전한 고향도 이상형으로만 존재할 뿐 그 모습을 완전히 드러내지 않는다. 그러나 그것은 이미 우리 곁에 와 살짝 그 모습의 일부를 보여준다. 그러나 그 있으면서 있지 않은 고향을, 그 이상형을 그리는 것, 그것을 위해 지금 내가 서 있는 곳에서 한 발을 빼 발을 뻗는 그곳, 즉 초월하는 자에게만 고향은 언젠가 다가올 것이다. 초월이 가능한 자에게만 말이 허락되었듯이, 초월하는 자에게만 고향이 부여된다.

그러나 초월하는 것은 고통을 수반한다. 잡히지 않는 고향을 그리워하며 거기로 돌아가는 것을 하염없이 기다리는 일은 고통이다. 지금 당장은 소유할 수 없는 것이라 아무도 바라보지도 않는 고향을 기다리는 일은 고독의 길로 접어든 것이며, 그것은 크나큰 짐이다. 나만의 주파수가 맞는 곳을 찾아 나서는 것은 그리 쉬운 일이 아니기 때문이다. 마치 나머지 반쪽 반지의 소유자를 수대에 걸쳐 찾아 나선 후손들처럼 그것은 기약 없는 일이며, 이런 행태를 보이지 않는 다른 이들에게는 마치 정신 나간 미치광이처럼 보이는 일이기 때문이다. 고향을 기다리지 않는 이들은 현실에서 발을 빼려 드는 자를, 즉 초월하려는 자를 손가락질하며 비웃을 게 뻔하기 때문이다. 현실 속의 사람들은 그를 은둔자라고 말하며 세계 부적응자, 패배자라 칭한다. 현실은 그를 몽상가라 치부하며 도피자라 비웃을 것이다.

그러나 고향은 초월자만이 지닐 수 있는 보배이자 희락이다. 그가 남몰래 흘리는 눈물을 말끔히 닦아줄 수 있는 그곳이 저기 어딘가에 있다는……. 가려져 은폐되어 있던 그것이 최종적으로 온전한 모습으로 그 앞에 드러나고 그 속에 그가 영원히 거할 수 있다는 희망, 그리고 거기서 비로소 자신이 자신일 수 있다는 희망, 내가 진정 누구인지를 알 수 있다는 희망, 내가 본연의 내가 될 수 있다는 희망, 그 소망을 품은 자는 그만의 희락, 희열을 향유하게 될 것이다. 아니 지금 바로 향유할 수 있을 것이다. 왜냐하면 고향은 아직 완료되지 않았지만 지금 우리 곁에 이미 와 있기 때문이다. 어쩌면 하이데거가 말한 "흔들림 없는 희락unshakable joy"[42] 이 이 희락에 해당될 수 있을지도 모른다. 그런 부서지지 않을 희열에 대한 소망이 있는 자는 소소한 일상의 일에 일희일비하지 않는 여유를 지닌다. 그리고 뚜벅뚜벅 그만의 인생길을 걸어가는 것이다. 그만의 아우라(빛)를 뿜어내면서…….

---

42 Martin Heidegger, *Being and Time*, p. 358.

6. 귀향을 꿈꾸며

고향이 사라진 세상에서 고향을 찾는 것은 어리석은 일일는지 모른다. 그러나 고향이 현대인의 눈에서 사라졌다고 해서 아주 없어진 것은 아니다. 그 완전히 망각된 고향을 내 실존을 위해 다시 불러일으키는 것, 그것은 고향을 잃은 자들의 책무이자 권리이기도 하다. 결국 영원한 이방인이 되는 것, 하이데거가 말한 "이상한uncanny"[43] 자가 되는 것, '실향성(낯섦)'을 담지한 자가 되는 것,[44] 그리고 우리의 고향을 부단히 찾고 기다리며 그리워하는 것은 바로 본연의 나의 모습을 찾는 유일한 길이다.

따라서 고향으로의 회귀를 반드시 과거로 돌아가는 것이라고 본다면 큰 오산이다. 고향을 그리는 것은 과거가 아닌 미래를 보는 것이다.[45] 진정한 미래를 향해 있는 것으로, 결코 과거 지향적이지 않다. 고향을 그리는 자는 과거를 보면서 동시에 미래를 보는 자다. 지금 여기hic et nunc에 갇힌 자가 아니다. 모든 가능성에 스스로를 개방한 자다. 과거에 갇힌 자는 열려 있는 자가 아니다. 미래로 향한 자, 그가 바로 고향을 품은 자다. 그리고 그가 자기 자신에게 성실한 자다.

---

43 하이데거가 그리스어 데이논deinon을 독일어로 번역한 이 용어는 "집과 같은 관례적이고 일상적이며 위험하지 않은 안전한 것으로부터 추방된 것"을 의미한다. Martin Heidegger, *Introduction to Metaphysics*, tran. Gregory Fried and Richard Polt(New Haven, CT: Yale University Press, 2000), pp. 160-161.

44 밤바흐에 의하면 하이데거에게 있어, 실향성 또는 낯섦Unheimlichkeit은 "인간 존재 자체의 조건"이다. Charles Bambach, *Heidegger's Roots: Nietzsche, National Socialism, and the Greeks*(Ithaca, NY: Cornell University Press, 2003), p. 150.

45 Cf. Svetlan Boym, *The Future of Nostalgia*(New York, NY: Basic Books, 2001), p. 16. 보임도 노스탤지어가 미래를 향할 수 있다고 지적했다. 그러나 노스탤지어를 과거로 못 박은 자로는 임철규, 『귀환』(파주: 한길사, 2009), p. 17을 보라. 그는 "미래를 향하는 유토피아적 욕망과는 달리 노스탤지어는 과거를 그리워하는, 존재하지 않는 근원, 잃어버린 '고향'을 그리워하는 무망의 울부짖음"이라고 시적으로 표현했다.

14
사회학자,
현상학자,
그리고
이방인

1. 본래성의 추구자

학문이 무엇인가에 대한 정의는 무수할 것이다. 그럼에도 불구하고 그것에 대해 각각 다른 정의를 내리는 입장이 무엇이든 그것이 진리 추구를 목표로 한다는 점에서는 모두가 동의할 것이다. 그렇다면 그들이 이야기하는 진리란 과연 어떤 진리, 무엇에 대한 진리일까? 필자가 볼 때 궁극적인 목표는 나에 대한 탐구다. 비록 겉으로는 각기 나름의 어떤 대상에 대한 진리를 목표로 삼겠지만, 아무리 우회하더라도 나에 대한 진리를 최종적으로 알고 싶어할 것이다. 달리 말해 진정한 나 또는 나의 근원에 대해 궁금해하는 것이다. 이를 현학적으로 풀어 쓰면 본래적인 나에 관한 탐구라 표현할 수 있다.

이 장은 바로 본래성authenticity을 끈질기게, 그리고 본격적으로 추구하는 자들에 대한 이야기다. 특히 본래성 연구에 있어 결정적 인물로 하이데거를 꼽을 수 있다. 하이데거는 철학자(특히 현상학자)란 본래성을 추구하는 전형적인 인물, 즉 본래성의 사도라고 주장했다. 그 이유는 철학자야말로 일상세계에서는 서자 취급 받고 있는 본래성이라는 문제를 치밀하게 파고 들어가는 중요한 책무를 진 인물이기 때문이다. 한마디로 하이데거에 의하면 철학자는 '세계'와 '유한성', 그리고 '단독화'(개별화)라는 문제를 종합적으로 고찰해 본래성을 추구하는 자여야 한다.[1]

한편 필자는 하이데거의 말처럼 본래성의 문제를 단지 철학자(현상학)만이 집요하게 추구한다고 보지 않는다. 그에 해당되는 다른 인물들도 있다. 그들은 다름 아닌 사회학자와 이방인이다. 필자는 여기서 하이데거

---

1   Martin Heidegger, *The Fundamental Concepts of Metaphysics: World, Finitude, Solitude*(Bloomington, IN: Indiana University Press, 1995), p. 6.

가 꼽는 철학자 외에도 본래성의 추구를 주목적으로 삼는 두 전형적인 인물을 거론하고, 하이데거가 보는 진정한 철학자를 기준 삼아 이방인과 사회학자들의 삶(이방인의 경우) 또는 학문(철학자와 사회학자)의 행로가 어떤 측면에서 유사한지를 살펴보려 한다. 즉 본래성을 추구함에 있어 어떻게 그들의 태도가 흡사한지를 짚어보려는 것이다. 한마디로 사회학자와 현상학자 그리고 이방인이 각자 그들의 여정에서 조우했을 때 이들이 어떻게 사이좋은 동반자가 될 수 있는지를 밝히는 것이 이 장의 목적이다.

여기서는 하이데거의 현상학을 (현상학자 또는 철학자를) 위주로 해서 논의를 전개하는데, 이렇게 한 데에는 글의 구성상 편의를 위해 그런 전략을 택했을 뿐이다. 사실 엄밀한 의미에서 이 장에서 기준이 되는 주요 인물은 철학자라기보다는 이방인이다. 왜냐하면 이방인만큼 본래성을 추구하는 데 몰두해 있는 자를 찾기 힘들뿐더러, 이방인은 철학자나 사회학자처럼 학문을 하면서 본래성을 추구하는 게 아니라 그의 삶 전체를 본래성을 찾는 데 쏟아 붓고 있기 때문이다.[2] 이런 사실에도 불구하고 이 연구에서는 글 전개의 편의상 본래성에 관한 하이데거의 일목요연한 견해(또한 본래성을 철학함의 목표로 설정한 그의 분석)를 중심으로 현상학자와 사회학자, 그리고 이방인의 모습을 중첩시키려 한다. 한마디로, 이 장에서 시도하려는 것은 이방인으로서의 사회학자와 현상학자의 모습을 묘사하는 것이다. 필자가 볼 때 사회학자와 하이데거가 이상으로 삼고 있는 철학자의 학문을 하는 전형적인 태도(또는 모습)들이 바로 이방인의 그것과 아주 흡사하다. 본래성을 추구하는 데 있어 그들이 설정한 목

2　나중에 논의하겠지만, 하이데거에게 있어 그가 이상으로 삼는 '철학함'은 학문으로서의 철학 이전의 일이다. 그가 여기서 말하는 '철학함'이란 본래성의 추구를 말한다. 그러한 의미의 '철학함'은 "학문이 없을 때에도 일어나는 (…) 현존재의 한 근본 양식"이며, 그것은 "인간의 삶 전체를 속속들이 헤집고 들어간다." Martin Heidegger, 같은 글, p. 22. 필자가 볼 때 하이데거가 말하는 "인간의 삶 전체를 파고 들어간 철학함"의 귀재가 바로 이방인이다.

표도 목표려니와 그들이 택하는 방법이나 취하는 태도마저 이방인의 그 것과 무척 닮아 있다. 이를 추적하는 것이 이 장의 목적이다. 이때 사회학 자와 현상학자는 어느 특정인을 가리키지 않으며, 이른바 피어스Charles Peirce가 말한 학자공동체community of inquiry에서 통용되는 전형적인 인물 로서의 이념형적 인물을 지칭한다.[3] 그러면 먼저 하이데거의 현상학, 즉 그가 보는 철학자 됨과 철학함에 대해 살펴보자.

3　　Charles Peirce, *Charles S. Peirce: Selected Writings*, ed. Philip P. Wiener(New York, NY: Dover Publications, 1958), pp. 91-112. 물론 여느 학문과 마찬가지로 현상학과 사회학에도 다양한 시 각을 지닌 학자들이 있고 어쩌면 그것은 당연하다. 그럼에도 불구하고, 비록 막연하긴 하지만 학자들에게 는 그들이 준거로 하는 각 학문의 학자공동체가 있다. 이를 근거로 이 글은 현상학자와 사회학자의 이념 형을 과감하게 도입해 논의를 전개하고 있다. 특히 사회학자의 경우, 이 글의 핵심 주제인 본래성의 문제를 명시적으로 확연하게 추구하는 학자들(예를 들면 현상학적 사회학자들)이 존재할 뿐만 아니라, 겉으로는 그것과 거리가 멀어 보이는 범주의 사회학자들이 존재한다. 그럼에도 필자가 보기에는 후자에 속하는 사 회학자들이라도 이 글에서 주목하는 끊임없이 묻고(회의하고), 사회 현실을 액면 그대로 받아들이지 않으 며 그 이면에 도사린 진실을 파고 들어가려 한다는 점에서 그들도 현상학적 사회학자들과 별반 다르지 않 다고 여기기에 사회학자의 이념형을 사용하고 있는 것이다.

2. 본래성의 현상학

하이데거의 현상학을 한마디로 정리해 '본래성의 현상학'이라고 해도 부인할 사람은 거의 없을 것이다. 그만큼 그는 이 세상에서 과연 '참'이 무엇인가라는 문제에 심취했던 철학자 중 한 명이었다. 그렇다면 하이데거가 본래성을 추구하면서 표방한 하나의 표제는 무엇이었을까? 필자의 눈으로 보면 그것은 "존재의 망각에서 다시 존재의 기억으로!"[4]다. 그에게 있어 이름 붙여져 이 세상에 존재하는 모든 것—하이데거는 이를 '존재자beings'라 일컬었다—을 존재하게 하는 것이 있는데, 그것이 바로 '존재Being'다.[5] 그런데 일상을 사는 세상 사람들, 즉 '세인世人, das Man'들 죄다 이 '존재'를 망각하고 '존재자'에만 몰두한다. 그러나 이것은 매우 헛된 일인데, 그런 행보의 종착점에는 "허무주의"만 출몰하기 때문이다.[6]

그런데 이런 세인들의 행태가 한낱 헛된 허무주의로 귀결되는 까닭은 무엇일까? 그것은 바로 존재자들만의 세계는 완전히 무의미하고 애당초 아무것도 아닌 것이기 때문이다.[7] 그런데 세인들은 그것을 전혀 인식하지

---

4 "존재의 망각oblivion of Being"은 하이데거에게서 직접 가져왔다. Martin Heidegger, *Introduction to Metaphysics*, tran. Gregory Fried and Richard Polt(New Haven, CT: Yale University Press, 2000), pp. 20-21, 217.

5 Martin Heidegger, *The Fundamental Concepts of Metaphysics*, p. 67. 그러면 첫 철자를 대문자로 쓰는 '존재'란 과연 무엇인가? 하이데거에게 있어 신이 존재는 아닌 것 같다. 이는 그가 사용한 '존재의 신the god of Being'이란 용어를 보면 추정 가능하다. Martin Heidegger, *Nietzsche, Vol.III: The Will to Power as Knowledge and as Metaphysics&Vol.IV: Nihilism*, tran. Joan Stambaugh, David Farrell Krell, and Frank A. Capuzzi(New York, NY: HarperCollins, 1991), p. 182. 어쨌든 하이데거에게 있어 세계는 존재자들의 것이 아닌 존재의 것이다. 그는 이를 "역사는 존재의 역사History is the history of Being"라 표명하며 증거하고 있다. Martin Heidegger, 같은 글, p. 182.

6 그의 유명한 『형이상학 입문Introduction to Metaphysics』에서 하이데거는 "존재를 망각하는 가운데 순전히 존재자만 따르는 것, 그것이 바로 니힐리즘이다"라고 말하고 있다. Martin Heidegger, *Introduction to Metaphysics*, p. 217.

못하고 존재자들에만 몰두하며 그것들만 쫓아다닌다. 그리고 마침내는 허무주의의 늪에 빠지고 만다. 애당초 아무것도 아닌 데 시간과 정력을 쏟다가 결국 그것들과 마찬가지로 아무것도 아닌 것이 될 운명에 놓이는 것이 바로 인간이다. 해서 하이데거와 같은 이에게는 이런 존재자들만 존재감을 갖는 세상과 세계는 참이 아닌 세상, 거짓인 세상, 즉 비본래성이 정초한 곳일 뿐이다. 본래적으로 비본래적인 곳에서 인간들은 비본래적인 것에 잔뜩 빠져 있다가 결국 비본래적으로 세상을 마치고 마는……. 하이데거의 눈에 이 세상에 이처럼 허무한 것도 없으리라 여겨졌다.

그래서 하이데거는 이 "존재의 망각"으로부터 원상복귀시키는 것이 바로 본래성 추구의 본질이라 여겼다. 즉 존재를 기억하기, 이것은 곧 본래적인 근원으로의 복귀를 의미한다.[8] 이런 상태에 놓이면 인간에게 세상이 입혀준 온갖 가면과 의상으로부터 벗어난 진정한 자아, 즉 본래적 자아와 조우할 가능성이 비로소 열린다. 그런데 이런 처지에 놓여 있는 인간—하이데거는 인간을 '현존재Da-sein, Being-there'라고 불렀는데, 이는 그런 처지에 '던져져 (거기에) 있는 인간'을 뜻한다—을 가능케 하는 '존재'를 인식하는 것과 '현존재'의 본래적 자아를 발견하는 유일한 방법을 하이데거는 '죽음'에서밖에 찾을 수 없다고 본다.

하이데거는 왜 이렇게 주장했을까? 그가 볼 때 인간은 태어나자마자 "죽음으로 달려가는 존재Being-toward-death"다. 그래서 인간은 "태어나자마자 이미 충분히 죽을 만큼 산"[9] 그런 존재다. 한마디로 말해 죽음은 인간이 태어나자마자 인간에 붙어 있는 가장 본질적이고 회피할 수 없는,

---

7　Martin Heidegger, *Being and Time*, tran. John Macquarrie and Edward Robinson(New York, NY: Harper&Row, 1962), p. 231.

8　Martin Heidegger, "Letter on 'Humanism'(1946)," in *Pathmarks*, ed. William McNeill(Cambridge: Cambridge University Press, 1998), p. 263; Roland Beiner, *Civil Religion: A Dialogue in the History of Political Philosophy*(Cambridge: Cambridge University Press, 2011), p. 397; George Steiner, *Heidegger*(London: Fontana, 1992), p. 33 참조.

그리고 가장 즉각적인 사태이자 가능성이다.[10] 사람에 따라 그 즉각적인 사태는 시간을 두고 현실화되지만, 그것이 다른 이들보다 자기에게 조금 늦게 이른다고 해서 자기에게 영원히 다가오지 않는 것이 아닌 실로 위중한 사태다. 즉, 죽음은 인간이 아무리 발버둥쳐 떼려 해도 뗄 수 없는 그런 사태다. 그러나 인간은 이렇게 위중하고 시급한 사태를 망각하고 있다. 바로 사회와 일상세계에 의해 그것을 기억하고 인식하는 것을 새까맣게 잊어버리고 있는 것이다. 사회와 일상은 현존재의 이러한 절체절명의 상황을 살짝 덮어 가려버리고 인간에게 아무 일 없을 테니 걱정하지 말라며 그를 안심시킨다. 세계의 이러한 안심시킴을 하이데거는 세계가 주는 "안온함tranquilization" 또는 "고향에 있는 것 같은 편안함being-at-home" 이라고 묘사했다.[11]

하이데거는 본래성을 찾는 데 있어 최대 첩경으로 인간 현존재의 이 망각된 죽음을 자신의 시급한 사태로 인식할 것을 강력히 권고하고 있다. 즉 참을 발견하기 위해, 참된 자기를 알기 위해서는 반드시 죽음을 기억해야 한다. 왜냐하면 "죽음은 매 순간 현존재가 취해야 할 하나의 존재 가능성"이기 때문이다.[12] 이렇게 하지 않고 자신의 것으로 취급하지 않는, 즉 죽음을 망각하는 그것이 바로 비본래성이라는 블랙홀로 빠져들게 하는 지름길이다. 따라서 비본래성에서 본래성으로 나아가기 위해 현존재인 인간은 반드시 자신의 존재 가능성의 하나인 죽음을 매 순간 자기 것으로 삼아야 한다. 거기에 길이 있다. "죽음이야말로 현존재의 가장 고유

---

9   Martin Heidegger, *Being and Time*, p. 289.

10   하이데거는 죽음을 "현존재의 절대적 불가능성의 가능성the possibility of the absolute impossibility of Dasein"이라 했다. Martin Heidegger, 같은 글, p. 294. 죽음은 인간이 궁극적으로 아무것도 할 수 없는 상태의 가능성을 말한다.

11   Martin Heidegger, *Being and Time*, p. 233; Kwang-ki Kim, "A Sociology of Bad Faith: An Analysis of Peter Berger's Understanding of Everydayness," in *Grenzgaenge: Studien zur interdisziplinaeren und interkulturellen Phaenomenologie*, ed. Jung-Sun Han(Heuer. Wuerzburg: Koenigshausen & Neumann Verlag, 2011), pp. 137-144 참조.

12   Martin Heidegger, *Being and Time*, p. 294.

한ownmost 가능성"이기 때문이다.[13] 인간에게 죽음보다 더 확실한 가능성은 주어지지 않았다. 그러나 인간은 사회에 의해 그 확실한 가능성을 전혀 자기의 가능성으로 인식하지 못한다.

게다가 죽음은 단순하게 본래성을 되찾는 데 최고의 방법만을 의미하지 않는다. 그것은 인간의 종말을 의미하는 것이 아니라 곧 진정한 삶을 뜻한다. 죽음이 곧 삶이라는 말이다. 실제로 하이데거는 "죽음이 생명 현상의 하나"라고 못 박는다.[14] 확실히 이때의 삶은 진정한 삶을 포함한다. 즉, 하이데거는 삶 속에 죽음을 분리시키지 않음과 동시에 죽음이 진정한 삶을 위한 하나의 수단이 될 수 있음을 강조하는 것이다. 이에 덧붙여, 아무리 살아 있다 해도 그것이 비본래적으로 살고 있는 것이라면 이는 아무런 의미가 없음을 하이데거는 강조한 것이다. 그것은 단순한 죽음과 같이 아무 의미가 없다. 그러나 진정으로 본래적인 삶을 깨우치는 죽음이 있다면 그것은 죽음 그 이상이다. 그것은 곧 끝이 아닌 또 다른 삶의 시작임을 하이데거는 밝히고 있다.

그렇다면 다음의 의문이 생길 법하다. 죽음이 그렇게 진정한 삶을 위해, 그리고 본래성을 추구하는 데 중요하다면 인간은 죽음을 망각하거나 거기로부터 부단하게 도피할 것이 아니라 자신의 즉각적인 사태로 인식하는 것을 넘어 실제로 죽음을 자신의 것으로 사유화하는, 즉 실행시켜야하는 것 아닌가? 즉 자살을 택하는 편이 인간 실존의 본래성을 위한 가장 완벽한 방법이 아닌가? 이에 대해 하이데거는 단호하게 아니라고 답한다. 인간이 본래적으로 실존하기 위해 죽음을 상기해야 할 필요는

---

13 같은 글, p. 307.

14 Martin Heidegger, 같은 글, p. 290; Joachim L. Oberst, *Heidegger on Language and Death: The Intrinsic Connection in Human Existence*(London: Continuum, 2009), p. 24 참조. 그 외에 죽음에 대해 이와 유사한 시각으로는 Jacques Derrida, *The Post Card: From Socrates to Freud and Beyond*, tran. Alan Bass(Chicago, IL: University of Chicago Press, 1987), p. 304; Jean Laplanche, *Life and Death in Psychoanalysis*, tran. Jeffrey Mehlman(Baltimore, MD: The Johns Hopkins University Press, 1985), p. 107 등을 참조.

있지만 죽음 자체를 앞당겨 경험해서는 안 된다고 설파한다. 죽음을 의도적으로 실행에 옮기는 것, 즉 자살을 감행한다면 그것은 "미친 귀결"에 이를 뿐이라고 한마디로 못 박는다. 실존의 본질을 "실존의 말살"에서 추구하는 것은 명백한 모순이기 때문이다.[15] 존재가 스스로 소멸하면서 어떻게 존재를 살릴 수 있는가를 말하고 있는 것이다.

그러나 자살 없이도 본래성을 추구하는 방법이 아주 없진 않다. 하이데거만의 방법이 있다. 그것은 미리 앞당겨 죽음을 맛보며 그것을 기억하는 것이다. 언제 다가올지 모를 죽음을, 그리고 홀연히 다가올 그 죽음을 앞당겨놓고 시뮬레이션하는 것이다. 그 죽음의 공포 앞에 내 자신을 노출시키는 것이다. 그 죽음 앞에 선 자신을 그려보는 것이다. 세상이 자신에게 부여한 온갖 겉껍데기를 내려놓고, 살며시 벗어놓으며, 자신의 실존을, 그 벌거벗은 실존을 떠올리는 것이다. "그 죽음이 어떤 것인지를 미리 맛보자!" 하는 결단, 하이데거는 이것을 "선구적 결의 또는 결단anticipatory resoluteness; resolute disclosedness"이라 불렀다.[16] 하이데거는 이런 결의와 결단이 오랜 시간 어떤 시행착오를 거치고 치밀한 계획이나 혹은 훈련을 통해 습득되거나 발생하는 것은 아니라고 했다. 그것은 바로 "순식간the Moment of vision"에 획 하고 일어나는 것이다.[17]

그러나 그 선구적 결단을 통해 죽음을 맛본 순간, 그리고 그 죽음 앞에 선 자신의 벌거숭이 모습을 적나라하게 목도한 순간, 그 엄청난 공포 앞에 온전히 홀로 선 순간, 공포는 곧 희열로 바뀐다고 하이데거는 말한다. 그것을 "환희"라고 그는 표현한다.[18] 왜일까? 선구적 결단을 한 인간이 왜 그런 희열을 맛볼 수 있는가? 그것은 바로 그가 본래적 존재가 되었기

15 Martin Heidegger, *The Fundamental Concepts of Metaphysics*, p. 287.

16 Martin Heidegger, *Being and Time*, p. 352, Martin Heidegger, *The Fundamental Concepts of Metaphysics*, p. 295.

17 Martin Heidegger, *The Fundamental Concepts of Metaphysics*, p. 295.

18 Martin Heidegger, *Being and Time*, p. 358.

때문이다. 존재existence란 본디(래) "밖에 서 있는 자ek-sistence"이기 때문이다. 하이데거는 인간의 본질이 바로 "밖에 서 있기"라고 단언한다.[19] 본래적인 존재에 딱 떨어지는 인간이 되었으니 그에게 본래적인 희열이 환희를 주는 것은 어쩌면 당연하다. 본래 자기가 있어야 할 그곳에 그가 서 있기 때문이다. 또한 그렇게 선구적 결의와 결단을 내린 현존재, 즉 인간은 비로소 동물처럼 세계에 빠져 있는[20] 것이 아니라 자신이 속해 있는 세상으로부터 떨어져나가 있는 자기를 발견하게 된다. 이제 그는 하이데거가 말하는 인간 존재의 그 본성의 핵심에 비로소 다다른 자가 되었기에 기쁨을 맛볼 수 있다. 왜냐하면 하이데거는 동물은 세계의 한정된 울타리 내에 갇혀 있는 순응적인 존재[21]이며 그런 의미에서 '세계빈곤'의 존재이지만, 반면 인간은 본래적으로 세계 속의 존재이면서 그 세계에 갇힌 존재가 아닌, 세계에 맞서며 세계를 소유하고 세계를 쥐락펴락할 수 있는 '세계형성'의 존재자로 보고 있기 때문이다.[22]

인간 본(래)성에 입각한 자는 비본래적인 세상이 자신에게 입힌 온갖 허울을 벗어던진 뒤에 아무것도 걸치지 않은 자기 본연의 모습을 발견하게 된다. 그것은 자신의 유한성이다. 죽음 앞에 한없이 가녀린 자신의 왜소함을 발견하는 것이다. 이 유한성의 자각은 확실히 세계 속에서 세계형성의 존재로 살지 못하고 마치 동물처럼 테두리에 갇혀 살며 느꼈던 안온함이 한낱 거짓된 안온함이었음을 깨닫게 한다. 자신이 그 세계 속에 순응하면 그 세계가 자신을 능가하는 그만큼, 그리고 그 세계가 존재하는 그만큼 자신도 죽음 없이 영원히 존재할 수 있을 것만 같다고 여겼던 스스로의 어리석음을 깨닫게 될 것이다. 그도 그럴 것이 그와는 정반

19　Martin Heidegger, "Letter on 'Humanism'"(1946), p. 263.
20　하이데거는 동물의 이런 행태를 "얼이 빠져 있는 매료魅了 상태captivation"로 묘사한다. Martin Heidegger, *The Fundamental Concepts of Metaphysics*, p. 238.
21　같은 글, p. 249.
22　같은 글, p. 178.

대로 그는 곧 세계에서 사라질 존재이기 때문이다.

그러나 이런 깨달음을 위해서는 철저히 자신이 속한 세계로부터 떨어져나가 깊은 고독을 경험하는 단독자가 되어야 한다. 마치 바닷물 속에서 그것의 깊고 푸른 심연을 바라보는 것과 같은 공포와 정면으로 대면해야 한다. 그 공포에 맞설 용기가 없는 한 인간은 비본래성의 고향인 이세계에서 비본래적으로 살 수밖에 없다. 그러나 그가 그것과 똑바로 대면할 결단을 내리는 순간, 그는 비본래성에서 본래성으로 그리고 존재의 망각에서 존재를 다시 기억하는 순간을 맞이하게 된다. 하이데거는 그것을 한없는 환희와 희열로 표현하는 것이다. 그것은 실제로 죽지 않고도 그 죽음을 내 앞에 미리 끌어당겨 그것과 대면해 경험하는 공포에서 오는 희열이다. 하이데거는 이것을 맛볼 것을 하찮은 유한자인 현존재 인간들에게 정중하게 권고하고 있다.

3. 노스탤지어, 향수의 철학,
그리고 향수의 사회학

하이데거에게 있어 존재의 망각에서 존재로의 회귀, 그리고 그것을 통한 본래성으로의 귀환은 존재의 고향으로 돌아가는 것을 의미한다. 해서 그에게 철학은 곧 향수다. 그는 중세의 한 시인의 시를 인용해 철학이 "향수homesick"이며, 철학함이란 "어디에서나 고향을 찾으려는 열망an urge to be everywhere at home"이라고 정의내린다.[23] 이 말은 무슨 뜻인가? 난데없이 철학자가 왜 향수병에 시달려야 하고, 어디서나 고향을 구하려는 충동에 휩싸여야 한단 말인가. 이 말은 역설적으로 모름지기 진정한 철학자라면 어디에서고 자기가 위치한 곳에서 고향을 발견하지 못하고, 또는 그곳을 고향으로 삼지 않는다는 것을 의미한다. 그러기에 어느 곳에서든 애타게 고향을 갈구하고 있음을 뜻한다.

그러면 여기서 말하는 고향이란 무엇인가? 편안함과 안락함을 주는 곳이다. 낯설지 않고 낯익은, 그래서 안주하고 싶은 곳이다. 그런데 하이데거는 이 세상 어디에서고 이런 느낌을 갖지 못하는 자, 그래서 끊임없이 고향을 열망하는 자만이 진정한 철학을 하는 자라고 강변한다. 따라서 철학자는 현재 그가 처한 곳이 아닌 곳에 위치한 고향을 그리워하는 자, 그것을 그리워하다 못해 안달병이 난 자가 되어야 한다는 말이다. 여기서 한발 더 나아가 하이데거는 철학함—곧 향수—은 학문 이전의 문제이며, 이를 전문 철학자가 아닌 인간이 원래 떠안아야 하는 본질적인 문제라는 주장까지 펼친다. 따라서 어디서든 그곳에 안주하지 않고 다른

---

23 같은 글, pp. 5-6.

곳에 있는 고향을 발견하려는 충동에 휩싸이는 향수병에 걸리는 것, 다시 말해 "철학함"이란 철학자만의 전유물이라 할 수 없고 평범한 인간(현존재)의 "근본적인 양식a fundamental way of Dasein"이라는 결론에 이른다.[24]

그러나 현실은 하이데거의 바람과는 상반되게 일반인, 즉 세인들은 인간 존재의 근본적 양식인 향수병을 앓고 있는 것 같지 않다. 그들에겐 고향에 대한 간절한 애착이 별로 없다. 어디에서건 고향을 찾으려는 열망이나 충동이 일지 않는 듯 보인다. 왜냐하면 대부분의 세인은 현재 있는 곳을 고향처럼 편안하고 안전한 곳으로 받아들이기 때문이다. 해서 그들은 굳이 고향의 필요성을 절감하지 못하며 향수에 젖지도 않는다. 고향에 대한 개념 자체가 결여되어 있으며 그것을 그리워하고 열망할 여지조차 없는 것이다. 그런 까닭에 그들에게서 도무지 철학함을 발견할 도리란 없는 게 현실이다. 그렇다면 그들은 인간의 근본적인 양식에서 소외된 자이고 멀어진 자이며 동떨어진 자다. 인간의 '본래됨', 즉 본래성을 잃은 자들이다. 그것을 망각한 자다. 그러므로 하이데거는 철학자만이라도 이런 세인들과는 다른 면모를 보일 것을 강력히 요청하고 있다.

그런데 하이데거의 생각과 달리 필자가 볼 때, 일반적인 인물 군상 가운데서도 향수병에 걸린 전형적인 인물이 있다. 그 인물로 필자는 이방인을 지목한다. 왜냐하면 이방인은 그의 삶이 향수병으로 똘똘 뭉쳐 있기 때문이다. 그가 내뱉는 한숨과 한탄, 기쁨과 슬픔 모두 그가 가고 싶어 안달하는 고향을 향해 있다. 그는 단 한 곳 때문에, 그리고 그곳을 향해 지금 이곳의 고통과 역경을 견디고 인내한다. 그렇게 할 때만이 현재의 고난과 아픔을 감내할 수 있다. 그렇다, 향수병을 앓는 자는 바로 이방인이다. 그야말로 어디에 있든 고향을 향한 열망에 빠져 있고 고향을 잊지 못한다. 그는 아무리 편한 곳에서도 안주할 수 없다. 이는 그에게 돌아가

---

24 같은 글, p. 22.

야 할, 그리고 가고픈 고향이 있기 때문이다. 그래서 가장 편안한 곳에서 조차 이방인은 고향을 갈구한다. 고향을 만들려 애쓴다. 고향을 찾으려 안달한다. 이자야말로 하이데거가 말하는 철학하는 자, 곧 진정한 철(현상)학자임에 분명하다.

필자가 볼 때 향수에 빠진 자라 함은 적어도 다음의 세 가지 태도를 보인다. 먼저, 향수에 빠진 자는 '묻는 자'다. 둘째, 향수에 빠진 자는 현실을 '거스르는 자'다. 마지막으로 향수병을 앓는 자는 초월해 홀로된 자, 즉 '단독자'다. 그런데 이런 자는 단지 이방인과 철학자뿐만이 아니다. 필자의 눈에는 이들 외에 유독 사회학자가 눈에 들어온다. 단도직입적으로 말해 사회학자도 끊임없이 묻는 자이며, 현실을 있는 그대로 받아들이지 않는 거스르는 자이고, 그래서 결국 세상에서 따로 떨어진 외톨이가 된 자다. 적어도 학문을 하는 동안은 말이다.

◢ 물음

물음의 철학자, 물음의 존재, 물음의 사회학자

향수에 젖어 있는 이방인은 자신이 처한 현실을 당연하게 받아들이지 못한다. 대신 그는 현실에 끊임없이 질문을 던진다. 이방인은 의심하는 자이며, 문제를 제기하고 질문하는 자이다. 데리다가 짚어냈듯이, 플라톤의 대화편에서도 묻는 이는 주로 이방인이다.[25] 게다가 이방인은 질문을 하더라도 매우 곤란한 것들만 골라서 하는 까탈스런 자들이다. 그들은 현실 속에 안주하는 자들에겐 "용납하기 어려운 매우 위험천만한 질문들fearful, and intolerable question"을 가져오고 제기하는 자들이다.[26] 그도 그럴 것이, 고향의 향수에 젖은 이들의 눈에는 오로지 고향의 것만 보

---

25 Jacques Derrida, *Of Hospitality*(Stanford, CA: Stanford University Press, 2000), p. 5.
26 같은 글, p. 11.

이고 현실의 것은 보이지 않아 그렇다. 이 말은 고향의 것만이 정상으로 보이고 그 나머지는 이상하게 보인다는 말이다. 그러하기에 현실에 안주하는 자에게 정상으로 보이는 것에 그들은 의문을 제기하지만, 그 질문의 정도가 선을 넘을 때도 흔하다. 그것은 현실 속의 인간들에겐 정말 용납하기 어려운 위험천만한 것들로 이뤄진 것이다. 일종의 금기를 넘어선 질문들이다. 즉, 토대를 뒤흔드는 질문들을 이방인은 스스럼없이 건네기도 한다. 그런 까닭에 이방인은 종종 "무법자the outlaw"로 오인받기도 한다. 로마에 가면 로마법을 따라야 하는 게 당연하지만 이방인은 로마에 가서 할 수 없이 그 법을 지키면서도 끊임없이 의문을 제기한다. 그런 그는 때때로 한 사회에서 통용되는 법과 규범 그리고 통념을 벗어난 자, 마치 오이디푸스와 같은 무법자로 여겨지기도 한다.[27]

이방인뿐만 아니라 철학자 또한 질문하는 자다. 철학자의 주된 사유의 형태는 물음이며,[28] 그것도 보통 물음이 아닌 우리가 사는 세계와 인간의 유한성 및 홀로됨에 대한 근본적인 물음이다.[29] 그것은 일상인인 세인이 뭐라 하든 그것에 휩쓸리지 않고 매몰되지 않는 냉철함을 담보로 한다. 거기에 떠밀려 내려가는 우를 범하지 않는 자세를 말한다. 그리고 그러한 '뻗댐'은 정신을 잃지 않는 냉철함을 담보로 한다. 해서 이방인과 철학자가 제기하는 질문은 "냉철한 개념적 질문 제기sober conceptual questioning"다.[30] 확실히 이것은 당면한 현실을 당연히 여기는 맹목적인 태도와는 완전히 다른 것이다.[31] 철학(현상학)자는 이런 쓰나미와 같은 세상의 기운에 휩쓸리지 않으려 애쓴다.

그리고 이러한 냉철함은 세상의 상식이 전하는 것에 안주하지 않고

---

27 같은 글, p. 35.
28 하이데거는 형이상학이 일종의 물음이라고 표현했다. Martin Heidegger, *The Fundamental Concepts of Metaphysics*, p. 9.
29 하이데거식으로 표현하면 이는 "포괄적 물음"이다.
30 같은 글, p. 174.

그것의 정체를 캐묻는 혹은 정체를 폭로하는 데 주력하는 사회학자가 주로 사용하는 무기이기도 하다.[32] 따라서 그가 이방인이건 철학자이건 사회학자이건 묻는 자는 죄다 향수에 젖은 이들이고, 그들은 자신이 처한 현실을 낯설게 함으로써 어디서든 고향을 찾는 자들이다. 고향을 희구하는 자들이다. 그것을 갈망하는 자들이다. 그래서 그들은 늘 회의하면서 묻고 또 묻는다.

의심하는 자여, 그대 이름은 영원한 이방인

여기서 잠시 이방인과 철학자, 사회학자를 특징짓는 의심과 물음, 그리고 현대적 환경에 대해 좀더 생각해볼 기회를 가져보자. 왜냐하면 우리의 일상세계는 일반적으로 의심을, 질문을 달가워하지 않기 때문이다. 의심을 품고 질문하는 자들은 배척당한다. 그러나 근대성(모더니티)은 이런 자들—이방인들—로 세계를 가득 차게 했고, 이런 이들로 구성된 현대세계는 역설적으로 본질상 점점 더 의심을 허용하지 않는 쪽으로 기울고 있다. 현대세계는 처음에는 의심하고 질문을 제기하는 자들을 허용하는 듯하다가, 이제는 그 모든 이방인을 한통속에 몰아넣고 죄다 같은 처지이니 이제는 더 이상 의심도, 질문도 하지 말라고 종용한다. 한마디로 세계는 이방인을 위하다 못해 이제는 아예 이방인을 없애는 쪽으로 향하고 있다.[33] 이방인은 회의를 품고 묻는 자이기도 하지만 동시에 질문을 받는 자이기도 하다. 이방인을 환대한다는 것은 곧 이방인에게 말을 건

---

31 하이데거 같은 이는 이런 태도를 경멸하며 거기서 벗어날 것을 강권한다. 그는 이런 태도가 "마법이나 신비적인 관조"의 형태를 띤다고 지적한다. Martin Heidegger, 같은 글, p. 174. 그리고 우리의 일상세계는 "에누리 없는 명제와 독단, 그리고 신념"으로 이루어진 것이기 때문에 거기로부터 빠져나오는 것이 중요하며, 그 첫 단추가 바로 "물음"이라고 말한다. Martin Heidegger, 같은 글, p. 161.

32 Peter L. Berger, *Invitation to Sociology: A Humanistic Perspective*(Garden City, NY: Doubleday, 1963), p. 196; Peter L. Berger and Hansfried Kellner, *Sociology Reinterpreted: An Essay on Method and Vocation*(Garden City, NY: Doubleday, 1981), p. 71.

33 예를 들면 크리스테바J. Kristeva 같은 이의 주장이 그것이다. 이 책 13장 각주 24 참조.

네며 그의 이름뿐만 아니라 이것저것을 묻는 것을 말한다. 말하자면 이방인을 환대하는 것은 그를 심문하는 것으로 시작한다.[34] 이방인의 이름을 묻는 것이 그 흔한 예다. 그런데 세계는 이제 이방인을 주인으로 여기라고 하며 아예 그에게 환대의 끝을 보이는 쪽으로 치닫고 있다. 그런 세계는 과연 이방인을 위하는 곳일까?

이방인이 주인의 자리에 등극해 더 이상 이방인이 사라진 세계, 즉 의심이 사라진 세계, 물음과 질문이 사라진 세계는 천국에 가까울까, 아니면 지옥에 가까울까? 그런 세계는 얼핏 보면 관용이나 환대, 평화가 깃든 매우 이상적인 사회인 듯싶다. 그러나 필자의 눈에는 이방인이 사라진 세계—그것이 아무리 이방인을 위해 조성된 사회라 하더라도—는 분명코 천국은 아니다. 왜냐하면 천국에서는 의심이 허용되기 때문이다.[35] 그래서 어쩌면 지상이 생긴 것인지도 모른다. "낯선 타지alien place"가 없다면 세계의 중심으로 거론되는 것들도 진정하게 중심으로 인식될 수 없다.[36] "낯선 타지"는 그것 자체가 의심의 산실이며, 의심에 의해 그리고 의심을 위해 그것들을 시험하기 위해 고안된 것들인지도 모른다. 세계의 중심으로 간주되는 천국 입장에서 보면 지상은 낯선 타지이기 때문이다. 그곳은 중심에서 밀려난 유배지이며, 의심하는 자들을 위한 일시적인 거처일지도 모른다. 어쨌든 천국을 의심과 물음이 허용되는 곳으로 간주하는 것은 완전히 허튼소리로 흘려버릴 수 없다. 천국은 의심과 물음이 확신이 되는 곳이다. 그리고 고향에서조차 의심과 묻는 것은 허용되었다. 그래서 이방인들은 고향으로부터 떠나왔다. 의심과 질문이 허용되는 곳, 그러나 그 의심이 곧 확신이 되는 곳, 이방인에게 그곳이 바로 고향인 이

---

34 Jacques Derrida, *Of Hospitality*, p. 27. 그래서 데리다는 이방인을 "환대하는 문제는 곧 물음의 문제다"라고 밝히고 있다. Jacques Derrida, 같은 글, p. 29.

35 대표적인 예로 구약성서 「욥기」를 참고하라. 거기엔 욥의 신앙을 회의하는 사탄의 시험을 용인하는 장면이 나온다.

36 Agnes Heller, *A Theory of Modernity*(Malden, MA: Blackwell, 1999), p. 192.

유다. 그가 간절히 귀향하고자 하는 이유다.

반면, 지옥은 한 치의 의심도 허용하지 않는다. 그렇기에 그곳이 바로 지옥이다. 그곳은 모든 것이 당연시되고 확신으로 가득 찬 곳이다. 바꿔 말하면 그곳은 철학함도, 사회학함도, 그리고 이방성도 없는 곳이다. 그 것들이 도대체 허용되지 않는 곳이다. 즉, 하이데거가 말하는 향수가 존 재할 수 없는 곳이다. 향수병에 걸릴 여지를 주지 않는 곳이다. 그래서 처 음에 있었던 확신이 종국에는 분노와 좌절로 바뀌는 곳이다.

그런데 현대의 끝은 모든 이를 향수에 젖게 했다가 결국에는 향수가 없는 세계로 치닫고 있다. 말하자면 모든 이로부터 그들의 고향을 앗아가 고 그 모든 이를 동향同鄉 사람으로 만들고 있다. 즉, 모든 사람이 어디서 고 낯섦을 느끼지 못할 정도의 낯설지 않은 세계로 나아가고 있다. 우리 는 그것을 전지구화globalization라고 부른다.[37] 전지구화의 1단계 전략은 모든 것이 낯선 세계로 사람들을 몰아넣는 것이다. 그래서 정신을 혼미하 게 한 뒤 더 이상 낯설지 않은 것으로 보이게 한다. 그러고는 더는 의심하 지 않게 만들며, 사람들로 하여금 그것을 전부라고 믿게 만든다. 사람들 은 이제 지구촌 사람이 되어버렸다. 나라도 국경도 시스템도 사라지며 하 나가 되어가고 있다. 그러나 전지구화가 목표로 하는 세상이 천국이 될 수 없는 것만은 분명하다. 이곳에서는 더 이상 의심과 질문이 허용되지 않을 것이기 때문이다. 앞서 살펴보았듯, 의심은 무엇이든 복수일 때 가 능하다. 선택의 여지가 있을 때 의심과 질문이 생겨날 수 있기 때문이다. 따라서 의심이 허용되지 않는 곳은 지옥이나 다름없다.

이와 관련해, 딱히 전지구화를 두고 한 이야기는 아니지만 버거와 지 더벨트의 말에 귀 기울일 필요가 있다. 그들은 "의심이 서거한 곳에서는 마찬가지로 민주주의 자체도 소멸하고 말 것"이라고 단언한다.[38] 왜냐하

---

37 헬러가 그녀의 책에서 소개한 한 중년 여성 사업가의 예를 볼 것. 이 책 13장 각주 20 참조.

면 거기에는 논쟁거리 자체가 있을 수 없기 때문이다. 이것은 한마디로 이방인이 없는 사회나 마찬가지다. 이방인은 묻고 또 묻기 때문이다. 그 것이 그의 생래이자 본성이다. 그래서 묻는 자를 허용하는 곳, 그곳이 바로 이방인을 위하는 곳이다. 그의 의문을 닫아버리는 곳이 어떻게 그를 위한다고 할 수 있겠는가? 그것은 모순이다. 따라서 질문하는 자, 의문을 제기하는 자, 향수에 빠진 자, 철학 하는 자, 사회학 하는 자, 곧 이방인을 끝까지 존재하게 하는 것이 바로 (후기)현대세계가 고민해야 할 중차대한 문제다.

◢ 거스름

인간에게는 해결해야 할 문제들이 시시각각 다가오게 마련이다. 대부분 생활상의 의식주와 관련한 문제[39]들이 그것이다. 그리고 인간은 이것을 해결하려 들고, 이런 시도들에 대한 뒷배를 사회가 봐준다. 사회는 눈에 보이게는 여러 집단의 행태를 띠고 이런 일을 행하며, 눈에는 보이지 않는 다양한 방식[40]으로도 이런 일을 그럭저럭 완수한다. 그래서 사회는 인간들에게 일종의 만족감과 안도감을 준다.[41]

하지만 인간에게는 이런 문제들을 실로 하찮은 것으로 만들어버리는 더 근본적으로 절박한 문제가 있다. 존재에 관련된 전체적이고 본질적인 문제the essential need as a whole of Dasein[42]가 그것이다. 하이데거가 추구

---

38 Peter L. Berger and Anton Zijderveld, *In Praise of Doubt: How to Have Convictions Without Becoming A Fanatic*(New York, NY: Harper One, 2009), p. 113.

39 이런 요구들을 하이데거는 "현존재에게 닥친 절박한 문제the needs of Dasein"들이라 칭한다. Martin Heidegger, *The Fundamental Concepts of Metaphysics*, p. 162.

40 그 양식들을 하이데거식으로 표현하면 "상식, 관행, 일체의 기획주의common understanding, praxis of life, and all programmaticism" 등이 될 것이다. Martin Heidegger, 같은 글, p. 161.

41 하이데거는 이를 "일종의 보편적인 자기만족적 안도a universal smug contentment"라고 표현했다. Martin Heidegger, 같은 글, p. 164.

42 같은 글, p. 163.

했던 그 본래성의 문제를 말한다. 그런데 세상이 제공해주는 평범한 지성과 생활 속 관행 그리고 그것들을 위해 기획해놓은 여러 지적, 실제적 도구들을 가지고 시시각각으로 닥쳐오는 일상의 문제들을 해결해나가면서, 인간은 거기에 정신을 온통 쏟고 진정으로 자신의 존재에 대해 통렬히 깨달아야 하는 큰 문제, 즉 절대적으로 시급하고 절박한 전체적이고 본질적인 문제를 철저히 뒤로 제쳐둔 채 망각하고 만다.

그래서 세계(사회)는 확실히 여러 문제 때문에 고통받는 이들에게 일종의 진통제 역할을 한다.[43] 소소한 문제를 해결해줄 뿐만 아니라, 중대한 문제까지도 아예 문제로 인식조차 못 하게 함으로써 얼핏 모든 문제를 해결해주는 만병통치약 역할을 하고 있기 때문이다. 사회는 이러한 진통제 기능에 그치는 것이 아니라, 나아가 존재가 해결해야 할 이 시급하고 절박하며 전체적이고 본질적인 문제를 도외시하는 대담함까지 보인다. 즉, 사회는 인간들에게 본래성을 추구할 필요가 전혀 없다고 지속적으로 되뇐다. 그것은 살아가는 데 백해무익한 일이니 그런 문제는 전혀 신경 쓸 필요 없다고, 그러니 더 이상 거론하지 말라며 종용한다. 즉, 사회는 "네가 진정으로 어떠한 사람인지" 알 필요가 없다며 끊임없이 인간 존재를 세뇌시킨다. 하이데거의 표현으로는 이런 세뇌를 통해 사회는 "더 이상 우리 본질의 뿌리에 굳건히 존재해야 할 필요가 없다는 믿음"[44]을 갖게 한다. 다시 말해, 사회는 진정으로 자신이 어떤 존재인지를 알고 싶어하는 자들에게 "바보야, 그럴 필요 없어. 지금 이대로가 좋잖아. 지금의 네가 바로 너야. 그러니 더 깊이 생각하지 마!" 하고 타이르며 속삭인다. 보통의 일상인들은 세상이 불러주는 이 장엄한 "합창"[45]에 압도당하기

---

43 Kwang-ki Kim, *Order and Agency in Modernity: Talcott Parsons, Erving Goffman, and Harold Garfinkel*(Albany, NY: State University of New York Press, 2002), p. 58; 김광기, "고프만, 가핑켈, 그리고 근대성," 『한국사회학』, 34, 2000, p. 227.

44 Martin Heidegger, *The Fundamental Concepts of Metaphysics*, p. 164.

45 "합창"은 하이데거의 표현이다. 같은 글, p. 285.

일쑤다.

이 세상의 합창에 솔깃해서 망각하는 것 중 최대 사안이 바로 앞에서 살펴본 내 자신이 죽는다는 사실이다. 해서 인간은 "'내'가 죽는 것"이 아니라 "'사람'은 다 죽기 마련이다"를 되뇌며 자신은 그 죽음으로부터 면제된 듯 여긴다. 그리고 아무 일 없다는 듯 자기 최면에 걸려 일상의 삶을 열심히 살아간다. 자신의 죽음을 "사람"이라는 익명화되고 일반화된 명사(존재자) 속에 파묻어버린 채 자신의 죽음을 철저히 망각하는 것이다. 그리고 비본래적인 삶 속에 파묻히게 한다. 그러나 그것을 망각한다고 해서 죽음이 본질적으로 '나'의 죽음이라는 사실 자체가 없어지는 것은 아니다.[46] 즉, 죽음은 '나'의 죽음이지 '우리' 또는 '그들'의 죽음이 결코 아니다.[47] '나'는 결코 죽음을 비껴갈 수 없다.

그러나 대부분의 인간은 그 죽음을 망각한다. 사회와 세상이 들려주는 합창 소리에 푹 빠진 채……. 그리고는 그 합창에서 울려나오는 "멜로디"[48]에 정신줄을 놓고 곧 스러질 존재자에 매달려 사는 것이다. 그 합창 소리에 인간의 눈과 귀는 가려진다. 그의 눈과 귀는 뜨였으되 인생을 살면서 가장 중요한 사실들을 보고 들을 수 없을 정도로 장님이 되며 귀머거리가 된다. 그래서 인간들은 그 중요한 사실을 망각하고 애먼 것에 신경 쓰면서, 그리고 그것에 몰두해서 아주 열심히 최선을 다하며 살게 된다. 세계의 입장에서 보면 매우 성실하고 훌륭한 삶이다.[49] 모범적이라 치

---

46 이것이 바로 하이데거가 집요하게 물고 늘어지며 우리에게 보여주려고 애쓴 절대적 진리다. Martin Heidegger, *Being and Time*, p. 284.

47 데리다도 죽음의 대체불가능성을 언급하며 이와 비슷한 견해를 제시한다. 즉 우리 모두의 죽음은 대체할 수 없다는 것이다. Jacques Derrida, *Aporias*, tran. Thomas Dutoit(Stanford, CA: Stanford University Press, 1993), p. 22.

48 이 "멜로디"란 용어도 하이데거에게서 가져왔다. Martin Heidegger, *The Fundamental Concepts of Metaphysics*, p. 67.

49 사르트르에 의하면 이런 삶은 매우 우직한 것이며, "성실한 삶"이지만 이는 자기기만bad faith, *mauvaise foi*의 전형적인 삶이다. Jean-Paul Sartre, *Being and Nothingness*, tran. Hazel E. Barnes(New York, NY: Gramercy Books, 1956), p. 49.

하받는 삶이다. 그렇지만 이것은 마치 동물의 삶을 사는 것과 같다. 왜냐하면 동물들은 자기가 속해 있는 세계에 "몰아대면서", 한껏 "들뜬 상태로 휩쓸려 거기에 완전히 빠져 있기"[50] 때문이다. 한마디로 동물들은 그 세계에 갇혀 있다.

동물들이 그렇게 사는 것은 그들로서는 본래적으로 당연한 삶을 사는 것이다. 전혀 이상할 것이 없다. 그러나 인간이 동물처럼 사는 것은 비본래적으로 사는 것이다. 인간의 본질은 동물의 그것과 근본부터 다르기 때문이다. 한마디로 인간은 동물과는 달리 세계에 빠져 있으되 동시에 거기로부터 빠져나오는 자다.[51] 그렇기에 빠져나오지 못하고 그 세계에 푹 빠져 있는 상태는 인간에게는 전혀 맞지 않은 비본래적 삶인 것이다. 합창 소리에 푹 빠져 있는 이 상태는 잠자는 것과 같다. 우리가 흔히 생각하듯 잠을 의식이 없는 상태로 여기면 큰 오산이다. 아리스토텔레스가 적절히 설명하듯 잠은 일종의 "데스모스δεσμός", 즉 "매여 있음a being bound"의 상태다. 그것은 바로 "다른 존재자를 받아들일 수 없는 상태"[52]를 일컫는다. 즉 초월이 없는 폐쇄된 상태, 그리고 그곳에 갇힌 상태, 그곳에서 흘러나오는 멜로디에 흠뻑 빠져 다른 것을 일절 고려할 틈이 없는 상태, 이는 곧 동물의 상태다.

그런데 실제로는 자는 것은 아니지만 사실상 잠을 자는 상태, 그것이 바로 인간의 비본래적인 일상이다. 그러나 잠에 빠진 이가 자신이 잠에 들었는지를 모르는 것과 같이 잠에서 빠져나와야만 잠자는 게 무엇인지를 알게 된다. 잠에서 빠져나와야 하는 것이 본래성을 확보하는 데 주요한 열쇠가 되는 것이다. 그런 점에서 하이데거가 말한 향수병은 곧 잠을 깨는 각성제와 같다. 따라서 하이데거는 철학자에게 잠에서 빠져나올 것

---

50   Martin Heidegger, *The Fundamental Concepts of Metaphysics*, p. 269.
51   같은 글, pp. 64-65.
52   같은 글, p. 62.

을 강권하고 있다. 철학함이 곧 향수병을 앓는 것이라 말하면서……. 그는 진정한 철학자라면 당연히 향수를 가지고 있어야 한다고 주장한다. 그 말은 다른 존재자를 받아들일 태세를 갖추라는 것이다. 다른 가능성에 개방하라는 것이다. 여기에 굳이 이름 붙이자면 하이데거식의 '현상학적 환원phenomenological reduction'이라 할 수 있다.[53]

따라서 현상학적 환원은 잠을 거스르는 것이다. 잠을 자지 않으려 뻗대는 것이다. 그런데 이런 뻗댐이 그리고 이런 거스름이 바로 인간 현존재를 그 자신 앞으로 데려다줄 수 있다.[54] 즉, 자신의 본래적 모습으로 자신을 인도해준다. 해서 거스름과 뻗댐은 곧 진리의 문제이자 삶의 문제다. 왜냐하면 현실에 거스르는 것은 곧 하이데거가 강조한 "현존재에 거스르지 말라Not to counteract our Dasein"[55]는 것을 의미하기 때문이다.

인간 현존재는 원래 비본래성과 본래성의 양면을 갖고 살게 되어 있다. 그러나 세계의 합창이 몹시도 거세어 인간 현존재를 압도해버리면 인간은 본래성을 망각하고 비본래성이 다인 줄 알고는 세계 속에서 잠들어 살게 된다. 그래서 아주 예민한 자들, 아주 우울한 자들, 그리고 쉽게 지루함을 느끼는 자들[56]만이 그 압도하는 세계의 합창 속에서 잠에 빠지지 않을 가능성이 있다. 진통제가 모든 이에게 약효를 발휘하지는 않듯, 이런 자들에게는 사회라는 진통제가 잘 들지 않는다. 그 때문에 이런 이들은 세계가 들려주는 자장가로 쉽게 잠에 빠져들지도 않는다. 그런데 필자가 볼 때 이런 이들, 즉 예민한 감수성의 소유자들이 바로 이방인이요,

---

53　현상학적 환원의 다양성에 대한 자세한 논의로는 이남인, "현상학적 환원과 현상학의 미래," 『철학과 현상학 연구』, 54, 2012, pp. 89-121을 참조. 그는 후설의 "현상학적 환원" 개념이 무수한 오해를 낳았다면서, 그 오해를 불식시키기 위해서 환원의 개념을 "태도의 변경"으로 해석해야 한다고 주장한다. 이는 우리가 뒤에서 살펴볼 "형이상학"의 "메타" 개념과 상통한다.

54　Martin Heidegger, The Fundamental Concepts of Metaphysics, p. 165.

55　같은 글, pp. 160-161.

56　하이데거는 이런 자들을 일컬어 "투명한 감수성transparent receptivity"의 소유자로 치켜세운다. Martin Heidegger, 같은 글, p. 160. 이것의 소유자에 대한 것으로는 뒤의 "초월" 부분에서 다룰 것이다.

철학자요, 사회학자다. 이방인은 그의 전 삶을 통해 진통제가 잘 들지 않고, 철학자와 사회학자는 적어도 그들이 학문을 하는 동안 진통제에 거슬러 반응함으로써 그것의 약효를 능가한다.

일찍이 헤겔은 철학을 "뒤집어놓은 세계inverted world"[57]라고 규정했다. 이와 유사하게 하이데거도 철학함을 일상인이 하는 것과는 "완전히 다르고 독자적인 것"[58]으로 정의한다. 또한 철학자들의 학문을 지칭하는 이른바 "형이상학metaphysics"에서 "메타"는 몸을 돌려 방향을 바꾼다. 즉 "태도의 전환(변경)turnaround"을 의미한다. 이는 "어떤 것으로부터 떠나 다른 어떤 것에로away from something toward something else"라는 뜻을 가지고 있다.[59] 이 모두가 철학자들의 진리(본래성)를 향한 거스름 또는 뻗댐을 볼 수 있는 대목이다. 다시 말해, 진리를 발견하기 위해서는 알을 낳으려 물살을 거슬러 올라가는 연어와 같이 거대한 흐름에 반하는 방향 전환이 필요한 것이다. 현상학자들은 이를 현상학적 환원, 에포케epoché, 괄호치기bracketing, 판단중지suspension of doubt 등의, 일반인은 물론 전문가들에게조차 생경하게 들릴지 모를 방법을 동원해 행한다. 여기서 일일이 설명할 수 없는 개념들이지만 어쨌든 현상학자들이 동원한 이 모든 방법을 한마디로 설명하면 일종의 현실세계의 거스름과 뻗댐이다. 즉, 현실 속 일반인들의 삶의 흐름과는 다른 태도의 변환이다.

그런데 진리를 추구함에 있어 사회학자도 이에 전혀 뒤지지 않는다. 물론 모든 사회학자가 동의하고 따르는 것은 아니지만 사회학자도 현실세계를 파악하기 위해 잠시 자신의 입장과 가치를 내려놓을 것을 귀가 따갑도록 들어 알고 있다. 이는 베버 같은 이가 "가치중립"[60]이라는 개념

---

57 Georg W. F. Hegel, *Phenomenology of Spirit*, tran. A. V. Miller(Oxford: Oxford University Press, 1977), p. 97.

58 Martin Heidegger, *The Fundamental Concepts of Metaphysics*, pp. 22-23.

59 같은 글, p. 39.

으로, 만하임 같은 이가 "자유부동하는 지식인의 태도"[61]로 각기 다르게 표현한 것을 봐도 쉽게 알 수 있다. 또한 현실세계의 적나라한 면을 표현하기 위해 갖은 방법을 동원해 그 세계의 이면을 낱낱이 파헤치는 작업을 사회학이라고 정의하는 사람들, 이를테면 버거나 머튼 같은 이들의 "정체폭로의 사회학",[62] "잠재적 기능"의 발견,[63] 일상생활의 연극적 허구성[64] 등을 살펴보면, 철학자들 이상으로 사회학자들이 현실을 있는 그대로 보려 하지 않고 그 이면의 구차함을 파헤치기 위해 얼마나 애쓰고 있는지를 알 수 있다. 즉, 사회학자들은 현실이 보여주려는 근사한 외양의 이면을 보기 위해 현실이 보여주기 싫어하는 뒷면으로 의도적으로 거스르고 있는 자들이다.

그렇다면 이방인과 철학자 그리고 사회학자가 하는 세계에 대한 뻗댐, 즉 거스름이 목표로 삼고 있는 것은 무엇일까? 그것은 바로 세계의 합창이 주는 소음으로부터 벗어나 진정한 본래의 나를 찾는 것이다. 비본래성에서 본래성으로 회귀하는 것이다.[65] 그렇다면 이렇게 근본적인 인식의 변화를 목적으로 하는 철학함과 사회학함이 택하는 구체적인 방법에는 어떤 것들이 있을까? 다시 말해, 철학자와 사회학자 그리고 이방인은 구체적으로 어떻게 현실을 거스르는 것일까?

60　Max Weber, "Objectivity in Social Science and Social Policy," in *The Methodology of the Social Sciences*, tran. and ed. Edward A. Shils and Henry A. Finch(New York, NY: Free Press, 1949).

61　Karl Mannheim, *Ideology and Utopia: An Introduction to the Sociology of Knowledge*, tran. Louith Wirth and Edward A. Shils(New York, NY: A Harvest Book, 1936), p. 155.

62　Peter L. Berger, *Invitation to Sociology*.

63　Robert K. Merton, *Social Theory and Social Structure*(New York, NY: Free Press, 1968), pp. 73-138.

64　Erving Goffman, *The Presentation of Self in Everyday Life*(New York, NY: Doubleday, 1959).

65　즉, 거스름과 뻗댐의 목표는 하이데거식으로 이야기하면 "주관적 성찰과 그것들을 형성하는 상들subjective reflection and the images"로 이루어진 합창을 "뿌리째 뽑아 제거"하는 것이다. Martin Heidegger, *The Fundamental Concepts of Metaphysics*, p. 281.

그러나 이보다 먼저 짚고 넘어갈 것은, 이들이 채택하는 거스름(즉 현상학적 환원 또는 태도의 전환)의 구체적인 방법은 얼핏 보면 뭔가 큰 것을 기대하는 이들에게 실망감을 안겨줄 수 있다는 점이다. 그들의 목표가 기존의 인식들을 죄다 뿌리째 제거하는 것일진대, 다음에 살펴볼 그들의 구체적인 실천 방법은 얼핏 보면 그리 과격해 보이지 않기 때문이다. 그렇다면 그 방법은 무엇일까? 그것은 바로 "자제함being held to oneself"[66]이다. 그렇다면 무엇을 자제한다는 말인가? 그것은 바로 그 세계의 합창에 자신의 목소리를 더하지 않는 것을 말한다. 그것은 곧 "태도 변경"을 말하며, 힘을 쏟아 그 세계에 참여하는 것이 아닌 한 발을 빼고 무심한 채 억지춘향 격으로 참여하는 것을 뜻한다. 그리고 그것은 곧 "침묵"[67]함을 뜻한다. 세상의 소리에 음을 추가하지 않는 것은 얼핏 매우 소극적인 뺀댐같이 보일 수 있다. 그러나 이 뜻을 음미해보면 그것 이상임을 알 수 있다.

자제하고 침묵하는 것은, 그것을 행하는 현존재 자신이 세계를 형성하는 존재임에도 불구하고 더 이상 세계 형성에 있어 일조하지 않겠다는 것, 즉 동조의 입장을 철회함으로써 더는 그 세계를 형성하지 않겠다는 것을 의미한다. 그것은 그 세계에 대한 거대한 반역이며 중대한 거스름이다. 해서 이런 자제함을 앞서 언급했듯 그리 과격해 보이지 않는 것으로 간주하는 것은 크나큰 착각이다.

일견 과격해 보이지 않고 순해 보이는 이런 거스름이 가져오는 결과는 실로 지대하다. 태도의 변화는 곧 세계에 대한 근본적인 인식의 변환을 동반하기 때문이다. 그 예를 사회학이 여실히 보여준다. 사회학자는 일상인의 태도를[68] 거스르는 방법을 통해 세계의 본질을 꿰뚫는다. 그는 세계가 어떻게 형성되고 있는지 비로소 깨달았다. 세계가 결국 우리의 깊

---

66   이 용어도 하이데거에게서 가져왔다. Martin Heidegger, 같은 글, p. 174.
67   이것도 하이데거에게서 빌려왔다. Martin Heidegger, *Being and Time*, p. 318, 322.

은 잠에 의존하고 있다는 것을 알게 되었고 그것을 통해 세계의 보잘것 없음도 파악하게 되었다.[68] 마침내는 그런 세계에 영원히 묻어갈 것만 같 았던, 그래서 영원할 것만 같았던 인간의 덧없음도 간파했다. 세계는 믿 을 것이 못 되며, 그것은 거대한 기만[70]이라는 자각이 들 때, 즉 인간들이 잠에서 깨어날 때, 그들이 본래성에 눈뜨게 될 때, 세계는 하루아침에 사 라질 수도 있는 운명에 처해 있다는 것을 사회학자는 깨닫게 된 것이다. 이 모두가 거스름과 뻗댐, 그리고 자제함이 가져오는 자각들이다.

이러한 침묵과 자제함은 철학자와 이방인이 향수에 젖어 있기에 가 능한 것이다. 그들이 향수병에 걸려 있는 이상 그들은 고향을 학수고대 하며 침묵하면서 자제함으로써 현재 그들이 거한 곳의 정서와 기운을 거 스른다. 즉, 그들은 여느 세인들처럼 부화뇌동하지 않는다. 섣불리 나대 지 않는다. 이런 자제와 침묵이 거스름이라니……. 그러나 그들은 이것을 통해 각자의 위치에서 나름 현실과 세계의 본질을 꿰뚫으려 노력할 것 이다. 한편 사회학자는 자신이 속한 세계를 지속적으로 낯선 세계로 만 듦으로써 세계의 본질을 꿰뚫으려 애쓸 것이다. 가핑켈이 행한 당연하고 친숙한 세계를 낯설게—이화異化—하려는 여러 시도(예를 들면 위반실험 breaching experiment)가 그것의 예다.[71] 그는 학생들이 그들의 집에서 하숙 생처럼 행동하게 만듦으로써, 그리고 의례적으로 건네받는 무의미한 인

68   이를 슈츠는 "자연적 태도natural attitude"라 불렀다. Alfred Schutz, *On Phenomenology and Social Relations*(Chicago, IL: The University of Chicago Press, 1970b), p. 320. 이 개념에 대한 자세 한 논의로는 김광기, "알프레드 슈츠와 '자연적 태도': 철학과 사회학의 경계를 넘어서," 『철학과 현상학 연 구』, 25, 2005a, pp. 47-70(이 책 2장) 참조.

69   세계가 한낱 "마분지로 만들어진 (…) 불안정한 인공물"이란 자각이 그 대표적인 예일 것이다. Peter L. Berger, *The Precarious Vision: A Sociologist Looks at Social Fictions and Christian Faith*(Garden City, NY: Doubleday, 1961), pp. 69-70.

70   Peter L. Berger, *The Precarious Vision*, pp. 80-93, Peter L. Berger, *Invitation to Sociology*, p. 107; Erving Goffman, "On Cooling the Mark Out: Some Aspects of Adaptation to Failure," *Psychiatry*, Vol. 15, No. 4, 1952, p. 458; 김광기, "고프만, 가핑켈, 그리고 근대성," pp. 217-239 참조.

71   Harold Garfinkel, *Studies in Ethnomethodology*(Englewood Cliffs, NJ: Prentice-Hall, 1967).

사들의 의미를 집요하게 캐물음으로써 우리가 당연시 여기는 가족과 우리가 의당 건네는 의례들의 본모습으로 우리를 인도한다. 대부분 그런 것들은 불편한 진실이다. 겉으로 표명된 인상들과 전혀 다른 모습으로 우리 앞에 들통나 드러나는 사회와 현실에 대해 우리는 아찔한 현기증을 경험하게 된다. 그러나 만일 가핑켈이 일상의 현실을 거스르는 이러한 방법을 사용하지 않았더라면, 우리는 그러한 불편한 진실들을 도저히 간파해낼 재간이 없었던 것이 사실이다. 그것들은 "뻔히 보이지만 알아차리지 못하는seen but unnoticed"[72] 그런 것으로 영원히 남아 있었을 것이다.

어쩌면 가핑켈이 행하는 낯익은 세계에 대한 이러한 이화의 과정도 이방인과 철학자가 겪고 있는 향수에 비견할 수 있을 것이다. 후자의 인물들 역시 각자가 처해 있는 곳 어디서든 자신들이 처해 있는 현실을 있는 그대로 보지 않고 달리 보려—즉 이화— 하는 자들이기 때문이다. 그것을 통해 이방인과 철학자들은 고향을 발견하려 안달하는 향수병을 달고 사는 자들이기 때문이다. 결론적으로 바로 이런 점에서 이방인과 철학자 그리고 사회학자는 서로 어깨동무를 할 수 있는 동지들이다.

◪ 초월 그리고 홀로됨

확실히 향수에 빠진 자는 주위의 다른 이들로부터 홀로된 자다. 그는 자기가 거한 곳에서 초월해 있다. 다른 이들이 깊은 잠에 빠져 있을 때 홀로 깨어 있는 것이다. 홀로 명징한 상태로 남아 있는 것이다. 그는 고통을 진정시킬 진통제가 들지 않아 잠에 빠지지 못하는 자다.

현실을 괄호치는 자, 떠나는 자, 지겨워하는 자, 잠을 자지 않고 홀로 깨어 있으려는 자, 이들 모두는 고독한 단독자다. 모두들 재미있어 하는

72　Harold Garfinkel, "Aspects of the Problem of Commonsense Knowledge of Social Structures," *Transactions of the Fourth World Congress of Sociology*, Vol. 4, 1959, p. 54.

곳에서 재미를 못 느꼈던 것, 다들 자는데 자지 못해 날밤을 꼴딱 새운 경험을 떠올려보면 이 말의 뜻을 충분히 이해할 수 있을 것이다. 그러나 이방인과 현상학자 그리고 사회학자는 바로 이런 일을 밥 먹듯이 행하는 자들이다. 이방인은 분명한 사실이겠지만, 철학자와 사회학자 역시 어쩌면 그들이 학문을 하는 동안뿐만 아니라 생활에서도 이런 홀로됨의 모습을 무의식중에 취할는지 모른다. 이것이 어찌 고통이 아니겠는가?

진통제가 들지 않으면 고통을 느끼는 것은 당연한 일이다. 해서 그들은 이런 고통을 기꺼이 자신의 짐으로 짊어지고 가고 있다. 그 이유는 바로 이들이 그토록 갈구해 마지않았던 본래성을 확보하기 위해서다. 참을 발견하기 위해서다. 과연 진짜란 무엇인가? 희미한 뭔가가 보이는데, 손에 잡힐 듯한데, 그것을 따라 그 불빛과 소리가[73] 보이고 들리는 것 같은데, 그것은 과연 어디에 있는가? 그것을 따라 가는 것, 세상의 소리에 귀를 닫고 잠시든 아니면 영원히든 정신을 바짝 차리고 가는 것, 미로 속에서 희미하게 들리는 신호에 주파수를 맞추어 가는 것이다. 그리고 이것은 초월자에게만 가능하다. 이러한 희미한 소리가 들릴 때 초월자는 기꺼이 세계가 자신에게 붙여주었던 모든 겉치장에 썼던 의상을 벗어던질 수 있다. 그것들은 그를 잔뜩 "위장"시켰으며 그의 현존재를 기억하지 못하게 했던 허울들이다. 그는 그의 "이름, 지위, 출신 성분, 그리고 명망"[74] 등 모든 것을 내려놓으며 이제 그것들이 더는 자기 것이 아니라고 침묵할 것이다.

초월은 끝을 의미하지 않는다. 초월은 이 세계와 저 세계의 "문지방"

---

73   하이데거는 이를 "양심의 소리", 그리고 그것의 "부름"이라 칭한다. Martin Heidegger, *Being and Time*, p. 320. 그리고 Bernard N. Schumacher, *Death and Morality in Contemporary Philosophy*, tran. M. J. Miller(Cambridge: Cambridge University Press, 2011), p. 79; Stephen Mulhall, *Inheritance and Originality: Wittgenstein, Heidegger, Kierkegaard*(Oxford: Oxford University Press, 2001), p. 278; Peter Fenves, *The Messianic Reduction: Walter Benjamin and the Shape of Time*(Stanford, CA: Stanford University Press, 2011), p. 72 등을 참조할 것.

74   Martin Heidegger, *Being and Time*, p. 319.

을 넘는 것이기 때문이다.[75] 친숙한 곳과 아닌 곳 사이의 문지방을 넘는 것이다. 비본래적인 곳과 본래적인 곳 사이를 넘는 것이다. 한 세계의 끝은 다른 세계에서는 시작일 뿐이다. 한 세계의 고통은 다른 곳에서는 기쁨을 의미한다. 따라서 이 세계에서 저 세계를 생각할 때의 그 아득함—하이데거는 "칠흑 같은 어둠darkness"[76]이라 표현했고, 버거는 "밤의 불길한 그림자"[77]로 표현했던—이 "경악terror"[78]으로 다가와 기겁하며 그곳에서 줄곧 줄행랑을 쳤던 자들이 그 공포를 정면으로 맞서고 그 문지방을 넘어선다면, 그는 새로운 세계를 경험할 것이다. 그는 안온한 세계, 즉 그에게 "은신처"가 되어주고 "피난처"[79]가 되어주던 세계를 잃어버리는 고통을 당하고 그 공포에 직면하는 대신, 그 문지방을 넘음으로 인해 그 순간 "해방"[80]을 맛보게 될 것이다. 그 해방은 인간의 현존재가 본질에 거할 수 있게 놓아둔 데서 오는 해방이다. 즉 엄정한 진실에 현존재가 다다랐을 때의 해방이다. 이를 하이데거는 "경이驚異의 지복至福, the bliss of astonishment"[81] 또는 "흔들림 없는 환희unshakable joy"[82]라 일컬었고, 버거 같은 이는 "황홀경ecstasy"[83]이라 표현했다. 심지어 하이데거는 이 기쁨을 표현하며, "엔소우시아스모스enthousiasmos: ἐνθουσιασμός"라는 희랍어까지 동원하고 있다. 어원상 "신神을 만나 그것으로 충만한 상태에서 오는 희열, 열정 또는 영감"을[84] 의미하는 이 단어를 하이데거가 동원해 이때

---

75 Jacques Derrida, *Of Hospitality*, pp. 48-49.

76 Martin Heidegger, *The Fundamental Concepts of Metaphysics*, p. 161.

77 Peter L. Berger, *Sacred Canopy: Elements of a Sociological Theory of Religion*(Garden City, NY: Doubleday, 1967), p. 23.

78 Martin Heidegger, *The Fundamental Concepts of Metaphysics*, p. 281.

79 Martin Heidegger, *Being and Time*, p. 317 참조.

80 Martin Heidegger, *The Fundamental Concepts of Metaphysics*, p. 166 참조.

81 같은 글, p. 366.

82 Martin Heidegger, *Being and Time*, p. 358.

83 Peter L. Berger, *Invitation to Sociology*, p. 171.

84 이 해석은 고대희랍철학 연구자인 조대호에게서 도움을 받았다.

의 해방이 최상의 기쁨이라고 주장하는 이유는 대체 무엇일까?

그것은 바로 인간 존재 자체가 초월자이기 때문이다. 다시 말해서 이방인과 현상학자 그리고 사회학자만이 초월할 수 있는 것이 아니라, 사실은 인간 자체가 본디 초월하는 존재이기 때문이다. 본래 그런 자가 그러지 못하고 있는 것이 슬픔이며 고통인 까닭이다. 비록 그들이 초월하지 않고 세계에 갇혀 소소한 기쁨을 누리고 있다 하더라도 그것은 허위에 찬 기쁨과 안도일 뿐이라는 이야기다. 해서 본디 초월자인 인간이 비로소 자신의 본래성을 깨닫고 세계에 갇혀 있지 않겠다는 결단, 즉 초월하겠다는 결단을 내릴 때, 그 순간 그는 차원이 다른 진정한 기쁨을 맛볼 수 있다는 뜻이다. 다시 말해 그 결단하는 순간, 즉 초월하는 순간의 고통과 경악 또는 공포는 한없는 희열로 순식간에 바뀐다는 것이다. 그것이야말로 진정한 환희라는 것이다. 마치 신과 하나가 될 때의 기쁨이라는 것이다.

하이데거는 그리스의 비극, 소포클레스의 『안티고네』에 나오는 "데이논deinon, δεινὸν"이라는 용어를 자기 식으로 번역해 인간 존재를 초월자로 묘사한다. 하이데거는 데이논을 독일어 "Unheimliche(낯선, 이상한; 영어는 'un-canny')"로 옮기고 있는데, 이는 "집과 같은 관례적이고 일상적이며 위험하지 않은 안전한 것으로부터 추방된 것"을 의미한다.[85] 그가 보는 인간은 바로 안전한 집과 같은 곳에서 스스로 떠난 자다. 그 밖으로 향하는 자다. 그래서 마음을 빼고 목을 빼고 다리를 빼고 급기야 초월을 감행하는 자다. 여기까지는 아닐지라도, 비록 몸은 그곳에 어쩔 수 없이 붙박여 있어도 마음과 영혼은 노상 떠나는 자다. 그래서 하이데거는 이 초월자인 인간을 "낯선"이란 형용사를 붙여 설명하고 있는 것이다. 초월자인 인간은 "떠나 있으면서 거기 있는 자"이고,[86] 물러서 있지 못하면서

---

85   Martin Heidegger, *Introduction to Metaphysics*, pp. 160-161.

86   Martin Heidegger, *The Fundamental Concepts of Metaphysics*, p. 65.

그렇다고 자리를 떠날 수도 없는 자"이며, "부재하면서 존재하는 자"[87]다.[88] 그가 존재한다exist는 것은 곧 그가 "밖에 나가 서 있다ex-sists"는 것을 말한다.[89] 그리고 그것은 인간이 안전하고 편한 것으로 위장한 세계를 더 이상 자기 고향(편한 집)으로 삼지 않는 것not-being-at-home을 의미한다.[90] 자신을 스스로 이 세계의 낯선 나그네로, 즉 이방인으로 만드는 것을 뜻한다.[91] 그것이 바로 인간이다. 그러하기에 이 초월자인 인간이 비로소 자신이 초월할 수 있다는 것을 발견하고 인식하게 되었을 때의 기쁨은 어디에고 비길 데 없는 크고 묵직한 기쁨임을 하이데거와 버거가 각기 철학자와 사회학자로서 우리에게 강변하고 있는 것이다.

"낯선 소리alien voice"[92]가 나는 곳을 향해 깊은 잠에서 깨어 낯선 타지로 향하는 이방인의 발걸음,[93] 즉 낯익은 곳으로부터 발을 빼는 그의 발걸음에 이 모든 의미가 달려 있다. 그가 짚는 지팡이는 해방의 지팡이이자 고난의 지팡이가 될 것이다. 그러나 그가 자지 않고 깨어 있어서 내는 부스럭거림이, 그의 지팡이 소리가 잠에 빠진 자들을 깨울 가능성은 여전히 있다. 이방인과 현상학자 그리고 사회학자는 바로 인간이 잠들지

---

87 같은 글, p. 365.

88 초월하며 동시에 내재하는 존재로서의 인간을 묘사한 연구로는 김광기, "이방인과 인간행위자 I: 초월과 내재 사이," 『한국 사회학』, 39(5), 2005b, pp. 1-25(이 책 4장) 참조.

89 Martin Heidegger, *The Fundamental Concepts of Metaphysics*, p. 365; Peter L. Berger, *Invitation to Sociology*, p. 137; Peter L. Berger and Hansfried Kellner, *Sociology Reinterpreted*, p. 206.

90 Martin Heidegger, *Being and Time*, p. 233.

91 하이데거에게 있어 이화異化, 낯섦, 혹은 이방성Unheimlichkeit이 "인간 존재 자체의 조건"이라고 주장하는 예로는 Charles Bambach, *Heidegger's Roots: Nietzsche, National Socialism, and the Greeks*(Ithaca, NY: Cornell University Press, 2003), p. 150 참조.

92 하이데거에게서 가져온 용어다. 다른 가능성에의 초월의 단초를 제공한다. Martin Heidegger, *Being and Time*, p. 321.

93 고향에서 흘러나오는 소리가 "낯선 소리"라고 가정하면, 이때 고향은 이방인이 속하기를 간절히 열망하는 "낯선 타지"로서의 "세계의 중심"이 될 수 있다. 즉, 여기서는 앞 장(13장)에서 살펴봤던 헬러의 이분법이 사라진다. 그녀는 "낯선 타지"와 "세계의 중심"을 구분했었다. 그러나 여기서는 그 양자가 중첩되는 기이한 현상이 나타난다.

않고 깬 채 있을 수 있다는 것을 보여주는 자들이다. 인간이 초월할 수 있음으로 보이는 일깨우는 자들이다. 그리고 의도적이든 그렇지 않든 옆에서 잠든 이들을 깨울 수 있는 자들이다. 사변적으로든 아니면 그들의 쩡한 삶으로든 초월의 시범을 보여주는 자들이다. 행함으로 보여주는 자들이다. 영향을 주는 자들이다.

그러나 모든 이를 잠에서 깨우는 것은 불가능하다. 즉 이방인과 철학자와 사회학자가 모든 세인을 본래성으로 이끌고 갈 수는 없는 일이다. 단, 잠 속에서도 미세한 음성에 뒤척이는 자, 궁금해하는 자, 즉 이방인과 철학자와 사회학자와 같이 소위 "투명한 감수성"을 가진 예민한 자들을 일으켜 깨워야 할[94] 책무는 있다. 그리고 그 책무는 그들에게 단지 버거운 짐으로만 남는 것은 아니다. 그렇게 함으로써 깨어 있는 자들의 기쁨은 배가되기 때문이다. 기쁨과 슬픔은 나누면 각각 배가되고 훨씬 줄일 수 있다. 서로 얼싸안음에 기쁨은 배가되기 때문이다. 세계로부터 떨어져 나가는 공포를 뒤로한 채, 이를 두려워하지 않고 용감하게 그 세계 밖으로 걸어나가는 홀로 서려는 자들에게, 즉 초월하려는 자들에게 미리 건너간 자가 용기를 잃지 말라는, 흔들리지 말라는 미세한 음성을 들려주는 것, 즉 또 다른 저 세계의 합창을 들려주는 것, 초월자들의 합창을 들려주는 것은 그 어느 것에 비할 수 없이 매우 의미 있는 일일 것이다.

---

94   Martin Heidegger, *The Fundamental Concepts of Metaphysics*, p. 79 참조.

4. 이방인을 찬미하며

본래성을 발견하기 위해서는 이방성이 반드시 필요하다. 나를 나이게 못 하는, 즉 나를 다른 것에 가둬두려는 세계의 모든 집요한 작업과 기획으로부터 나를 스스로 풀어 다른 세계에 개방하는 것과 그것 밖으로 거침없이 서려 하는 것이 바로 이방성이기 때문이다. 그리고 이방성은 곧 이 세계에서 편안함과 안도를 얻지 못하는 것이다.

여기 그림 하나가 있다.

또래의 놀이에서 별 재미를 못 느끼고 먼발치에 떨어져 혼자 뭔가를 그리고 있는 아이가 있다. 이 아이는 장차 현상학자나 사회학자가 될 가능성이 매우 높다. 왜냐하면 그 아이의 모습에서 이방인의 모습이 엿보이기 때문이다. 시간 가는 줄 모르고 재미있는 놀이에 푹 빠진 여느 아이들은 아마도 미래에 사회학자나 현상학자가 되기는 힘들 것이다.

그러나 꼭 모든 사람이 사회학자나 현상학자, 이방인이 될 필요는 없다. 그런 자들만 모여 있다면 세상은 더 이상 가능하지 않을 것이기 때문이다. 세상은 존재할 수 없을 것이기 때문이다. 모두 진리만 추구하는 초월적 구도자만 득실거리는 세상을 상상해보라. 분명 세상엔 이 세상을 가능케 하는 그런 이들도 존재해야 한다. 회의하지 않고 묻지도 않는, 즉 아무 생각 없는 이들이 존재해야 이 세상은 지탱될 수 있다. 그러나 진정으로 본래적인 자기, 본래적인 세상, 본래적인 참을 찾는 이가 있다면 그는 사회학자나 현상학자가 되는 것을 심각하게 고려해봐야 할 것이다. 이렇게 해야만 그것을 손에 움켜쥘 가능성이 매우 높기 때문이다. 아니, 꼭 그것이 될 필요는 없다. 단 그들이 견지한 태도, 개방적 태도, 삐딱한 태도, 냉소적인 태도, 즉 이방인만 기꺼이 되려 한다면, 그는 본래성이 자리한 곳에 성큼 다가섰다고 볼 수 있다. 그리고 세계는 또 이런 자들에 의해서도 그럭저럭 굴러갈 수 있을 것이다. 마치 꼭 마음에 드는 사람하고만 결혼을 하는 것은 아니듯, 그리고 마음에 든 짝과 결혼했다고 해서 끝까지 그 마음이 변치 않는 것은 아니듯, 오히려 이렇게 무덤덤한 이들이 이혼하는 경우가 더 적은 법이듯, 세계는 그 세계에 몰입하지 않고 사는 이런 이들에 의해서도 유지될 수 있는 것이다. 본래성을 찾았다고 해서 세계가 당장에 끝나는 것은 아니다.

어쨌든 참과 본래성을 찾는 이들이라면 세계에 대해 끊임없이 회의하며 물어대는 이방인과 현상학자 그리고 사회학자의 말에 귀를 쫑긋 세울 필요가 있다. 바로 그들이 본래성을 위해 맹렬히 몰두하고 있는 자들이기에 그러하다. 그들은 세계에서 참의 고향, 본래성의 고향을 찾으려 하염없이 자제하고 침묵하며 세계를 거스르는 자들이다. 세상의 껍데기는 가라고 부르짖으며 본래성 때문에 향수병이 걸려버린 자들, 가짜가 판치는 세상에서 우리가 이들을 유독 주목해야 하는 이유다.

하여, 이방인이여 영원하라!

각 글의 출처

각 장은 학술지에 발표되었던 것들로 수정을 거쳐 책으로 다시 엮었다.

"'이방인'의 사회학을 위한 이론적 정초," 『한국사회학』, 38(6), 2004b, pp. 1-29(제1장)

"알프레드 슈츠와 '자연적 태도': 철학과 사회학의 경계를 넘어서," 『철학과 현상학 연구』, 25, 2005, pp. 47-70(제2장)

"'이방인'의 현상학: '이방인'과 '자연적 태도'," 『철학과 현상학 연구』, 33, 여름, 2007, pp. 41-67(제3장)

"이방인과 인간행위자 I: 초월과 내재 사이," 『한국 사회학』, 39(5), 2005, pp. 1-25(제4장)

"'이방인'과 '인간행위자' II: '친밀'과 '거리' 사이," 『사회와 이론』, 7(2), 2005, pp. 151-175(제5장)

"이방인과 인간행위자 III: 불안과 안도 사이," 『사회이론』, 28, 2005, pp. 155-186(제6장)

"정상과 비정상, 그리고 이방인," 『사회이론』, 33, 봄/여름, 2008, pp. 281-314(제7장)

"근대성, 현대인 그리고 이방인: 이방인으로서의 현대인," 『사회와 이론』, 39, 2011, pp. 275-300(제8장)

"관용과 환대, 그리고 이방인: 하버마스와 데리다를 중심으로," 『현상과 인식』, 36(4), 2012, pp. 141-170(제9장)

"'공동체'가 지닌 알려지지 않은 또 하나의 얼굴에 대하여: 영화 〈도그빌〉(Dogville)에 관한 사회학적 단상," 『사회이론』, 27, 봄/여름, 2005, pp. 138-164(제10장)

"대면적 상호 작용, 기러기 아빠, 그리고 이방인: 가족의 친밀성 변화에 관한 사회현상학적 소고," 『현상과 인식』, 33(1/2), 2009, pp. 172-203(제11장)

"'존재감'을 위한 일반적 조건, 그리고 한국적 조건," 『현상과 인식』, 34(3), 2010, pp. 175-201(제12장). 이 논문은 다음의 책에도 일부 사용된 적이 있음. "7강: 드라마로서의 사회, 연기자로서의 자아," 『문화사회학』, 살림, 2012, pp. 179-208.

"멜랑콜리, 노스텔지어, 그리고 고향," 『사회와 이론』, 23, 2013, pp. 173-203(제13장)

"사회학자, 현상학자, 그리고 이방인: 본래성의 추구자들에 관한 소고," 『한국사회학』, 47(5), 2013, pp. 73-99(제14장)

강길호, "공손 전략과 체면 관리," 『정, 체면, 연줄 그리고 한국인의 인간 관계』, 임태섭 엮음, 한 나래, 1995, pp. 129-148.

김광기, "고프만, 가핑켈, 그리고 근대성," 『한국사회학』, 34, 2000, pp. 217-239.

_____, "왜 사회세계엔 '전형'이 반드시 필요할까?: 알프레드 슈츠의 '전형성' 개념을 중심으로," 『한국사회학』, 36(5), 2002a, pp. 59-85.

_____, "당연시되는 세계와 자기기만: 일상성에 대한 피터 버거의 현상학적 사회학," 『철학과 현상학 연구』, 18, 2002b, pp. 388-416.

_____, "양가성, 애매모호성, 그리고 근대성: 알프레드 슈츠의 '전형성' 개념의 응용연구," 『한 국사회학』, 37(6), 2003a, pp. 1-32.

_____, "익명성, 추상성, 그리고 근대성," 『철학과 현상학 연구』, 21, 2003b, pp. 249-272.

_____, "소설 속의 전통과 현대: 이문열의 '아가'에 묘사된 근대성에 대한 사회학적 소고," 『사 회이론』, 25, 2004a, pp. 352-395.

_____, "'이방인'의 사회학을 위한 이론적 정초," 『한국사회학』, 38(6), 2004b, pp. 1-29.

_____, "알프레드 슈츠와 '자연적 태도': 철학과 사회학의 경계를 넘어서," 『철학과 현상학 연 구』, 25, 2005a, pp. 47-70.

_____, "이방인과 인간행위자 I: 초월과 내재 사이," 『한국 사회학』, 39(5), 2005b, pp. 1-25.

_____, "'이방인'과 '인간행위자' II: '친밀'과 '거리' 사이," 『사회와 이론』, 7(2), 2005c, pp. 151-175.

_____, "이방인과 인간행위자 III: 불안과 안도 사이," 『사회이론』, 28, 2005d, pp. 155-186.

_____, "탈코트 파슨스와 근대성: 그의 명시적 근대성 개념의 해부," 『한국사회학』, 41(1), 2007a, pp. 256-287.

_____, "'이방인'의 현상학: '이방인'과 '자연적 태도'," 『철학과 현상학 연구』, 33, 여름, 2007b, pp. 41-67.

_____, 『뒤르켐 & 베버: 사회는 무엇으로 사는가?』, 김영사, 2007c.

_____, "정상과 비정상, 그리고 이방인," 『사회이론』, 33, 봄/여름, 2008, pp. 281-314.

_____, "뒤르케임 일병 구하기: 파슨스, 뒤르케임주의 문화사회학, 그리고 롤스," 『사회와 이 론』, 14, 2009, pp. 45-91.

_____, "위선이 위악보다 나은 사회학적 이유," 『사회와 이론』, 18, 2011, pp. 107-134.

_____, "관용과 환대, 그리고 이방인: 하버마스와 데리다를 중심으로," 『현상과 인식』, 36(4), 2012, pp. 141-170.

이남인, "현상학적 환원과 현상학의 미래," 『철학과 현상학 연구』, 54, 2012, pp. 89-121.

이용규·정석환, "한국적 토착심리가 조직구성원의 혁신행동에 미치는 영향: 체면, 우리성지향 행동을 중심으로," 『한국행정학연구』, 15(1), 2006, pp. 33-70.

임철규, 『그리스 비극: 인간과 역사에 바치는 애도의 노래』, 한길사, 2007.

_____, 『귀환』, 한길사, 2009.

임태섭, "체면을 숭배하는 나라, 한국," 『정, 체면, 연줄 그리고 한국인의 인간 관계』, 임태섭 엮음, 한나래, 1995, pp. 101-128.

조은, 『세계화의 최첨단에 선 한국의 가족: 원정유학 모자녀가족 사례를 중심으로』, 학술진흥재단연구보고서, 2004.

최상진·유승엽, "한국인의 체면에 대한 사회심리학적 한 분석," 『한국심리학회지』, 6(2), 1992, pp. 137-157.

최양숙, 『조기유학, 가족 그리고 기러기 아빠』, 한국학술정보, 2005.

Adorno, Theodor W., *Minima Moralia: Reflections on a Damaged Life*(New York, NY: Verso, 2005).

Alexander, Jeffrey C., "Rethinking Strangeness: From Structures in Space to Discourses in Civil Society," *Thesis Eleven*, November 79, 2004, pp. 87-104.

Appiah, Kwame Anthony, "Cosmopolitan Patriots," *For Love of Country*, ed. Joshua Cohen(Boston, MA: Beacon Press, 1996), pp. 21-29.

_____, *Cosmopolitanism: Ethics In A World of Strangers*(New York, NY: W. W. Norton & Company, 2006).

Bambach, Charles, *Heidegger's Roots: Nietzsche, National Socialism, and the Greeks*(Ithaca, NY: Cornell University Press, 2003).

Barber, Benjamine R., "Constitutional Faith," *For Love of Country*, ed. Joshua Cohen(Boston, MA: Beacon Press, 1996), pp. 30-37.

Barnes, Barry, "Tolerance as a Primary Virtue," *Toleration, Neutrality and Democracy*, ed. Dario Castiglione and Catriona McKinnon(Dordrecht: Kluwer Academic Publishers, 2003), pp. 11-22.

Bauman, Zygmunt, *Memories of Class*(London: Routledge & Kegan Paul, 1982).

_____, "Solid, Blood and Identity," *Sociological Review*, Vol. 40, No. 4, 1992, pp. 675-701.

_____, *Postmodern Ethics*(Oxford: Blackwell, 1993).

_____, *Globalization; The human Consequences*(Cambridge: Polity Press, 1998).

_____, "Making and Unmaking of Strangers," in *The Bauman Reader*, ed. Peter Beilharz(Oxford: Blackwell, 2001).

_____, "Durkheim's Society Revisited," *The Cambridge Companion to Durkheim*, ed. Alexander, Jeffery and Philip Smith(Cambridge: Cambridge University Press, 2005), pp. 360-382.

Beauvoir, Simone de, *The Ethics of Ambiguity*(Secaucus, NJ: Citadel Press, 1948).

Beer, William R., *Strangers in the House: The World of Stepsiblings and Half-Siblings*(New Brunswick, NJ: Transaction Publishers, 1989).

Beiner, Roland, *Civil Religion: A Dialogue in the History of Political Philosophy*(Cambridge: Cambridge University Press, 2011).

Beitz, Charles, R., "Justice and International Relations," *Philosophy and Public Affairs*, Vol. 4, No. 4, 1975, pp. 360-389.

Bellah, Robert, "Durkheim and Ritual," *The Cambridge Companion to Durkheim*, ed. Jeffrey Alexander and Philip Smith(Cambridge: Cambridge University Press, 2005), pp. 183-210.

Benhabib, Seyla, *Critique, Norm, and Utopia: A Study of the Foundations of Critical Theory*(New York, NY: Columbia University Press, 1986).

Bercovitch, Jacob and A. Houston, "The Study of International Mediation: Theoretical Issues and Empirical Evidence," in *Resolving International Conflicts: The Theory and Practice of Mediation*, ed. J. Bercovitch(London: Lynne Rienner, 1996), pp. 11-35.

Berger, Peter L., *The Precarious Vision: A Sociologist Looks at Social Fictions and Christian Faith*(Garden City, NY: Doubleday, 1961).

＿＿＿, *Invitation to Sociology: A Humanistic Perspective*(Garden City, NY: Doubleday, 1963).

＿＿＿, *Sacred Canopy: Elements of a Sociological Theory of Religion*(Garden City, NY: Doubleday, 1967).

＿＿＿, "On the Obsolescence of the Concept of Honor," *European Journal of Sociology*, Vol. 11, 1970, pp. 339-347.

＿＿＿, "Sincerity and Authenticity in Modern Soceity," *The Public Interest*, Vol. 31, 1973, pp. 81-90.

＿＿＿, "Modern Identity: Crisis and Continuity," in *The Cultural Drama: Modern Identities and Social Ferment*, ed. Witon S. Dillon(Washington D. C.: Smithsonian Institute Press, 1974).

＿＿＿, *The Heretical Imperative: Contemporary Possibilities of Religious Affirmation*(New York, NY: Anchor Books, 1979).

＿＿＿, *A Rumor of Angels*(New York, NY: Doubleday, 1990).

＿＿＿, *A Far Glory: The Quest for Faith in an Age of Credulity*(New York, NY: Anchor Books, 1992).

＿＿＿, *Redeeming Laughter: The Comic Dimension of Human Experience*(New York, NY: Walter De Gruyter, 1997).

_____, and Anton Zijderveld, _In Praise of Doubt: How to Have Convictions Without Becoming A Fanatic_(New York, NY: Harper One, 2009).

_____, and Brigitte Berger, _Sociology: A Biographical Approach_(New York, NY: Basic Books, 1972).

_____, Brigitte Berger and Hansfried Kellner, _The Homeless Mind: Modernization and Consciousness_(New York, NY: Vintage Books, 1974).

_____, and Hansfried Kellner, "Arnold Gehlen and The Theory of Institution," _Social Research_, Vol. 32, 1965, pp. 110-115.

_____, and Hansfried Kellner, _Sociology Reinterpreted: An Essay on Method and Vocation_(Garden City, NY: Doubleday, 1981).

_____, and Stanley Pullberg, "Reification and the Sociological Critique of Consciousness," _History and Theory_, Vol. 4, No. 2, 1965, pp. 196-211.

_____, and Thomas Luckmann, _The Social Construction of Reality_(Garden City, NY: Doubleday, 1966).

_____, and Thomas Luckman, _Modernity, Pluralism and the Crisis of Meaning_(Gütersloh: Bertelsmann Foundation Publishers, 1995).

Biddle, Bruce J., _Role Theory_(New York, NY: Academic Press, 1979).

Bogen, David, "Order Without Rules: Wittgenstein and the Communicative Ethics Controversy," _Sociological Theory_, Vol. 11, No. 1, 1993.

Bohman, James, _Perpetual Peace: Essays On Kant's Cosmopolitan Ideal_(Cambridge, MA: MIT Press, 1997).

Bok, Sissela, "From Part To Whole," _For Love of Country_, ed. Joshua Cohen(Boston, MA: Beacon Press, 1996), pp. 38-44.

Bonacich, Edna, "A Theory of Middleman Minorities," _American Sociological Review_, Vol. 38, No. 5, 1973, pp. 583-593.

Borradori, Giovanna, _Philosophy In A Time Of Terror: Dialogues With Jürgen Habermas And Jacques Derrida_(Chicago, IL: University of Chicago Press, 2003).

Bourdieu, Pierre, _Outline of a Theory of Practice_, tran. Richard Nice(Cambridge: Cambridge University Press, 1977).

_____, _Distinction: A Social Critique of the Judgement of Taste_(Cambridge, MA: Harvard University Press, 1984).

_____, _The Logic of Practice_, tran. Richard Nice(Stanford, CA: Stanford University Press, 1990a).

_____, _In Other Words: Essays Towards a Reflexive Sociology_, tran. Matthew Adamson(Stanford, CA: Stanford University Press, 1990b).

_____, Luc Boltanski, Robert Castel, Jean-Claude Chamboredon and Dominique Schnapper, *Un art moyen: Essai sur les usages de la photographie*(Paris: Editions de Minuit, 1965).

Boym, Svetlana, *The Future of Nostalgia*(New York, NY: Basic Books, 2001).

Brown, David W., *When Strangers Cooperate: Using Social Conventions to Govern Ourselves*(New York, NY: Free Press, 1995).

Butler, Judith, "Revisioning Cosmopolitanism," *For Love of Country*, ed. Joshua Cohen(Boston, MA: Beacon Press, 1996), pp. 45-52.

Calavita, Kitty C., "U. S. Immigration and Policy Responses: The Limits of Legislation," in *Controlling Immigration: A Global Perspective*, ed. W. A. Cornelius, et al.(Stanford, CA: Stanford University Press, 1994).

Camic, Charles and Hans Joas, "The Dialogical Turn," in *The Dialogical Turn: New Roles for Sociology in the Postdisciplinary Age*, ed. Charles Camic and Hans Joas(Boulder: Rowman & Littlefield Publishers, 2004), pp. 1-19.

Camus, Albert, *The Stranger*(New York, NY: Vintage Books, 1989).

Carter, Stephen L., *The Culture of Disbelief*(New York, NY: Basic Books, 1993).

Casey, Edward S., *Getting Back into Place: Toward a Renewed Understanding of the Place-World*(Bloomington, IN: Indiana University Press, 1993).

Chambers, Iain, *Migrancy, Culture, identity*(London: Routledge, 1994).

Clifford, James, "Notes on Travel and Theory," *Inscriptions*, Vol. 5, 1989, pp. 177-188.

Cohen, Erick, "A Phenomenology of Tourist Experiences," *The Sociology of Tourism: Theoretical and Empirical Investigations*, ed. Yiorgos Apostolopoulos, Stella Leivadi and Andrew Yiannakis(London: Routledge, 1996), pp. 90-114.

Coleman, James S., *Individual Interests and Collective Action: Selected Essays*(Cambridge: Cambridge University Press, 1986).

_____, *Foundations of Social Theory*(Cambridge, MA: Belknap, 1990).

Collins, Randall, *The Sociology of Philosophies: A Global Theory of Intellectual Change*(Cambridge, MA: Harvard University Press, 1998).

Colson, Elizabeth, "The Alien Diviner and Local Politics Among the Tonga of Zambia," in *Political Anthropology*, ed. M. Swartz et al.(Chicago, IL: Aldine, 1966), pp. 221-228.

Coser, Lewis A., "The Alien as a Servant of Power: Court Jews and Christian Renegades," *American Sociological Review*, Vol. 37, No. 5, 1972, pp. 574-581.

Coulter, Jeff, *The Social Construction of Mind: Studies in Ethnomethodology and Linguistic Philosophy*(Totowa, NJ: Rowman and Littlefield, 1979).

_____, "Remarks on the Conceptualization of Social Structure," *Philosophy of Social*

Science, Vol. 12, 1982.

_____ , *Mind in Action*(Atlantic Hightlands, NJ: Humanities Press, 1989).

_____ , "Logic: Ethnomethodology and the Logic of Language," in *Ethnomethodology and the Human Sciences*, ed. Graham Button(Cambridge: Cambridge University Press, 1991).

_____ , "Chance, Cause and Conduct: Probability Theory and the Explanation of Human Action," in *Philosophy of Science, Logic, and Mathematics in the 20th Century*, ed. S. Shanker(New York, NY: Routledge, 1996).

Curtin, Philip D., *Cross-Cultural Trade in World History*(New York, NY: Cambridge University Press, 1992).

Davies, Carole B., *Black Women, Writing, and Identity: Migrations of the Subject*(London: Routledge, 1994).

Davis, Fred, *Yearning for Yesterday: A Sociology of Nostalgia*(New York, NY: Free Press, 1979).

Derrida, Jacques, *The Post Card: From Socrates to Freud and Beyond*, tran. Alan Bass(Chicago, IL: University of Chicago Press, 1987).

_____ , *Aporias*, tran. Thomas Dutoit(Stanford, CA: Stanford University Press, 1993).

_____ , *Specters of Marx: The State of The Debt, The Work of Mourning, and The New International*, tran. Peggy Kamuf(New York, NY: Routledge, 1994).

_____ , *Monolingualism of the Other: Or, The Prosthesis of Origin*, tran. Patrick Mensah (Stanford, CA: Stanford University Press, 1999).

_____ , *Of Hospitality*(Stanford, CA: Stanford University Press, 2000).

_____ , "The University Without Condition," *Without Alibi*, tran. and ed. Peggy Kamuf(Stanford, CA: Stanford University Press, 2002a), pp. 202-237.

_____ , "Faith and Knowledge: The Two Sources of Religion at the Limits of Reason Alone," *Acts of Religion*, ed. Gil Anidjar(New York, NY: Routledge, 2002b), pp. 42-101.

_____ , "Autoimmunity: Real and Symbolic Suicide: A Dialogue with Jacques Derrida," *Philosophy In A Time Of Terror: Dialogues With Jürgen Habermas And Jacques Derrida*, ed. Giovanna Borradori(Chicago, IL: University of Chicago Press, 2003), pp. 85-136.

Descartes, René, *The Meditations*(La Salle, IL: Open Court Classics, 1988).

Dessewffy, Tibor, "Strangerhood without Boundaries: An Essay in the Sociology of Knowledge," *Poetics Today*, Vol. 17, No. 4, 1996, pp. 599-615.

Diken, Bülent, *Strangers, Ambivalence and Social Theory*(Aldershot: Ashgate, 1998).

Durkheim, Emile, *The Rules of Sociological Method*(New York, NY: Free Press, 1938).

_____, *Suicide*(New York, NY: Free Press, 1951).

_____, *The Rules of Sociological Method*(New York, NY: Free Press, 1964).

_____, "The Dualism of Human Nature and its Social Condition," in *Emile Durkheim on Morality and Society*, ed. R. N. Bellah(Chicago, IL: Chicago University Press, [1914]1973), pp. 149-163.

_____, "Course in Sociology: Opening Lecture," in *Emile Durkheim on Institutional Analysis*, tran. Mark Traugott(Chicago, IL: Chicago University Press, [1888]1978), pp. 43-70.

_____, *The Rules of Sociological Method*, ed. W. D. Halls(London: The MacMillan Press, [1895]1982).

_____, *Pragmatism and Sociology*, ed. J. B. Allcock and tran. J. C. Whitehouse(Cambridge: Cambridge University Press, [1955]1983).

_____, *The Elementary Forms of Religious Life*, tran. Karen E. Fields(New York, NY: Free Press, [1912]1995).

_____, *Durkheim's Philosophy Lectures: Note from the Lycée de Sens Course, 1883-1884*, ed. and tran. Neil Gross and Robert Jones(Cambridge: Cambridge University Press, 2005).

Falk, Richard, "Universality In Culture," *For Love of Country*, ed. Joshua Cohen(Boston, MA: Beacon Press, 1996), pp. 53-60.

Fenves, Peter, *The Messianic Reduction: Walter Benjamin and the Shape of Time*(Stanford, CA: Stanford University Press, 2011).

Fontana, Andrea, "The Mask and Beyond: The Enigmatic Sociology of Erving Goffman," *Introduction to the Sociologies of Everyday Life*, ed. Jack D. Douglas(Boston, MA: Allyn and Bacon, 1980).

Foucault, Michel, *Madness and Civilization: A History of Insanity in the Age of Reason*, ed. Richard Howard(New York, NY: Pantheon Books, 1965).

Fraser, Angus, *The Gypsies*(Oxford: Blackwell, 1992).

Fromm, Erich, *Escape from Freedom*(New York, NY: Rinehart, 1941).

Galeotti, Anna Elisabeta, *Toleration as Recognition*(Cambridge: Cambridge University Press, 2002).

Garfinkel, Harold, "Aspects of the Problem of Commonsense Knowledge of Social Structures," *Transactions of the Fourth World Congress of Sociology*, Vol. 4, 1959, pp. 51-65.

_____, "A Conception of, and Experiments with, 'Trust' as a Condition of Stable Concerted Actions," in *Motivation and Social Interaction*, ed. O. J. Harvey(New York, NY: Ronald Press, 1963), pp. 187-238.

_____ , "Ethnomethodology's Program," *Social Psychology Quarterly*, Vol. 59, No. 1, 1966, pp. 5-21.

_____ , *Studies in Ethnomethodology*(Englewood Cliffs, NJ: Prentice-Hall, 1967).

_____ , "Oral Contributions," in *Proceedings of the Purdue Symposium on Ethnomethodology*, ed. R. J. Hill and K. S. Crittenden(West Lafayette, IN: Purdue University, Institute for the Study of Social Change, 1968).

_____ , "Ethnomethodology's Program," *Social Psychology Quarterly*, Vol. 59, No. 1, 1996, pp. 5-21.

_____ , "The Corpus Status of Ethnomethodological Investigation," *Paper presented at Orders of Ordinary Action Conference*(Manchester: Manchester Metropolitan University, 2001).

_____ , *Ethnomethodology's Program: Working Out Durkheim's Aphorism*, ed. Anne Warfield Rawls(Lanham, MD: Rowman & Littlefield Publishers, 2002).

_____ , *Seeing Sociologically: The Routine Ground of Social Action*, ed. Anne Rawls(Boulder, CO: Paradigm, 2005).

_____ , and Harvey Sacks, "On Formal Structures of Practical Actions," in *Theoretical Sociology*, ed. J. C. McKinney and E. A. Tiryakian(New York, NY: Appleton Century Crofts, 1970).

_____ , and Lawrence Wieder, "Two Incommensurable, Asymmetrically Alternated Technologies of Social Analysis," *Text in Context: Contributions to Ethnomethodology*, ed. Graham Watson and Robert Seiler(London: Sage, 1992).

Gehlen, Arnold, *Urmensch und Spatkultur*(Bonn: Athenaeum Verlag, 1956).

_____ , *Man in the Age of Technology*(New York, NY: Columbia University Press, 1980).

_____ , *Man: His Nature and Place in the World*(New York, NY: Columbia University Press, 1988).

Giddens, Anthony, *The Constitution of Society*(Berkeley, CA: University of California Press, 1984).

_____ , *Durkheim on Politics and the State*(Stanford, CA: Stanford University Press, 1986).

_____ , *The Consequences of Modernity*(Stanford, CA: Stanford University Press, 1990).

Gitlin, Todd, *The Twilight of Common Dreams*(New York, NY: Henry Holt, 1995).

Girard, René, *The Scapegoat*(Baltimore, MD: Johns Hopkins University Press, 1986).

Glazer, Nathan, "Limits Of Loyalty," *For Love of Country*, ed. Joshua Cohen(Boston, MA: Beacon Press, 1996), pp. 61-65.

Goffman, Erving, "On Cooling the Mark Out: Some Aspects of Adaptation to Failure," *Psychiatry*, Vol. 15, No. 4, 1952, pp. 451-463.

_____, *The Presentation of Self in Everyday Life*(New York, NY: Doubleday, 1959).

_____, *Asylums: Essays on the Social Situation of Mental Patients and Other Inmates*(Harmondsworth: Penguin, 1961a).

_____, *Encounters: Two Studies in the Sociology of Interaction*(Indianapolis, IN: Bobbs-Merrill, 1961b).

_____, *Stigma: Notes on the Management of Spoiled Identity*(Englewood Cliffs, NJ: Prentice Hall, 1963a).

_____, *Behavior in Public Places*(New York, NY: Free Press, 1963b).

_____, *Interaction Ritual: Essays on Face-to-Face Behavior*(Garden City, NY: Anchor Books, 1967).

_____, *Relations in Public: Microstudies of the Public Order*(New York, NY: Basic Books, 1971).

_____, *Frame Analysis: An Essay on the Organization of Experiences*(New York, NY: Harper & Row, 1974).

_____, "The Interaction Order," *American Sociological Review*, Vol. 48, No. 1, 1983, pp. 1-17.

Greenblat, Cathy Stein and John H. Gagnon, "Temporary Strangers: Travel and Tourism from a Sociological Perspective," *Sociological Perspectives*, Vol. 26, No. 1, 1983, pp. 89-110.

Greifer, Julian, "Attitudes to the Stranger: A Study of the Attitudes of Primitive Society and Early Hebrew Culture," *American Sociological Review*, December 10, 1945, pp. 739-745.

Gurevitch, Z. David, "The Other Side of Dialogue: On Making the Other Strange and the Experience of Otherness," *American Journal of Sociology*, Vol. 93, No. 5, 1988, pp. 1179-1199.

Gutman, Amy, "Democratic Citizenship," *For Love of Country*, ed. Joshua Cohen(Boston, MA: Beacon Press, 1996), pp. 66-71.

Habermas, Jürgen, *Knowledge and Human Interests*, ed. Jeremy J. Shapiro(Boston, MA: Beacon Press, 1971).

_____, "Wahrheitstheorien," *Wirklichkeit und Reflexion: Walter Schulz zum 60, Gerburtstag*, ed. Helmut Fahrenbach(Pfullingen: Neske, 1973).

_____, *Communication and the Evolution of Society*, tran. Thomas McCarthy(Boston, MA: Beacon Press, 1979).

_____, "New Social Movement," *Telos*, Vol. 49, 1981, pp. 33-37.

_____, "A Reply to My Critics," *Habermas: Critical Debates*, ed. John B. Thompson and

David Held(Cambridge, MA: MIT Press, 1982), pp. 219-283.

_____, *Theory of Communicative Action*, tran. Thomas McCarthy(Boston, MA: Beacon Press, 1984).

_____, *The Philosophical Discourse of Modernity*, tran. F. G. Lawrence(Boston, MA: Beacon Press, 1987).

_____, *The Theory of Communicative Action*, Vol. 2(Boston, MA: Beacon, 1989).

_____, "Yet Again: German Identity-A Unified Nation of Angry DM-Burghers," *New German Critique*, Vol. 52, 1991, pp. 84-101.

_____, "Further Reflections on the Public Sphere," *Habermas and the Public Sphere*, tran. Craig Calhoun(Cambridge, MA: MIT Press, 1992).

_____, "Europe's Second Chance," *The Past As Future*, tran. and ed. Max Pensky(Lincoln: University of Nebraska Press, 1994a), pp. 73-98.

_____, "What Theories Can Accomplish," *The Past As Future*, tran. and ed. Max Pensky (Lincoln: University of Nebraska Press, 1994b), pp. 99-120.

_____, *Postmetaphysical Thinking : Philosophical Essays*, tran. William Mark Hohengarten(Cambridge, MA: MIT Press, 1994c).

_____, "Fundamentalism and Terror: A Dialogue with Jürgen Habermas," *Philosophy In A Time Of Terror: Dialogues With Jürgen Habermas And Jacques Derrida*, ed. Giovanna Borradori(Chicago, IL: University of Chicago Press, 2003), pp. 25-44.

_____, and Jacques Derrida, "Unsere Erneuerung-Nach dem Krieg: Die Wiergeburt Europas," *Frankfurt Allgemeiner Zeitung*, May 31, 2003. http://www.uni-giessen. de/~g31130/PDF/polphil/derrida%20Habermas.pdf

Hägerstrand, Torsten, "What about People in Regional Science," *Papers of the Regional Science Association*, Vol. 24, 1970.

_____, "Space, Time and Human Conditions," *Dynamic Allocation of Urban Space*, ed. A. Karlqvist(Farnborough: Saxon House, 1975).

_____, *Innovation as a Spatial Process*(Chicago, IL: University of Chicago Press, 1976).

Hastrup, Kirsten, "Introduction: The Responsibility of Intellectuals," *Discrimination and Toleration: New Perspectives*, ed. Kirsten Hastrup and George Ulrich(The Hague: Martinus Nijhoff Publishers, 2002), pp. 1-16.

Harman, Lesley D., *The Modern Stranger: On Language and Membership*(Berlin: Mouton de Gruyter, 1988).

Hegel, Georg Wilhelm Friedrich, *Phenomenology of Spirit*, tran. A. V. Miller(Oxford: Oxford University Press, 1977).

Heidegger, Martin, *Being and Time*, tran. John Macquarrie and Edward Robinson(New

York, NY: Harper & Row, 1962).

____, "···Poetically Man Dwells···," *Poetry, Language, and Thought*, tran. Albert Hofstadter(New York, NY: Harper & Row, 1971).

____, "Die Sprache Johann Peter Hebels," *Denkerfahrungen, 1910-1976*(Frankfurt am Main: V. Klostermann, 1983a).

____, "Sprache und Heimat," *Denkerfahrungen, 1910-1976*(Frankfurt am Main: V. Klostermann, 1983b).

____, *Nietzsche, Vol. III: The Will to Power as Knowledge and as Metaphysics & Vol. IV: Nihilism*, tran. Joan Stambaugh, David Farrell Krell, and Frank A. Capuzzi(New York, NY: HarperCollins, 1991).

____, *The Fundamental Concepts of Metaphysics: World, Finitude, Solitude*(Bloomington, IN: Indiana University Press, 1995).

____, "Letter on 'Humanism'(1946)," in *Pathmarks*, ed. William McNeill(Cambridge: Cambridge University Press, 1998), pp. 239-276.

____, *Contributions to Philosophy*, tran. Parvis Emad and Kenneth Maly(Bloomington, IN: Indiana University Press, 1999).

____, *Introduction to Metaphysics*, tran. Gregory Fried and Richard Polt(New Haven, CT: Yale University Press, 2000).

Heller, Agnes, "Where Are We at Home?," *Thesis Eleven*, Vol. 41, No. 1, 1995, pp. 1-18.

____, *A Theory of Modernity*(Malden, MA: Blackwell, 1999).

Heritage, John, *Garfinkel and Ethnomethodology*(Cambridge: Polity Press, 1984).

Hester, Stephen and Peter Eglin, *Culture in Action*(Washington, D.C.: University Press of America, 1992).

Hilbert, Richard, *The Classical Roots of Ethnomethodology: Durkheim, Weber, and Garfinkel*(Chapel Hill, NC: University of North Carolina Press, 1992).

Higham, John, *Strangers in The Land: Patterns of American Nativism 1860-1925*(New Brunswick, NJ: Rutgers University Press, 1988).

Himmelfarb, Gertrude, "The Illusions Of Cosmopolitanism," *For Love of Country*, ed. Joshua Cohen(Boston, MA: Beacon Press, 1996), pp. 72-77.

Hollinger, David, *Postethnic America*(New York, NY: Basic Books, 1995).

Homans, George, *Social Behavior: Its Elementary Forms*(New York, NY: Harcourt Brace Jovanovic, 1961).

Hughes, Everett C., "Personality Types and the Division of Labor," *American Journal of Sociology*, Vol. 33 , No. 5, 1928, pp. 754-768.

____, "Social Change and Status Protest: An Essay on the Marginal Man," *Phylon*, Vol.

10, First Quarter, 1949, pp. 58-65.

Husserl, Edmund, *Ideas: General Introduction to Pure Phenomenology*(New York, NY: Collier Books, 1962).

Hutcheon, Linda, "Irony, Nostalgia, the Postmodern," *Methods for a Study of Literature as Cultural Memory: Studies in Comparative Literature*, ed. R. Vervliet and A. Estor(Atlanta, GA: Rodopi, 2000), pp. 189-207.

Illich, Ivan, *Celebration of Awareness*(Garden City, NY: Anchor Books, 1971a).

_____ , *Deschooling Society*(New York, NY: Harper & Row, 1971b).

James, William, *Pragmatism*(New York, NY: Longmans, Green and Co., 1949).

Jenkins, Richard, *Pierre Bourdieu*(London: Routledge, 1992).

Jones, Susan Stedman, *Durkheim Reconsidered*(Cambridge: Polity Press, 2001).

Kalberg, Stephen, *Max Weber's Comparative-Historical Sociology*(Chicago, IL: University of Chicago Press, 1994).

Kant, Immanuel, "An Answer To The Question: What Is Enlightenment?," *Kant: Political Wirtings*, ed. H. S. Reiss(Cambridge: Cambridge University Press, 1970a), pp. 54-60.

_____ , "Perpetual Peace: A Philosophical Sketch," *Kant: Political Writings*, ed. H. S. Reiss(Cambridge: Cambridge University Press, 1970b), pp. 93-130.

Karakayali, Nedim, "The Uses of the Stranger: Circulation, Arbitration, Secrecy, and Dirt," *Sociological Theory*, Vol. 24, No. 4, 2006, pp. 312-330.

Katz, Jack, *How Emotions Work*(Chicago, IL: University of Chicago Press, 1999).

Kearney, Richard, *Strangers, Gods, and Monsters: Interpreting Otherness*(New York, NY: Routledge, 2003).

Kim, Kwang-ki, *Order and Agency in Modernity: Talcott Parsons, Erving Goffman, and Harold Garfinkel*(Albany, NY: State University of New York Press, 2002).

_____ , "Modern Society, Ambivalence, and Globalization: A Study on Modernity in Alfred Schutz's Typification," *The Journal of Studies in Contemporary Social Theory*, No. 14(Nagoya, Japan, 2004), pp. 484-494.

_____ , "A Sociology of Bad Faith: An Analysis of Peter Berger's Understanding of Everydayness," in *Grenzgaenge: Studien zur interdisziplinaeren und interkulturellen Phaenomenologie*, ed. Jung-Sun Han(Heuer, Wuerzburg: Koenigshausen & Neumann Verlag, 2011), pp. 137-144.

_____ , "Face-to-Face Interaction, Kirogi Papa (Wild Goose Dad), and the Stranger: A Social-Phenomenological Study of Changing Intimacy in the Family," *Interaction and Everyday Life: Phenomenological and Ethnomethodological Essays in Honor of George Psathas*, ed. Hisashi Nasu & Frances Chaput Waksler(Lanham, MD: Lexington

Books, 2012), pp. 169-187.

_____ , and Tim Berard, "Typification in Society and Social Science: The Continuing Relevance of Schutz's Social Phenomenology," *Human Studies*, Vol. 32, No. 3, 2009, pp. 263-289.

Kolakowski, Leszek, "In Praise of Exile," in *Modernity on Endless Trial*(Chicago, IL: University of Chicago Press, 1990), pp. 55-59.

Kristeva, Julia, *Strangers to Ourselves*(New York, NY: Columbia University Press, 1991).

_____ , *Nations Without Nationalism*(New York, NY: Columbia University Press, 1993).

Landes, David S., *The Unbound Prometheus: Technological Change and Industrial Development in Western Europe from 1750 to the Present*(Cambridge: Cambridge University Press, 1969).

Lasch, Christopher, *The Culture of Narcissism*(London: Abacus, 1980).

_____ , *The Minimal Self*(London: Picador, 1985).

Laplanche, Jean, *Life and Death in Psychoanalysis*, tran. Jeffrey Mehlman(Baltimore, MD: The Johns Hopkins University Press, 1985).

Lenhard, Johannes, *Kant And The Liberal Democratic Peace Theory: The Cases Of Kosovo, Iraq And Afghanistan*(Norderstedt, Germany: Grin Verglag, 2010).

Levinas, Emmanuel, *Totality and Infinity: An Essay on Exteriority*(Pittsburgh, PA: Duquesne University Press, 1969).

_____ , *Ethics and Infinity*, tran. Richard A. Cohen(Pittsburgh, PA: Duquesne University Press, 1985).

_____ , *Time and the Other*, tran. Richard A. Cohen(Pittsburgh, PA: Duquesne University Press, 1990).

_____ , *Outside the Subject*, tran. Michael B. Smith(Stanford, CA: Stanford University Press, 1994).

Levine, Donald, "Simmel at a Distance: On the History and Systematics of the Sociology of the Stranger," *Sociological Focus*, Vol. 10, No. 1, 1977, pp. 15-29.

_____ , "Simmel and Parsons Reconsidered," *American Journal of Sociology*, Vol. 96, 1991, pp. 1097-1116.

_____ , "Classics and Conversations," in *General Education in the Social Sciences*, ed. John J. MacAloon(Chicago, IL: University of Chicago Press, 1992), pp. 103-114.

_____ , *Visions of the Sociological Tradition*(Chicago, IL: University of Chicago Press, 1995).

Lofland, Lyn, *A World of Strangers*(New York, NY: Basic Books, 1973).

Lowenthal, David, "Nostalgia Tells It Like It Wasn't," *The Imagined Past: History and Nostalgia*, ed. Malcolm Chase and Christopher Shaw(Manchester: Manchester University

Press, 1989).

Luhmann, Niklas, *Social Systems*(Stanford, CA: Stanford University Press, 1995).

Lukács, Georg, *The Theory of The Novel*(Cambridge, MA: MIT Press, 1971).

Lynch, Michael, *Scientific Practice and Ordinary Action: Ethnomethodology and Social Studies of Science*(Cambridge: Cambridge University Press, 1993).

Macy, Michael W. and John Skvoretz, "The Evolution of Trust and Cooperation between Strangers: A Computational Model," *American Sociological Review*, Vol. 63, No. 5, 1998, pp. 638-660.

Mannheim, Karl, *Ideology and Utopia: An Introduction to the Sociology of Knowledge*, tran. Louith Wirth and Edward Shils(New York, NY: A Harvest Book, 1936).

Mantel, D. Allan, "Strangers, Homecomers, and Ordinary Men," *Anthropological Quarterly*, Vol. 46, 1973, pp. 47-58.

Margalit, Avishai, *The Ethics of Memory*(Cambridge, MA: Harvard University Press, 2004).

Marmon, Shaun, *Eunuchs and Sacred Boundaries in Islamic Society*(Oxford: Oxford University Press, 1995).

Marx, Karl, "Economic and Philosophic Manuscripts of 1844," in *Marx's Concept of Man. By Erich Fromm*, tran. T. B. Bottomore(New York, NY: Frederick Ungar, 1961).

_____, "Economic and Philosophic Manuscripts of 1844," *The Marx-Engels Reader*, ed. Robert C. Tucker and tran. Marin Milligan(New York, NY: W. W. Norton and Company, 1972).

_____, and Frederick Engels, *German Ideology*(Moscow: Progress Publishers, 1976).

Maffesoli, Michel, *The Time of the Tribes: The Decline of Individualism in Mass Society*, tran. Don Smith(London: Sage, 1996).

Marotta, Vince, "The Stranger and Social Theory," *Thesis Eleven*, August 62, 2000, pp. 121-134.

_____, "Zygmunt Bauman: Order, Strangerhood and Freedom," *Thesis Eleven*, August 70, 2002, pp. 36-54.

McCann, Willis H., "Nostalgia: A Descriptive and Comparative Study," *Journal of Genetic Psychology*, Vol. 62, No. 1, 1943, pp. 97-104.

McConnell, Michael W., "Don't Neglect The Little Platoons," *For Love of Country*, ed. Joshua Cohen(Boston, MA: Beacon Press, 1996), pp. 78-84.

McFarland, David and Daniel J. Brown, "Social Distance as a Metric: A Systematic Introduction to Smallest Space Analysis," in *Bonds of Pluralism*, ed. Edward O. Laumann(New York, NY: Wiley, 1973), pp. 213-253.

McKinnon, Catriona and Dario Castiglinone, "Introduction," *Toleration, Neutrality and Democracy*, ed. Dario Castiglione and Catriona McKinnon(Dordrecht: Kluwer

Academic Publishers, 2003), pp. 1-10.

McLemore, S. Dale, "Simmel's 'Stranger': A Critique of the Concept," *Pacific Sociological Review*, Vol. 13, No. 2, 1970, pp. 86-94.

Mead, George H., "The Psychology of Punitive Justice," *The American Journal of Sociology*, Vol. 23, No. 5, 1918, pp. 577-602.

_____ , *Mind, Self, & Society*(Chicago, IL: University of Chicago Press, 1934).

_____ , *The Philosophy of Act*(Chicago, IL: University of Chicago Press, 1938).

Merleau-Ponty, Maurice, *Signs*, tran. Richard C. McCleary(Chicago, IL: Northwestern University Press, 1964).

Merton, Robert K., *Social Theory and Social Structure*(New York, NY: Free Press, 1968).

Meyer, Julie, "The Stranger and the City," *American Journal of Sociology*, Vol. 56, No. 5, 1951, pp. 476-483.

Muller, Rene J., *The Marginal Self: An Existential Inquiry into Narcissism*(Atlantic Hightlands, NJ: Humanities Press, 1987).

Mulhall, Stephen, *Inheritance and Originality: Wittgenstein, Heidegger, Kierkegaard*(Oxford: Oxford University Press, 2001).

Musil, Robert, *The Man without Qualities*, tran. Sophie Wilkins(New York, NY: Vintage Books, 1996).

Nash, Dennison, "The Ethnologist as Stranger: An Essay in the Sociology of Knowledge," *Southwestern Journal of Anthropology*, Vol. 19, No. 2, 1963, pp. 149-167.

Natanson, Maurice, *Anonymity: A Study in the Philosophy of Alfred Schutz*(Bloomington, IN: Indiana University Press, 1986).

Nirenberg, David, *Communities of Violence: Persecution of Minorities in the Middle Ages*(Princeton, NJ: Princeton University Press, 1996).

Norris, Christopher, *Uncritical Theory: Postmodernism, Intellectuals and The Gulf War*(Amherst, MA: University of Massachusetts Press, 1992).

Nussabaum, Martha C., "Patriotism and Cosmopolitanism," *For Love of Country* , ed. Joshua Cohen(Boston, MA: Beacon Press, 1996), pp. 3-20.

Oberst, Joachim L., *Heidegger on Language and Death: The Intrinsic Connection in Human Existence*(London: Continuum, 2009).

Ollman, Bertell, *Alienation: Marx's Conception of Man in Capitalist Society*(Cambridge: Cambridge University Press, 1971).

O'Neill, John, *Making Sense Together: An Introduction to Wild Sociology*(London: Heinemann Educational, 1975).

Otnes, Per, *Other-Wise: Alterity, Materiality, Mediation*(Oslo: Scandinavian University

Press, 1999).

Patterson, Orlando, *Ethnic Chauvinism: The Reactionary Impulse*(New York, NY: Stein and Day, 1977).

Park, Robert E., "Human Migration and the Marginal Man," *American Journal of Sociology*, May 33, 1928, pp. 881-893.

_____, *Race and Culture*(New York, NY: Free Press, 1950).

Parsons, Talcott, *The Social System*(Glencoe, IL: Free Press, 1951).

_____, "Individual Autonomy and Social Pressure: An Answer to Dennis Wrong," *Psychoanalysis and Psychoanalytic Review*, Vol. 49, No. 2, 1962, pp. 70-79.

_____, "Individual Autonomy and Social Pressure: An Answer to Dennis Wrong," *Psychoanalysis and Psychoanalytic Review*, Vol. 49, No. 2, 1962, pp. 70-79.

_____, *Sociological Theory and Modern Society*(New York, NY: Free Press, 1967).

_____, *Social Systems and the Evolution of Action Theory*(New York, NY: Free Press, 1977).

Peirce, Charles S., *Charles S. Peirce: Selected Writings*, ed. Philip P. Wiener(New York, NY: Dover Publications, 1958).

Pels, Dick, "Privileged Nomads: On the Strangeness of Intellectuals and the Intellectuality of Strangers," *Theory, Culture & Society*, Vol. 16, No. 1, 1999, pp. 63-86.

Peters, Roderick, "Reflections on the Origin and Aim of Nostalgia," *Journal of Analytic Psychology*, Vol. 30, No. 2, 1985, pp. 135-148.

Phillips, James, "Distance, Absence and Nostalgia," *Descriptions*, ed. Don Ihde and Hugh J. Silverman(Albany, NY: SUNY Press, 1985), pp. 64-75.

Poggi, Gianfranco, *Durkheim*(Oxford: Oxford University Press, 2000).

Princen, Thomas, *Intermediaries in International Conflict*(Princeton, NJ: Princeton University Press, 1992).

Psathas, George, *Phenomenology and Sociology: Theory and Research*(Washington, D.C.: University Press of America, 1989).

_____, and Frances Waksler, "Essential Features of Face-to-Face Interaction," *Phenomenological Sociology*, ed. George Psathas(New York, NY: John Wiley & Sons, 1973).

Radstone, Susannah, *The Sexual Politics of Time: Confession, Nostalgia, Memory*(London: Routledge, 2007).

Rawls, Anne W., "Language, Self, and Social Order," *Human Studies*, Vol. 12, No. 1-2, 1989, pp. 147-172.

_____, "Durkheim's Treatment of Practice: Concrete Practice vs Representations as the Foundation of Reason," *Journal of Classical Sociology*, Vol. 1, No. 1, 2001, pp. 33-68.

Ricoeur, Paul, "The Erosion of Tolerance and The Resistance of the Intolerable," *Tolerance Between Intolerance And the Intolerable*, ed. Paul Ricoeur(Providence, RI: Berghahn Books, 1996), pp. 189-205.

Riesman, David, *The Lonely Crowd*(New Haven, CT: Yale University Press, 2001).

Rose, Peter, "Strangers in Their Midst: Small Town Jews and Their Neighbors," in *The Study of Society*, ed. Peter Rose(New York, NY: Random House, 1967), pp. 463-479.

Rorty, Richard, "The Unpatriotic Academy," *New York Times*(1994, Feb. 13).

Sacks, Harvey, *Lectures on Conversation*, ed. Gail Jefferson(Oxford: Blackwell, 1992).

Said, Edward, "Traveling Theory," in *The World, the Text, and the Critic*(Cambridge, MA: Harvard University Press, 1983), pp. 226-247.

Samuel, Raphael, *Theatres of Memory: Past and Present in Contemporary Culture*(London: Verso, 1994).

Sartre, Jean-Paul, *Being and Nothingness*, tran. Hazel E. Barnes(New York, NY: Gramercy Books, 1956).

_____, *Nausea*, tran. Lloyd Alexander(Norfolk, CT: New Directions Publishing, 1969).

Scanlon, Thomas, "Contractualism and Utilitarianism," *Utilitarianism and Beyond*, ed. Amartya Sen and Bernard Williams(Cambridge: Cambridge University Press, 1982).

Schegloff, Emanuel, "Parties and Talking Together: Two Ways in Which Numbers Are Significant for Talk-in-Interaction," *Situated Order*, ed. Paul ten Have and George Psathas(Washington D.C.: University Press of America, 1995).

Scheler, Max, "Probleme einer Soziologie des Wissens," *Die Wissensformen und die Gesellschaft*(Leipzig, Der Neue-Geist Verlag, 1926).

Schelsky, Helmut, "Ist die Dauerreflexion institutionalisierbar?," in *Auf der Suche nach Wirklichkeit*(Dusseldorf: Diederichs Verlag, 1965).

Schilling, Chris, "Embodiment, Emotions, and the Foundations of Social Order: Durkheim's Enduring Contribution," *The Cambridge Companion to Durkheim*, ed. Jeffrey Alexander and Philip Smith(Cambridge: Cambridge University Press, 2005), pp. 211-238.

Schlesinger, Arthur M. Jr., *The Disuniting of America*(New York, NY: Norton, 1992).

Schumacher, Bernard N, *Death and Morality in Contemporary Philosophy*, tran. M. J. Miller(Cambridge: Cambridge University Press, 2011).

Schutz, Alfred, "The Stranger: An Essay in Social Psychology," *American Journal of Sociology*, March 50, 1944, pp. 499-507.

_____, *Collected Papers Vol. I: The Problem of Social Reality*(The Hague: Martinus Nijhoff, 1962).

_____, *Collected Papers Vol. II: Studies in Social Theory*(The Hague: Martinus Nijhoff, 1964).

_____, "The Stranger," *Collected Papers Vol. II: Studies in Social Theory*(The Hague: Martinus Nijhoff, [1944]1964), pp. 91-105.

_____, "The Homecomer," *Collected Papers Vol. II: Studies in Social Theory*(The Hague: Martinus Nijhoff, [1945]1964), pp. 106-119.

_____, *The Phenomenology of the Social World*, tran. G. Walsh and F. Lehnert(Evanston, IL: Northwester University Press, 1967).

_____, *Collected Papers Vol. III: Studies in Phenomenological Philosophy*(The Hague: Martinus Nijhoff, 1970a).

_____, *On Phenomenology and Social Relations*(Chicago, IL: The University of Chicago Press, 1970b).

_____, and Thomas Luckmann, *The Structures of the Life-World*(Evanston, IL: Northwestern University Press, 1973).

_____, and Thomas Luckmann, *The Structure of the Life-World, Vol. II*(Evanston, IL: Northwestern University Press, 1989).

Seligman, Adam, *The Problem of Trust*(Princeton, NJ: Princeton University Press, 1997).

_____, *Modernity's Wager: Authority, The Self, And Transcendence*(Princeton, NJ: Princeton University Press, 2000).

Seligman, Adam, *Tolerance And Tradition*(Sarajevo, Bosnia: Forum Bosnia, 2001).

Sen, Amartya, "Humanity And Citizenship," *For Love of Country*, ed. Joshua Cohen(Boston, MA: Beacon Press, 1996), pp. 111-118.

Shack, William, "Open Systems and Closed Boundaries: The Ritual Process of Stranger Relations in New African States," in *Strangers in African Societies*, ed. W. Shack, et al.(Berkeley, CA: University of California Press, 1979), pp. 37-47.

Simmel, Georg, "The Stranger," in *The Sociology of Georg Simmel*, ed. Kurt H. Wolff(Glencoe, IL: Free Press, [1908]1950), pp. 402-408.

_____, "Conflict," in *Conflict and the Web of Group Affiliations*, tran. Kurt H. Wolff(New York, NY: Free Press, 1956).

_____, *The Philosophy of Money*, tran. David Frisby(London: Routledge, 1978).

Singer, Peter, *One World: The Ethics Of Globalization*(New Haven, CT: Yale University Press, 2002).

Siu, Paul C. P., "The Sojourner," *American Journal of Sociology*, Vol. 58, No. 1, 1991, pp. 34-44.

Starobinski, Jean and W. S. Kemp, "The Idea of Nostalgia," *Diogenes*, Vol. 14, No. 54,

1966, pp. 81-103.

Steinberg, Stephen, *The Ethnic Myth: Race, Ethnicity, and Class in America*(Boston, MA: Beacon, 1981).

Steiner, George, *Heidegger*(London: Fontana, 1992).

Stewart, Susan, *On Longing: Narratives of the Miniature, the Gigantic, the Souvenir, the Collection*(Durham: Duke University Press, 1993).

Stichweh, Rudolf, "The Stranger-On the Sociology of Indifference," *Thesis Eleven*, Vol. 51, 1997, pp. 1-16.

Stonequist, Everett, *The Marginal Man*(New York, NY: Sribner's, 1937).

Swartz, David, *Culture and Power: The Sociology of Pierre Bourdieu*(Chicago, IL: University of Chicago Press, 1997).

Tabboni, Simonetta, "The Stranger and Modernity: From Equality of Rights to Recognition of Difference," *Thesis Eleven*, Vol. 43, 1995, pp. 17-27.

Taylor, Charles, *Multiculturalism and 'The Politics of Recognition'*(Princeton, NJ: Princeton University Press, 1994).

_____ , "Why Democracy Needs Patriotism," *For Love of Country*, ed. Joshua Cohen(Boston, MA: Beacon Press, 1996), pp. 119-121.

Paul and George Psathas, "Introduction," *Situated Order*, ed. Paul ten Have and George Psathas(Washington D. C.: University Press of America, 1995).

Thompson, John B., "Universal Pragmatics," *Habermas: Critical Debates*, ed. John B. Thompson and David Held(Cambridge, MA: MIT Press, 1982), pp. 116-133.

Thomas, William I., *On Social Organization and Social Personality*(Chicago, IL: University of Chicago Press, 1966).

Tiryakian, Edward A., "Perspectives on the Stranger," in *The Rediscovery of Ethnicity*, ed. Sallie Teselle(New York, NY: Harper and Row, 1973), pp. 45-58.

Touraine, Alain, *Can We Live Together?*(Stanford, CA: Stanford University Press, 2000).

Veblen, Thorstein, *The Theory of Leisure Class*(Harmondsworth: Penguin Books, 1979).

Wallerstein, Immanuel, "Neither Patriotism Nor Cosmopolitanism," *For Love of Country*, ed. Joshua Cohen(Boston, MA: Beacon Press, 1996), pp. 122-124.

Walzer, Michael, "Spheres Of Affection," *For Love of Country*, ed. Joshua Cohen(Boston, MA: Beacon Press, 1996), pp. 125-130.

_____ , *On Toleration*(New Haven, CT: Yale University Press, 1997).

Weber, Max, *The Methodology of the Social Sciences*, tran. and ed. Edward A. Shils and Henry A. Finch(New York, NY: Free Press, 1949).

_____ , *Economy and Society*(New York, NY: Bedminster, 1968).

Westlake, Donald, *The Spy in the Ointment*(New York, NY: Random House, 1966).

Wieder, D. Lawrence, "Telling the Code," in *Ethnomethodology*, ed. R. Turner(Middlesex: Penguin, 1974).

_____, *Language and Social Reality*(Washington, D.C.: University Press of America, 1988).

Wilson, Edward O., *On Human Nature*(Cambridge, MA: Harvard University Press, 1978).

Wittgenstein, Ludwig, *Philosophical Investigation*, tran. G. E. M. Anscombe(Oxford: Basil Blackwell, 1953).

Wolff, Janet, *Resident Alien: Feminist Cultural Criticism*(Cambridge: Polity Press, 1995).

Wood, Margaret Mary, *The Stranger: A Study in Social Relations*(New York, NY: Columbia University Press, 1934).

Worsley, Peter, *The Trumpet Shall Sound*(London: MacGibbon and Kee, 1957).

Zajonc, Robert, "Aggressive Attitudes of the 'Stranger' as a Function of Conformity Pressure," *Human Relations*, May 5, 1952, pp. 205-216.

Zijderveld, Anton C., *The Abstract Society: A Cultural Analysis of Our Time*(Garden City, NY: Anchor Books, 1970).

_____, *On Cliché: The Supersedure of Meaning by Function in Modernity*(London: Routledge and Kegan Paul, 1979).

_____, *The Institutional Imperative: The Interface of Institutions and Networks*(Amsterdam: Amsterdam University Press, 2000).

Zimmerman, Don, and Melvin Pollner, "The Everyday World as a Phenomenon," *Understanding Everyday Life*, ed. J. Douglas(Chicago, IL: Aldine, 1970).

이방인의 사회학

ⓒ김광기

1판 1쇄   2014년 8월 11일
1판 2쇄   2016년 9월 9일

지은이   김광기
펴낸이   강성민
편집장   이은혜
편 집   장보금 박세중 이두루 박은아 곽우정
편집보조   조은애 이수민
마케팅   정민호 이연실 정현민 김도윤 양서연
홍보   김희숙 김상만 이천희

펴낸곳   (주)글항아리 | 출판등록 2009년 1월 19일 제406-2009-000002호
주소   10881 경기도 파주시 회동길 210
전자우편 bookpot@hanmail.net
전화번호 031-955-8891(마케팅) 031-955-8897(편집부)
팩스   031-955-2557

ISBN   978-89-6735-125-93300

글항아리는 (주)문학동네의 계열사입니다.

이 도서의 국립중앙도서관 출판예정도서목록(CIP)은 서지정보유통지원시스템
홈페이지(http://seoji.nl.go.kr)와 국가자료공동목록시스템(http://www.nl.go.kr/kolisnet)에서
이용하실 수 있습니다.(CIP제어번호 : CIP2014021802)